THE JEWISH WORLD
DAVID A. HARRIS

TRANSLATED INTO RUSSIAN BY
ELENA TSYPKIN

THE HEBREW IMMIGRANT
AID SOCIETY

**LIBERTY PUBLISHING
HOUSE**
NEW YORK ● 1989

ДЭВИД ХАРРИС

ЕВРЕИ И МИР

ПЕРЕВОД С АНГЛИЙСКОГО
ЕЛЕНЫ ЦЫПКИНОЙ

THE HEBREW IMMIGRANT
AID SOCIETY

LIBERTY PUBLISHING
HOUSE
NEW YORK ● 1989

DAVID A.HARRIS. THE JEWISH WORLD

PUBLISHER ILYA I. LEVKOV
Liberty Publishing House, Inc.
475 Fifth Ave, Suite 511
New York, NY 10017-6220
Tel. (212) 213-2126

Cover design by VAGRICH BAKHCHANYAN

Printed in the United States of America
R.R.Donnelley & Sons Co.

Computerized Typesetting by Gessen Books Electronics,
Newton, MA

Library of Congress Cataloging in Publication Data 89–92696

ISBN 0-914481-14-2

PHOTO ON THE BACK COVER

PUBLICATION OF THIS BOOK WAS MADE
POSSIBLE THROUGH A GENEROUS GIFT
FROM HARVEY AND RUTH GELFENBEIN
CHARITABLE FOUNDAITION.

ПУБЛИКАЦИЯ ЭТОЙ КНИГИ СТАЛА
ВОЗМОЖНА БЛАГОДАРЯ ЩЕДРОЙ
ПОМОЩИ БЛАГОТВОРИТЕЛЬНОГО
ФОНДА ХАРВИ И РУТ ГЕЛЬФЕНБАЙН

TO THOSE SOVIET JEWS
WHO HAVE NEVER GIVEN UP

AND

TO FOUR VERY SPECIAL PEOPLE -
JOU JOU, DANNY, MISHY AND JOSH.

ПОСВЯЩАЕТСЯ ТЕМ СОВЕТСКИМ ЕВРЕЯМ,
КОТОРЫЕ, НЕСМОТРЯ НИ НА ЧТО,
ОТКАЗАЛИСЬ СДАТЬСЯ.

И

ЧЕТВЕРЫМ ОЧЕНЬ ДОРОГИМ
ДЛЯ МЕНЯ ЛЮДЯМ —
ЖУ-ЖУ, ДЭННИ, МИШИ И ДЖОШУА.

CONTENTS

СОДЕРЖАНИЕ

ACKNOWLEDGEMENTS

I have learned that, even with an author's best intentions, books just don't happen. Many people help make them possible. In the case of this book, I would like to express appreciation, first and foremost, to Karl Zukerman, the executive vice-president of HIAS, the Hebrew Immigrant Aid Society, for his unstinting commitment to the project. Put simply, without HIAS support, this book would not have been published. Also, my thanks to Brenda Shaefer, the HIAS director of public information, for her invaluable assistance in the book's preparation.

Helen Tsypkin, whom I first met over a decade ago in Rome as a Soviet Jewish refugee on her way to the United States, worked so diligently against not one but two deadlines to translate this book into Russian: our publication deadline and the birth of a second child within three months of receiving the assignment.

Cyma Horowitz, Michele Anish and Phyllis Flynn of the American Jewish Committee's Blaustein Library of Human Relations, a treasure-trove of information, yet again proved their resourcefulness in helping to locate countless facts and figures used in the book.

Few words can describe my gratitude to my editorial assistant, Diane Stamm, who embraced this book as her own and assisted in virtually every facet of its preparation with characteristic skill and graciousness.

And finally, to my wife, Jou Jou, and our three children - Daniel, Michael and Joshua - their love and companionship all made it so much easier.

David A. Harris

8

БЛАГОДАРНОСТЬ

Я знаю теперь, что даже при самых благородных намерениях автора книги не появляются на свет сами по себе, а только благодаря работе многих людей. Я должен прежде всего поблагодарить Карла Цукермана, вице-президента ХИАСа, за его безотказную поддержку нашего замысла: без поддержки ХИАСа эта книга так и не была бы опубликована. Я также должен поблагодарить Бренду Шеффер, директора отдела общественной информации ХИАСа, за ее неоценимую помощь в подготовке книги к публикации.

Елена Цыпкина, с которой я познакомился более десяти лет назад в Риме в процессе ее иммиграции в США, напряженно работала над переводом книги, чтобы успеть закончить его к двум датам: намеченной дате публикации и рождению ее второго ребенка.

Сина Горовиц, Мишель Эниш и Филлис Слинн из принадлежащей Американскому Еврейскому комитету библиотеки Блаустейн, сокровищницы информации, снова продемонстрировали свои таланты и возможности в поисках бесконечных фактов и цифр для книги.

Трудно найти слова для выражения благодарности моему редактору Дайэн Стамм, которая принимала живейшее участие в каждой ступени подготовки книги со свойственными ей профессионализмом и благородством.

И, наконец, я благодарю мою жену Жу-Жу и наших троих детей — Дэниела, Майкла и Джошуа. Их любовь и само их присутствие намного облегчили эту большую работу.

Дэвид А. Харррис

If you change houses, you need only change your shirt; if you change lands, you change your whole life.

A Jewish proverb

Переезд из одного дома в другой подобен смене рубашки. Переезд в другую страну подобен новому рождению.

Еврейская пословица

INTRODUCTION

This is the second book specially prepared for Soviet Jewish emigrants. Like the first, *Entering a New Culture*, it tackles a large subject area in an introductory fashion and a limited number of pages.

The book's aim is to transmit information on a wide range of subjects that may be of interest to you and to which you may not have had prior access. Its purpose is to help you to know what being a Jew is all about, and, in so doing, to increase, it is to be hoped, your level of understanding and curiosity.

Perhaps you feel at this point that you are beset with more concrete problems than dealing with your identity as a Jew. You are in the midst of trying to cope with the immediate challenges of a new life; you are trying to imagine what the future will be like, worrying about learning a new language and eventually finding a job, sorting out family difficulties, and trying to put the past into some kind of perspective.

Or perhaps you feel that Judaism is a relic of the past, a set of outdated rites and rituals inappropriate for an age of science and technology. Being Jewish may seem a weight you had to carry all your life in the Soviet Union and that you now want to put aside, at least for a little while.

Each of these reactions to the experience of being a Jew in the Soviet Union is understandable; no value judgment need or should be made. After all, as you yourself know best, to be a Jew in the USSR can have many different meanings. You may feel Jewish because you believe in God and practice, to the extent possible, the Jewish

ВСТУПЛЕНИЕ

Перед вами вторая часть книги, написанной специально для эмигрантов-евреев из Советского Союза. Как и первая часть, она посвящена очень большой теме, но предусматривает лишь первое с ней знакомство.

Задача автора — дать основные сведения по многочисленным и разнообразным вопросам, которые могут быть для вас интересны, но доступа к которым у вас раньше могло не быть. Цель этой книги — помочь вам определить для себя, что же это значит — быть евреем, ибо мы надеемся, что по ее прочтении у вас возникнет интерес к этому вопросу.

Возможно, сейчас вам кажется, что перед вами стоят значительно более важные проблемы, чем осознание себя евреем. Вам необходимо преодолеть неизбежные и специфические трудности в новой жизни, вы пытаетесь представить себе будущее, беспокоитесь о том, чтобы овладеть английским языком и найти работу. Одновременно вы занимаетесь проблемами семейной жизни в новых условиях и пытаетесь оценить и переоценить свое прошлое.

Вам может казаться, что иудаизм — это пережиток прошлого, набор устаревших обычаев и ритуалов, не имеющих смысла в век науки и техники. Ваше еврейство может казаться вам грузом, который вы должны были нести всю свою жизнь в Советском Союзе и о котором вы хотели бы забыть, хотя бы на время.

Этот взгляд на еврейское прошлое в Советском Союзе можно понять, он не нуждается в качественной оценке. Как вы сами прекрасно знаете, еврейство в СССР не однозначно. Вы можете чувствовать себя евреем, потому что вы верите в Бога и в какой-то степени придерживаетесь обрядов еврейской религии. А может быть, вы считаете себя евреем, потому что

religion. You may feel Jewish because you have memories of a home where there was a Jewish atmosphere and traditions were kept. You may feel Jewish because the State of Israel has given you a focus for your identity; the 1967 Six-Day War allowed you to hold your head high, and the 1973 Yom Kippur War made you realize how vulnerable to destruction Israel is.

You may feel Jewish because you draw strength from the long history of a people who have tenaciously clung to their religion and traditions in the face of frequent adversity, a people who, when given the chance, have been able to contribute so much to the development of civilization. You may feel Jewish because of a link to the memory of the six million Holocaust victims. You may feel Jewish because it allowed entry into a close-knit social circle where you could feel more at ease, open your hearts and enjoy a sense of belonging and kinship.

You may feel Jewish because you have seen the resurgence of, and national self-assertion among, Soviet Jews after three generations of repression of Jewish religion and culture, and this movement has touched you, too. You may feel Jewish because the anti-Semites made you into a Jew and you were not prepared to give them the "satisfaction" of capitulation. You may feel Jewish because there was nothing else for you to feel in the USSR - acculturated to Russian culture you might well have been, but assimilated you were not, for there was always a point beyond which you were not allowed to go or beyond which, perhaps, you could not let yourself go.

Or, you may not feel very Jewish at all, apart, say, from the constant reminder in your internal passport in your earlier life.

You may be anxious to know more about what it means to be Jewish, about Judaism, Jewish history and contemporary Jewry, or these topics may not be of particular interest to you right now. You may never have been exposed to anything Jewish, or, possibly, you have had some exposure and found it all somewhat irrelevant to you and the life you want to lead. You might want a rest, to be

14

храните воспоминания о доме, где соблюдались еврейские традиции. Или вы чувствуете себя евреем, потому что вам небезразлична судьба Израиля, потому что Шестидневная война 1967 года позволила вам высоко поднять голову, а Война Судного дня 1973 года показала вам уязвимость Израиля.

Вы можете чувствовать себя евреем, потому что гордитесь долгой историей народа, который так упорно сохранял свои религию и традиции перед лицом частой опасности, народа, который при минимально благоприятных возможностях внес такой огромный вклад в развитие цивилизации. Вы можете ощущать свое еврейство, помня о шести миллионах погибших евреев. Наконец, вы можете чувствовать себя евреем, потому что еврейство давало вам доступ в узкий социальный круг, где вы ощущали себя среди своих.

Вы можете также ощущать свое еврейство благодаря национальному возрождению советских евреев после пережитых тремя его поколениями гонений на еврейскую религию и культуру, — возрождению, затронувшему и вас. Помимо этого, вы можете чувствовать себя евреем, просто потому что антисемиты сделали вас таковым и вы не хотели доставить им удовольствия капитуляцией. Возможно также, что вы можете чувствовать себя евреем, потому что в СССР вы не могли чувствовать себя никем другим — вы могли ощущать свою принадлежность к русской культуре, но не быть подлинно ассимилированным, потому что всегда знали, что есть граница, которую либо вы сами, либо другие не дадут вам перейти.

Но может быть, вы совсем не ощущаете себя евреем, несмотря на постоянное напоминание об этом в виде советского паспорта.

Вы, возможно, хотите узнать больше о значении еврейства, об иудаизме и еврейской истории или современном еврействе или, наоборот, эти вопросы могут не особенно вас интересовать. Не исключено, что вы никогда не сталкивались ни с чем специфически еврейским или находите, что то, с чем вы столкнулись, не имеет ни малейшего отношения к вам и к жизни, которую вы хотели бы вести. Может быть, вы хотите

left alone, to become indistinguishable from the crowd, to unload yourself of the "burden" you have been bearing all these years.

The question of establishing and re-enforcing an identity is one of the most difficult tasks faced by a thinking person. Curiously, while you have had to deal with the effects of suppression of Jewish life and anti-Semitism, overt or covert, many Western Jews have had to deal with other kinds of identity problems. Though not derived from the same conditions, they nevertheless frequently result in a number of similar reactions to one's self-identity as a Jew.

This certainly does not apply to all Western Jews, many of whom by virtue of their strong religious and/or national feeling have firmly established their identity as Jews. There are others, however, who, precisely because there is no anti-Semitism to speak of in industrialized Western countries, and because they see religion as unimportant to their daily lives, no longer feel the pressing need to cling to their Jewish identity.

The generation of East European Jews, compromising millions, who arrived in the United States from 1881 to 1920, and who brought with them their age-old and unshakable religious beliefs, their religious leaders, their Zionist or Bundist commitments, their clubs and societies, their Jewish schools and teachers, their traditions, their Yiddish culture and their unquestioned identity as Jews has given way to often dispersed communities of second- and third-generation American Jews who have successfully integrated into the fabric of American society.

With this integration, however, has come the partial break-up of traditional Jewish neighborhoods, Jewish occupational concentrations, Yiddish culture and, for some, strict religious upbringing of the young. Thus Jewish religious and community leaders are aware of the special challenges to the Jewish existence posed by a highly dynamic society like America where full freedom and the breaking down of barriers between ethnic and religious groups lead some people no longer to feel the need to identify as closely with the Jewish community.

16

отдохнуть, остаться в стороне, слиться с толпой, избавиться от груза, который несли все эти годы.

Проблема становления самосознания — одна из самых сложных. Интересно, что в то время, как вам приходилось иметь дело с антисемитизмом, скрытым или откровенным, многим западным евреям приходилось решать проблемы другого порядка, но также имевшим отношение к еврейскому аспекту их личности. Хотя корни этих проблем разные, они часто приводят к схожим реакциям в области самоопределения евреев.

Это, разумеется, не относится ко всем евреям на Западе, многие из которых обладают очень сильным еврейским самосознанием, благодаря религиозным или национальным чувствам. Но есть и другие, которые именно из-за отсутствия настоящего антисемитизма в развитых странах Запада, или в силу своей нерелигиозности, больше не чувствуют необходимости помнить о том, что они евреи.

Миллионы восточно-европейских евреев, которые приехали в США между 1881 и 1920 годами и привезли с собой свою религию, своих религиозных вождей, свои сионистские или бундовские связи, свои клубы и общества, еврейские школы, учителей и традиции, свою идиш-культуру и непоколебимое еврейское самосознание, уступили место зачастую разбросанным еврейским общинам американских евреев второго и третьего поколения, успешно вросших в самую ткань американской жизни.

Однако эта успешная интеграция способствовала частичному упадку традиционных еврейских поселений, традиционных еврейских ремесел, культуры на идише, а для некоторых означала конец строгого религиозного воспитания молодежи. Поэтому религиозные и общественные лидеры считают, что в динамичном американском обществе возникают особые препятствия в развитии еврейского самосознания, так как благодаря полной свободе и отсутствию барьеров между религиозными и этническими группами, многие люди больше не чувствуют потребности в близости к еврейской общине.

But the experience of the Holocaust and the subsequent creation of the State of Israel - the greatest tragedy followed by the greatest miracle in the history of modern Jewry - have served to significantly strengthen Jewish identity and give it new focus and meaning. Yiddish may be disappearing as a Jewish *lingua franca*, but Hebrew is gaining in popularity. Although only about one-quarter of American Jews regularly attend religious services, (except for the period of the high holidays - Rosh Hashanah and Yom Kippur - when attendance at synagogue services is extremely high), in recent years there has been a marked upsurge of interest among American Jews in religious traditions. Concern for Israel is almost universal. And East European Jewish culture has helped to create a diverse Jewish-American culture, which also allows for focus and identity among American Jews.

The difficulties in the West of everyday living will likely diminish for you with the passing of time, but the effort to reach a better understanding of your Jewish identity will, in all likelihood, continue, only its dimensions will be different, and you will be able to exercise true freedom of choice.

We, as Jews, feel it important to give you this opportunity to learn something about your heritage, to permit you to share in its joy and richness, and to allow you a greater sense of self-awareness by laying out some of the fascinating array of facts, figures and interpretations that can help you see what it means to be a part of the Jewish people. This book sets out to do that by focusing on topics in which Soviet Jews who emigrated before you have expressed interest during extensive discussions with the author.

We hope you will keep this book. It is intended as an introduction, not only for present but future use as well, a guide to turn to when the need arises, and a way, we hope, of answering questions that your children or grandchildren might ask. If your interest is kindled, there is a limitless array of possibilities before you. There are many books, (some of which are available in Russian), films, and a number of Jewish periodicals published in Russian, Yiddish and

Но опыт Катастрофы и последующее создание Израиля — величайшая трагедия и затем величайшее чудо в истории современного еврейства — значительно укрепили самосознание евреев в Америке и дали ему новые силы и возможность централизации. Быть может, идиш как *лингва франка* евреев исчезает, но растет популярность иврита. Хотя только около четверти американских евреев регулярно посещает религиозные службы (кроме периода Рош Хашаны — Йом Кипура, когда посещаемость синагог чрезвычайно велика), в последние годы интерес к религиозным традициям среди американских евреев оживился. Почти всех волнует судьба Израиля. И культура восточно-европейских евреев помогла создать разнообразную американо-еврейскую культуру, которая также способствует централизации и самоидентификации американских евреев.

Со временем трудности повседневной жизни в новой стране уменьшатся, а ваши попытки лучше понять свое еврейство, скорее всего, будут продолжаться, но на другом уровне и при наличии полной свободы выбора.

Нам как евреям важно помочь вам узнать что-то новое о наследии еврейства, открыть его богатство и тем самым дать вам возможность достичь нового уровня еврейского самосознания. В этой книге сделана попытка сосредоточиться на вопросах, которые задавали автору советские евреи, эмигрировавшие на Запад до вас.

Мы надеемся, что вы сохраните эту книгу. Она задумана как вступление не только в настоящее, но и в будущее, как справочный материал, к которому можно обратиться в случае необходимости. Мы надеемся также, что она поможет вам ответить на вопросы, которые могут задать вам ваши дети или внуки. Если эта книга разбудит в вас интерес к еврейству, то удовлетворить его есть множество возможностей. Это книги (некоторые на русском языке), фильмы и еврейские журналы,

English. In your community of resettlement, Jewish community centers, synagogues, schools and colleges offer numerous courses and lectures. Once you have settled down and put aside a little money, you may want to plan a visit to Israel.

In sum, if your positive self-identification as a Jew is strengthened after having read this book, then it will have more than served its purpose.

выходящие на русском, идише и английском. Община, которая принимает вас, еврейские центры, синагоги, школы и колледжи предлагают многочисленные курсы и лекции. Устроившись и накопив немного денег, вы можете подумать о поездке в Израиль.

Автор будет считать, что достиг своей цели, если, прочитав эту книгу, вы будете больше ценить свою принадлежность к еврейству.

JUDAISM

Judaism is the world's oldest monotheistic religion. (A monotheistic religion is a religion that believes in the existence of one god.) It dates back to the covenant that Abraham made with God almost 4,000 years ago. According to this covenant, Abraham and his descendants would carry the message of one God to all the world. Abraham and his descendants were chosen by God as "a kingdom of priests and a holy nation to set an example for all mankind."

If Abraham can be called the original representative of the Jewish people as people of God, then it is Moses who can be called the shaper of the Jewish religion. It was through Moses, the only man to see God face to face, that the Israelites received the Ten Commandments and the Law, embodied in the Torah (teaching), from God.

The underlying concept of Judaism is the oneness of God, embraced in the most famous of prayers, the Shema Yisrael: "Hear, O Israel! The Lord our God, the Lord is one." The Jewish God is not a mythological character with human or superhuman form. In fact, the Jewish God has no body, no relatives and no human needs, and is never conceptualized in Jewish art. All depends on God, yet God depends on nothing. God is the creator of the universe and God is the ruler of all mankind. He is not simply a configuration of the past, but an ongoing force and being who is the source of pleasure and pain, harmony and conflict. His teachings are revealed through the Torah. In the Torah, there are 613 mitzvos* (commandments). Two-hundred-

---

* In this book, I have used the standard *Ashkenazi* pronunciation because it is more familiar to East European Jews than the *Sephardi* pronunciation (which is the standard pronunciation in Israel). For example, the *Sephardim* would say "mitzvot," not "mitzvos."

ИУДАИЗМ

Иудаизм — древнейшая монотеистическая религия. (Монотеистической называется религия, признающая существование одного Бога). Иудаизм появился почти четыре тысячи лет назад, когда Авраам получил Завет Божий. Согласно этому Завету, Авраам и его потомки должны были нести идею единобожия всему миру. Авраам и его потомки были избраны Богом быть „царством священников и святым народом, призванным дать пример всему человечеству".

Если Авраама можно назвать истинным родоначальником евреев как Богоизбранного народа, то родоначальником иудаизма предстает Моисей — единственный человек, не только узревший Бога, но получивший от него для сынов израилевых десять заповедей и Закон, изложенные в Торе (учении).

Основная концепция иудаизма — единство и единственность Бога, выраженная в самой известной из молитв „Шема Исраэль": „Услышь, о Израиль! Господь наш Бог, Господь един!" Еврейский Бог не мифологический персонаж в облике человека или сверхчеловека. У него нет тела, семьи, земных нужд, он никогда не изображался в искусстве. Он ни от чего не зависит, в то время как от него зависит все. Бог — создатель Вселенной и повелитель человечества. Он представляет собой не какую-то устоявшуюся форму, а постоянно развивающиеся силу и бытие, которое может быть источником боли и радости, гармонии и конфликта. Его учение записано в Торе. В ней шестьсот тринадцать *мицвос** (заповедей). Двести сорок во-

---

*В этой книге я пользуюсь стандартным ашкеназийским произношением, так как евреи из Восточной Европы знакомы с ним лучше, чем с сефардским, которое более распространено в Израиле. Например, сефардское произношение этого слова — „мицвот", а не „мицвос".

forty-eight commandments (presumably corresponding to the number of bones in the human body) deal with mandates for correct behavior. They discuss belief in God, study of the Torah, building of Temples, festivals, social behavior, family rules, judicial rules, vows, the Sabbath (day of rest), and other aspects of daily religious and secular life. Three-hundred-sixty-five commandments (corresponding to the number of days in the year) are prohibitions on behavior. They concern, among others, idolatry, blasphemy, loans, treatment of slaves, commerce, incest, the monarchy, and justice and injustice. Thus the Torah provides a complete legal code and manner of behavior for the Jews, not simply a set of religious creeds and rites and rituals. It is, indeed, a very strict code of behavior when, for example, discussing what Jews can and cannot eat, but it was so intended to give structure and meaning to every daily act and to make Judaism a complete way of life.

Judaism places great stress on ethics and ethical relationships between people. In fact, this is one of the greatest contributions that Judaism has made to human knowledge and development. Its emphasis on ethical behavior, goodness and righteousness, study, the value of human life; regular daily prayer; the performance of good deeds; hospitality to guests; visiting the sick; honoring one's parents; ensuring proper burial of the dead; ethical obligations to the widow, the 'fatherless, the wife and the stranger; parental responsibility for children; the respective duties of husband and wife; family ethics, rules governing commercial life; and treatment of animals has profoundly affected all of mankind, regardless of religion.

The world owes much to Judaism apart from ethical concepts. The very notion of monotheism set the stage for the appearance of Christianity and Islam, both of which have drawn heavily from Judaism. Judaism introduced the idea of the Sabbath - the day of rest - and thus of the voluntary limitation of working hours. Judaism did away with the worship of animals, planets, stars, natural forces and spirits. It introduced the concept of the individual's

24

семь заповедей (по-видимому, число их совпадает с числом костей в человеческом теле) касаются правил поведения. Они включают религиозные верования, изучение Торы, строительство храмов, соблюдение праздников, законы семейного и общественного поведения, юридические правила, клятвы, празднование *Шабеса* и другие стороны религиозной и светской жизни. Триста шестьдесят пять Заповедей (по числу дней в году) — запреты. В них идет речь о богохульстве, идолопоклонстве, долгах, обращении с рабами, торговле, кровосмешении, монархии, справедливости и несправедливости и т. д. Таким образом, Тора представляет собой не только и не столько список религиозных вероучений, обычаев и обрядов, сколько полный свод юридических и нравственных норм. Иногда, например, законы, связанные с потреблением пищи, очень строги, цель их — придать глубокий смысл самым простым и будничным действиям, сделать иудаизм образом жизни еврейского народа.

Иудаизм придает очень большое значение этике и этической стороне человеческих отношений. Это является одним из важнейших достижений иудаизма в духовном и мыслительном процессе развития человечества. Внимание, уделяемое иудаизмом великодушию, справедливости, образованности, ценности человеческой жизни, регулярным ежедневным молитвам, гостеприимству, посещению больных, уважению к родителям, прощанию с умершими, ответственности по отношению к вдовам и сиротам, женам и незнакомым людям, родительской ответственности, супружескому долгу, семейным взаимоотношениям, торговле и отношению к животным, оказали огромное влияние на все человечество, независимо от религии.

Мир многим обязан иудаизму, помимо этических воззрений. Сама идея единобожия была необходимым условием для появления ислама и христианства, многое почерпнувших из иудаизма. Именно иудаизм ввел идею Субботы — свободного от работы дня, то есть добровольного ограничения рабочего времени. Иудаизм отверг поклонение планетам, животным, звездам, явлениям природы и духам. Иудаизму человечество обязано идеей равенства людей перед единым Богом. Еврей-

equality before one God. It gave dignity to the marital relationship and the home. It introduced the search for a perfected social order, a search that is still undertaken by religious and non-religious communities of all descriptions. It was responsible for the notion of a house of worship - the synagogue - from which the church and mosque derive. The Old Testament has had enormous religious, historical and even linguistic significance for Western civilization. In sum, to quote Woodrow Wilson, the 28th President of the United States: "If we could but have the eyes to see the subtle elements of thought which constitute the gross substance of our present habit, both as regards the sphere of private life and as regards the action of the state, we should easily discover how very much besides religion we owe to the Jews."

The observant Jew believes in one God, in the ever-presence and omniscience of that God, in His fairness and insistence on obedience, in the Torah which is the sum of God's laws, in adhering to the mandates and restrictions imposed by the Torah, and in striving to achieve an ethically pure life. This Jew believes that God will send the Messiah - the ideal ruler, the restorer of divine sovereignty - to re-establish the kingdom of Israel in its own land Zion (Palestine), and that the people of the kingdom will live in righteousness, equality, justice and truth under divine sovereignty. But, according to this belief, the kingdom will not last forever; rather it will come to an end at a predetermined time or as a victim of unrepentant nations, at which point the ultimate intervention by God will take place. All the dead of all time will be resurrected and judged; the wicked will be doomed and the righteous will be transported into a new world.

Synagogue services are held twice daily. During the course of a year, beginning and ending with the holiday of Simchas Torah, the entire Torah is read in the synagogue. Apart from attendance at regular prayer services, the observant Jew seeks to obey the 613 commandments that regulate personal, family and business life. He devotes

26

ская религия придала новое достоинство брачным отношениям, концепции дома, семейного очага. Поиски идеального общественного устройства, до сих пор ведущиеся самыми разнообразными религиозными и светскими группами, начались с иудаизма. Идея специального молитвенного дома — синагоги, от которой ведут свое происхождение и церковь и мечеть, — тоже зародилась в русле иудаизма. Ветхий Завет имел неисчерпаемое культурное, религиозное и даже языковое значение для всей западной цивилизации. О нем кратко и выразительно сказал двадцать восьмой президент США Вудро Вильсон: „Если бы только наше зрение было достаточно острым для того, чтобы разглядеть тончайшие нюансы мысли, составляющие грубую материю нашего существования, как на уровне частных, так и государственных отношений, мы бы с легкостью обнаружили, сколь многим мы обязаны евреям, помимо религии".

Еврей, соблюдающий Тору, верит в единого Бога, в его всеприсутствие и всеведение, в его справедливость и справедливость его требования полного повиновения, в Тору, собрание всех Божьих законов, в следование всем указанным в Торе правилам и запретам, в стремление вести нравственную жизнь. Такой еврей верует в то, что Бог пришлет Мессию — идеального правителя, который восстановит Царство Божие на Земле, воссоздаст Царство Израилево на земле израильского народа — Палестине. Он верит, что народ этого царства будет жить в праведности, равенстве и справедливости. Считается, что это царство не будет вечным, но падет либо в предопределенное время, либо под ударами не принявших его народов. В этот момент Бог в последний раз вмешается в судьбу Израиля. Мертвые всего человечества восстанут для Страшного Суда. Грешники будут осуждены, а праведники перенесены в иной мир.

Служба в синагоге идет два раза в день. В течение года, начиная с праздника Симхас Тора, там читают всю Тору. Кроме посещения синагоги, хороший еврей стремится соблюдать все шестьсот тринадцать заповедей, регулирующих частную жизнь. Он уделяет много времени изучению Талмуда, сочетающему описание и интерпретацию еврейского Закона. Он

considerable time to the study of the Talmud, the compilation of discussion and interpretation of Jewish law. He observes all the festivals of the Jewish liturgical year and the sanctity of the weekly Sabbath, when work is proscribed. He endeavors to insure that his children are brought up to know and follow the Jewish religion as it has been practiced for several thousand years.

Beginning in 19th century Germany, a movement arose which questioned the need to follow every Jewish rite and ritual as they had been prescribed more than 3,000 years earlier. This led, first, to the creation of a branch of Judaism which has been called Reform or Liberal Judaism and, later, to another branch which came to be known as Conservative Judaism. As orthodox Judaism had not previously been challenged in such a way, it had been regarded as mainstream Judaism, but with the emergence of two other branches, the traditional observance came to be known as Orthodox Judaism.

Today, Orthodox, Conservative and Reform Judaism represent the three major branches of Judaism, particularly in some countries such as the United States. In other countries, Great Britain, for example, only Orthodox and Liberal/Reform synagogues exist, whereas in countries like Italy neither the Reform nor the Conservative movement has gained a following. In the United States, each branch has its own synagogues, religious bodies and rabbinical seminaries for the training of new rabbis. As shall be seen below, each branch offers a somewhat different interpretation of Jewish belief and practice in today's world.

Orthodox Judaism is postulated on the principle that the Torah is immutable and that ultimate authority rests with the Torah and the Talmud. If there is a conflict between the Torah and "modern" ideas, the problem lies not in the Torah but in human understanding. Orthodox Jews strictly observe the Sabbath. They do not, for example, ride, cook or switch on electrical appliances on the Sabbath. Rather, theirs is the quest for a day of peace and rest, a clear demarcation from the rest of the week. The Friday evening meal is a particularly festive family occasion.

28

отмечает все праздники еврейского литургического года, уважает святость Субботы. Он делает все для того, чтобы его дети знали многотысячелетнюю традицию иудаизма и следовали ей.

В XIX веке в Германии возникло движение, подвергающее сомнению необходимость точного соблюдения всех обрядов и обычаев иудаизма в том виде, в каком они были предписаны более трех тысяч лет тому назад. Эта переоценка традиционного иудаизма привела сначала к появлению одной его разновидности — так называемого реформистского или либерального иудаизма, а затем другого ответвления — так называемого консервативного иудаизма. Поскольку до этого иудаизм не подвергался такой переоценке, он рассматривался как традиционный. Но с появлением двух других течений, его стали называть ортодоксальным.

Сегодня ортодоксальное, консервативное и реформистское течения представляют собой три основных течения иудаизма, особенно в некоторых странах, таких как Соединенные Штаты. В Англии есть только реформистские и ортодоксальные синагоги, а в Италии — только ортодоксальные. В США каждое течение располагает собственными синагогами, религиозными органами, школами для обучения раввинов и даже, как будет видно из дальнейшего, своей собственной версией иудаизма.

Безусловность авторитета Торы и Талмуда, невозможность оспаривать их являются главным постулатом *ортодоксального иудаизма*. Если существуют разногласия между Торой и „современными" идеями, то причина заключается не в Торе, а в современной интерпретации. Ортодоксальные евреи свято соблюдают Субботу и все праздники. В Субботу они не ездят, не готовят и не включают электрические приборы. Они стремятся ко дню отдохновения и покоя, четко отделенного от всей остальной недели. Вечерняя трапеза в пятницу — особенно торжественное семейное празднество.

In the Orthodox synagogue, men and women are separated, the women usually sitting either in the balcony or behind or to the side of the men. The reasons are for purposes of modesty, to avoid distractions, and to emphasize the male role in prayer in Judaism. The religious service is conducted in Hebrew. Men wear a *tallis* (prayer shawl) and a *yarmulke* (skull cap). The children of the Orthodox usually attend religious day schools.

Within Orthodox Judaism, there are different approaches to religion and life-style. There are, for example, fundamentalists who isolate themselves from other groups; the men wear beards, side curls, long black coats, white shirts without a tie, and a black cloth or fur hat; the married women wear a *sheitel* (wig) and dress modestly. Prayer and study are the keynotes of the community, and there is the ever-present hope for the arrival of the Messiah and the redemption of the Jewish people. Such people question the existence of the State of Israel because, according to their beliefs, a Jewish State cannot exist until the Messiah comes and establishes a kingdom on earth.

There are also the *Hasidim*, another very religious sect, who derive from an 18th century movement that swept Eastern Europe with an easily understandable doctrine of the omnipresence of God and the need to rejoice in this world. In the last century, the followers of Hasidism could be counted in the millions, but today they number in the hundreds of thousands. Their very high birth rate, and some "conversions" to Hasidism by previously non-religious Jews attracted by the joy-filled religious doctrines, have increased Hasidic numbers in recent years.

Finally, there are other Orthodox Jews who, unlike the fundamentalists and the Hasidim, wear "conventional" clothing and have a more "liberal" orientation to Jewish religion and modern-day living, while continuing scrupulously to follow the commandments and transmit the traditional faith to their children.

Мужчины и женщины в ортодоксальной синагоге сидят отдельно, причем женщинам отводятся места на балконе, сбоку или позади мужской части помещения. Это разделение объясняется соображениями скромности, желанием избежать отвлекающих моментов, а также более значительной ролью в молитве, которую отводит иудаизм мужчинам. Служба ведется на иврите. Мужчины надевают *таллес* (специальная шаль, которая надевается при чтении молитвы) и *ермолку*. Дети ортодоксальных евреев обычно ходят в религиозные школы.

Ортодоксальные евреи отличаются друг от друга религиозным и внерелигиозным образом жизни. Например, фундаменталисты изолируются от других групп, мужчины носят бороды и локоны на висках (пейсы), длинные черные пальто, белые рубашки без галстука и черные фетровые шляпы или меховые шапки. Замужние женщины носят *шейтели* (парики) и одеваются очень скромно. Ученые занятия и молитвы доминируют в жизни этих общин, они всегда надеются и надеялись на второе пришествие Мессии и воссоединение еврейского народа. Эта группа ставит под сомнение существование государства Израиль, потому что, по их представлениям, еврейское государство не может возникнуть до прихода Мессии.

Другая ортодоксальная группа — это *хасиды.* Хасидизм возник из захватившей своей доступностью концепции всеприсутствия Бога и необходимости радоваться тому, что тебе дано в этом мире. Концепция эта зародилась в Восточной Европе в XVIII веке. В прошлом веке хасидское движение насчитывало миллионы последователей, но теперь оно измеряется лишь сотнями тысяч. За последние годы число хасидов возросло за счет высокой рождаемости в этой группе и „перехода" в хасидизм в прошлом нерелигиозных евреев, привлеченных жизнерадостностью этой религиозной доктрины.

Существуют и другие группы ортодоксальных евреев. Они носят обычную одежду и более „либерально" относятся к еврейской религии и современному образу жизни, однако и они следуют Заповедям и традиционному религиозному воспитанию.

Reform Judaism began in Germany in the early part of the 19th century. It reflected a desire to modernize the Jewish religion, to adapt Judaism to advances in science and society, to Europeanize the religion and its practitioners, and to make the Jews into an integral part of society rather than an isolated group on society's fringe seen by the rest of the population as "exclusivist," "peculiar" and "backward." This movement advocated a secular education for Jewish children with a supplementary liberal Jewish education. It used German rather than Hebrew in religious services. Men and women were seated together in the synagogue, the men without yarmulke or tallis, the women without a sheitel. A choir and organ accompanied the service, and the service itself was far more restrained and lacking in the religious fervor of the Orthodox synagogues (where no choir or organ were ever used). In fact, the Reform Judaism of this period adopted much from church ritual.

It was in the United States that this branch of Judaism gained a following, crystallized at a meeting in Pittsburgh in 1885. The consensus view was that Judaism was a religion, not a national movement, at a time when Zionism - the Jewish national movement - was emerging in Eastern Europe. No Reform Jews participated in the 19th century revival of the Hebrew language. The anti-Zionist position of Reform Jews was reversed during the Hitler era when the need for a Jewish State was clearly recognized. This altered position vis-a-vis Zionism has remained firm to this day.

In Reform synagogues the pendulum has swung back somewhat from the extreme reached in Germany in the 19th century. English (in English-speaking countries) is still the language of the greater part of the religious service, but a number of prayers are recited in Hebrew. Emphasis is placed on Jewish cultural values, and traditions and holidays are celebrated, but there is usually no attempt made to follow the dietary laws or those governing the Sabbath,

Реформистское течение иудаизма зародилось в начале XIX века в Германии. Оно отражало стремление к модернизации еврейской религии, приспособлению иудаизма к достижениям науки и техники, европеизации религиозной практики и превращению евреев из изолированной группы, казавшейся коренному населению Европы „самоизолирующейся, странной и отсталой" в полноценных членов общества. Это движение стояло за светское образование в сочетании с либеральной еврейской традицией. Служба в синагогах велась на немецком языке чаще, чем на иврите. Мужчины без таллесов и ермолок и женщины без париков вместе сидели в синагоге. Служба, сопровождавшаяся хором и органом, была более сдержанной. В ней не было того религиозного накала, который характерен для ортодоксальной службы, идущей без хора и без органа. Реформизм этого периода многое заимствовал из христианского богослужения.

Программа реформизма, завоевавшего большую популярность в США, была сформулирована на конференции в Питтсбурге в 1885 году. В то время как сионизм волновал умы восточно-европейских евреев, конференция признала реформистский иудаизм религией, а не национальным движением. Реформисты не принимали участия в начинавшемся в XIX веке возрождении иврита. Во времена Гитлера, когда необходимость создания национального еврейского государства стала очевидной, евреи-реформисты пересмотрели свои позиции по этому вопросу. В настоящее время реформистский иудаизм продолжает придерживаться этой новой позиции по отношению к сионизму.

В современных реформистских синагогах не встретишь крайностей, в которые ударялись реформисты в Германии в XIX веке. Хотя в англоязычных странах службы по-прежнему ведутся в основном на английском языке, некоторые молитвы читаются на иврите. Реформизм стоит за сохранение культурных и религиозных ценностей традиционного иудаизма, традиций и праздников, но евреи-реформисты не соблюдают Субботу, законы, связанные с едой, ежедневные молитвы и последовательное изучение Талмуда. Они не настаивают и на

daily prayer, regular study of the Talmud, or the strict moral code that governs family life among the Orthodox.

Conservative Judaism is not, as its name would suggest, conservative. This branch of Judaism, which dates back to the middle of the 19th century, has sought to define a middle road between Orthodox and Reform Judaism. Most Conservative Jews place little credence in the concept of a supernatural redeemer who will establish a kingdom on earth, nor do all Conservatives believe in the immutability of the Torah. They argue that as times change, so, too, do conditions; some adjustments must be made accordingly. As a consequence, Conservatives endeavor to retain all that they deem as rational and relevant in the Jewish religion and tradition, and often lay emphasis on the spirit rather than the letter of the rites and rituals.

In Conservative synagogues, men and women are seated together, the men wear a yarmulke and tallis, a large portion of the religious service is conducted in Hebrew, and there is often a choir. The Sabbath and dietary laws may or may not be strictly observed, but all holidays are, of course, celebrated.

The Conservatives seek to bring Jewish culture and the uniqueness of each ethnic Jewish group closer together. Support for Israel is, as among virtually all other Jewish religious groups, very strong. Conservative day schools (often known as Solomon Schechter Schools) exist in many communities and offer classes on Jewish religion, history and customs (in addition, of course, to the full range of secular academic subjects).

Reconstructionism is the youngest of the Jewish movements in the U.S. Founded 55 years ago by a Conservative rabbi and philosopher, Mordechai Kaplan, Reconstructionism emphasizes that Judaism is more than a religion; it is a complete civilization. It contains within it religion, laws and ritual, language, history, culture and folklore. And like any civilization, Judaism has evolved over the years. As such, Jews should accept the new scientific knowledge available

обязательном религиозном образовании и соблюдении постулатов семейной жизни со строгостью ортодоксальных евреев.

Несмотря на название, *консервативный иудаизм* вовсе не является консервативной разновидностью нашей религии. Это возникшее в середине XIX века течение пытается найти золотую середину между ортодоксальным и реформистским иудаизмом. Для большей части консервативных евреев концепция Мессии, который восстановит Царство Божье на Земле, не имеет глубокого смысла. Многие приверженцы консерватизма вовсе не уверены в том, что Тору нельзя оспаривать. Они считают, что с меняющимися временами меняются и условия жизни и к этим переменам необходимо приспосабливаться. В результате сторонники консервативного иудаизма пытаются сохранить все то, что они находят рациональным и непреходящим в религии и еврейской традиции и уделяют больше внимания духу, а не букве еврейского Закона.

В консервативных синагогах мужчины в таллесах и ермолках сидят вместе с женщинами. Служба чаще ведется на иврите, но под аккомпанемент хора. Суббота и ограничения в еде не соблюдаются строго, но праздники, разумеется, отмечаются.

Последователи консервативного иудаизма стремятся совместить еврейскую культуру с неповторимостью каждой этнической еврейской группы. Все евреи-консерваторы единогласно поддерживают Израиль. Дневные школы при их синагогах, более известные под именем школ Соломона Шехтера, существуют во многих общинах и обучают еврейской религии, истории и обычаям с менее традиционной, чем в ортодоксальных школах, точки зрения (в этих школах преподают также и общеобразовательные предметы).

Реконструкционизм — самая молодая ветвь иудаизма. Она возникла пятьдесят пять лет назад в США. Ее основателем был философ и раввин консервативной синагоги Мордехай Каплан. Реконструкционизм настаивает на том, что иудаизм — это не только религия, а целая цивилизиция. Он содержит в рамках религии законы и ритуал, язык и историю, культуру и фольклор. И как всякая цивилизация, иудаизм развивается во времени. Поэтому евреи должны пользоваться достижениями

and discard those aspects of Jewish doctrinal belief that stem from the supernatural. For example, Reconstructionists contend that the Torah was the work of humans, not God's revelation. Of course, such a view runs completely contrary to the view of, say, Orthodox Jews. Kaplan was also a strong supporter of education and activities involving the Hebrew language and Israel. Indeed, he himself emigrated to Israel in 1963, at the age of 82!

The Reconstructionists' membership is approximately 60,000. Their rabbinical college, founded in 1967, is located in Philadelphia. It trains both men and women for the rabbinate.

Rites of Passage

Circumcision: If a male child is born to a Jewish mother,* circumcision, or the removal of the foreskin of the penis, takes place on the eighth day after birth, regardless of whether this falls on a holiday or not. This rite of circumcision *(bris mila)* symbolizes the everlasting covenant of God with Abraham, the first Jew, and all of Abraham's descendants. In Genesis, the first of the five books of the Torah, it is written: "And ye shall be circumcised in the flesh of your foreskin, and it shall be a token of the covenant betwixt Me and you." The circumcision is traditionally performed by the *mohel,* a man specially trained to perform the rite. The ceremony is regarded as a festive occasion to which relatives and close friends are invited. At this time, the boy is given his religious (Hebrew) name which will be used on various occasions during his lifetime, for example, when he is called to the reading of the Torah in the synagogue.

---

* According to *halakhah* (Jewish law), the religion of the mother, not the father, determines the child's identity, though Reform Jews now accept patrilineal descent.

36

современного научного знания и отбросить аспекты еврейской доктрины, ведущие свое происхождение от концепции сверхъестественного. Например, реконструкционисты считают Тору плодом человеческого творчества, а не божественного откровения. Конечно, такая точка зрения полностью противоположна концепции ортодоксальных евреев. Каплан был сторонником проивритской и произраильской деятельности. В 1963 году в возрасте восьмидесяти двух лет он даже эмигрировал в Израиль.

Реконструкционисты насчитывают около шестидесяти тысяч человек. Их колледж, готовящий раввинов, был основан в 1967 году и находится в Филадельфии. В нем могут учиться и мужчины, и женщины.

Важнейшие ритуалы иудаизма

Обрезание. Если у еврейской матери рождается сын *, то на восьмой день его жизни, независимо от того, приходится ли этот день на праздничный, совершается обряд обрезания. Этот обряд (*брис мила*) символизирует вечное соглашение между Богом и первым евреем Авраамом и всеми его потомками. В Книге Бытия — первой в Пятикнижии Моисея (в Торе) — говорится: „И да будет обрезана твоя крайняя плоть в знак согласия между мной и тобой". Обычно обрезание осуществляет *мохель*, специалист по выполнению этого обряда. Церемония считается радостным событием, отпраздновать которое собираются родственники и близкие друзья. Именно в этот момент мальчику дают его религиозное (ивритское) имя, которым его будут называть в важные для религиозного еврея моменты, например когда его будут вызывать читать Тору в синагоге.

---

* По халаха, еврейскому закону, именно религия матери, а не отца, определяет религию ребенка, хотя реформисты признают и наследование религии по отцу.

Circumcision was not the invention of the Jews. Ancient Egyptians performed circumcision as part of their religious ritual long before the Jews. Today, in countries like the United States and Canada, circumcision is widespread among the non-Jewish population for medical and hygienic reasons.

According to tradition, girls are named in the synagogue, generally on the Sabbath following the birth of the child. The father is called to recite the benediction over the Torah.

Bar Mitzvah (son of the Commandment): The bar mitzvah is the ceremony marking the initiation of the 13-year-old Jewish boy into the Jewish religious community. It thus represents the traditional transition from boyhood to manhood and the assumption of responsibility for one's own deeds. The *bar mitzvah* boy normally has studied for a period of at least one year (perhaps a couple of times a week after school) with the help of the rabbi and *chazzan* (cantor) of the synagogue where the ceremony will be held. The ceremony, which takes place on Monday, Thursday or Saturday mornings, requires the boy to be called to the pulpit and to recite a portion from the Torah. The father, too, is called and recites the ancient formula for moral severance: "Blessed be He who releases me from the responsibility of this child." In earlier times, the 13th birthday and the bar mitzvah really did signal a new era in the life of the boy, hence the formula for moral severance. Today, times are different. The boy continues to live at home and study and generally is not yet expected to assume any major responsibility for his own life. Nevertheless, the *bar mitzvah* remains a very important rite in the life of the Jewish male, acknowledging his admission into the religious community.

After the religious service, a reception for relatives and friends is offered by the boy's parents. The reception is usually held either in a synagogue hall, another public hall or at the family's home. It is customary for the guests to give the boy a present. A close relative normally presents him with his first tallis and *siddur* (prayer book).

Не евреи придумали обрезание. Древние египтяне исполняли этот обряд задолго до евреев. В настоящее время многие неевреи в США и Канаде делают детям обрезание, так как считают его полезной гигиенической мерой.

Девочкам еврейское имя дается в синагоге в первую субботу после рождения. Отец читает благословение Торы.

Бар мицва (сын Заповеди): отмечает вступление мальчика в еврейскую общину как ее полноправного члена. Церемония символизирует превращение мальчика в мужчину и начало того времени, когда человек сам несет ответственность за свои поступки. Мальчик, которому предстоит *бар мицва*, обычно целый год готовится к церемонии (два раза в неделю после школы). Ему помогают раввин и *хазан*, кантор синагоги, где будет происходить это праздничное событие. Обычно церемония назначается на утро понедельника, четверга или субботы. Стоя перед собравшимися в синагоге, мальчик должен прочитать наизусть отрывок из Торы. Затем вперед выходит его отец и произносит традиционную формулу: „Да будет благословен тот, кто снимет с меня ответственность за этого ребенка". Эта формула восходит к тому времени, когда тринадцатый день рождения действительно означал начало самостоятельной жизни юноши. Сейчас все по-другому: мальчики продолжают жить дома, учиться и не несут настоящей ответственности за свои поступки. Тем не менее *бар мицва* как момент, когда юноша становится полноправным членом религиозной общины, остается очень важной в его жизни.

После религиозной церемонии родители мальчика устраивают прием для родных и друзей. Гости собираются в зале синагоги, в каком-нибудь другом общественном месте или дома. Принято дарить мальчику подарки. Кто-нибудь из близких родственников преподносит ему первый таллес и *сидур* (молитвенник).

In recent years, Conservative synagogues have introduced a similar festive rite for girls 12 and older, the earlier age reflecting the earlier maturation of girls than boys. This ceremony is known as the *bas mitzvah* (daughter of the Commandment). In Reform synagogues, the rite is known as Confirmation and is a group ceremony held when the girl is 15 or 16.

Marriage: A Jewish marriage can be held anywhere - in a synagogue, at home or in a public hall. In many countries, including the United States, it is recognized by the state as a legally binding marriage without the need to have a civil marriage as well.

A rabbi conducts the ceremony. The bride and groom stand under a *chupah,* a silk or satin canopy held up by male relatives of the couple. The *chupah* was originally mentioned in the Bible where it referred to the bridal chamber or canopy, but through the ages it has come to be used as the wedding canopy. The wedding ring is given with the declaration: "Behold you are consecrated to me by this ring according to the law of Moses and Israel." Two benedictions over the wine and five other benedictions are made. In some communities, it is customary to break a glass by stepping on it, which is popularly interpreted as serving as a reminder of the destruction of the Temple in Jerusalem in 70 A.D. Traditionally, a joyous reception in honor of the couple follows. The *k'tubah* is the name of the Jewish marriage certificate.

Divorce under Jewish law is not especially difficult to obtain. Although Judaism places great stress on the importance of the family, it recognizes that incompatibility and irreconcilability are bound to occur in some cases. A *get* is the name of the divorce certificate obtained from the *beth din* (religious court).

Death: When a Jew dies, the burial service is marked by simplicity. Interment at the ceremony takes place as soon after the death as possible, but not on the Sabbath or holidays.

В последнее время консервативные синагоги ввели аналогичный праздник для девочек, достигших двенадцати лет, так как девочки обычно взрослеют быстрее. Эта церемония называется *бас мицва* (дочь Заповеди). В реформистских синагогах это событие называется конфирмацией и празднуется, когда девочке исполняется пятнадцать или шестнадцать лет.

Брак. Еврейский брак может быть заключен где угодно — в синагоге, дома, в общественном месте. Во многих странах, включая США, еврейский религиозный брак признается законным и действительным и не нуждается в дополнительной гражданской церемонии.

Церемонию ведет раввин. Жених и невеста стоят под *хупой*, шелковым или атласным навесом, который держат мужчины — родственники новобрачных. *Хупа* впервые упоминается в Библии, где это слово обозначает брачный покой или полог. Со словами: „Ты предназначен/а мне этим кольцом по закону Моисея и Израиля" новобрачные обмениваются обручальными кольцами. Читаются благословения вина и пять других благословений. В некоторых общинах принято, разбив стакан, наступить на него. Считается, что этот акт напоминает о разрушении Иерусалимского храма в 70 году до н. э. По традиции церемония заканчивается веселым праздником в честь новобрачных. Свидетельство о браке называется *ктуба*.

Интересно, что по еврейскому закону развод получить не очень трудно. Хотя значение семьи для иудаизма очень велико, он также признает, что в некоторых случаях возможна несовместимость характеров. Свидетельство о разводе называется *гет*, его получают от *бет дин* (религиозного суда).

Смерть. Похороны у евреев удивительно просты. Похороны устраивают как можно быстрее, но не в праздник или в субботу.

As a rule, Jews do not believe in cremation. Traditionalists argue that, according to the Bible, burning the body was intended only for those who committed transgressions.

The Torah does not prescribe a particular manner in which a period of mourning should be observed, but custom dictates that if a very close relative dies, the Jew should observe a mourning period of 11 months, or at least a period of 30 days *(shloshim)* of which the first seven *(shiva)* are the most rigorous. During these first seven days, Jews stay at home, sit on low stools, symbolically tear a lapel as a sign of mourning, do not wear leather footwear, do not use cosmetics, do not shave, keep the mirrors covered (either because mirrors are seen as a sign of vanity or because prayer is forbidden in front of a mirror since the reflection can distract the attention of the worshipper), and leave a candle burning. Friends and relatives pay a *shiva* call on the bereaved to express sympathy and offer support and comfort. No entertainment or parties are attended during the period of either 11 months or 30 days, depending on the degree of observance. Less observant Jews frequently shorten the period of mourning and do not necessarily follow the same restrictions on stools, leather shoes, cosmetics, shaving, etc.

The bereaved recite the *Kaddish* following the death of a close relative, doing so for a period of 11 months. The prayer is recited in the synagogue at the end of the daily and Sabbath services. Although the *Kaddish,* which is a praise of God and a prayer for the establishment of God's kingdom on earth, does not make any mention of death, it has come to be known as the Mourner's Kaddish and is recited as an act of memorial and faith.

The anniversary of the death of a close relative - *yahrzeit* (anniversary; year's time) - is observed by the kindling of a candle, the recital of the Mourner's *Kaddish* and, when possible, the visiting of the grave site. Among some Orthodox Jews, it is traditional to fast on this day.

Although black has come to be identified as the color of mourning in our age, Jews do not necessarily wear black (although they do wear somber clothing) when in mourning.

Евреи обычно не прибегают к кремации. Наиболее ортодоксальные утверждают, что сожжение предназначалось только для тех, кто повинен в нарушении Закона.

Тора не предписывает специальных правил соблюдения траура, но, по обычаю, в случае смерти близкого родственника траур соблюдают в течение одиннадцати месяцев или, по крайней мере, тридцати дней *(шлошим)*. Особой строгостью отличаются первые семь дней *(шива)*. В эти дни религиозные евреи, разорвав в знак скорби отвороты своей одежды, не выходят из дома, сидят на низких табуретках, не носят кожаной обуви, не пользуются косметикой, не бреются, закрывают зеркала (то ли потому, что они считаются символом суеты, то ли потому, что открытые зеркала отвлекают внимание во время молитвы) и не гасят свечи. Во время *шивы* друзья и родственники приходят к понесшим утрату, чтобы выразить сочувствие и симпатию и утешить их. В эти тридцать дней или одиннадцать месяцев (в зависимости от строгости соблюдения траура) нельзя ходить в гости и развлекаться. Менее набожные евреи обычно соблюдают траур не так долго и игнорируют обычаи, связанные с низкой мебелью, кожаной обувью, косметикой, бритьем и т. д.

В течение одиннадцати месяцев близкие родственники покойного читают в синагоге заупокойную молитву *Каддиш* в конце ежедневной и субботней службы. *Каддиш* прославляет Бога, призывает к восстановлению Царства Божьего на Земле и не упоминает умершего. Тем не менее читают его в знак памяти и веры.

Годовщину смерти близкого родственника — *ярцайт* (годовщина) — отмечают зажиганием свечей, чтением траурного *Каддиша* и, если возможно, посещением могилы. У некоторых ортодоксальных евреев принято в этот день поститься.

Хотя в наше время цветом траура считается черный, евреи не обязательно носят черную одежду в период траура (они

The custom of wearing black is considered to be non-Jewish.

Some ambiguity and argument exists among devout Jews about the question of human immortality. The single point of consensus is that God did not create man and woman for this life alone, but there are many points of view regarding the fate of the soul, life after death and final judgment.

надевают любую темную одежду). Обычай носить черное считается нееврейским.

Мнения верующих евреев по поводу бессмертия человеческой души, жизни после смерти и Страшного Суда чрезвычайно разноречивы и сходятся лишь в том, что Бог создал людей не только для этой жизни.

JEWISH HOLIDAYS

The major Jewish holidays, arranged in chronological order according to the Jewish calendar, are described in this section. Because of the long history and tradition surrounding the holidays, and their importance in Jewish life, they have been presented here in some detail. Bear in mind that Jewish holidays begin at sunset the evening before and continue until sunset of the concluding day.

Rosh Hashanah (Head of the Year) is celebrated on the first and second days of the Hebrew month of *Tishrei* (which coincides with September or October). It is a solemn holiday that ushers in a period of ten days of penitence and prayer. Work is not permitted during *Rosh Hashanah*.

On *Rosh Hashanah,* one is to review the life of the past year, to engage in self-judgment, and to stand in judgment before God. According to the Jewish religion, one's fate is inscribed in the Book of Life during this holiday. The *shofar* - a ram's horn - is blown in synagogues to "awaken those who sleep," and to remind them that they should remember God, rededicate their lives to Him, and reflect on their deeds of the past year. The *shofar* is usually curved to serve as a symbol of man bowing in submission to God's will.

It is customary during the ten days of penitence to greet one's friends with: "May you be inscribed (in the Book of Life) for a good year."

In the Jewish calendar, New Year's Day, September 30, 1989, began the year 5750 which dates the biblical creation of the world by God. The Jewish calendar is based on lunar rather than solar position, which explains why the secular dates of the Jewish holidays change from year to year.

ЕВРЕЙСКИЕ ПРАЗДНИКИ

В этой главе описаны важнейшие еврейские праздники в порядке следования их друг за другом в еврейском календаре. Чтобы сохранить для читателей аромат древности еврейской традиции и истории, о них говорится довольно подробно. Не забудьте, что все праздники начинаются с заката солнца накануне и продолжаются до заката солнца в последний день.

Рош-Хашана (начало года) празднуется в первый и второй дни еврейского месяца *тишри* (приходится на сентябрь или октябрь). Это торжественный праздник, за которым следует десятидневный период покаяния и молитв. Во время *Рош-Хашана* работа запрещена.

Идея *Рош-Хашана* — оглянуться на прожитый год, предстать перед собственным судом и перед судом Бога. Еврейская религия считает, что в это время судьба каждого человека заносится в Книгу Жизни. В синагогах трубят в *шофар* — бараний рог, чтобы „разбудить спящих" дабы они помнили о Боге, вновь посвятили ему свою жизнь и подумали о совершенных в прожитом году поступках. *Шофар* обычно имеет изогнутую форму, символизируя человека, склоняющегося в знак покорности Богу.

Во время десятидневного покаяния у евреев принято приветствовать друзей словами: „Пусть в Книге Жизни для вас будет записан добрый год".

30 сентября 1989 года — первый день Нового 5750 года по еврейскому календарю. Считается, что он ведет число лет от сотворения мира. Еврейский календарь построен на лунных, а не на солнечных фазах. Этим объясняется то, что по грегорианскому календарю даты еврейских праздников приходятся каждый год на другие числа.

Yom Kippur (Day of Atonement) is the tenth day of the period of repentance that begins with *Rosh Hashanah.* It is the most important and solemn day of the Jewish liturgical year; work is strictly forbidden. On this day, the fate of every person, which has been left pending from *Rosh Hashanah,* is finally determined. Jews fast and spend the day in the synagogue. Their prayers ask God to forgive their sins against Him. During this day, the soul is to be "afflicted" by abstaining from, among other things, eating and drinking, or washing oneself for pleasure, anointing the body, and wearing leather shoes. To those who repent fully, forgiveness is granted. Importantly, however, in the case of sins committed against an individual, forgiveness can only come with repentant behavior and the asking of forgiveness of the person concerned. In Judaism, God does not intervene between people.

The prayers for the Day of Atonement begin in the evening with the *Kol Nidre* (All Vows), a declaration of the annulment of vows that the individual is about to make but will not be able to fulfill during the coming year. It is customary for the *chazzan* to sing the Kol Nidre three times in order that it be heard even by those arriving late to the synagogue. The standard melody is one of the most beautiful examples of Jewish liturgical music.

Among the customs associated with the period around *Yom Kippur* are remembering the dead and donating charity in their memory; sending gifts to the poor; asking forgiveness of one's friends to smooth over relations; blessing the candles and eating a hearty meal just before *Yom Kippur* begins; and blowing the *shofar* in the synagogue to signal the end of *Yom Kippur.*

Interestingly, *Rosh Hashanah* and *Yom Kippur* are the only Jewish holidays that are not connected either with historical events or occurrences in nature.

Sukkos (booths; tabernacles) begins on the 15th day of the Hebrew month of *Tishrei* and continues for eight days in the Diaspora, seven days in Israel. It is a joyous holiday, one of the three Pilgrim Festivals mentioned in the Torah (together with *Passover* and *Shavuos)* that is connected with

Йом-Кипур (Судный День) — это десятый день периода покаяния, начинающегося с *Рош-Хашана*. В этот важнейший и торжественнейший день еврейского литургического года работа строго запрещена. В *Йом-Кипур* окончательно определяется судьба людей, ожидавших этого определения с *Рош Хашана*. Евреи постятся и проводят весь день в синагоге. В молитвах они просят Бога простить совершенные против него грехи. В этот день душа должна быть „уязвлена" голодом, жаждой, а также неудобствами, связанными с тем, что в *Йом-Кипур* нельзя мыться и умащать тело для удовольствия, нельзя надевать кожаную обувь. Тому, кто глубоко и искренне раскаивается, Бог дарует прощение. Но интересно, что прощение проступка, совершенного против другого человека, может быть даровано только в случае если пострадавший простит провинившегося. Иудейский Бог не вмешивается в отношения между людьми.

Молитвы Судного Дня начинаются накануне вечером с *Кол-Нидре* (Все Клятвы), сводящей на нет все обеты, которые человек намерен дать, но не сможет выполнить в следующем году. Обычно *хазан* (кантор) выпевает молитвы три раза для того, чтобы их услышали те, кто опоздал в синагогу. Традиционная мелодия *Кол-Нидре* — прекрасный образец еврейской литургической музыки.

Один из обычаев *Йом-Кипура* — поминание умерших и в память о них подарки и милостыня бедным, просьба о прощении у друзей, благословение свечей и обильная трапеза перед самым началом праздника. Чтобы оповестить об окончании *Йом-Кипура*, в синагоге трубят в *шофар*.

Интересно, *Рош-Хашана* и *Йом-Кипур* — единственные еврейские праздники, не связанные с историческими событиями или явлениями природы.

Суккос (шалаши, шатры) начинается на пятнадцатый день месяца *тишри* и празднуется восемь дней в диаспоре и семь в Израиле. Этот веселый праздник упомянут в Торе вместе с праздниками *Шавуос* и *Пейсах* как один из трех Праздников Паломничества. Он был связан с сельскохозяйственным цик-

the harvest cycle, Sukkos coming at the end of the grape harvest. During each of the Pilgrim Festivals, according to ancient rite, Jews were to travel to Jerusalem and bring offerings to the Temple.

Sukkos also has another significance. It commemorates the temporary *sukkos* (singular, *sukkah)* in which the Israelites dwelt in the wilderness after their exodus from Egypt.

It is customary to build a *sukkah* for the holiday. The sukkah must be under the open sky (on a balcony or roof, in a garden or courtyard), and its roof should be made from leaves or straw, while the walls can be of any material. The sukkah is decorated with fruits and vegetables in accordance with its agricultural significance.

Observant Jews use the *sukkah* as a place to eat meals during the holiday period and for periods of reflection. The sukkah is intended to draw people away from the security of their house for a brief period to remind them of their dependence on God. Some Jews sleep in the *sukkah,* but this depends on weather conditions, degree of devoutness and size of the sukkah. Synagogues usually have their own *sukkah* for the benefit of those who do not have their own.

Simchas Torah (Rejoicing of the Torah) is celebrated in the Diaspora on the day after the end of *Sukkos* and, in Israel, one day earlier. The holiday is celebrated in a joyous way to commemorate the completion and the starting anew of the year-long reading of the Torah. At the end of the evening service, all the Torah scrolls are removed from the Ark and carried in procession around the synagogue seven times.

Despite the singing, dancing and generally festive mood in the synagogue, there is also a solemn note to Simchas Torah: the very last section of the Torah, which deals with the death of Moses, is read on this day.

In many Western communities, Jews have declared *Simchas Torah* to be a day of solidarity with Soviet Jews in recognition of the popularity of this particular holiday in many Soviet cities.

лом и отмечал окончание сбора винограда. По древнему обычаю в конце каждого из Праздников Паломничества евреи должны были ехать в Иерусалим, чтобы принести дары в Храм.

Суккос также символизирует шатры (*суккос*, единственное число — *сукка*), в которых евреи жили в пустыне во время Исхода из Египта.

В этот праздник строят *суккосы*. Такой шатер или шалаш должен находиться под открытым небом (на балконе, на крыше, в саду или во дворе). Крыша делается из листьев или соломы, стены — из любого материала. В соответствии с сельскохозяйственным значением праздника стены шалаша украшаются фруктами и овощами.

В течение праздника соблюдающие Закон евреи едят и проводят время в размышлениях в *суккосах*. Предназначение их в том, чтобы оторвать человека от безопасности и уюта его дома и напомнить о его зависимости от Бога. Некоторые евреи спят в *суккосах*, но это зависит от погоды, строгости соблюдения законов и размеров шалаша. Обычно в синагогах строятся свои *суккосы* для тех, кто не может построить их сам.

Симхас Тора (Радость Торы) празднуется на следующий день после окончания *Суккоса*, а в Израиле — на один день раньше. Это веселый праздник, отмечающийся в синагоге в знак окончания годичного чтения Торы и начала нового цикла чтения. В конце вечерней службы все свитки Торы выносятся из ковчега и проносятся вокруг синагоги семь раз.

Наряду с песнями, танцами и общим праздничным настроением в празднике Торы присутствуют и скорбные мотивы: в этот день читают последнюю часть Торы, в которой описывается смерть Моисея.

На Западе во многих общинах *Симхас Тора* объявлена днем солидарности с советскими евреями в знак популярности этого праздника во многих советских городах.

Chanukah (Feast of Dedication; Feast of Lights) is celebrated from the 25th day of the Hebrew month of *Kislev* for a period of eight days to celebrate the victory in 164 b.c.e.* of the Jewish Macabees over the Greek conquerors of Judea.

The Greeks had suppressed the Jewish religion and profaned the Temple in Jerusalem during their occupation of Judea. The Jews began a guerilla war in 168 b.c.e. and over the course of the next three years managed to defeat the well-armed Greeks. When the Jews victoriously entered Jerusalem, they went directly to the Temple. There they found a small bottle of holy oil which was used to light the *menorah* (candelabrum). Normally, this oil would have been sufficient for only one day, but, miraculously, it lasted for eight. Thus it was decreed that these eight days should be celebrated annually to recall the miracle of the oil and rejoice in the unity and heroism of the Jewish people.

In Jewish homes around the world, one additional light of the *chanukiah* (Chanukah *menorah)* is lit each night until the last night when all eight lights, representing the eight days, and the shammas (helper light) are lit. In Israel, giant *chanukiot* (plural of *chanukiah)* are placed atop public buildings. According to recent tradition, the lights of Chanukah have come to symbolize the national renaissance of the Jewish people.

Among the customs associated with Chanukah are: giving "Chanukah gelt" ("money") to children; eating heartily; preparing *latkes* (pancakes) and *sufganiot* (jelly doughnuts); and, for the children, playing with a *dreidel* (spinning top).

Purim, though a minor holiday, is eagerly anticipated because of its tradition and festivity. It is celebrated on the 14th day of the Hebrew month of *Adar* and commemorates the rescue of the Jews from the genocidal plot of Haman, the chief minister to the Persian King Ahasueras. Haman's

---

* Jews generally use the abbreviation b.c.e. - before the common era - and c.e. - common era - rather than generally used b.c. - before Christ - and a.d. - *Anno Domini* (in the year of our Lord).

Ханука (Праздник посвящения, Праздник Огней) празднуется восемь дней, начиная с двадцать пятого дня еврейского месяца *кислев*. Праздник посвящен победе еврейских национальных героев Маккавеев над греческими завоевателями в 164 году до н. э.* в Иудее.

Во время оккупации Иудеи греки преследовали иудаизм и осквернили Иерусалимский Храм. В 168 году до н. э. евреи начали партизанскую войну и через три года разбили прекрасно вооруженную греческую армию. Войдя с победой в Иерусалим, они немедленно отправились в Храм. Там они нашли крошечный сосуд со священным маслом для светильника, называющегося *менора* (семисвечник). Содержимого сосуда должно было бы хватить только на один день, но чудесным образом его хватило на восемь дней. Так было решено, что эти восемь дней станут праздником в память о чуде и в честь единства и героизма еврейского народа.

В каждый праздничный вечер *Хануки* в еврейских домах всего мира на *ханукье* (ханукальной *меноре*) зажигается одна новая свеча, покуда в последний вечер не окажутся зажжены все свечи, символизирующие восемь дней, и одна свеча-„помощник". В Израиле огромные *ханукьот* (множественное число от *ханукья*) зажигаются на крышах общественных зданий. По недавней традиции ханукальные свечи символизируют национальное возрождение еврейского народа.

Из ханукальных обычаев наиболее популярны: одаривание детей деньгами („ханука гелт"), обильные трапезы, включающие картофельные оладьи *латкес* и *суфганиот* (пончики с желе), и детские игры с *дрейделем* (волчком).

Пурим — по традиции радостный праздник, и, хотя он и не входит в число важнейших праздников, всегда ожидается с нетерпением. Он приходится на четырнадцатый день еврейского месяца *адар* и празднуется в честь спасения евреев от задуманного Аманом, первым министром персидского царя

---

* Евреи, как правило, пользуются в своих изданиях аббревиатурой „до н.э." (до новой эры), а не „до Р.Х." (до Рождества Христова).

scheme failed due to the intercession of Esther, the Jewish wife of the king, and the courageous leadership of her cousin Mordechai. Thus *Purim* celebrates God's protection of His people.

During *Purim,* the Book of Esther, one of the books of the Bible, is read aloud. It recounts the story of Haman, Esther, King Ahasuerus, Mordechai and the ultimate Jewish victory. Each time the name Haman is mentioned, it is customary to make loud and raucous noises with a grogger (noisemaker), which is usually distributed beforehand in the synagogue. Many children come to the synagogue dressed in costumes.

Purim is a time for the exchange of gifts among family members and friends; donations to charity; good food and drink; *hamantaschen* (Haman's ears) - tasty three-cornered pastries; the *Purimspiel,* an entertaining play for the holiday; and festive carnivals in the community center or, as is most often the case in Israel, parades.

Passover (or *Pesach)* is the second of the three Pilgrim Festivals mentioned in the Torah. This holiday is celebrated from the 15th day of the Hebrew month of Nisan for eight days in the Diaspora, seven days in Israel. *Passover* is traditionally associated with the exodus of the Jews from Egypt. God "passed over" the houses of the Children of Israel while killing the first- born Egyptian children as one of the ten plagues that God cast on the evil Pharaoh and his realm. Thus *Passover* celebrates Jewish freedom.*

During *Passover,* Jews do not eat leavened foods in order to recall that their ancestors were in such a hurry to leave Egypt that they did not even have enough time to allow the bread to leaven. During the eight-day holiday,

---

* Passover is also associated with the pilgrimage to the Temple in Jerusalem as part of the harvest cycle, and with the feast of unleavened bread and the sacrificial offering of a lamb, the latter having served as a reminder of the lamb's blood used to identify Jewish homes when the Egyptian first-born were killed. Passover is, therefore, associated with a number of events.

Артаксеркса, уничтожения евреев. Евреи были спасены, благодаря вмешательству Эсфири, жены Артаксеркса, еврейки по происхождению, и смелости ее родственника Мордехая. Таким образом, *Пурим* символизирует покровительство и защиту Богом своего народа.

Во время *Пурима* читается вслух Книга Эсфири, одна из книг Библии. В ней рассказывается история Эсфири, Амана, Артаксеркса и Мордехая, а также о победе, одержанной евреями. Каждый раз при упоминании имени Амана присутствующие гремят трещотками, которые обычно заранее раздают в синагоге. На *Пурим* дети часто приходят в синагогу в карнавальных костюмах.

На *Пурим* родственники и друзья обмениваются подарками, щедро жертвуют на благотворительность, пекут *хоминташи* („уши Амана") — вкусные треугольные пирожки, разыгрывают *Пуримшпиль* — веселую праздничную пьесу, устраивают карнавалы в еврейских центрах, а в Израиле — парады.

Второй упоминающийся в Библии Праздник Паломничества — это *Пасха*, или *Пейсах*. Этот праздник справляется восемь дней, начиная с пятнадцатого дня еврейского месяца *нисана* в Диаспоре и семь дней в Израиле. По традиции *Пасха* ассоциируется с исходом евреев из Египта после того, как Бог „миновал" (passed over) дома детей израилевых, убивая всех египетских первенцев в дни десятой казни египетской, насланной Богом на фараона и его царство. Потому *Пасха* и связана с прославлением свободы евреев.[*]

В память о том, что при бегстве из Египта у евреев не было времени даже заквасить тесто, евреи на *Пасху* вместо дрожжевого хлеба едят мацу — незаквашенный хлеб. Во многих супермаркетах есть специальный отдел, где продается еда для праздника *Пасхи*.

---

[*] Пасха также ассоциируется с паломничеством в Иерусалимский Храм и является частью праздничного цикла урожая. Он сопровождается трапезой из пресного, испеченного без дрожжей хлеба и жертвоприношением ягненка, последнее — в память о том, что именно кровью ягненка были помечены дома евреев, когда были убиты первенцы египтян. Таким образом, Пасха связана с рядом событий.

matzah (unleavened bread) is used as a replacement for bread. Most supermarkets have a section devoted exclusively to foods appropriate for *Passover*.

Each of the first two evening meals of Passover in the Diaspora is called a *seder* (order), but in Israel the *seder* is only held on the first night. The *seder* derives from a Biblical injunction to parents to inform their children of the deliverance of the Jews from Egypt. Indeed, much of the seder ritual is meant to directly involve the children. As such, it is a very special and family-oriented event in Jewish life.

There is great ritual attached to the *seder*. On the table, three pieces of *matzah* are placed, one on top of the other. Also to be found are a roasted egg and shankbone (as reminders of the sacrificial lamb and other offerings in Temple times; the roasted egg also symbolizes the Jewish people - the more an egg is roasted, the harder it gets!); *maror*, the traditional bitter herb, for dipping; *charoset* (clay), a paste made from almonds, apples and wine, for the purpose of sweetening the bitter herbs and as a symbol of the mortar the Israelites used when building under the orders of the Egyptian taskmasters; and a dish of salt water for dipping and as a symbol of the Israelites' tears. It is also customary to have a full cup of wine on the seder table to represent Elijah's cup. Elijah is regarded as the herald of the Messiah and thus the signal of the final redemption. In fact, the front door of the house is opened at one point to demonstrate that this is a "night of watching" for Elijah. (This particular tradition is recommended only if you are quite sure that no unwanted guests will walk in through the front door!)

The *seder's* order is detailed in the *Haggadah*, the Passover book which is read during the evening, half before the meal and half after. The *Haggadah* recounts the period of Jewish slavery in Egypt and the exodus: "This year we are slaves, next year may we be free. This year we are here, next year may we be in Jerusalem." One of the most well-known parts of the reading is the *Mah Nishtan-*

Вечерние трапезы двух первых дней Пасхи называются *Сейдер* (порядок), но в Израиле справляется только первый *Сейдер*. Происхождение *Сейдера* восходит к библейскому Завету о том, что родители должны рассказать детям об исходе из Египта. Большая часть ритуала *Сейдера* рассчитана непосредственно на детей, и в его ориентации на семью состоит особенный характер этой еврейской традиции.

Ритуал *Сейдера* очень богат и разнообразен. На столе лежат друг на друге три куска *мацы*, крутое яйцо и куриная кость, напоминающая о жертвенном агнце и других жертвоприношениях времен Храма (яйцо также символизирует стойкость еврейского народа — чем больше его варят, тем тверже оно становится), *маррор* — традиционная горькая трава-приправа, *харосет* (глина) — масса из миндаля, яблок и вина, чтобы подслащивать горечь *маррора*, символ ступы, которой евреи пользовались, когда работали на египтян, и, наконец, блюдце с соленой водой, символизирующей слезы детей Израиля, в которую макают горькие травы. По обычаю на стол также ставят полную чашу вина. Это чаша пророка Илии. Илия считается глашатаем Мессии и, таким образом, провозвестником окончательного спасения. В один из моментов праздника открывают входную дверь, чтобы показать, что ожидают Илию. (Этот последний обычай рекомендуется соблюдать только в том случае, если вы полностью уверены, что незваный гость не войдет в ваш дом.)

Порядок проведения *Сейдера* подробно описан в *Хагаде*, Пасхальной Книге, половину которой прочитывают до начала трапезы, а половину — когда еда закончена. *Хагада* описывает период рабства евреев в Египте и исход: „В этом году мы рабы, в следующем году да будем мы свободны; в нынешнем году мы здесь, в следующем году — да будем мы в Иерусалиме!" Важная часть Сейдера — чтение *Ма Ништана*, четырех

nah, the four questions which are usually asked by the youngest child present ("Why is this night different from all other nights?" etc.) and to which the father replies.

As instructed in the *Haggadah,* at certain points the symbolic foods are tasted by the guests, wine glasses are refilled (at least four glasses of wine should be drunk) and songs are sung. Also, to keep the children involved, half of the middle piece of *matzoh* is broken off and hidden by the seder leader. Once the meal is over, the children go off excitedly to look for this piece, known as the *afikoman* (after-meal). A present is given to the child who finds the *afikoman* (and usually to the other children, as well).

Besides the reading of the *Haggadah* and the later reading of psalms, prayers for the victims of the Holocaust, for Soviet Jewry and for Israel are often added in the West.

The *Haggadah* is available in Russian, English and other languages to permit those who do not read Hebrew to conduct the seder in their own language.

Shavuos (Feast of Weeks) is the third of the three Pilgrim Festivals. It is written in the Torah that Jews should count 49 days from the first day of Passover and then celebrate the next - the 50th - day to coincide with the end of the barley harvest and the beginning of the wheat harvest. The first ripe fruits were then to be brought to the Temple.

By the third century c.e., and, most probably, much earlier, Shavuos was given another significance: it became the anniversary of the giving of the Torah to Moses at Mt. Sinai.

During the two days of *Shavuos* (one day in Israel), homes and synagogues are decorated with greenery and flowers to symbolize Shavuos' connection with the harvest.

The Book of Ruth, one of the books of the Bible, is read in the synagogue. It recounts the story of a non-Jewish girl who joined the Jews and "converted" to Judaism (there was no formal conversion process then as there is now). Also, the Ten Commandments are read as part of the holiday's Torah reading.

вопросов, которые задает самый младший из присутствующих детей (например, чем эта ночь отличается от других?) и на которые отвечает отец ребенка.

Строго следуя *Хагаде*, участники трапезы пробуют символическую еду в соответствующие моменты, чаши наполняются вином — каждый участник *Сейдера* должен выпить, по крайней мере, четыре бокала, гости поют песни. Чтобы детям было интереснее, ведущий *Сейдер* отламывает и прячет половину среднего куска *мацы*, который называется *афикомен*. Когда трапеза заканчивается, дети начинают с энтузиазмом искать его. Тот, кто нашел *афикомен*, а затем и все остальные дети получают подарки.

Кроме *Хагады*, а затем псалмов, евреи Запада часто читают молитвы за жертв Катастрофы, за советских евреев и за Израиль.

Есть переводы *Хагады* на английский, русский и другие языки. Эти переводы дают возможность вести сейдер и тем, кто читает на иврите.

Третий Праздник Паломничества — *Шавуос* (Праздник Недель). В Торе написано, что евреи должны отсчитать сорок девять дней от первого дня Пасхи и отпраздновать пятидесятый день. Когда-то он совпадал с концом сбора урожая ячменя и началом сбора овса. В этот день в Храм приносили первые созревшие фрукты.

К третьему веку н. э., а возможно и раньше, Шавуос приобрел и другое значение: он стал считаться датой получения Моисеем Торы на горе Синай.

Оба дня *Шавуоса* (в Израиле — один день) дома и синагоги украшены зеленью и цветами, символизирующими сельскохозяйственное значение праздника.

В синагоге в эти дни читают библейскую Книгу Руфи. Она рассказывает о нееврейской девушке, которая пришла к евреям и перешла в иудаизм. (Обряда перехода в иудаизм, в том виде, в каком он есть сейчас, тогда не было.) Во время *Шавуоса* также читают Десять Заповедей, записанные в Торе.

Meals are traditionally served dairy-style because the Torah is itself compared to milk, and because of the juxtaposition in the Torah of the law of the first fruits (associated with *Shavuos)* with the law concerning milk.

Shavuos is a festive holiday, emphasizing both the enduring strength of the Torah and man's closeness to nature.

Special note should also be made of two other days that are not to be found in the Jewish liturgical year but have become important for Jews. *Yom Hashoa*, Holocaust Remembrance Day, is celebrated in April, the month in which the heroic Warsaw Ghetto uprising broke out. Many synagogues hold special meetings and prayer services on this day. The other day is *Yom Ha'Atzmaut*, Israel's Independence Day, marking the Jewish State's creation on May 14, 1948. Many community celebrations are held annually, but as the date is according to the Hebrew calendar, it will vary from year to year.

CALENDAR OF JEWISH HOLIDAYS

	1989-1990 (5750)	1990-1991 (5751)	1991-1992 (5752)
Rosh Hashanah*	Sept. 30-Oct. 1	Sept. 20-21	Sept.9-10
Yom Kippur	Oct. 9	Sept. 29	Sept. 18
Sukkos	Oct. 14	Oct. 4	Sept. 23
Simhas Torah	Oct. 22	Oct. 12	Oct. 1
Chanukah	Dec. 23-30	Dec. 12-19	Dec. 2-9
Purim	Mar. 11	Feb. 28	Mar. 19
Passover	Apr. 10-17	Mar.30-Apr. 6	Apr. 18-26
Shavuos	May 30-31	May 19-20	June 7-8

* The celebration of Jewish holidays starts the evening before, thus Rosh Hashanah in 1989-1990 begins September 29 at sundown, etc.

По традиции еда на *Шавуос* готовится из молочных продуктов, потому что сама Тора сравнивается с молоком, а также потому что в Торе есть указание, в каком порядке следует употреблять растительную и молочную пищу.

Шавуос — веселый и торжественный праздник, символизирующий и силу Торы, и близость человека к природе.

Нужно упомянуть еще два дня, не входящие в еврейский литургический календарь, но важные для еврейства. Это *Йом Хашоа* — день памяти жертв Катастрофы, который отмечается в апреле, в день начала восстания в Варшавском гетто. В этот день многие синагоги устраивают специальные собрания и молитвы. Другой праздник — *Йом Ха Ацамаут*, День Независимости Израиля, посвященный созданию еврейского государства 14 мая 1948 года. Многие общины празднуют этот день каждый год, но поскольку дата отмечается по еврейскому календарю, в разные годы она приходится на разные дни.

КАЛЕНДАРЬ ЕВРЕЙСКИХ ПРАЗДНИКОВ

	1989-1990 (5750)	1990-1991 (5751)	1991-1992 (5752)
Рош-Хашана *	30.IX-1.X	20-21.IX	9-10.IX
Йом-Киппур	9.X	29.IX	18.IX
Суккос	14.X	4.X	23.IX
Симхас Тора	22.X	12.X	1.X
Ханука	23-30.XII	12-19.XII	2-9.XII
Пурим	11.III	28.II	19.III
Пасха	10-17.IV	30.III-6.IV	18-26.IV
Шавуос	30-31.V	19-20.V	7-8.VI

---

* Евреи начинают отмечать свои праздники накануне; таким образом, Рош-Хашана в 1989-1990 году начинается на закате солнца 29 сентября.

GENERAL GLOSSARY

In this section, a number of names and terms frequently heard in association with Jews and Judaism are defined.

Amen (I believe): Used first by Jews, and later by Christians and Moslems, as an expression of affirmation in response to prayers and benedictions.

Aramaic: A North Semitic language which is still in limited use in parts of the Middle East. It is closer to Hebrew than any other Semitic language and has influenced it considerably. For many centuries, Aramaic was a language spoken in ancient Palestine. In fact, many Biblical readings had to be translated from Hebrew to Aramaic for the benefit of those Israelites who did not understand Hebrew. Parts of the Talmud were originally written in Aramaic and the Kaddish, the traditional prayer for the dead, is in Aramaic.

Ark or *Aron Kodesh:* The holy repository in the eastern wall of a synagogue (symbolically facing Jerusalem) where the Torah scrolls are kept. The Ark is usually an ornamented cupboard covered by an embroidered curtain. A lamp burns perpetually near the Ark. The Ark is opened on Mondays, Thursdays, the Sabbath and many holidays, and the Torah is taken out so that a portion of it can be read. On any given day, the same portion of the Torah is being read in services throughout the world.

Ashkenazi (plural *Ashkenazim*): In the Middle Ages, Jews of German origin came to be known as *Ashkenazim* (Ashkenaz in Hebrew means "Germany") and Jews of Spanish origin, *Sephardim (Sepharad* in Hebrew means "Spain"). Later, Jews from Eastern Europe came to be referred to as *Ashkenazim* and Jews from the Middle East

СЛОВАРЬ ТЕРМИНОВ И НАЗВАНИЙ

В этой главе объясняются наиболее важные термины, связанные с иудаизмом и евреями.

Амен (верую) — введенное евреями и заимствованное христианством и исламом выражение веры, которым отвечают на молитвы и благословения.

Арамейский — северно-семитский язык, все еще употребляющийся в некоторых странах Ближнего Востока. Он ближе к ивриту, чем какой-либо другой семитский язык, и сильно повлиял на него. В течение многих веков арамейский был языком Древней Палестины. Многие книги Библии были переведены на арамейский для тех иудеев, которые не понимали иврита. Некоторые книги Талмуда были написаны на арамейском, а Каддиш, поминальная молитва, до сих пор читается на этом языке.

Ковчег, или *Арон Кодеш* — священное хранилище Торы в восточной стене синагоги, обращенной к Иерусалиму. Обычно это украшенный шкаф завешенный вышитыми занавесками. У „ковчега" постоянно горит светильник. В понедельник, четверг, субботу и многие праздники „ковчег" открывается и Тору вынимают для чтения. Отрывки для чтения выбираются по строго установленному порядку. Потому в синагогах всего мира в один и тот же день читается один и тот же отрывок из Торы.

Ашкенази (мн. число — *ашкеназим*) — в средние века так называли евреев, происходивших из Германии („*Ашкеназ*" означает на иврите „Германия"), а евреев из Испании — *сефардим* („*Сефарад*" означает „Испания"). Позже *ашкенази* стали называть евреев из Восточной Европы, а *сефардим* — евреев Ближнего Востока, хотя, строго говоря, термины эти во многих

as *Sephardim* even though, strictly speaking, these terms were incorrectly applied in many cases (i.e., not all East European Jews were of German origin and few Jews in the Middle East were of Spanish origin).

Apart from place of origin, there are other differences between the *Ashkenazim* and *Sephardim:* the text and order of prayer in the religious service, the pronunciation of Hebrew, liturgical music, customs and foods (although the latter two are more a function of local tradition). Many *Ashkenazi* Jews used Yiddish as their *lingua franca,* whereas among *Sephardim* Yiddish was unknown but Ladino (see below) was widely spoken. Interestingly, *Ashkenazi* Jews traditionally do not name their children after living relatives whereas *Sephardic* Jews often do.

Bible (book): The collection of sacred Jewish writings, including the Five Books of Moses and the writings of the earlier and later prophets and other literary pieces. The Five Books are: Genesis, which relates the creation of the world, human history until the time of Abraham and the story of the patriarchs - Abraham, Isaac and Jacob; Exodus, which tells of the flight from Egypt and the giving of the Law at Mt. Sinai; Leviticus, which deals with sacrificial and priestly laws; Numbers, which recounts the wanderings of the Jews in the desert and also enumerates other laws; and Deuteronomy, which recapitulates the Law given at Mt. Sinai and records Moses' last speech.

The earlier prophets, including Joshua and Samuel, related the history of the Israelites from the conquest of Canaan to the destruction of the First Temple in 586 b.c.e. The later prophets focused more on comments on the life of the day through a prism of what God demands of His people, what constitutes correct behavior, and what the future holds for the Israelites. The later prophets are followed by an additional books containing psalms, proverbs, the Book of Esther (read at *Purim),* the Book of Ruth (read at *Shavuos),* the Song of Songs (a collection of love poems read at the end of the Passover *seder),* and others.

случаях не точны, потому что вовсе не все евреи Восточной Европы происходят из Германии, а на Ближнем Востоке мало евреев из Испании.

Ашкеназим и *сефардим* отличаются не только по происхождению: отличаются тексты и порядок их молитв, различны их ивритское произношение и религиозная музыка, обычаи и законы, связанные с едой (хотя последние часто зависят от того, где живут евреи). *Лингва франка* (общий язык) *ашкеназим* — идиш; *сефарды* с ним незнакомы и говорят на *ладино*. Интересно, что *ашкеназийские* евреи никогда не называют детей именами живущих родственников, а *сефарды* это делают часто.

Библия (книга) — собрание священных иудейских текстов, включающее Пятикнижие Моисея, тексты древних и более поздних пророков и другие литературные произведения. Пятикнижие включает: Книгу Бытия, в которой рассказывается история создания мира, история человечества до Авраама и Исаака и история патриархов — Авраама, Исаака и Иакова; Книгу Исхода (Экзодус), рассказывающую о бегстве евреев из Египта и получении Заповедей на Горе Синай; Книгу Левитов (Левитикус), описывающую законы жертвоприношений и установления для священников; Книгу Чисел, повествующую о скитаниях евреев в пустыне и перечисляющую другие законы и, наконец, пятую книгу — Второзаконие, повторяющую Заповеди Синая и включающую последние заветы Моисея своему народу.

Древние пророки, включая Иисуса (Книга Иисуса Навина) и Самуила (Книга Судей Израилевых), поведали историю евреев от завоевания Ханаана до разрушения первого Храма в 586 году до н. э. Более поздние пророки уделяли внимание анализу современной им жизни с точки зрения ее соответствия требованиям Бога к своему народу, законопослушного поведения и будущего. Кроме книг пророков Библия включает еще псалмы, притчи, Книгу Эсфири, которую читают на *Пурим*, Книгу Руфи, которая читается во время *Шавуоса*, Песнь Песней — собрание любовной лирики, которую читают в конце *Сейдера* на Пейсах и др.

The Bible was originally written in Hebrew, although some parts of it were written in Aramaic. (Bear in mind that the Bible is, in fact, an anthology. The various books were written in different periods by different authors.)

Apart from its religious significance, which itself is enormous not only for Jews but for other religions as well, the Bible is also an invaluable source of knowledge of ancient political and cultural history covering a period of more than 1,000 years.

Bracha: A blessing or benediction. A bracha is recited, for example, before eating bread or drinking wine, as an expression of praise or as part of a prayer. Example: "Blessed art Thou O Lord our God, King of the Universe, who bringest forth bread from the earth."

Calendar: As explained earlier, the Jewish year-count is well past 5,000 because Jews began their count when God, according to the Bible, created the world, namely, 3,760 years before the beginning of the common (or Christian) era. The calendar, based on lunar, not solar, position, is divided into 12 months, alternating 29 and 30 days per month. In order to align with the solar system, one month is added every few years for a total of seven months every 19 years. A bit complicated!

Cantor or *Chazzan:* In modern times, the cantor is the professional vocalist in the synagogue, the individual who leads all the chants and songs. Jewish liturgical music is a highly-developed art form and the fine voices of cantors are very much prized by their congregations.

Diaspora (dispersion) or *Galut* (exile): Diaspora refers collectively to all the places outside Israel and to the Jews living in these areas. *Galut* has a more pejorative connotation as a way of describing the *diaspora.*

Exodus (road out): Exodus refers to the flight of the Israelites from Egypt. More recently, the term has been used for the emigration of Soviet Jewry. *Exodus* is also the name of a popular book by Leon Uris, and, later, a film. The book recounts the story of the ship Exodus which, carrying survivors of the Holocaust, attempted to break the

Первоначально Библия была написана на иврите и частично — на арамейском. (Не забудьте, что хотя ортодоксальные евреи считают, что Библия написана Богом, она представляет собой своего рода сборник, антологию, и разные ее Книги были созданы разными авторами в разные периоды).

Помимо религиозного значения, которое Библия имеет не только для людей, исповедующих иудаизм, но и для христиан, она является бесценным источником познания политической и культурной истории на протяжении более тысячи лет.

Браха — молитва перед едой или после еды, благословение. Браха читается перед тем, как едят хлеб или пьют вино. Она восхваляет Бога. Например: „Благословен будь Господь Бог наш, царь Вселенной, приносящий нам хлеб с Земли".

Календарь — как было сказано выше, летосчисление евреев началось больше пяти тысяч лет назад, то есть за 3760 лет до н. э. Согласно Библии, именно тогда Бог создал мир. Год исчисляется по лунным, а не по солнечным фазам и делится на двенадцать месяцев по двадцать девять или тридцать дней в каждом. Для того чтобы расхождение с солнечным календарем не было слишком велико, раз в несколько лет к календарю добавляется один месяц, всего семь месяцев за девятнадцать лет.

Кантор, или *Хазан* — в настоящее время это профессиональный певец в синагоге. Еврейская религиозная музыка — высоко развитая форма искусства, и прекрасные голоса канторов очень ценятся еврейскими общинами.

Диаспора (Рассеяние), или *Галут* (Изгнание) — эти понятия включают все территории, где живут евреи, и самих евреев, живущих на этих территориях, кроме Израиля и израильских евреев. Понятие „*Галут*" носит более негативный характер чем *Диаспора*.

Исход — бегство евреев из Египта. Недавно так стали называть эмиграцию евреев из Советского Союза. „Исход" — это также название популярной книги Лиона Уриса и фильма, поставленного по ней. В книге рассказывается история корабля „Экзодус", на борту которого евреи, пережившие Катастро-

British blockade and reach Palestine in the days before the creation of the State of Israel.

Ghetto: The name derives from the area of foundries in Venice, Italy known as *getto* where the Jews were compelled to live beginning in 1517. The idea spread to other cities in Europe and ghettos became an all-too-common phenomenon. The conditions of the ghettos varied from city to city, but all had the goal of isolating the Jews and keeping them away from Christian neighborhoods.

In the Second World War, Jews were crammed into ghettos in many parts of Nazi-occupied Eastern Europe, and were then transported to concentration camps or were executed in or near the ghetto site. Few people survived these ghettos.

Halakhah (law): Jewish law and accumulated jurisprudence, drawn from those sections of the Talmud concerned with legal matters and from decisions accepted in rabbinic law.

Hebrew: Originally, the language of the ancient Israelites from about 4,000 b.c.e. until 586 b.c.e. when the Jews went into exile in Babylonia. When the Jews returned to the Holy Land from Babylonia, they found the local residents speaking Aramaic which continued as the vernacular of the area for several hundred years. Hebrew, however, remained the holy language of the Torah and all other religious matters, and, as a written language, continued to be used by Jewish writers, poets and scholars. With the rise of the Jewish nationalist (Zionist) movement in the last quarter of the 19th century, Hebrew was revitalized and the language we know as modern Hebrew came into being. Modern Hebrew derives, of course, from ancient Hebrew, but the language had to be adapted to meet the needs of the day. The first daily Hebrew-language newspaper appeared in 1886, and, in 1913, the Jewish community of Palestine enforced the exclusive use of Hebrew in its schools. In 1948, Hebrew became an official language (with Arabic) of the State of Israel.

Hebrew is read from the right to left (as is Arabic). It has 22 consonants, plus 12 vowels which are represented by

68

фу, пытались прорвать английскую блокаду и попасть в Палестину до создания Израиля.

Гетто — первоначально название района Венеции, где сосредоточивались литейные мастерские. С 1517 года в гетто заставляли жить евреев. Идея получила широкое распространение. Условия в гетто в разных городах были разные, но цель одна — изолировать евреев и не пускать их в христианские районы.

Во время второй мировой войны евреи оккупированных нацистами стран Восточной Европы были загнаны в гетто, откуда их отправляли в концентрационные лагеря или казнили в самом гетто. Лишь очень немногие вышли из гетто живыми.

Халаха (Закон) — еврейский закон и накопленный евреями юридический опыт, почерпнутый из посвященных юриспруденции глав Талмуда и законов раввината.

Иврит — язык древних израильтян с 4000 года до н. э. до 586 года до н. э., когда евреи вернулись на Святую Землю из Вавилона. Вернувшись, они обнаружили, что языком местных жителей стал арамейский. Он был основным языком страны еще в течение нескольких столетий. Тем не менее иврит оставался священным языком Торы и иудаизма. На нем продолжали писать еврейские писатели, поэты и ученые. С появлением еврейского национального движения в последней четверти XIX века (сионизма), иврит был модернизирован и обрел новую жизнь. В 1886 году начала выходить первая ежедневная газета на иврите, а в 1913 году еврейская община в Палестине ввела обязательное использование иврита в школах. В 1948 году иврит, вместе с арабским, стал официальным языком Израиля.

Слова в иврите, как и в арабском, читаются справа налево. В алфавите двадцать две согласных и двенадцать гласных,

various dots and dashes placed under or near the consonant. The vowels, however, do not appear in printed matter except for elementary books of Hebrew language and various religious texts, including the Torah. Each letter of the Hebrew alphabet also has a numerical value, which has permitted a further level of analysis of the mystical meaning of Hebrew religious texts.

Today, Hebrew is taught at more than 600 universities throughout the world.

Heder (room): A one-room schoolhouse run by a *melamed* - a private teacher - for Jewish religious education. The school day was 8-12 hours, six days per week, and all learning centered on the Torah.

Holocaust (burning): The term used to describe the systematic extermination of six million European Jews by the Nazis during the years 1933-1945. The Hebrew term *Shoa,* which means "catastrophe" or "disaster," is also often used to refer to the Holocaust.

Kabbalah (tradition): A Jewish mystical tradition which first appeared in the 12th century as an attempt to understand God and His mysteries through the supernatural. Reason and logic alone were considered insufficient tools. The Kabbalists sought spiritual perfection and intensive direct contact and communion with God. The Kabbalists were also well-known for their numerological studies of religious texts (the interpretation of Hebrew words by their numerical value).

Kasher or *Kosher:* Ritually permissible food as described below. Unclean food is called *terefah* or *trefah.*

Kashrus: The dietary laws that dictate what Jews can and cannot eat. For example, all meat eaten by Jews should first be drained of the blood; only fish that have both fins and scales may be eaten (thus excluding lobster, shrimp, etc.); no animal that crawls may be eaten; and only four-footed animals that have a cloven hoof and chew their cud may be eaten. As the pig does not chew its cud, it is forbidden to eat pork. Animals must be killed by the *shochet*

обозначающихся на письме различными точками и линиями под или рядом с согласной буквой. Но гласные пишутся только в элементарных пособиях по чтению на иврите и различных религиозных текстах, включая Тору. Буквы ивритского алфавита имеют также численное значение, что позволяет изучать мистический смысл еврейских религиозных текстов на более глубоком уровне.

В настоящее время иврит преподают более чем в шестистах университетах мира.

Хедер (комната) — еврейская религиозная школа, в которой преподавал *меламед* — частный учитель. В *хедере* (это когда-то была действительно только комната) занятия продолжались шесть дней в неделю по восемь-двенадцать часов в день, изучали только Тору.

Холокост (Катастрофа) — систематическое уничтожение шести миллионов европейских евреев нацистами в 1933-1945 годах.

Каббала (традиция) — мистическое течение, возникшее в иудаизме в XII веке и пытавшееся объяснять Бога и его чудеса через сверхъестественные явления. Каббала отрицала разум и логику как единственные инструменты для постижения Бога. Каббалисты искали духовного совершенства и стремились достичь общения с Богом. Нумерологическая интерпретация каббалистами религиозных текстов — исследование слов по их цифровому значению — получила широкую известность.

Кашер, или *кошер* — описанная ниже разрешенная еврейским обычаем еда. Другая пища считается „нечистой" и называется *терефа*, или *трефа*. Отсюда прилагательные: „кошерный" и „трефной".

Кашрус — законы о разрешенной и запрещенной евреям пище. Например, все мясо, которое едят евреи, должно быть обескровлено, рыба, которую можно есть евреям, должна иметь и жабры, и чешую (таким образом, исключаются омар, креветки и т.д.), нельзя есть пресмыкающихся; из парнокопытных можно есть мясо только тех травоядных животных, которые имеют раздвоенные копыта. Поскольку свинья нежвачное

(ritual slaughterer) under the supervision of a rabbi. Meat and dairy products are separated in preparing and eating the food. Thus milk should not be drunk with meat nor should butter be placed on a meat sandwich, and every kosher kitchen should have separate sets of dishes for meat and dairy products.

The traditional reason given for these seemingly strict dietary laws is that it was hygienic in ancient times to follow such a diet. There might have been some truth to this argument, but other credible explanations have also been offered. Strict dietary laws helped to give structure to the Jewish religion and keep it distinct from other religions. Also, it instilled a moral discipline in the Jews and helped to prevent excessive social intercourse between Jews and non-Jews who could never eat together at a Christian's home or, later, in a non-kosher restaurant. Perhaps, too, some of the restrictions stemmed from totemism, which is a primitive belief that a particular animal has a special relationship to a clan or group and thus the members of the group are under an obligation not to kill the animal or eat its flesh. And it might well be significant that the acceptable animals are herbivorous (plant eating).

Ladino: The common language of many Jews of Spanish origin. It is essentially a Spanish language written in Hebrew characters which has been enriched with words and expressions from Turkish, Italian, Greek, Arabic, Bulgarian and other languages of the Mediterranean region to reflect the countries to which the Spanish Jews fled after their expulsion from Spain in 1492.

Ladino is one of several Jewish languages apart from Hebrew and Yiddish. Other Jewish languages include: Judeo-Arabic, Judeo-Greek, Judeo-Persian, the Judeo-Tat of the Mountain Jews of the Caucasus, the distinct Tadjik dialect of the Bukhara Jews and Judeo-Italian.

Magen David (shield, or star, of David): In ancient times, the six-pointed star was primarily a non-Jewish motif, but later came to be regarded as a Jewish symbol. It appears on the flag of the State of Israel and is also frequently worn as a gold or silver pendant on a necklace.

животное, ее мясо есть нельзя. Только *шойхет* (резник) под руководством раввина может забивать животных. При приготовлении еды нельзя смешивать молоко и мясо. Так, нельзя к мясу сделать молочный соус или есть бутерброд с мясом и маслом. В каждой кошерной кухне должны быть отдельные наборы посуды для приготовления мясной и молочной еды.

Эти кажущиеся излишне строгими законы традиционно связываются с эмпирически найденными медицинскими требованиями. Выполнение их способствовало сохранению здоровья. Возможно, эта теория не лишена оснований, но существуют и другие объяснения. Строгие правила приема пищи четко отличали иудаизм от других религий, воспитывали в евреях дисциплину и ограничивали активные социальные отношения между неевреями и евреями, поскольку последние не могли есть в христианских домах или позднее — в некошерных ресторанах. Не исключено, что некоторые запреты зародились во времена тотемизма — примитивной веры в мистическую связь животных с определенной группой или кланом, члены которого, естественно, не могли убивать или тем более есть мясо своего покровителя. Тот факт, что евреям разрешается есть только травоядных животных, еще требует своего объяснения.

Ладино — общий язык многих евреев испанского происхождения. Собственно, это испанский язык (транскрибируемый ивритскими буквами), обогащенный заимствованиями из турецкого, итальянского, греческого, арабского, болгарского и других языков стран Средиземноморья, куда евреи бежали из Испании в 1492 году.

Ладино — лишь один из нескольких еврейских диалектов. Есть также иудео-арабский, иудео-греческий, иудео-персидский, иудео-татский, на котором говорят горские евреи Кавказа, особый таджикский диалект бухарских евреев и иудео-итальянский.

Моген-Давид (щит, или звезда Давида) — в древности шестиконечная звезда была в основном нееврейским орнаментальным мотивом, но позже стала символом еврейства. Ее можно видеть на флаге Израиля. Часто золотой или серебряный моген-давид носят на цепочке, как кулон.

Marrano (secret Jew; original Spanish meaning, pig): Forced to convert to Christianity in 15th century Spain and Portugal, Jews, known as Marranos, often secretly continued to follow Jewish customs. In some cases, these customs were passed on by word of mouth from one generation to the next for several centuries. In parts of Portugal today, there are still Marranos who do not come out into the open because of lingering anti-Semitism. Thus they publicly marry and bury their dead as Catholics, but each Friday evening at home they light the Sabbath candles and then hide them. They do not work on Saturday. They eat unleavened bread from about the third day of Passover so that no one might notice their preparations for the holiday. They do not, however, circumcise the male children as that would reveal their true identity.

Menorah (candelabrum): The seven-branched candelabrum was a symbol of Judaism in ancient times and was portrayed on the Arch of Titus in Rome, which commemorates the Roman conquest of Judea in 70 c.e., and on tombs and monuments. The eight-branched candelabrum (with a ninth branch used for the "helper" candle to kindle the other eight) - the *chanukiah* - is used for *Chanukah*.

Mezuzah (doorpost): This is a small container with a parchment scroll containing selected verses from the Torah. The *mezuzah* is affixed to the right side of gates and doorposts at the entrance to Jewish homes and public buildings. The *mezuzah* can also be seen worn as a pendant on a necklace.

Mikveh (pool of water): The bath, prescribed by ritual, which a Jewish bride takes before her wedding and which religious Jewish women take at the end of each menstrual period and after bearing a child. Menstruation, in particular, was considered to make women ritually unclean. The Torah proscribed sexual intercourse during or for a period of seven days after menstruation, and that then the woman should go to a *mikveh*. Today, only observant Jewish women are likely to follow this dictum, but, in earlier days, it helped to maintain a high standard of hygiene among Jewish women.

Марран (тайный еврей, первоначально слово значило „свинья") — насильственно крещенные в Испании в XV веке испанские и португальские евреи, которых называли „марранос", часто продолжали втайне исповедовать иудаизм. Иудейская традиция передавалась марранос из уст в уста в течение нескольких сотен лет. В некоторых районах Португалии марраны до сих пор сохраняют тайну своего вероисповедания из-за существующего антисемитизма. Например, они женятся и хоронят мертвых по католическому обряду, но каждую пятницу зажигают субботние свечи и затем прячут их. В субботу они не работают. Только на третий день Пасхи они начинают есть мацу, чтобы никто не заметил их приготовлений к празднику. Они также не подвергают младенцев мужского пола обрезанию, чтобы никто не обнаружил их подлинную религию.

Менора (канделябр) — семисвечный канделябр был символом иудаизма в древние времена и изображен на арке Тита в Риме, построенной в честь завоевания римлянами Иудеи в 70 году н. э., а также на гробницах и памятниках. На праздник *Хануки* используется восьмисвечник — канделябр — с девятой, „помогающей" свечой, он называется *ханукья*.

Мезуза (дверной косяк) — небольшая удлиненная коробочка, где содержится свиток с избранными стихами из Торы, прикрепляющаяся к воротам и дверным косякам с правой стороны. В виде кулона *мезузу* также часто носят на цепочке на шее.

Микве (бассейн) — предписанная ритуалом ванна, которую принимает еврейская невеста перед брачной церемонией, а религиозные еврейские женщины принимают по окончании каждой менструации и родов. Считалось, что менструация делает женщину особенно нечистой, и половые отношения во время менструации и следующих семи дней запрещены Торой. По прошествии этих семи дней женщина должна принять *микве*. В настоящее время этот запрет соблюдают лишь очень религиозные еврейки, но в древности обычай помогал поддерживать высокий уровень гигиены.

Minyan (number): A group of ten adult (13 years and older) male Jews, the minimum number required for communal prayer. Incidentally, communal prayer may be held anywhere, not necessarily in a synagogue.

Rabbi (teacher): The word originally referred to men who by virtue of their scholarship and character came to be respected by the Jewish community as moral leaders, judges and scholars. Earlier, until the destruction of the Second Temple in 70 c.e., there had been a hereditary priesthood among the Jews - the *cohanim* (from which Jews with the surnames Cohen, Kahn, Kagan, Katz, etc., derive). Today rabbis are graduates of special seminaries who work full-time and are paid by the congregations or organizations they serve. The rabbi acts as a spiritual adviser to his congregation; leads the religious service together with the cantor (in Reform and Conservative synagogues); gives the weekly sermon in which he discusses a religious or other subject of interest to the congregation; performs the rites of passage (bar mitzvahs, weddings, burials); is responsible for the religious education offered by the synagogue; and is often called on for counsel and advice.

Unlike the Catholic priest, the rabbi is not regarded as an intermediary between God and man, but rather as a person among people. In recent years, in Reform Judaism, women, too, have graduated from rabbinical seminaries and are now serving as rabbis to congregations. This phenomenon will probably grow in the future as congregations become psychologically adapted to the idea and more women seek admittance to rabbinical seminaries. The Conservative movement has also permitted Jewish women to study for the rabbinate. This trend, though, has been opposed by the Orthodox branch where a woman's role in the prayer ritual is more restricted and unlikely to undergo significant change.

Sabbath or *Shabbas:* The weekly day of rest. The *Sabbath* begins at sunset on Friday and continues to sunset on Saturday. The fifth of the Ten Commandments stresses

Миньян — группа, состоящая из десяти или более взрослых (с тринадцати лет) еврейских мужчин, необходимая для проведения молитвы общины. Такая молитва может проводиться где угодно, вовсе не обязательно в синагоге.

Раввин (учитель) — первоначально слово обозначало людей, заслуживших уважение общины как ученые, судьи, духовные вожди. До 70 года н. э., то есть до разрушения Второго Храма, раввинами могли быть только евреи, принадлежавшие к касте *коханим* (от этого названия происходят еврейские фамилии Коган, Кан, Каган, Кац и т. д.). Сегодняшние раввины — это выпускники специальных учебных заведений. Их работа оплачивается еврейскими конгрегациями или теми организациями, которые их приглашают. Раввин является духовным советником конгрегации, в реформистских и консервативных синагогах он вместе с кантором ведет религиозные службы, читает еженедельную проповедь на религиозную или близкую конгрегации светскую тему, исполняет обряды (бармицвы, свадьбы, похороны), отвечает за религиозно-образовательную работу синагоги и часто выступает в качестве советника по разнообразным вопросам.

В отличие от священника, раввин рассматривается не как посредник между Богом и людьми, но как человек среди людей. В недавнее время в реформистских синагогах появились женщины-раввины. Вероятно, в будущем, когда верующие привыкнут к мысли, что женщины могут быть раввинами, число их увеличится. Ортодоксальный иудаизм, где роль женщины в молитвенном ритуале более ограничена, противостоит этому явлению и перемены там вряд ли возможны.

Шаббат, или *Шаббес* — еженедельный день отдыха. Начинается с заходом солнца в пятницу и продолжается до захода солнца в субботу. Пятая Заповедь подчеркивает, что *Шаббат*

that the *Sabbath* should be a day of complete rest and abstention from work, "an everlasting sign between Me (God) and the children of Israel that in six days the Lord created heaven and earth, but on the seventh day He rested and was refreshed" (from the Book of Exodus).

The house is always thoroughly cleaned before the *Sabbath* and the *Sabbath* dinner is regarded as a festive event. The *Sabbath* candles are lit by the mother of the house, for if the man is considered to be more important in the prayer obligations of Judaism, it is the woman who is pre-eminent at home. In lighting the candles, the mother closes her eyes and passes her hands quickly across the flames toward herself, as if to inhale the divine spirit. (In the highly-acclaimed film *Fiddler on the Roof*, based on the story of Tevye the milkman by Sholom Aleichem, there is a moving scene of the mother lighting the candles at the *Sabbath* table.) The blessings are recited over both the wine and the halah (special *Sabbath* bread), then a hearty meal is eaten and songs are sung.

The *Sabbath* is intended as a day to attend synagogue, to study, to rest, to be with one's family, to take a walk. In Israel, it is the day of rest for working people (whereas Sunday is a work day). Observant Jews do not carry money on the *Sabbath*, do not smoke, do not write, do not use cars, buses, planes or trains, do not cook, do not ride in elevators, and do not use electrical appliances. Orthodox Jews, therefore, should live within walking distance of the synagogue, one of the reasons for the concentrations of Jewish communities.

A portion of the Torah is read in the synagogue on Saturday mornings and *bar mitzvahs* are also often celebrated on this day.

Sephardi (plural *Sephardim)*: Jews of Spanish origin, including many Jews of North Africa and Southern Europe. Sephardic Jews comprise more than 50% of the Israeli population, and about 20% of the world Jewish population. (See also Ashkenazi.)

Sheitel: The wig worn by very Orthodox Jewish married women as a covering for the hair. Jewish law requires

должен быть днем полного отдыха и воздержания от работы. „Это — знамение между Мною (Богом) и сынами Израилевыми навеки, потому что в шесть дней сотворил Господь небо и землю, а в день седьмой почил и покоился", то есть отдыхал и набирался сил (Книга Исхода, гл. 31; 17).

Перед *Шаббесом* в доме всегда производится тщательная уборка, и субботний обед — это праздничное событие. Мать семейства зажигает свечи, потому что если главную роль в синагогальных ритуалах в иудаизме играет мужчина, то именно женщина — главное действующее лицо домашних обрядов. Зажигая свечи, мать закрывает глаза и быстро проводит руками поверх пламени к себе, как бы впитывая божественный дух. (В знаменитом фильме „Скрипач на крыше", поставленном по рассказу Шолом-Алейхема „Тевье-молочник", есть трогательная сцена, где мать семейства зажигает свечи на субботнем столе). Над вином и халой (специальным субботним хлебом) читаются благословения, затем следует обильная трапеза и пение песен.

Шаббес — день посещения синагоги, учебы, отдыха, семейного уединения, прогулок. В Израиле это общегосударственный выходной день (в воскресенье все работают). В субботу правоверные евреи не носят с собой денег, не курят, не пишут, не ездят на машинах и общественном транспорте, не готовят, не пользуются лифтами и электроприборами. Поэтому они живут близко от синагоги, что является одной из причин скопления еврейского населения в определенных районах.

В субботу утром в синагоге читают отрывок из Торы, в этот день часто устраивают *бар-мицвы*.

Сефарди (мн. число — *сефардим*) — евреи испанского происхождения; это понятие также включает многих евреев Северной Африки и Южной Европы. Сефардские евреи составляют более пятидесяти процентов населения Израиля и около двадцати процентов всего еврейского населения мира.

Шейтель — парик, который носят ортодоксальные замужние еврейские женщины. Еврейский Закон требует, чтобы

married women to cover their own hair, so the *sheitel* was conceived in the 15th century as a way of permitting a woman to show herself with hair.

Shoa: See "Holocaust."

Shochet: See "Kashrus."

Siddur (order): The volume containing the prayers used in the daily and Sabbath religious services. In English-speaking countries, the *siddur* frequently has the Hebrew text on the right page and an English translation on the left page.

Synagogue (assembly) or *Shul* (Yiddish for "synagogue") or Temple: A building traditionally used for Jewish public prayer and as a community center. It is believed that synagogues date back to the period of the Babylonian exile (after 586 b.c.e.). Synagogues vary in size, architecture and ornamentation depending on the historic epoch and the needs and wealth of the community. All synagogues have in common the Ark containing the Torah scrolls in the eastern wall (symbolically towards Jerusalem); either one or two pulpits for the use of the rabbi, the hazzan and the reading of the Torah scrolls; and seating for the congregation (with women seated apart in Orthodox synagogues). The ornamentation may include stained glass windows, but the image of God is never reproduced. Ornamentation, however, is intended to be modest, never reaching the elaborate scale of many churches.

The synagogue normally has rooms for study, religious classes and receptions. Indeed, in many communities, the synagogue provides not only the focus of religious life but also of communal social life.

There are more than 12,500 synagogues in the world, of which approximately 6,000 are located in Israel, 5,500 in the United States, 170 in Canada, and 50 in Australia.

Tallis: A rectangular-shaped prayer shawl with fringes *(tzitsios)* at each corner that is donned by adult (13 years and older) males during the morning (and some other) prayer services. The garment is white or beige with black or dark or light blue stripes, usually made of wool, and the

замужние женщины покрывали голову, и *шейтель* появился в XV веке, чтобы женщины не показывались с обритыми головами.

Шоа — см. Катастрофа/Холокост

Шойхет — см. Кашрус.

Сиддур (порядок) — собрание ежедневных и субботних молитв. В англоязычных странах на правой странице *Сиддура* обычно печатается текст на иврите, а на левой — на английском.

Синагога (собрание), или *шул* (синагога на идише), или храм — культовое здание для проведения религиозных служб, совместных молитв, а также традиционный центр жизни еврейской общины. Считается, что синагоги появились в период вавилонского пленения (после 586 года до н. э.). В зависимости от периода постройки, нужд и возможностей общины, синагоги отличаются размером, архитектурным стилем и украшениями. Но в любой синагоге в восточной стене стоит Ковчег, содержащий свиток Торы, одна или две кафедры для раввина и кантора и места для верующих, в ортодоксальной синагоге с отдельными сиденьями для женщин. Иногда синагоги украшены цветными витражами, но Бог на них никогда не изображается. Декор должен быть скромным, роскошь, присущая некоторым христианским церквям, невозможна в синагогах.

Обычно в синагоге есть помещения для занятий, религиозной школы и приемов. Во многих общинах синагога стала средоточием не только религиозной, но и общественной жизни.

В мире насчитывается более двенадцати с половиной тысяч синагог, шесть тысяч из которых находится в Израиле, пять с половиной — в США, сто семьдесят — в Канаде и пятьдесят в Австралии.

Таллес — прямоугольная молитвенная шаль с бахромой (*цицес*) на каждом углу, которую мужчины старше тринадцати лет надевают во время утренних и некоторых других молитв. Обычно *таллес* делается из белой или бежевой шерсти с черными, темными или бледно-голубыми полосками, а бахрома

fringes have been knotted in accordance with the Biblical prescription. Often, the benediction recited when putting on the *tallis* is itself inscribed on the tallis: "Blessed are Thou O Lord our God, King of the Universe, Who hast sanctified us by Thy commandments, and has commanded us to wrap ourselves in the fringed garment." Very Orthodox Jewish males wear a smaller form of the *tallis* under their garments during waking hours. Reform Jews have made the wearing of the *tallis* in the synagogue optional, except for the rabbi and chazzan, who often wear the *tallis,* and for those called to read from the Torah.

Talmud (teaching): The name applies, in fact, to two massive compilations, the Babylonian Talmud and the Palestinian Talmud. These represent the records of academic discussion and judicial administration of Jewish law by generations of scholars and jurists in several countries over centuries. In all, more than 2,000 authors contributed to it.

Each Talmud consists of the *Mishnah* (completed by around 210 c.e.) - the codified core of the Oral law and the vast body of analysis and interpretation that was originally not written down for fear of affecting the sanctity of the Torah - and the *Gemara* which is both a commentary on and supplement to the *Mishnah.*

The Babylonian Talmud contains about 2 1/2 million words and the Palestinian Talmud about one-third as many. Some Eastern European Jewish scholars were said to know all of the Talmud by heart.

The *Talmud* is a fascinating compilation which contains considerable wisdom and insight well worth reading.

Tephillin (attachment): Phylacteries. Two black leather boxes containing passages from the five books of Moses written on parchment. The boxes, which are connected by a kind of leather strap, are affixed to the forehead and arm during the recital of morning prayers (except on the Sabbath and festivals) by religious male Jews.

Torah (teaching; law): In its narrow meaning, the *Torah* refers to the Pentateuch, the first five books of the Old

завязывается в соответствии с библейскими указаниями. Часто, когда надевают *таллес*, читают ему благословение, написанное на самой шали: „Благословен будь Господь Бог наш Царь Вселенной, освятивший нас своими Заповедями и повелевший нам окутаться в бахромчатую одежду". Ортодоксальные евреи и в повседневной жизни носят под одеждой *таллес* меньшего размера. В реформистских синагогах можно не недевать *таллес*, но раввин и кантор носят его постоянно, надевают его и те, кого вызывают читать Тору.

Талмуд (учение) — фактически название относится к двум солидным собраниям текстов — вавилонскому и палестинскому Талмудам. Они включают записи научных дискуссий и юридического приложения — еврейского Закона, являющегося результатом опыта многих поколений ученых и юристов Древнего мира, накопленного в течение многих столетий. Всего в Талмуде собраны тексты более двух тысяч авторов.

В Талмуд входит *Мишна*, законченная около 210 года н. э., — записанная основа Устного Закона, и большое количество аналитических текстов, которые первоначально не записывались из страха перед нарушением святости Торы. Кроме того, в них входит *Гемара*, являющаяся дополнением к *Мишне* и комментарием к ней.

В Вавилонском Талмуде около двух с половиной миллионов слов, в Палестинском — почти на одну треть больше. Считается, что некоторые еврейские ученые Восточной Европы знали наизусть весь Талмуд.

Талмуд — интереснейшее собрание древних текстов, удивительная мудрость которых заслуживает внимательного чтения.

Тефиллин (пристежка) — две черные кожаные коробочки, в которых лежат написанные на пергаменте отрывки из Пятикнижия Моисея. Во время утренних молитв (кроме субботних и праздничных) мужчины прикрепляют их на лоб и руку с помощью кожаного ремешка.

Тора (учение, закон) — в узком значении Пятикнижие, первые пять книг Ветхого Завета. Евреи считают, что Бог дал

Testament. According to Jewish belief, Moses was given the *Torah* and its commandments. Thus, in its broader meaning, the *Torah* includes the Written Law (Pentateuch) and the Oral Law, together with every exposition and interpretation of this Law including the entire Talmudic literature. From the time that the Oral Law was given to Moses until it was codified in the Talmud, it was handed down orally from generation to generation.

The *Torah* forms the very core of the Jewish religion. It embraces the history of Abraham, Isaac and Jacob, the flight from Egypt, and the 613 commandments which regulate Jewish life and mark its distinctiveness as a religion.

In the synagogue, the *Torah* is kept in the Ark. Each *Torah* is handwritten in Hebrew by a scribe using a quill pen on parchment. The parchment is kept on two rollers. It takes from 12 to 18 months to handwrite each *Torah*. A joyful ceremony marks the completion of the work.

Tzaddik (righteous man): The name given to a person who was outstanding for his faith and piety. The term is almost never heard today except among Hasidic Jews.

Yeshiva (sitting or meeting): *Yeshiva* refers to: (a) an academy of Jewish learning which is devoted primarily to the study of Talmud and rabbinic literature and which graduates Jewish learned men or rabbis, or, (b) an elementary or secondary school under Jewish auspices where the study of Jewish religious subjects is combined with the teaching of secular subject matter, thus permitting the graduate to enter a university in either Jewish or secular (i.e., sciences, social sciences, humanities) studies.

Yeshiva is also the name of a major American university under Jewish auspices located in New York City. Founded in 1928, Yeshiva University is a highly respected undergraduate and graduate institution offering the full range of sciences, social sciences and humanities in addition to Jewish studies.

Yarmulke or *kippah* (Hebrew): A skull-cap worn by Jewish men. Religious Jews wear a yarmulke or other head

Моисею *Тору* и Заповеди на горе Синай. Поэтому в широком смысле Тора включает Писаный Закон (Пятикнижие) и Устный Закон вместе со всеми его описаниями и интерпретациями, включая Талмуд. Со времени получения Моисеем Устного Закона и до его зашифровки в Талмуде он изустно передавался из поколения в поколение.

Тора — это основа еврейской религии. В ней рассказывается история Авраама, Исаака и Иакова, бегства из Египта и приводятся шестьсот тринадцать Заповедей, которым подчиняется вся жизнь евреев и которые делают иудаизм особой неповторимой религией.

В синагоге *Тора* хранится в ковчеге. Каждая Тора представляет собой два пергаментных свитка, переписанных писцом (на иврите). При переписке использовались гусиные перья. Переписка каждого экземпляра *Торы* занимает от года до полутора лет. Завершение этой работы отмечается веселой праздничной церемонией.

Цадик (праведник) — так называли очень верующего и благочестивого человека. В настоящее время термин употребляется фактически только хасидами.

Йешива (заседание или собрание) — термин относится к 1) учебному заведению (академии), ориентированному прежде всего на изучение Талмуда и религиозной литературы, а также готовящему раввинов и 2) к начальной или средней еврейской школе, где наряду с ивритом и иудаизмом изучаются общеобразовательные предметы, что позволяет выпускникам поступать как в еврейские, так и в другие университеты.

Йешива — также название крупного американского университета, курируемого евреями. Основанный в Нью-Йорке в 1928 году, Йешива-университи — пользующееся большим уважением высшее учебное заведение, где, помимо иудаистики, преподаются точные и гуманитарные науки.

Ермолка, или *киппа* (иврит) — покрывающая макушку шапочка, которую носят религиозные евреи. Ортодоксальные

covering at all times as a symbol of submission to, respect for, and worship of God. Conservative Jews wear a yarmulke in the synagogue only, while Reform Jews may or may not wear any head covering in the synagogue. The origin of the Jewish practice of wearing a head covering is unclear.

Yiddish: The language of many Jews of Central and Eastern Europe. Nearly 1,000 years old, it is derived primarily from German, with 10-20% of the words coming from Hebrew and other words coming from Russian, Romanian and Hungarian. The language is written in Hebrew characters. The first Yiddish newspaper was published in Amsterdam nearly 300 years ago.

Though many educated and relatively well-to-do Jews shunned Yiddish because they regarded it as the language of the Jewish lower class and *shtetl* (small town), Yiddish writers produced a vast literature of fiction and non-fiction, poetry and drama. Approximately 11 million Jews spoke Yiddish prior to World War II. Many of the war's victims were Yiddish-speakers, which is one reason for the sharp decline in the world Yiddish-speaking population. Today, it is primarily a language of middle-aged and elderly Jews. Very few young Jews, apart from members of the Hasidic community, know more than a smattering of the countless catchy and colorful words and phrases that make Yiddish such an expressive language. The number of people who claim Yiddish as their mother tongue dropped from nearly 11 million in 1940 to under four million in 1980.

Whereas in the 1920's there were literally hundreds of Yiddish periodicals in Europe and 12 Yiddish theatres in the United States alone, European Yiddish publications today number less than a dozen and only one permanent Yiddish theatre remains in the States. In Palestine, Zionist settlers were so intent on the revival of Hebrew as the national language of the Jews that they not only shunned Yiddish but also tried to prevent its growth. In the 1920's, for example, Hebrew-speaking "battalions for the defense of the language" would break up Yiddish theatre perform-

евреи всегда носят ермолку в знак подчинения, уважения и поклонения Богу. Консервативные евреи носят ермолки только в синагоге, а реформисты часто не надевают их и в синагоге. Происхождение обычая носить ермолку неясно.

Идиш — язык многих евреев Восточной и Центральной Европы. Идишу почти тысяча лет, он происходит от немецкого и включает 10–20 процентов слов, заимствованных из иврита (в нем также есть слова, заимствованные из русского, румынского и венгерского языков). В письменности идиш сохраняет графику иврита. Первая газета на идише начала выходить почти триста лет тому назад в Амстердаме.

Хотя многие образованные и обеспеченные евреи отвернулись от идиша, который казался им языком низших классов и *штетля* (местечка), на нем существует обильная художественная и документальная литература, поэзия и драматургия. До второй мировой войны на идише говорили около одиннадцати миллионов евреев, многие из которых стали жертвами Катастрофы. Это частично объясняет резкий спад в употреблении идиша. В настоящее время на идише говорят в основном пожилые и старые евреи. Лишь очень немногие молодые люди, исключая хасидов, знают на идише что-либо большее, чем несколько образных и красочных выражений и словечек, которые делают идиш таким выразительным языком. Число людей, считающих идиш родным языком, упало с одиннадцати миллионов в 1940 году до четырех миллионов в 1980-м.

В 1920-х годах в Европе на идише выходили буквально сотни периодических изданий, в США было двенадцать еврейских театров, где спектакли шли на этом языке. Сейчас в Европе выходит меньше дюжины таких изданий, и из двенадцати театров в США существует только один. Сионисты-поселенцы в Палестине были настолько поглощены возрождением иврита как еврейского национального языка, что не только отвергали идиш, но пытались препятствовать его развитию. Например, в 1920-х годах говорившие на иврите члены Батальонов защиты языка срывали театральные пред-

ances and even burn down kiosks that sold Yiddish newspapers. This attitude has changed. Yiddish is no longer regarded with disdain in Israel but is seen rather as an important component of Jewish culture, past and present.

One remarkable thing about Yiddish is the way so many words and phrases have penetrated the English language, especially American English. With so many Jews of East European origin working in the entertainment industry (television, radio, film, theatre) and publishing, it is not surprising to hear, for instance, a television dialogue on a non-Jewish theme include a Yiddish word (without any sub-titling to explain the word to viewers). Among the words and expressions most frequently heard in the United States (and other Western countries) among many Jews and some non-Jews are: *l'chayim* (to life); *mazel tov* (good luck; congratulations); *loch in kop* (hole in the head); *meshugge* (crazy); *shtetl* (a small-town Jewish community in Eastern Europe); *nakhas* (parental pride, especially for a child's achievement); *kvetch* (a complainer); *yenta* (a woman who gossips and minds other people's business); *schlemiel* (a clod or dope); *chutzpa* (nerve); *gelt* (money); *schmo* (a schlemiel); *tachlis* (the heart of the matter); *mitzvah* (a good deed); *mishegoss* (an obsession or fixation); *nudzh* (one who bothers or pesters); *mishpocheh* (family); *schmaltzy* (extremely sentimental); *nebbish* (an innocuous person; a person who makes no impression on anyone); *klutz* (a person who always bungles or breaks things); and *kibitzer* (one who always has unsought advice to give or who is in some way sticking his or her nose into other people's business to offer their unsolicited views).

Many of these words have Hebrew equivalents or come from Hebrew. For example, *mazal tov* comes from the Hebrew word *mazal* meaning "luck" and *tov* meaning "good." *L'chayim* stems from the Hebrew word *chai* meaning "life" and *l* meaning "to."

Yiddish is taught at more than 60 universities in the U.S. alone, the result of a recent upsurge in interest among young people intent on preserving such a rich language

ставления, шедшие на идише, и даже сжигали киоски, в которых продавались выходившие на нем газеты. Сейчас это отношение изменилось. В Израиле больше не смотрят на идиш с презрением, оценен вклад идиша в еврейскую культуру настоящего и прошлого.

Особенно интересно, как много слов из идиша вошли в культуру англоязычных стран, особенно американскую. При огромном количестве евреев восточно-европейского происхождения, которые заняты в индустрии развлечений (телевидение, радио, кино, театр) и издательствах, совсем не удивительно услышать, например, с экранов телевизоров диалог на тему, не имеющую никакого отношения к евреям, но обильно сдобренную словечками из идиша. Вот несколько выражений, вошедших в английский и другие европейские языки: *лэхаим* (за жизнь); *мазл тов* (счастливо, поздравляю); *лох ин коп* (дыра в голове); *мешугге* (сумасшедший); *штетль* (местечко); *нахес* (родительское счастье, гордость успехами детей); *кветч* (нытик); *йента* (сплетница, которая любит вмешиваться в чужие дела); *шлемиль* (растяпа); *хуцпа* (присутствие духа, наглость); *гельт* (деньги); *шмо* (шлемиль); *тахлис* (суть дела); *мицва* (доброе дело); *мишеггос* (навязчивость или мания); *нудзь* (зануда); *мишпоха* (семья); *шмальце* (слюнявое, сентиментальное); *небиш* (скучный, неинтересный человек); *клац* (неуклюжий); *киббицер* (человек, который всегда дает ненужные советы и суется со своими мнениями в чужие дела).

Многие из этих слов имеют эквивалент в иврите или происходят из него. Например, *мазл тов* происходит от ивритских слов „*мазл*" — „удача" и „*тов*" — „хороший". *Лэхаим* происходит от „*хаим*" — „жизнь" — и „*л*" — „за".

В настоящее время только в США идиш преподают в шестидесяти университетах — молодежь не хочет, чтобы такой богатый язык был утрачен. Действительно, двадцать пять лет

from the slow death it has been experiencing, and/or in searching for their roots and re-affirming the language of their parents or grandparents. Indeed, 25 years ago, only five U.S. universities offered Yiddish. An organization in New York called YIVO, founded in Europe in 1925, conducts research in Yiddish language and literature, publishes scholarly papers and periodicals in Yiddish, and seeks in other ways to encourage interest in the language. Its library in New York contains more than 250,000 volumes and two million archival items on Yiddish and general Jewish topics.

назад идиш преподавали только в пяти американских университетах. В Нью-Йорке существует основанная в 1925 году в Вильнюсе организация ИИВО, деятельность которой состоит в изучении идиша и литературы на нем, в публикации периодических изданий на этом языке и в других способах поощрения интереса к нему. В библиотеке ИИВО в Нью-Йорке хранится более двухсот пятидесяти тысяч томов и два миллиона документов, имеющих отношение к идишу и еврейству вообще.

A CHRONOLOGICAL HISTORY
OF THE JEWISH PEOPLE

This section is devoted to tracing some of the most important dates, events and persons which affected the course of Jewish history from the first Jew, Abraham, through mid-1988. Please understand that there are, in some cases, disputes surrounding the dates or historical authenticity of events in the ancient period. The indicated dates, therefore, should be considered approximate, and the information reflects current scholarship.

It would be impossible to develop a single standard of who or what is significant in Jewish history; different people would accord different degrees of importance to persons or events. And to even attempt to indicate all the events of significance would require several thick volumes. Still, included here are a wide range of historical events worldwide to give you some idea of the breadth of the Jewish presence. In some cases, only the fact of the event is indicated; in other cases, the event is described in greater detail. This is not intended to suggest the relative importance attached to the respective events by the author, but is rather a practical result of space limitations and a consequent desire to depict a sampling of events in fuller detail. The approach taken in this chapter may, however, entail two drawbacks, namely, scanty information on some events of particular interest and difficulty in following events in any one country since there is no sub-division by country.

You will also note that the history of Israel before 1948 is treated in this section, whereas Israel's history from statehood is dealt with in a later section.

КРАТКАЯ ИСТОРИЯ ЕВРЕЙСКОГО НАРОДА

Этот раздел посвящен наиболее важным датам, событиям и людям, оказавшим влияние на ход еврейской истории от библейского Авраама до середины 1980-х годов. Необходимо помнить, что в некоторых случаях существуют разногласия по поводу исторической достоверности событий, происходивших в древности. Поэтому приведенные даты считаются приблизительными, а информация — известная ученым на сегодняшний день.

Невозможно установить единый критерий важности того или иного человека или события для еврейской истории. По этому поводу существуют различные точки зрения. Только перечисление всех значительных событий в истории евреев составило бы многотомное издание. Тем не менее здесь собраны разнообразные исторические факты, которые помогут вам составить представление о том, что именно повлияло на евреев. В некоторых случаях факт или событие только упоминаются, в других — они описаны сравнительно подробно. Это объясняется не авторским произволом, но ограниченным объемом книги и соответственно желанием представить хотя бы часть событий более подробно. Сложность в написании этой главы состояла еще и в том, что она требовала отбора небольшого, но интересного для вас количества информации. Кроме того, поскольку описанные события происходят в разных странах, где жили евреи, то довольно сложным оказалось соблюсти последовательность в их изложении, — в этой главе нет разделения по странам.

Хочу также обратить ваше внимание, что история евреев до 1948 года описана здесь, а после образования государства Израиль в 1948 году — ниже.

ANCIENT HISTORY

The Biblical Patriarchs

Abraham

The Bible constitutes an original historical source for studies of Jewish history. Abraham, to whom Jews trace their ancestry, lived as a semi- nomadic tent dweller in Ur (present-day Iraq) at the beginning of the second millennium, nearly 4,000 years ago. It is indicated in the Bible that he was directly descended from Noah, being the tenth generation removed.

When Abraham was 75 years old, God appeared to him in a vision and promised that his son would inherit the land "from the river in Egypt (the river referred to is not the Nile but the *wadi* [in Arabic, channel or river] that drains central Sinai and empties into the Mediterranean Sea at El-Arish, not far from Gaza). to the Euphrates." Abraham then moved on to Canaan (later *Eretz Yisrael)* and received other divine revelations, but he still had not had any children with his wife Sarah and thus no "seed." At the age of 86, he had a son, Ishmael, by his concubine, but it was not until Abraham was 99 that God promised him a son by his wife Sarah. The son was named Yitzhak (Isaac) because, accord-ing to the Bible, Sarah said that whoever hears about the fact that she is to bear a child at her advanced age will surely laugh. Yitzhak in Hebrew means "he will laugh."

As a sign of his covenant with God, Abraham perform-ed a circumcision on himself, his 13-year-old son Ishmael and all the males in his household. And when Isaac was born, Abraham performed the circumcision on his new-born son when he was eight days old. It was to be through Isaac, not Ishmael, that the covenant would pass.

The climax of Abraham's life came when he received a divine command to sacrifice his beloved son Isaac. Ab-

ДРЕВНЯЯ ИСТОРИЯ

Библейские патриархи

Авраам

Одним из источников изучения истории древних евреев служит Библия (Ветхий Завет). В Библии сказано, что Авраам, от которого ведут свое происхождение евреи, жил в Уре (современном Ираке) в начале второго тысячелетия до н. э., то есть почти четыре тысячи лет назад. Указывается также, что он был прямым потомком Ноя в десятом колене.

Когда Аврааму было семьдесят пять лет, рассказывает далее Библия, Бог, явившийся ему в видении, обещал, что его сын унаследует землю „от реки Египетской до Евфрата". (Имеется в виду не Нил, а „вади" (канал), орошающий средний Синай и тянущийся до Средиземного моря, до Эль-Ариша, недалеко от Газы). После этого Авраам, который был кочевником, ушел в Ханаан (будущий *Эрец Израэль)*. Там он получил еще не одно божественное откровение. Однако Авраам оставался бездетным. Жена Авраама Сарра не могла зачать. В возрасте восьмидесяти шести лет у Авраама от служанки Агари родился сын Ишмаэль (Измаил). Но только когда ему исполнилось девяносто девять лет, Бог пообещал Аврааму сына от Сарры. Мальчика назвали Исааком, потому что по Библии Сарра сказала, что тот, кто узнает, что она в ее возрасте забеременела, рассмеется. Имя „Исаак" в переводе с иврита означает „он рассмеется".

В знак подчинения Божьему завету Авраам совершил обряд обрезания над собой, над тринадцатилетним Ишмаэлем и всеми домочадцами мужского пола. Когда Исааку было восемь дней, отец сделал обрезание и ему. Божий завет должен был передаваться через Исаака, а не через Ишмаэля.

Кульминацией жизни Авраама стало повеление Бога принести в жертву любимого сына Исаака. Не колеблясь, Авраам

raham agreed to do so without hesitation, but at the last moment before the sacrifice was to take place Abraham's hand was stayed by an angel. Abraham had thus passed the supreme test of faith and loyalty to his one and only God. Consequently, he was divinely blessed that his descendants would be "as numerous as the stars of heaven."

Abraham died at the age of 175 and was buried in a cave at Hebron on the West Bank of the Jordan River.

Abraham is regarded as the founder of monotheism. Monotheism, or the belief in a single God, is what distinguishes Jews from other peoples of antiquity, who remained pagan for a long time. At that time, the most important tenet of Judaism was defined: absolute monotheism, which forbade the creation of the image of God in the form of a statue.

Isaac

Isaac married Rebecca at the age of 40. When he was 60, twin sons, Esau and Ya'akov (Jacob), were born to the couple. The origin of Ya'akov's name is interesting. Jacob emerged from the womb holding the ankle of his brother, Esau. In Hebrew, the word for "ankle" is *akev* and *l'aakov* means "to follow," hence the combination produced Ya'akov.

During Rebecca's pregnancy, she consulted an oracle and was informed by God that she would deliver twins, and that the older would be subordinate to the younger. When Isaac was very old and blind, he intended to give his blessing to the older and favorite son, Esau, but, with the connivance of Rebecca, Jacob pretended to be Esau and received his father's blessing. He then left home quickly for fear of Esau's wrath.

Isaac, who spent his whole life in Canaan, died at the age of 180 and was buried in the same cave as Abraham and Sarah. His brother Ishmael, who had been sent away from Abraham's home at the insistence of Sarah when Isaac

последовал повелению, но в последний момент ангел задержал занесенный над головой Исаака нож Авраама. Авраам выдержал тяжелейшее испытание на верность одному и единственному Богу. За это он был благословлен потомством, „многочисленным, как звезды".

Как говорит Библия, Авраам скончался в возрасте ста семидесяти пяти лет и был похоронен в пещере Хеброн (Ефрон) на западном берегу реки Иордан.

Авраам считается основателем монотеизма. Вера в одного Бога (монотеизм) отличала евреев от других народов Древнего мира, долгое время остававшихся язычниками. Еще в те времена зародился важнейший догмат иудаизма: абсолютный монотеизм, исключающий какое-либо изображение Бога в виде статуи.

Исаак

В возрасте сорока лет Исаак женился на Ребекке (Ревекка). Когда ему было шестьдесят лет, у него родились близнецы — Исав и Иаков. Интересно происхождение имени Иакова. Он родился, держась за щиколотку своего брата Исава. На иврите щиколотка — *„акев"*, а *„лааков"* значит „следовать", так получилась комбинация Иаков.

Когда Ребекка была беременна, она попросила оракула о прорицании и узнала, что родит близнецов и что старший должен будет подчиняться младшему. Пришел день, когда старый слепой Исаак хотел дать родительское благословение любимому старшему сыну Исаву, но Ребекка научила Иакова обмануть отца и таким образом получил родительское благословение младший сын. В страхе перед гневом отца Иаков покинул отчий дом.

Исаак прожил всю жизнь в Ханаане и умер в возрасте ста восьмидесяти лет. Он был похоронен в пещере, где похоронены Авраам и Сарра. Его брат Ишмаэль, отосланный по настоянию Сарры из дома после рождения Исаака, также был похоронен в

was born, was also buried in the cave in Hebron. It is of interest to point out that Moslems trace their lineage from Abraham through Ishmael.

Jacob

After leaving home, Jacob went to the place of his uncle Laban where he fell in love with Laban's daughter Rachel. Jacob agreed to work for Laban for seven years in return for the right to marry Rachel. When the seven years were up and the marriage arranged, Jacob discovered that Laban, under the cover of darkness, had substituted his older and less attractive daughter Leah for Rachel. Jacob was then compelled to work another seven years to marry Rachel. (Polygamy was widespread at the time.) It seems at first glance that trickery and deceit can be ascribed to Laban. Some Biblical scholars, however, offer a different interpretation: the lines of the priesthood and the monarchic line of King David were to be created through the birth of the children of Jacob and Rachel.

In all, Jacob had 12 sons, but his favorite was Joseph, the first-born by Rachel. Because of the favoritism shown to Joseph by his father, and because of Joseph's own ambitions, embodied in a series of dreams he had in which he saw himself as the object of his brothers' adoration, his brothers sold him to a group of Ishmaelites (descendants of Ishmael) traveling to Egypt. As the brothers could not tell Jacob the truth about their heinous deed, they told Jacob that Joseph had been killed. In actual fact, however, Joseph was taken to Egypt where he was sold into slavery to the chief of the Pharaoh's household. Later, he was imprisoned on the basis of false accusations by his master's wife. In prison, Joseph gained a reputation as an interpreter of dreams. Having been the only one able to interpret a series of the Pharaoh's dreams, Joseph was released and given an important position in the Pharaoh's realm.

Хебронской пещере. Интересно заметить, что арабские народы считают себя детьми Ишмаэля и поэтому потомками Авраама.

Иаков

Уйдя из дому, Иаков направился к своему дяде Лавану. У Лавана было две дочери — Лия и Рахиль. Младшую, Рахиль, Иаков горячо полюбил. Лаван и Иаков договорились, что за право взять Рахиль в жены Иаков будет семь лет пасти стада у Лавана. Но в день свадьбы Иаков обнаружил, что под покровом темноты Лаван ввел в его брачный покой свою старшую дочь Лию, не такую прекрасную, как Рахиль. Чтобы жениться на Рахили, Иаков должен был отработать на Лавана еще семь лет. (Древние евреи могли иметь нескольких жен.) На первый взгляд, Лавана можно упрекнуть в нечестности. Но некоторые интерпретаторы Библии предлагают другую трактовку: было предопределено, что Иаков должен стать родоначальником двух линий еврейства — священников и царей (царя Давида), а потому он должен был взять в жены и Лию, и Рахиль. Лаван, по этой интерпретации, лишь неосознанно следовал Божьему повелению.

Всего у Иакова было двенадцать сыновей, но самым любимым был Иосиф, его первенец от Рахили. Из-за ревности к нему, а также из-за честолюбия самого Иосифа, выражавшегося, в частности, в его снах, где он видел братьев поклоняющимися себе, братья продали его направлявшимся в Египет ишмаэлитам (потомкам Ишмаэля). Не в силах рассказать отцу о своем ужасном поступке, братья солгали, что Иосиф убит. На самом же деле Иосифа привезли в Египет и продали в рабство во дворец фараона. Впоследствии он был заключен в тюрьму по ложному обвинению жены своего хозяина. В тюрьме Иосиф заработал репутацию искусного толкователя снов. Фараон узнал об этом и, после того как Иосиф удачно растолковал его сны, освободил его и Иосиф стал играть важную роль в ближайшем окружении фараона.

In the meantime, widespread famine hit Canaan. Jacob's family was badly in need of food, so the patriarch decided to send all his sons, with the exception of the youngest son Benjamin (whence the meaning "youngest son" for the word *benjamin* in French, Italian and other languages), to buy foodstuffs in Egypt. Unbeknownst to the brothers, the Egyptian official with whom they had to deal was none other than their own brother, Joseph. Joseph did not, however, disclose his identity. Rather, he ordered that one of their number remain in Egypt as a hostage while the other brothers were to return home and bring back their youngest brother. The brothers returned to Canaan and conveyed this demand to Jacob.

With great reluctance, Jacob finally agreed to let his youngest son make the journey. All the brothers then returned to Egypt, filled their sacks with food and left. But what they could not know was that Joseph had ordered that his personal silver goblet be placed in Benjamin's sack. Joseph then ordered one of his aides to go after the brothers and search their belongings as he feared that they might have stolen something. The aide reached the brothers and told them of Joseph's suspicion. The brothers pleaded innocence, offering themselves as slaves if something were to be found. The aide replied that only the culprits would be enslaved.

A search was conducted and the goblet was found in Benjamin's sack. Everyone returned to the city where Joseph was waiting for them. Joseph said that Benjamin would be punished for his act, but another brother pleaded to be allowed to take Benjamin's place as their father Jacob would not be able to stand the shock of losing another favorite son.

Joseph, unable to hold back his emotions any longer, disclosed his true identity to his brothers. Selling him, as they had years earlier, had surely been an act of God to insure the whole family's survival during the years of famine, he said. Joseph, by virtue of his important position in the Pharaoh's kingdom, could insure enough food for all

Тем временем, рассказывает Библия, в Земле Ханаанской начался жестокий голод. И Иаков решил послать всех своих сыновей, кроме самого младшего Бениамина (Вениамина, отсюда слово „младший сын" — benjamin — в итальянском и французском языках) в Египет купить зерна. Братья не знали, что египетский чиновник, с которым им пришлось иметь дело не кто иной, как их брат Иосиф. Иосиф не открылся братьям и приказал одному из них остаться заложником в Египте, а другим — отправиться в Ханаан, чтобы привести младшего брата. Придя в Ханаан, братья рассказали об этом требовании Иакову.

Иаков согласился отпустить младшего сына с величайшей неохотой. Все вместе братья вернулись в Египет, наполнили мешки зерном и отправились в обратный путь. По распоряжению Иосифа в мешок Бениамина был спрятан его собственный серебряный кубок. Едва братья двинулись в путь, как им вдогонку был послан управляющий домом Иосифа, чтобы он обыскал их, так как исчез кубок его хозяина. Братья клялись в невиновности и предложили обратить их в рабство, если среди их вещей найдется кубок.

При обыске в мешке Бениамина нашли кубок. Братья вернулись в город, где их уже ждал Иосиф. За кражу, сказал он, Бениамин должен остаться в его доме и быть его рабом. Страшась, что Иаков не перенесет потери еще одного любимого сына, стать рабом Иосифа вместо Бениамина предложил Иуда.

Не в силах более сдерживать свои чувства, Иосиф открылся братьям. Он сказал им, что продажа его в рабство была, несомненно, совершена по воле Бога, пожелавшего, чтобы впоследствии евреи благополучно пережили великий голод. Благодаря своему высокому положению в царстве фараона, Иосиф мог обеспечить достаточное для всех количество еды.

of them. He asked his brothers to fetch Jacob and to resettle in Egypt.

Jacob was told the news and received a divine revelation at Beer-Sheba (the present site of a large Israeli city) granting him permission to migrate to Egypt. Jacob, then 130 years old, did so with his entire family and their possessions. The Pharaoh gave them grazing lands and the family settled down happily. Jacob was to live another 17 years until his death at the age of 147. Before dying, Jacob predicted the ultimate return of his descendants to Canaan and asked to be buried with Abraham, Isaac and Ishmael in the cave at Hebron.

Thus began the settlement of the descendants of Abraham in Egypt, which continued for several hundred years and eventually turned into a period of brutal slavery until the exodus from Egypt by Moses.

According to the Bible, Jacob was renamed Israel after having a dream in which he wrestled with an angel. The nation of Israel actually began with Jacob because he had such a large family. In fact, the 12 tribes are named for ten of the sons of Jacob - Reuben, Simeon, Judah, Zebulun, Issachar, Dan, Gad, Asher, Naphtali and Benjamin - and the two sons of Joseph - Ephraim and Manasseh. A 13th tribe, named for Jacob's third son, Levi, was set apart as a priestly tribe. The Jewish lineage, which began with the patriarchs, continued and expanded through these tribes.

c.1280 b.c.e. The flight from Egypt under the leadership of Moses. Moses was born in Egypt at a time when the Pharaoh, seeking to curb the growth-rate of the Israelites, ordered the slaughter of all new-born Jewish males. Moses escaped this fate because his mother hid him on the bank of the Nile. There he was found by the Pharaoh's daughter who, not knowing the exact origin of the new-born child, took him into her home and unwittingly employed Moses' mother as the child's wet-nurse. Thus Moses grew up aware of his origin and concerned for the position of the enslaved Israelites. At one point, he was to demonstrate this concern

Затем он попросил братьев привезти Иакова и весь их дом, чтобы осесть в Египте.

Иакову принесли эти вести, и в Беер-Шеве (теперь здесь находится большой израильский город) он получил божественное откровение, благословившее его на переселение в Египет. Со всеми чадами и домочадцами, с утварью и стадами сто-тридцатилетний Иаков пришел в Египет. Фараон, благоволивший к Иосифу, наделил их пастбищами. Иаков прожил еще семнадцать лет и умер, когда ему было сто сорок семь лет. Перед смертью он предсказал, что в конце концов его потомки вернутся в Ханаан и попросил, чтобы его похоронили в пещере Хеброн вместе с Авраамом, Исааком и Ишмаэлем.

Так началась жизнь потомков Авраама в Египте. Она продолжалась несколько сот лет и кончилась периодом жестокого порабощения, прекратившегося только с Исходом из Египта под предводительством Моисея.

В Библии рассказывается, что после того, как Иакову приснился сон о том, что он борется с ангелом, ему дали имя Израиль. Народ Израиля фактически начался с Иакова. Двенадцать древнееврейских племен, называемых в литературной традиции коленами, по Библии произошли от сыновей Иакова. Вот их имена: Реубен (Рувим), Симеон, Левий, Иуда, Зебулон (Завулон), Иссакара (Иссахар), Дан, Гад, Ашер (Асир), Нафталий (Неффалим), Иосиф и Беньямин (Вениамин). Сюда же нужно отнести и двух сыновей Иосифа — Эфраима (Ефрема) и Манассию. Род, названный в честь третьего сына Иакова Леви, выделялся как колено священнослужителей.

Около 1280 года до н. э. — бегство из Египта во главе с Моисеем. Об этих событиях рассказано в библейской Книге Исхода. Моисей родился в Египте, когда фараон, пытаясь сократить рождаемость израэлитов, приказал убить всех новорожденных еврейских младенцев мужского пола. Моисей избежал этой судьбы, потому что мать спрятала его на берегу Нила. Там его нашла дочь фараона. Не зная происхождения новорожденного, она взяла его к себе в дом и к тому же наняла мать Моисея к нему в няньки. Так Моисей вырос, зная, кто он, и тайно страдая за участь своих порабощенных соплеменников. Но пришел день, когда ему не удалось утаить этих чувств:

by killing an Egyptian whom he found beating an Israelite. As a result, he had to flee his home. He became a shepherd, married Tsipora and had two children. Later, Moses witnessed God in the Burning Bush at Mt. Horeb (Mt. Sinai) - a miraculous bush that burned but was not consumed by the flames - and was told by God to return to Egypt and lead out the Israelites.

Together with his brother Aaron, Moses went to the Pharaoh and succeeded in convincing him to let the Israelites leave after smiting the Egyptians with ten plagues. The last of the plagues was the death of the first-born of man and beast in all the populace except among the Israelites. Terrified, the Pharaoh promptly gave permission for the Israelites to leave his kingdom, but he then changed his mind and set out in pursuit. As the well-known story goes, the Sea of Reeds miraculously parted to allow the Israelites to cross and then the sea closed in on the army of the Pharaoh. Moses led the Israelites to Mt. Horeb (Mt. Sinai) in the Sinai Desert wilderness. It was here that he received the Ten Commandments written on two tablets of stone, and the law.

When Moses descended the mountain to present the Commandments to the people, he found them worshipping the golden calf, a pagan image. In anger, he flung down the stone tablets and they shattered into small pieces. He later reascended the mountain and brought down a second set of tablets which were accepted by the people and placed in an Ark (known as the Ark of the Covenant). Moses was also responsible for teaching the people an entire legal code, which later became known as Mosaic Law; organized a judicial system; and saw to it that a portable tabernacle was constructed in which the Ark, the seven-branched menorah, and other items of religious importance were placed.

The Israelites wandered in the desert for 40 years before they arrived at Canaan, the Land of Israel, but Moses himself was never to set foot in the Promised Land. Before his death at the age of 120, he addressed the people,

он убил египтянина, который избивал израэлита, и вынужден был бежать. Он стал пастухом, женился на Ципоре (Сепфоре) и стал отцом двоих детей. Впоследствии Моисей узрел Бога в Неопалимой Купине на горе Хореб (Синай) — в терновом кусте, горевшем, но не сгоравшем в языках пламени. Бог повелел ему вернуться в Египет и вывести оттуда порабощенных израэлитов.

Вместе с братом Аароном Моисей отправился к фараону и просил его отпустить евреев. Но сердце фараона лишь ожесточилось. И наслал Бог, как рассказывает Библия, на Египет десять казней. Последняя из них заключалась в смерти каждого первенца. Только после этого потрясенный фараон разрешил евреям покинуть Египет, однако вскоре изменил свое решение и направил им вслед погоню. В Красном море погибла армия фараона. Моисей привел свой народ к горе Хореб (Синай) в Синайской пустыне. Там он получил Десять Заповедей, записанных на двух каменных скрижалях, и Закон.

Когда Моисей спустился с горы, он застал евреев поклоняющимися Золотому Тельцу, языческому идолу. В гневе он бросил скрижали на землю, и они разбились вдребезги. Позже он снова взошел на гору и принес второй набор скрижалей, которые его народ принял и положил в Ковчег, позже названный Ковчегом Завета. Моисей также дал народу свод законов, позже ставший известным под названием „Закон Моисея", организовал судебную систему. Он также был инициатором постройки „походной церкви" израильтян — скинии, где хранился Ковчег, семисвечник и другие священные предметы.

Сорок лет провели евреи в пустыне и наконец пришли в Ханаан, Землю Израильскую. Нога Моисея так и не ступила на Землю Обетованную. Перед смертью в возрасте ста двадцати лет он обратился к народу со словами поучения и назначил

offered words of guidance for their future lives, and appointed Joshua as his successor to lead the Israelites into the Promised Land.

Moses is regarded as the formulator of the Jewish religion, the giver of the Torah (the Law), and the single most important figure in Jewish history. It is he who gave form and structure to the monotheistic faith of the Israelites.

c.1240 b.c.e. - The conquest of Canaan by the Israelites under Joshua, thus beginning the settlement in the land with which they were to be connected in one way or another throughout all subsequent history.

c.1020 - 1004 b.c.e. - Saul was designated by the prophet Samuel to be the first king of Israel. A king was called for by the Israelites in view of the military threat posed by neighboring tribes. Also, there was an apparent desire by some to become like other peoples in the area and to have a king. The prophet, a man who served as overseer of the national conscience and moral standard as well as a seer, was the person to whom the people looked to resolve the question of whether a king should be named and, if so, who should be designated.

c.1004 - 966 b.c.e. - Saul was followed as king by David who had gained prominence in his youth by defeating the Philistine Goliath in one-to-one combat and, later, as a daring military commander. David married Saul's daughter and was, indeed, so admired by the people that Saul became jealous, forcing David to run away until Saul's death. At that point, David was able to assert his claim as the next king. In fact, he was to found a dynasty, known as the Davidic dynasty, which was to rule the Israelites for more than 400 years. David was best known for his consolidation of the kingdom and the establishment of Jerusalem as its capital, and for his strong leadership, military skills and abilities as a poet.

c.965 - 928 b.c.e. - After the death of David, his son Solomon became king. The kingdom flourished and grew powerful. Solomon, known to this day for his wisdom, realized David's dream of building a Temple in Jerusalem.

Иешуа своим преемником, который и должен был вывести евреев в Землю Обетованную.

Моисея считают основателем иудаизма, дарителем Торы и крупнейшей личностью еврейской истории. Именно он придал четкую монотеистическую структуру иудаизму.

1240 год до н. э. — под предводительством Иешуа (Иисуса Навина) евреи завоевали Ханаан, начав, таким образом, освоение земли, с которой они так или иначе были связаны всю дальнейшую историю.

Между 1020 и 1004 годами до н. э. — пророк Самуил провозгласил Саула первым царем израильским. Евреи нуждались в централизованном государстве на случай военной опасности со стороны соседних племен. Именно к пророку (старейшине) — чуткой совести и образцу высокой морали нации — люди обратились с вопросом об избрании царя и о том, кто должен стать им.

Между 1004 — 966 годами до н. э. — Давид, прославившийся в юности победой в рукопашном бою над филистимлянином Голиафом, а впоследствии — как крупный полководец, сменил Саула на престоле. Давид женился на дочери Саула и был столь любим народом, что Саул позавидовал ему, и Давид должен был бежать из страны. Только после смерти Саула Давид смог осуществить свои притязания на престол, став основателем династии, правившей более четырехсот лет. Давид известен в истории как создатель централизованного государства евреев со столицей в Иерусалиме, как незаурядный политический деятель, талантливый полководец и поэт.

Около 965-928 г. до н. э. — после смерти Давида престол занял его сын Соломон. Страна процветала и крепла. Соломон, чья мудрость вошла в легенду, воплотил мечту Давида о возведении храма в Иерусалиме. Строительство было закончено

The Temple was completed in about 960 b.c.e., thus making Jerusalem not only the political but also the religious center of the Israelites.

c.928 b.c.e. - After Solomon's death, the kingdom broke up into two separate parts - Judah and Israel. Judah had its capital in Jerusalem and continued under the rule of the Davidic dynasty. Jewish tradition derives from this kingdom.

Israel was ruled by a series of dynasties until its conquest by the Assyrians in 722 b.c.e. As a result of the conquest, much of the population went into exile. From this exile, the notion of the "Ten Lost Tribes" originates. Throughout history, a number of peoples in various parts of the world, including the Mormons in the United States, the Ibos of Nigeria, the Berbers of North Africa, and the Mountain Jews of the Caucasus, have claimed to be descended from one of the lost tribes, but there is no substantive proof that any of these claims is justified.

586 b.c.e. - The Kingdom of Judah was conquered by the Babylonians. Jerusalem and the Temple were destroyed and much of the population was deported to Babylonia, thus creating what is often called the first Diaspora. Some of the rural population were permitted to remain in Judah while a number of other Jews fled for safety to Egypt. In Babylonia, the Jews enjoyed a fair amount of freedom and, importantly, held together as a distinct group through a common language, religion and historical tradition.

During the period of the Babylonian exile, the Law or Pentateuch was read publicly to the Jews. From this practice the concept of public prayer and the synagogue as a place to hold the public prayer began. The Pentateuch was to serve as the very definition of the way of life and the method of conduct of the Jews.

539 b.c.e. - The Persians conquered Babylonia and an edict was issued permitting the Jews to return to Jerusalem and rebuild the Temple. Some 40,000 actually did return, and perhaps an equal number or more chose to remain in Babylonia. It was at this time that the Israelites came to be

108

приблизительно в 960 году до н. э., сделав Иерусалим не только политической, но и религиозной столицей еврейского мира.

Около 928 г. до н. э. — после смерти Соломона его государство раскололось на два самостоятельных царства — Иудейское и Израильское. Иудейским царством со столицей в Иерусалиме продолжали править потомки Давида.

В Израильском царстве правили разнообразные династии до тех пор, пока в 722 году до н. э. оно не было завоевано ассирийцами. В результате завоевания значительная часть населения страны ушла в изгнание. В этом изгнании появилась концепция „десятого потерянного колена израилева". В течение всей истории человечества в разных частях света такие группы, как мормоны в США, либо в Нигерии, берберы в Северной Африке и горские евреи Кавказа настаивали на своем происхождении от одного из утерянных колен. Однако никаких серьезных доказательств этого происхождения не существует.

586 год до н. э. — завоевание Иудейского царства Вавилоном. Иерусалим и Храм были разрушены, большая часть населения отправлена в Вавилон, где возникла так называемая первая диаспора (первое рассеяние). Небольшой части крестьян было разрешено остаться в Иудее в то время, как другие евреи нашли убежище в Египте. В Вавилоне евреи жили довольно независимо и свободно и, что особенно важно, сохранили общий язык, религию и традиции.

Во время вавилонского изгнания практиковалось публичное чтение Законов Пятикнижия. Так зародилась традиция общей молитвы и синагоги как молитвенного помещения. Пятикнижие точно и подробно определяло образ жизни и кодекс поведения евреев.

539 год до н. э. — завоевав Вавилон, персы специальным эдиктом разрешили евреям вернуться в Иерусалим и снова отстроить храм. Лишь сорок тысяч евреев воспользовались этим правом и, возможно, столько же предпочло остаться в Вавилоне. Именно в это время евреев стали называть „людьми

known as "men of Judah" or *Yehudim* or Jews (in Hebrew and Arabic the word for Jew remains *Yehudi*). (The use of "Jew" rather than "Israelite" from the time of Jacob or "descendant of Abraham" or "Canaanite" until this point has been for the purposes of convenience only).

332 b.c.e. - Alexander the Great and his Greek army conquered the Land of Israel.

320 b.c.e. - After Alexander's death, one of his generals, Ptolemy, who had already conquered Egypt, appeared before Jerusalem with his army. It was on the Sabbath. The Jewish residents of the city, who were all observant of the commandment to respect the Sabbath as a day of rest, would not even defend themselves against the invaders. Jerusalem was occupied without resistance, but the Jews were to live in relative autonomy until 168 b.c.e.

270 b.c.e. - Many Jews had settled in Egypt not only after the Babylonian conquest in 586 but also as a result of the Greek conquest of the entire area. Jews were to be found in a wide variety of occupations in Egypt. In 270, 30,000 Jews were forcibly settled on the Sinai frontier to protect Egypt from a feared attack.

c.175 b.c.e. - Evidence of the first settlement of Jews in India, in the vicinity of Bombay. These Jews were primarily traders or refugees from the Middle East. The Bombay settlement has continued to the present day. It is noteworthy that the Jews of India, together with the Jews who settled in China, never suffered discrimination on the basis of their Jewish identity.

168 b.c.e. - Antiochus IV, the Greek ruler of Syria, stormed Jerusalem, plundered the treasures of the Second Temple, and set about Hellenizing the Jews.

167 b.c.e. - Antiochus IV outlawed the practice of Judaism, forbade observance of the Sabbath and the practice of circumcision, profaned the Temple, and otherwise attempted to eliminate the Jews as a separate and distinct group.

166 b.c.e. - The Jews, under the leadership of Judah the Maccabbee, rebelled against the policy of Antiochus IV.

110

из Иудеи", или *иегудим*, или евреями (на иврите и арабском *иехуди* все еще обозначает евреев).

332 год до н. э. — возглавляемая Александром Македонским армия завоевала Землю Израиля.

320 до н. э. — после смерти Александра один из его военачальников, Птолемей, ранее завоевавший Египет, стал со своей армией под Иерусалимом. Это произошло в Шаббес, и еврейское население города, соблюдая Субботу, даже не пыталось сопротивляться. Иерусалим был взят без борьбы, но евреи сохранили относительную автономию до 168 года до н. э.

270 год до н. э. — многие евреи поселились в Египте не только в результате вавилонского завоевания, но также захвата всего этого района во время греко-македонских походов. У них были самые разнообразные профессии. В 270 году тридцать тысяч евреев насильно расселили на синайской границе, чтобы они защищали Египет в случае нападения.

Около 175 года до н. э. — к этой дате восходит первое поселение евреев в Индии, в районе Бомбея. Евреи, жившие там, были в основном торговцами или беженцами с Ближнего Востока. Бомбейское поселение существует по сей день. Интересно, что индийские и китайские евреи никогда не знали дискриминации.

168 год до н. э. — Антиох IV, правитель Сирии из династии Селевкидов (основатель ее — Селевк — был телохранителем Александра Македонского), ворвался в Иерусалим, ограбил сокровищницу Второго Храма и начал эллинизацию евреев.

167 год до н. э. — Антиох IV объявил иудаизм вне закона, запретил празднование Субботы и обряд обрезания, осквернил храм и предпринял другие меры для уничтожения независимости евреев как этнической группы.

166 год до н. э. — во главе с Иудой Маккавеем евреи восстали против политики Антиоха IV. К 164 году они освободили

By 164 b.c.e., the Jews recaptured Jerusalem, destroyed the pagan alters which the Syrians had constructed, and re-dedicated the Temple. (The holiday Chanukah is celebrated in commemoration of this event.)

142 b.c.e. - The Syrians recognized Jewish independence. Three years later, the Roman Senate also recognized the Jewish leadership in the Land of Israel. The Jews, for their part, attempted to expand their territory to the previous size of the kingdom under David and Solomon. Non-Jews in the conquered lands were compelled to convert to Judaism or go into exile.

63 b.c.e. - *Eretz Yisrael* (Land of Israel) was conquered by the Romans under Pompey. More than 12,000 Jews were killed as the Romans occupied Jerusalem.

37 b.c.e. - Jerusalem fell under the rule of Herod who had captured the city from the Parthians, an Iranic people who had ruled from 40 to 37. Roman rule of *Eretz Yisrael* was to continue uninterrupted until 395 c.e.

4 b.c.e. - Herod died and the Romans tightened their grip on *Eretz Yisrael,* turning it into a Roman province.

c.30 - Jesus was crucified by the Romans.

38 - Anti-Jewish riots broke out in Alexandria, Egypt, the intellectual center of the Hellenistic world, by Greeks who opposed the granting of Roman citizenship (Egypt, too, came under Roman rule) to the Jews. That would have signified equal status for the Jews and Greeks. The Jewish population of Alexandria at this time numbered about one million. Many Jews were murdered, synagogues were closed, and the Jews were confined to a section of the city. Religious but not citizenship rights were eventually given back to the Jews.

66 - The beginning of the Jew's revolt against Rome in *Eretz Yisrael*. The Jews in Alexandria also rebelled against the Roman forces. That rebellion was suppressed and some 50,000 Jews were killed. In *Eretz Yisrael,* the rebellion continued and, in 70, Roman forces under the leadership of

Иерусалим, разрушили воздвигнутые Селевкидами эллинистические храмы и вновь освятили свой храм. В честь этого события евреи празднуют Хануку.

142 год до н. э. — Селевкиды признали независимость евреев. Через три года Римский Сенат также признал главенствующее положение евреев на Земле Израиля. Со своей стороны, евреи предприняли попытки экспансии. Они мечтали восстановить свою территорию до размеров царства Давида и Соломона. Нееврейское население завоеванных территорий обращали в иудаизм или изгоняли.

63 год до н. э. — *Эрец Израэль* был завоеван римлянами во главе с Помпеем. При захвате Иерусалима погибло более двенадцати тысяч евреев.

37 год до н. э. — Иерусалим попал под власть Ирода, который отвоевал город у парфян, иранского народа, правившего с 40 по 37 год до н. э. Римское господство в Иерусалиме продолжалось непрерывно до 395 года н. э.

4 год до н. э. — после смерти Ирода римляне еще прочнее укрепились в *Эрец Израэль,* который постепенно превращался в римскую провинцию.

Около 30 года н.э. — распятие Иисуса римлянами.

38 год — в Александрии в Египте, интеллектуальном центре эллинистического мира, начались антиеврейские выступления. Местное население не хотело, чтобы евреи, проживавшие в Египте, который тоже входил в Римскую империю, получили римское гражданство и были бы уравнены в правах с другими этническими группами. В это время в Александрии было около миллиона евреев. Многие из них были убиты, синагоги закрыты. Евреи были вынуждены поселиться в определенной части города. Постепенно евреи получили свободу вероисповедания, но не гражданские права.

66 год — началось восстание против римского владычества в *Эрец Израэль.* Евреи Александрии также восстали против римского владычества. Мятеж был подавлен, и около пятидесяти тысяч евреев были убиты. В Эрец Израэль восстание продолжалось, и в 70 году римские войска, возглавляемые

Titus entered Jerusalem. The Second Temple was destroyed and many of its treasures were carried off to Rome. A number of Jewish captives were also taken to Rome where they became part of a Jewish community that numbered 30,000 by the end of the 1st century, primarily concentrated in the area known to this day as Trastevere.

73 - The last point of Jewish resistance occurred at Masada, the site of Herod's palace (about 1.4 kilometers in circumference), located on a lofty rock rising almost sheer from the desert near the Dead Sea. The Jewish Zealots, who had captured Masada from the Romans in 66, numbered 960 and were under the leadership of Eleazer. The Zealots all committed suicide rather than fall into the hands of the Romans. Masada symbolizes Jewish resistance.

The site was excavated by Israeli archaeologists between 1963 and 1965.

c.79 - Josephus, a Jewish historian, completed his book *Jewish Wars,* one of a number of books he wrote on the history of the Jews in the 1st century b.c.e. and the 1st century c.e. that represent a vitally important source of information on this period.

115 - The 40,000 Jews on the island of Cyprus were expelled after attempting to rebel against Roman rule. In the same year, a revolt of the Jews in Egypt against Roman rule also broke out and was not finally quashed until 117.

132 - 135 - Bar-Kokhba led a revolt of the Jews against the Romans under Hadrian and succeeded in capturing Jerusalem. In 133, Rome counterattacked with an army numbering 35,000 and, by 135, managed to defeat the Bar-Kokhba forces. According to the evidence available, there may have been as many as 580,000 Jewish casualties in this war. After the Jewish defeat, Judea, or *Eretz Yisrael,* went into a long period of decline for the Jews. Jerusalem itself was barred to Jewish settlement. To remove reference to the Jews, the Romans renamed the country Palestine after the Philistines, a people who had lived in the country when the Jews returned from Egypt.

Титом, вошли в Иерусалим. Второй Храм был разрушен, а его сокровища отправлены в Рим. Часть пленных евреев также отослали в Рим, где они стали ядром еврейской общины, в которой к концу первого века уже было тридцать тысяч человек. В основном, они жили в районе, который до сих пор называется Трастевере.

73 год — в Массаде, расположенной на высоком одиноком утесе на берегу Мертвого Моря — резиденции Ирода (1,4 км по периметру), разыгрался последний акт трагедии еврейского сопротивления римлянам. Еврейские зелоты, захватившие Массаду у римлян в 66 году, засели в Массаде. Их было девятьсот шестьдесят человек против целой римской армии. Руководил ими человек по имени Елезар. Сдаче римлянам все они предпочли смерть. До сих пор Массада остается символом еврейского сопротивления.

В 1963-1965 годах израильские археологи вели раскопки в Массаде.

Около 79 года — еврейский историк Иосиф Флавий закончил книгу „Иудейская война", одну из многих его книг по еврейской истории I века до н. э. — I века н. э. Труды Иосифа Флавия до сих пор являются одним из важнейших источников по истории этого периода.

115 год — после попытки поднять восстание против Рима сорок тысяч евреев с острова Кипр были высланы. В том же году восстали против римского владычества египетские евреи. Это восстание было подавлено только в 117 году.

132-135 годы — в царствование императора Адриана Бар-Кохба возглавил восстание евреев против Рима и захватил Иерусалим. В 133 году римляне бросили тридцатипятитысячную армию на подавление восстания. Из исторических источников известно, что во время разгрома восстания погибло около полумиллиона евреев. После поражения Бар-Кохбы в 135 году Иудея, или *Эрец Израэль*, вступила в долгий период упадка. Евреям было запрещено селиться в Иерусалиме. Чтобы имя евреев не упоминалось, римляне переименовали страну в Палестину. Название это происходит от филистимлян, которые жили в Иудее во время возвращения евреев из Египта.

c.210 - Redaction (compilation and editing) of the *Mishnah* - the collection of oral tradition, legal decisions and precedents which were classified and written out and became the basis for the Talmud.

By 300 Jews had settled everywhere in the Roman Empire except in Britain. They enjoyed freedom of religion and were permitted to practice Jewish law in cases involving Jewish disputants. Citizenship had been granted to Jews under Roman rule in 212.

The world Jewish population at this time was estimated at three million.

312 - Constantine, the Roman emperor, accepted Christianity and a new, bleaker era began for the Jews. In 315, Constantine decreed that Jews did not have the right to proselytize or to interfere with Jewish converts to Christianity.

325 - The Christian church formulated a policy of exclusion and humiliation toward Jews.

339 - Constantius prohibited both intermarriage between Jews and Christians and the possession of Christian slaves by Jews.

c.390 - The Palestinian (or Jerusalem) Talmud was completed, the first of two such compilations (the other being the Babylonian Talmud).

468 - The Jewish community in Isfahan, the capital of Persia, was accused of attacking and skinning two Magi (members of the Persian priestly caste). As a result, half of the Jewish community was killed and the children of Jews were not permitted to be raised as Jews.

c.499 - The Babylonian Talmud was completed.

535 - Anti-Jewish legislation forbade the practice of Judaism in the North African territories of the Byzantine Empire (whose center was in Constantinople, present-day Istanbul).

590 - 604 - Pope Gregory I formulated the "Jewish policy" of the papacy: Jews should be treated with humanity, their legal rights observed, and their religious practices permitted. On the other hand, Jews should be given mate-

Около 210 года — была сделана редакция *Мишны* — собрания устных преданий, судебных установлений и решений. Разобранные и записанные, они легли в основу Талмуда.

Около 300 года — евреи жили по всей территории Римской империи, кроме Британии. Они пользовались свободой вероисповедания и подчинялись еврейским законам в случаях, касавшихся исключительно евреев. В 212 году евреи Римской империи получили гражданские права.

Всего в это время в мире было приблизительно три миллиона евреев.

312 год — римский император Константин признал христианство, и для евреев наступили новые тяжелые времена. В 315 году Константин издал декрет, запрещавший евреям обращать людей в свою веру и общаться с принявшими христианство евреями.

325 год — можно считать началом „еврейской политики" христианской церкви, изолировавшей евреев и подвергавшей их постоянным унижениям.

339 год — Константин запретил браки между евреями и христианами. Он также запретил евреям иметь рабов-христиан.

Около 390 года — был закончен Палестинский (Иерусалимский) Талмуд. Второй подобный свод законов получил название Вавилонский Талмуд.

468 год — еврейская община Исфагана, столицы Персии, была обвинена в ритуальном убийстве двух маги (представителей персидской касты священников). В результате была убита половина еврейского населения. Оставшимся в живых было запрещено воспитывать своих детей в иудаизме.

Около 499 года — был завершен Вавилонский Талмуд.

535 год — введен закон о запрещении иудаизма в северо-африканских владениях Византийской империи (ее столица была в Константинополе, современном Стамбуле).

590-604 годы — папа Григорий I сформулировал „еврейскую политику" папства: с евреями нужно было обращаться гуманно, соблюдать их законные права и разрешать им свободу вероисповедания. С другой стороны, рекомендовалось

rial inducements to convert to Christianity, there should be no possibility of Jews exercising authority over Christians, and new synagogues were not to be built.

613, 633, 638 – Severe legal measures were taken against the Jews of Spain, ending with a decree that only Christians could live in the kingdom of Spain.

614 – 617 – During this brief period, the Jews were permitted to rule Jerusalem in recognition of the aid that 20,000 Jewish soldiers had given the Persians in conquering Palestine. This rule was ended by Byzantine conquest.

624 – 632 – Jewish groups in Arabia were attacked by Mohammed, the founder of the Islam religion, and his followers. At first, Mohammed had thought kindly of the Jews and felt certain that they would adopt his religion because of its monotheism, practice of circumcision, strict dietary laws, reverence for Jerusalem, emphasis on Jewish history, and recognition of Abraham (but as the first Moslem rather than as a the first Jew). The Jewish refusal to abandon Judaism and adopt this new religion so angered Mohammed and his followers that physical attacks on Jews began.

626 – King Dagobert of Gaul (France) ordered the expulsion of all Jews from his territory save those who agreed to convert to Christianity.

638 – Jerusalem was conquered by the Arabs.

THE MIDDLE AGES

640, 721, 873 – Jews in the Byzantine Empire were forcibly converted to Christianity.

694 – 711 – Judaism was banned in Spain after rumors were spread that the Jews were appealing to the Moslem invaders of Spain for help. The Jews were declared to be slaves and were given over to Christian masters. After the successful Arab conquest of Spain in 711, however, Judaism was once again permitted. The Arabs had muted their

поощрять евреев, переходивших в христианство, материально. Не могло быть и речи о юридическом подчинении христиан евреям. Запрещено было строительство новых синагог.

613, 633, 638 годы — против испанских евреев были приняты суровые юридические меры. Одной из них был закон о том, что только христиане имели право проживать в Испании.

614-617 годы — недолгий период, когда евреям было позволено править Иерусалимом. Так персы отблагодарили двадцать тысяч евреев за помощь в завоевании Палестины. Это правление закончилось после завоевания Византией Палестины.

624-632 годы — еврейское население Аравии подверглось преследованиям со стороны Магомета, основателя ислама. Сначала отношение Магомета к евреям было доброжелательным, так как он считал, что евреи примут его религию, благодаря ее монотеизму, обряду обрезания, строгим правилам в отношении еды, почитанию Авраама, поклонению Иерусалиму и вниманию к еврейской истории. Когда евреи отказались отречься от иудаизма и перейти в новую религию, начались их преследования.

626 год - галльский (Франция) король Дагобер приказал изгнать из своей страны всех евреев, кроме тех, кто согласился принять христианство.

638 год — арабы завоевали Иерусалим.

СРЕДНИЕ ВЕКА

640, 721, 873 годы — насильственное крещение евреев в Византии.

694-711 годы — в Испании после распространения слухов об обращении евреев за помощью к арабским завоевателям запрещен иудаизм. Евреи были отданы в рабство христианам. Только после арабского завоевания Испании в 711 году иудаизм был снова разрешен. К этому времени религиозный фанатизм и нетерпимость арабов ослабели и завоеватели были

earlier religious fanaticism and intolerance and were prepared to tolerate "unbelievers" in return for the payment of a special tax. A Jewish renaissance followed. Jewish cultural, religious and communal life flowered.

c.740 - The conversion of the Khazar king and his people to Judaism. The Khazars were a Mongol tribe that ruled a kingdom from the Volga River to the Caspian Sea until the beginning of the 11th century. Jews from many countries sought refuge here in this flourishing Jewish kingdom, and it is interesting to note that non- Jews were treated with tolerance. After the defeat of the kingdom in the 11th century, the Khazars dispersed. Some scholars theorize that parts of the Jewish populations of Poland, Lithuania and Russia are descended from the Khazars, but there is no conclusive evidence to support this claim.

800 - The Jews of Iraq, who in the year 600 already numbered more than 800,000, were subjected to heavy taxation and restrictions on residence. They were compelled to wear a yellow patch on their clothing in order that they could be identified as Jews. Such a practice of using a "Jewish badge" was later to appear in Europe and, ultimately, under the Nazis.

906 - The Church Council in Mainz, Germany declared that a man who killed a Jew out of malice must pay for the crime in the same way as any other murderer, a step in the direction of granting some civil rights to Jews that was to prove temporary. In 1012, the Jews of Mainz were expelled from the city after a priest was found to have converted to Judaism. Shortly thereafter, the Jews were permitted to return to Mainz.

c.1066 - Jews settled in Britain for the first time. This reflected a further shift westward in the great centers of Jewish life from the Eastern Mediterranean to Spain, Portugal, France and Germany where Jewish life was then most active and creative.

1066 - More than 5,000 Jews were murdered in riots by Arabs in the city of Granada, Spain, a city in which the Jews had played a leading role in all spheres of life.

готовы примириться с „неверными", правда, за специальный налог. Началось возрождение еврейской традиции. Общественная жизнь, религия и культура евреев процветали.

Около 740 года — хазарский народ во главе с царем перешли в иудаизм. Хазары были тюркским племенем, правившим территорией от Волги до Каспия до начала XI века. Евреи из многих стран находили приют в этом процветающем иудаистском государстве. Интересно, что к неевреям там относились с большой терпимостью. После падения Хазарского Царства в XI веке хазары рассеялись по миру. Существует теория, что часть еврейского населения Польши, Литвы и России происходит от хазар, но серьезных подтверждений этой версии нет.

800 год — еврейское население Ирака, насчитывавшее восемьсот тысяч человек уже в 600 году, было обложено огромным налогом, а местожительство строго ограничено. Евреев заставляли носить желтую заплату на одежде, чтобы все видели, что они евреи. Этот обычай „еврейского опознавательного знака" позже возродился в Европе, особенно в нацистской Германии.

906 год — Совет церквей в Майнце провозгласил, что злостное убийство еврея должно караться так же строго, как любое другое убийство. Этот шаг к предоставлению евреям некоторых гражданских прав оказался сугубо временным: в 1012 году после перехода одного священника в иудаизм, майнцских евреев изгнали из города. Вскоре, однако, им разрешили вернуться.

Около 1066 года — впервые евреи поселились в Британии, что отражало движение еврейской культуры из Восточного Средиземноморья в Испанию, Португалию, Францию и Германию, где еврейская жизнь в это время была наиболее активной и творческой.

1066 год — в Испании в городе Гранада погибли во время еврейского погрома, устроенного арабами, более пяти тысяч евреев. До этого евреи занимали ведущие места во всех областях жизни Гранады.

1078 - Jerusalem was yet again conquered, this time by the Seljuks, a Moslem tribe of Turkish origin.

1096 - 1099 - The First Crusade, the start of a sad new chapter in Jewish history in Europe and *Eretz Yisrael*. The crusade was a military expedition of European Christians inspired by the pope's call to conquer *Eretz Yisrael* from the Moslems because of alleged reports that Christian pilgrims in the Holy Land were being maltreated and Christian holy sites being defiled. It was also mentioned that the Jews had a hand in this maltreatment of the Christians. On their way to Palestine, the Crusaders massacred Jews in the German cities of Mainz, Cologne, Worms and elsewhere. Many Jews committed suicide to avoid death at the hands of the Crusaders. In 1099, Jerusalem was captured by the Crusaders; more Jews were killed as a result.

1122 - 1123 - A papal bull (edict or official document) was issued in an effort to give some protection to the Jews in the wake of the massacres of the First Crusade. According to the bull, Christians were not permitted to endanger the lives of Jews, forcibly baptize them, or desecrate their cemeteries. Yet no new rights were extended to the Jews nor was any protection given to Jews "plotting against the Christian faith." This bull was to be re-issued five times by the year 1250.

1144 - The first case of blood libel occurred, an accusation against Jews that was to re-appear time and again until the beginning of the 20th century. It alleged that the Jews murdered Christians to obtain blood for the Jewish Passover or for other ritual needs. It stemmed from the belief that Jews plotted to kill a young Christian boy every Easter. Because of the approximate coincidence of Easter and Passover, the notion arose that the Jews used the Christian blood to prepare matzah and in the seder rites.

The first recorded instance occurred in Norwich, England where the Jews were charged with torturing and murdering a Christian boy in imitation of the murder of

1078 год — Иерусалим был завоеван сельджуками, исповедующим ислам племенем тюркского происхождения.

1096-1099 годы — с первым Крестовым походом началась новая тяжелая глава в истории европейских евреев и *Эрец Израэль*. Крестовый поход был военной экспедицией европейского христианства, вдохновленного призывом Римского Папы освободить *Эрец Израэль* от мусульманского владычества. Призыв был вызван слухами о погромах против христиан и осквернении христианских святынь на этой территории. Возникли слухи и о том, что евреи были как-то замешаны в этих погромах. По пути в Палестину крестоносцы истребляли евреев в Кельне, Майнце, Вормсе и других немецких городах. Многие евреи предпочли самоубийство смерти от руки крестоносцев. В 1099 году, когда крестоносцы захватили Иерусалим, еврейское население подверглось истреблению.

1122-1123 годы — вышла Папская булла (эдикт), пытавшаяся хоть сколько-нибудь защитить евреев от погромов первого Крестового похода. По этой булле христиане не имели права подвергать жизнь евреев опасности, насильственно крестить их и осквернять еврейские кладбища. Но евреям не было дано никаких новых прав, их права никак не оговаривались в булле, которая к 1250 году была переиздана пять раз.

1144 год — первое обвинение евреев в ритуальном убийстве — обвинение, повторявшееся с тех пор много раз, вплоть до начала XX века. Евреев обвиняли в том, что они убивали христиан, чтобы добыть кровь для празднования Пейсаха или других праздников. Это обвинение исходило от распространенного суеверия о том, что на Пейсах евреи убивали юного христианина, чтобы пародировать распятие Христа. Поскольку Пейсах и христианская Пасха часто совпадают по времени, возникло еще одно суеверие — о том, что евреи употребляют христианскую кровь для приготовления мацы или для обряда Сейдера.

Первое дело такого рода было зарегистрировано в Норвиче в Англии, где евреев обвинили в истязании и убийстве христианского мальчика в подражание распятию Христа, —

Jesus, the popular view being that the Jews and not the Romans had killed Jesus. (In 1965, Vatican Council II formally dropped this deicide charge against the Jews.)

1159 - The Jews in Tunis, Tunisia were compelled to convert to Islam or face death.

1171 - The first blood libel case in France occurred. Thirty-one Jewish men, women and children were burned at the stake even though no body was ever produced as evidence that a murder had been committed.

1179 - The Third Lateran Council of the Church refused to permit Christian burial to Christians who engaged in the practice of usury (the lending of money at very high interest rates). Thus began the Jewish association with usury as a means of gaining a livelihood when entry to so many other professions was closed. Of course, this association provoked new anti-Jewish feeling.

The Council also prohibited Christians from living near Jews, thus formalizing the concept of the Jewish quarter.

1182 - The Jews of the Kingdom of France were expelled. But in 1198, the Jews were recalled because of financial and political problems that arose in their absence.

1187 - Jerusalem fell to Saladin, a Kurd. It appears that he was tolerant of the Jews, but his regime was ended by the Third Crusade of European Christians (1189 - 1192).

1190 - English Crusaders sparked anti-Jewish riots and a massacre of the Jews in York. The massacres were led by men whose financial indebtedness to Jewish usurers was at least as great as their religious zeal.

1204 - The death of Maimonides. Maimonides, a philosopher and physician, is one of the towering figures in

последствие распространенной легенды о том, что Христос был распят евреями, а не римлянами. (В 1965 году Второй Ватиканский Совет официально снял с евреев это обвинение.)

1159 год — тунисские евреи в городе Тунизия были поставлены перед выбором между смертью и переходом в ислам.

1171 год — тридцать один еврей (мужчины, женщины и дети) были заживо сожжены во Франции по первому в этой стране обвинению в ритуальном убийстве. Тело человека, якобы убитого евреями, суду представлено не было.

1179 год — Третий Лютеранский Совет церквей постановил, что христиан, которые занимались ростовщичеством, нельзя хоронить по церковному обряду. Так ростовщичество стало преимущественно занятием евреев, поскольку у них не было земли и доступ ко многим профессиям был закрыт. Естественно, в результате этого антисемитизм усилился.

Тот же Совет запретил христианам селиться вблизи евреев, официально утвердив таким образом понятие „еврейский квартал".

1182 год — евреи изгнаны из Франции. Однако в 1198 году они были приглашены обратно, так как их отсутствие в стране вызвало политические и финансовые трудности.

1187 год — курды под предводительством Саладина завоевали Иерусалим. Видимо, он относился к евреям терпимо, но его государство пало под ударами крестоносцев (третий Крестовый поход, 1189-1192).

1190 год — английские крестоносцы возглавили антиеврейские выступления и массовые убийства евреев в городе Йорке. Вождями этих погромов были те люди, чья финансовая зависимость от евреев была, по крайней мере, так же велика, как их религиозное рвение.

1204 год — смерть Маймонида. Философ и врач Маймонид был одной из выдающихся фигур иудаизма. Его теологи-

Jewish scholarship. His influence on theology has been enormous not only among Jews but also among Christians. His works on the Mishnah, on *halakhah* (Jewish law) and his 13 Principles of Faith are of paramount importance to Judaism.

1210 - 1222 - Three-hundred English and French rabbis (scholars, teachers) settled in *Eretz Yisrael*.

1215 - The Fourth Lateran Council of the Church introduced to Christian Europe the concept of the Jewish badge as well as the notion of Transubstantiation - the belief that the holy wafer (Host) which Christians partake of at church represents the body of Jesus (and the wine represents the blood of Jesus). This notion provided another religious excuse for persecution of Jews: accusations of Jews stabbing the wafer with a knife to have Jesus suffer the agonies of the cross yet again were made in several European countries.

1222 - Robert of Reading, a student at Oxford University, adopted Judaism and married a Jewish woman. For these "crimes," he was burned alive.

1240 - The Disputation of Paris. The Jews were compelled to defend the Talmud against the accusations of the Church that the Talmud blasphemed Jesus. The Jews had to present their case in the Church language - Latin - with which they were unfamiliar. The Talmud was formally condemned by the "judges" and, in 1242, it and other priceless Hebrew manuscripts were publicly burned in Paris.

1243 - A large number of Jews were burned at the stake near Berlin for allegedly defiling the Host. This was the first case of its kind.

1244 - A charter of protection and some autonomy was given to the Jews of Austria. This was to provide only temporary respite to the Jews there.

1249 - Pope Innocent IV issued a bull condemning blood libel, but, like many papal bulls, this one was not always heeded.

1253 - The archbishop of Vienna ordered the expulsion of the Jews from the city.

ческие теории имели влияние не только на евреев, но и на христиан. Его труды, посвященные Мишна, *Халаха* (еврейскому закону) и его „Тринадцать принципов веры" стали важнейшим вкладом в иудаизм.

1210-1222 — триста раввинов из Англии и Франции — учителей и ученых — поселяются в *Эрец Израэль*.

1215 год — Четвертый Лютеранский Совет церквей ввел в христианской Европе знак, который отличал евреев (кусочек желтой ткани). Тогда же в христианский обиход вошла так называемая священная облатка, означающая дух Божий. Она использовалась в церкви при причастии и символизировала тело Христа. Вино представляло его кровь. Это нововведение послужило новым толчком и предлогом к преследованиям евреев: в нескольких странах евреи были обвинены в том, что они вонзают нож в священную облатку, чтобы заставить Христа снова испытать муки распятия.

1222 год — Роберт из Рединга, студент Оксфорда, женился на еврейке и перешел в иудаизм. За эти „преступления" его сожгли заживо.

1240 год — Парижские Диспуты. Евреи должны были защищать Талмуд против обвинений христианской церкви в поношении Христа. Диспуты велись на латыни — незнакомом евреям официальном языке церкви. „Судьи" официально осудили Талмуд, и вместе с другими бесценными рукописями в 1242 году он был публично сожжен в Париже.

1243 год — большую группу евреев заживо сожгли под Берлином по ложному обвинению в осквернении Духа Святого. Это был первый зарегистрированный случай такого рода.

1244 год — австрийские евреи получили хартию о защите их прав и некоторую автономию. Эта передышка оказалась очень короткой.

1249 год — Папа Иннокентий IV выпустил буллу, осуждавшую обвинения евреев в ритуальных убийствах, но, как и многие папские буллы, она осталась без внимания.

1253 год — архиепископ Венский изгнал евреев из города.

1254 - The Jews of Bohemia (now part of Czecho-slovakia) were given a charter of protection.

1263 - 1264 - The Jews of London were expelled from the city.

1264 - Boleslaw V, ruler of Great Poland, invited settlers from Germany, including Jews, to help build his kingdom. The Jews were given a charter which protected them from blood libel accusations, sanctioned their commercial activity, protected them against robbery, and legalized their position in the kingdom.

1267 - The Council of Breslau and Vienna forbade Christians from buying food provisions from Jews for fear that the Jews might seek to poison their Christian "enemies."

1278 - In a papal bull, Pope Nicholas III ordered Jews to permit sermons aimed at converting them to Christianity to be delivered in synagogues. When Jews were compelled to attend these sermons, they often came with wax in their ears or else tried to sleep, but people were actually hired to prod those who dozed off and to check everyone's ears. This papal bull was repeated in 1577 and again in 1584.

1286 - The Italian voyager Marco Polo visited China and wrote of the strong political and commercial influence that Jews enjoyed there. The Jewish community in China dated back to 200 c.e. when the first Jewish traders settled there.

1290 - Sixteen thousand Jews, the entire Jewish community of England, were expelled from the country because of accusations of ritual murders, the unpopular role of the Jews as usurers, and general dislike of the Jews aroused by the Crusaders. Officially, no Jews were to live in England from 1290 to 1655, a total of 365 years!

1291 - The French king issued a decree prohibiting any English Jews from settling in France.

1294 - The French king ordered Jews to live in exclusively Jewish quarters.

1306 - The Jews of France were expelled, their property confiscated, and the debts owed them cancelled. Nine

1254 год — евреи Богемии (в настоящее время часть Чехословакии) получили хартию о защите их прав.

1263-1264 годы — лондонские евреи были изгнаны из города.

1264 год — польский король Болеслав V пригласил в страну поселенцев из Германии, в том числе евреев, чтобы способствовать ее развитию. Евреи получили хартию, охранявшую их от обвинений в ритуальных убийствах, узаконившую их коммерческую деятельность, охранявшую их от грабежей и гарантировавшую их законное положение в королевстве.

1267 год — Бреславский и Венский Советы запретили христианам покупать продукты у евреев, желая таким образом оградить население от мнимой опасности возможного отравления евреями своих христианских „врагов".

1278 год — папа Николай III издал буллу, по которой евреи должны были разрешать проводить в синагогах церемонии, направленные на обращение их в христианство. Когда евреев заставляли посещать эти службы, они часто являлись в синагогу с ушами, залепленными воском, или пытались спать, но специально нанятые люди расталкивали заснувших и проверяли, не заткнуты ли у них уши. Булла была переиздана в 1577 и 1584 годах.

1286 год — посетив Китай, итальянский путешественник Марко Поло описал большое политическое и финансовое влияние евреев в этой стране. Первые еврейские беженцы-торговцы осели в Китае около 200 года н. э.

1290 год — все еврейское население Англии — шестнадцать тысяч человек — были изгнаны из страны из-за обвинений в ритуальных убийствах, занятия ростовщичеством и общей недоброжелательности по отношению к евреям, спровоцированной Крестовыми походами. Официально евреям не было разрешено жить в Англии до 1655 года, то есть 365 лет.

1291 год — во Франции вышел указ, запрещавший еврейским беженцам из Англии селиться во Франции.

1294 год — отдан указ, по которому евреи могли жить во французских городах только в еврейских кварталах.

1306 год — французские евреи были изгнаны из страны с конфискацией имущества; задолженности, им причитавшиеся,

years later, however, the Jews were called back to resume their vital role as money-lenders, a role for which the Christians hated them but found necessary to tolerate to permit the functioning of the economy.

1321 - Rumors were spread in France that the Jews and lepers had conspired to put all the Christians to death by poisoning the wells and springs. By 1322, the Jews were again expelled from France, not to be recalled until 1359 when a financial crisis in the kingdom necessitated inviting the Jews to return.

1348 - 1349 - The Black Death epidemic swept Europe and killed as many as one-third of the entire population. People sought an easily understood explanation; so they attributed the Black Death to the evil machinations of the Jews who were accused of having poisoned the wells. Massacres ensued in several European countries. In Germany alone, 60 large-sized and 150 small-sized Jewish communities were exterminated. In the city of Mainz, some Jews were killed by mobs but the great majority, 6,000, set fire to their quarter and died by their own hand in an act of martyrdom (called in Hebrew, *kiddush Ha-shem*, "sanctification of the Divine Name") to avoid capture by the mob. In those cities with no Jews, Christians of Jewish origin were frequently chosen as victims of the mob.

Pope Clement VI issued a protective bull for the Jews. He pointed out that the Jews were also dying from the plague, indeed that the plague existed in places where there were no Jews at all. There was no reason, therefore, to accuse the Jews of starting the plague, yet this protective bull proved to no avail.

Jews from Germany fled eastward to Poland and Lithuania where they were permitted to resettle.

1349 - 1360 - The Jews of Hungary were expelled.

1355 - Twelve-thousand Jews in the once thriving Jewish community of Toledo, Spain were massacred.

1391 - In Spain, as a result of the religious frenzy worked up among the Christian population against Jews who did not convert to Christianity, terrible massacres occurred. As many as 50,000 Jews were killed on the island

были аннулированы. Через девять лет их призвали обратно, так как государственная экономика не могла просуществовать без еврейского ростовщичества, ненавидимого, но живительного.

1321 год — во Франции распространились слухи о заговоре евреев и прокаженных против христиан. На этот раз они якобы собирались отравить реки и колодцы. К 1322 году евреев снова изгнали из Франции: на сей раз их пригласили обратно только в 1359 году, когда финансовый кризис, потрясший страну, сделал возвращение евреев острой необходимостью.

1348-1349 годы — треть населения Европы погибла от „черной смерти" (чумы). Естественно, что самым легким объяснением причин несчастья были козни евреев, якобы отравивших колодцы. Последовали массовые убийства евреев в странах Европы. В Германии были уничтожены шестьдесят больших и сто пятьдесят маленьких еврейских поселений. В Майнце несколько евреев были растерзаны толпой, но большинство, шесть тысяч человек, подожгло свой квартал и погибло там, предпочитая мученическую смерть за веру (на иврите *киддуш-ха-шем*, „освящение Божественного имени") смерти от обезумевшей толпы. В городах, где евреев не было, жертвами толпы часто становились христиане еврейского происхождения.

Папа Клемент VI издал буллу в защиту евреев. Он указывал, что евреи, так же как и другие народы, гибнут от чумы и что эпидемии подверглись и те районы, где нет евреев. Он не видел причин обвинять евреев в „черной смерти", но эта охранительная булла не имела последствий.

Немецкие евреи бежали на восток, где им разрешили поселиться в Польше и Литве.

1349-1360 годы — евреи были изгнаны из Венгрии.

1355 год — в Толедо, в когда-то процветавшей еврейской общине, были убиты в погромах двенадцать тысяч евреев.

1391 год — в Испании религиозное негодование против евреев, отказавшихся принять христианство, вылилось в ужасающую резню. Только на острове Мальорка было убито пятьдесят тысяч евреев, еще тысячи погибли в Толедо, в

of Majorca, thousands more were slain in Toledo, and 400 were killed in one day in Barcelona. Thousands of others, who chose to convert to escape death, became known as "Conversos," "Marranos," or "New Christians."

1394 - The Jews of France were again expelled, this time after Jews in Paris were charged with having persuaded a Jew who had accepted baptism to return to Judaism. Some Jews went to the south of France (not then part of the French kingdom), others to Spain, Italy and Germany.

1399 - A pogrom took place in Prague after the Jews were accused of vilifying Jesus in their daily prayers.

1412 - An edict in Spain ordered the Jews to reside in special quarters, excluded them from the professions and crafts, and decreed that no Jewish male could go beardless.

1415 - Pope Benedict XIII ordered the Talmud to be censored so that all passages deemed anti-Christian could be eliminated.

1419 - Pope Martin V issued the first of three papal bulls designed to protect the Jews in the synagogue. Also, he did not enforce the decree on the wearing of a distinctive badge by the Jews, and his own doctor was a Jew, typifying the important role that Jews always played in medicine, even in the dark Middle Ages. The behavior of Pope Martin V underscored the fact that the Vatican's attitude toward Jews and Judaism was always linked to the view of the individual pope.

1420 - Two-hundred-twenty Jews were burned at the stake in Vienna after being charged with defiling the Host. All the other Vienna Jews were expelled, but many Jewish children were forcibly taken from their parents and put in Christian homes.

1422 - Pope Martin V issued an edict forbidding involuntary baptism, but he was compelled to withdraw it one year later because of staunch disagreement by entrenched religious and political leaders.

Барселоне в один день были убиты четыреста человек. Сотни других, предпочитавших переход в христианство смерти, стали называть „конверсос", „маррано", или „новые христиане".

1394 год — французских евреев снова изгнали из страны, на этот раз из-за того, что парижские евреи убедили принявшего было крещение собрата вернуться в иудаизм. Часть еврейского населения поселилась на юге Франции, который тогда не входил в королевство, остальные рассеялись по Испании, Италии и Германии.

1399 год — в Праге произошел еврейский погром, вызванный ложными обвинениями в том, что евреи поносили Христа в ежедневных молитвах.

1412 год — в Испании вышел эдикт, разрешавший евреям проживать лишь в специальных кварталах и ограничивавший сферу их профессиональных занятий. Кроме этого евреям повелевалось носить бороду.

1415 год — папа Бенедикт XIII ввел цензуру Талмуда, из которого удалялись все якобы антихристианские тексты.

1419 год — папа Мартин V издал первую из трех булл, обеспечивавших неприкосновенность евреев внутри синагоги. Он также не требовал следования эдикту о ношении еврейского знака. Его личный врач был евреем — доказательство важной роли, которую евреи играли в медицине, даже в средние века. Отношение Мартина показывало, какую важную роль в еврейской политике Ватикана играла личность каждого конкретного папы.

1420 год — в Вене были заживо сожжены двести двадцать евреев по обвинению в осквернении Святого Духа. Все остальные евреи Вены были изгнаны, но многих еврейских детей насильственно отобрали у родителей и отдали в христианские дома.

1422 год — папа Мартин V запретил принудительное крещение евреев, но через год был вынужден отменить эдикт из-за того, что разные религиозные и политические группы считали, что он покушается на их неотъемлемые права.

1454 - The privileges of the Jews in Poland-Lithuania were revoked and anti-Jewish riots broke out in Cracow, Poland.

1470 - During the reign of Ivan III, the first Jews came to Muscovy. One of them appears to have been a missionary of Judaism. A sect of Jews known as the "Judaizers" was formed in Novgorod and at the court in Moscow. In 1504, by the tsar's decrees, the Judaizers were all burned to death.

1473 - 1474 - The first of a long history of massacres of Marranos in Spain occurred after a rumor was spread that an image of the Madonna had been defiled by a Marrano girl.

1475 - The first book in Hebrew was printed at Reggio de Calabria, Italy.

1475 - Blood libel in Trent, Italy. A zealous priest had spoken out against the Jews, predicting that the sins of the Jews would soon be apparent. A few days later, a Christian baby named Simon disappeared. His body was later found near the house of the head of the Jewish community. All the Jews of Trent were arrested. Seventeen were tortured until they "confessed" to the crime. One died in prison, six were burned at the stake, and two were strangled to death. A papal commission was sent from Rome to investigate the incident and found no evidence that the Jews had been involved in the boy's death. Nevertheless, the commission was later compelled under pressure to reverse its unpopular finding and to uphold the blood libel charge. The Jews were henceforth to be excluded from Trent. Simon was beatified. It was only in 1965 that he was de-beatified. This case was to contribute to the growth of anti-Semitism in Italy and elsewhere.

1480 onwards - The Inquisition, a special church tribunal to investigate and combat heresy among Christians, began to turn its attention to the Marranos in Spain. The Marranos, who were suspected of continuing to be Jewish at heart, aroused jealousy because of their rapid economic and social progress. In 1483, the infamous Torquemada was appointed head of the Inquisition. Between 1480 and 1492,

1454 год — у евреев Польши и Литвы отняли предоставленные им ранее привилегии, и в Кракове в Польше начались антиеврейские выступления.

1470 год — в правление Ивана III первые евреи появились в Московии. Можно предположить, что один из них был проповедником иудаизма. В Новгороде и при московском дворе появились секта жидовствующих. В 1504 году по царскому указу все жидовствующие были сожжены на костре.

1473-1474 годы — в Испании произошло первое за долгую историю существования марранов их массовое убийство. Поводом послужило обвинение девочки-марранки в осквернении образа Мадонны.

1475 год — в Реджо-ди-Калабрия в Италии вышла первая в этой стране книга на иврите.

1475 год — В Италии, в Тренте евреев обвинили в ритуальном убийстве. Священник-фанатик заявил в своей проповеди, что через несколько дней раскроются преступления евреев. Через несколько дней исчез христианский мальчик по имени Симон. Позже его тело было найдено около дома главы еврейской общины. Все евреи Трента были арестованы. Под пытками семнадцать человек „признали" свою вину, один из обвиняемых умер в тюрьме, шестерых сожгли на костре, двух повесили. Папская комиссия, присланная из Рима для расследования, не нашла доказательств вины евреев, но была вынуждена позже пересмотреть непопулярные результаты расследования и поддержать обвинения в ритуальных убийствах. Евреев изгнали из Трента, и Симон был канонизирован. Решение о его канонизации было отменено только в 1965 году. Этот процесс усилил рост антисемитизма в Италии и во всем средневековом мире.

Начиная с 1480 года — инквизиция начала заниматься испанскими марранами. Сомнения в искренности перехода евреев в христианство существовали и раньше, а экономические и социальные успехи этой группы вызывали зависть. В 1483 году печально известный Торквемада был назначен главой инквизиции. Между 1480 и 1492 годами более тринадцати тысяч марранов были осуждены инквизицией за тайное сле-

more than 13,000 Marranos were condemned by the Inquisition of continuing secretly to practice Judaism. The Inquisitors were often not satisfied with just killing such "heretics," but, on occasion, later dug up their bones, sentenced the bones and had them burned.

1483 - The Jews of Warsaw were expelled.

1492 - The Jews of Spain were expelled. More than 150,000 Jews sought refuge in neighboring Portugal, North Africa, Holland, Italy, Turkey and a few in *Eretz Yisrael*. Only those Jews who had agreed to accept Christianity were able to stay in Spain, but the Inquisition continued against the Marranos as "crypto-Jews" until the end of the 18th century. There were some Marranos who did emigrate, but the majority stayed in Spain.

1492 onwards - The sultans of the Turkish (Ottoman) Empire openly welcomed the Jewish refugees from Spain and, later, from Portugal. Constantinople (present-day Istanbul), Turkey became the largest Jewish community in Europe, but was soon outstripped by Salonika, Greece where the Jews formed a majority of the city's population and played a very active role in trade and commerce.

1492 - 1493 - The Jews of Sicily and Sardinia were expelled. Jews had been living in Sicily for some 1,500 years and had even established their own university. Thirty-seven-thousand Sicilian Jews were forced to find a new home. Two-hundred years later, the rulers of Sicily tried without success to attract Jewish settlement.

1495 - The Jews of Lithuania were expelled. They were permitted to return in 1503.

1496 - 1497 - The Portuguese King Manuel wanted to marry the daughter of Spain's king and queen, Ferdinand and Isabella, but as the latter were "fervent" Catholics they would only agree to the marriage if Manuel expelled all the Jews from his country as Spain had done. Jews numbered 200,000 and formed 20% of the Portuguese population. Manuel issued the expulsion order, but then rescinded it because he feared the economy would not sustain the loss. Instead, in 1497, all Jewish youth under 10 were taken from their parents, baptized and placed in Catholic homes.

дование иудаизму. Часто инквизиторы не удовлетворялись смертью „еретиков", и спустя какое-то время их трупы вырывали из могил, выносили приговор и сжигали.

1483 год — варшавских евреев изгнали из города.

1492 год — евреев изгнали из Испании. Более ста пятидесяти тысяч испанских евреев нашли приют в соседней Португалии, Северной Африке, Голландии, Италии и Турции, лишь немногие — в *Эрец Иэраэль*. Только те, кто согласился принять крещение, смогли остаться в Испании. Но до конца XVIII столетия инквизиция не переставала преследовать марранов как скрытых иудаистов. Лишь немногие из марранов эмигрировали — большинство осталось в Испании.

С 1492 года — султаны Турции (Оттоманской империи) открыли ворота своей страны еврейским беженцам из Испании и позже из Португалии. Константинополь (современный Стамбул) стал резиденцией самой большой еврейской общины в мире, но вскоре его место заняли Салоники в Греции, где евреи составляли большую часть населения и играли важную роль в торговле и коммерции города.

1492-1493 годы — изгнание евреев из Сицилии и Сардинии. У евреев Сицилии, проживших там около полутора тысяч лет, даже был собственный университет. Теперь тридцать семь тысяч сицилийских евреев вынуждены были искать нового приюта. Через двести лет правители Сицилии безуспешно пытались призвать евреев обратно.

1495 год — изгнание евреев из Литвы. Им позволили вернуться обратно в 1503 году.

1496-1497 годы — португальский король Мануэль попросил руки испанской принцессы, дочери Фердинанда и Изабеллы. Ее родители, ревностные католики, дали согласие на брак только при условии, что Мануэль изгонит из страны евреев, как это сделали они сами в Испании. В Португалии было двести тысяч евреев, которые сотавляли двадцать процентов населения страны. Мануэль издал соответствующий приказ, но затем отменил его, опасаясь, что экономика Португалии не выдержит такого удара. Вместо этого в 1497 году всех еврейских детей моложе десяти лет отобрали у родителей, крестили

Adults were also forced to convert, but many committed suicide since there was no chance to escape (the ports were closed) and they would not accept Christianity. Jews were dragged by the hair or by the beard to be forcibly baptized. It was only in 1507 that some Jews were able to leave for Amsterdam or the Americas. The Inquisition against the Marranos in Portugal began in 1536, though massacres of Jews occurred even earlier, and continued until 1821.

1516 - Eretz Yisrael was conquered by the Turks. It remained in their hands until the British conquest in 1917.

1516 - In Venice the Jews were confined to an area of foundries known as the *getto*.

1520 - 1523 - The first complete editions of the Talmud were printed.

1530 - 1584 - The reign of Ivan the Terrible during which the tsar on several occasions manifested his anti-Jewish feeling. When the town of Pskov was annexed, he ordered that all Jews who refused to accept Christianity be drowned in the river. He refused to let Lithuanian Jews into Russia for business purposes because he feared they would bring poisonous medicines to kill the Russian population. He regarded Jews as religious infidels and believed that they would stop at nothing to destroy the non-Jewish people of the world.

1534 - Sigismund I of Poland decreed that Jews did not have to wear the identifying badge in Poland and Lithuania. Jews flocked to Poland from other European countries where they had been persecuted. The Jewish population of Poland jumped from 50,000 in 1500 to 500,000 in 1650.

1542 - Martin Luther, a Christian challenger to the authority of the Vatican, virulently attacked the Jews in his writings, accusing them of being usurers, haters of the Christians, thieves, killers of Christian children, poisoners of the wells, and aliens wherever they lived. He advocated that synagogues be burned down, Jewish books be confiscated, and the Jews themselves be expelled from Germany. This venomous hatred derived from Luther's unrealized

138

и отдали в католические семьи. Взрослых также заставляли креститься, но многие предпочли самоубийство, т.к. бежать из страны было невозможно (все порты были закрыты). Евреев силой заставляли креститься. Только в 1507 году некоторые евреи смогли выехать в Амстердам или Северную и Южную Америку. Действия инквизиции против марранов Португалии начались в 1536 году, хотя резня случалась и раньше, и продолжалась до 1821 года.

1516 год — турки захватили *Эрец Израэль*. Страна оставалась в их руках до установления британского владычества в 1917 году.

1516 год — евреям Венеции разрешили жить только в районах литейных мастерских, известных под названием „*гетто*".

1520-1523 годы — вышло из печати первое издание всех текстов Талмуда.

1530-1584 годы — годы царствования Ивана Грозного, в течение которых он не раз проявлял свой антисемитизм. После присоединения Пскова Иван велел утопить в реке всех евреев, отказавшихся принять христианство. Грозный запретил литовским евреям приезжать в Россию, опасаясь, что они якобы отравят население. Он считал, что евреи не остановятся ни перед чем, чтобы уничтожить нееврейское население мира.

1534 год — польский король Сигизмунд I отменил закон, по которому евреи Польши и Литвы обязаны были носить особый знак. Страдавшие от преследований евреи других европейских стран устремились в Польшу. Ее еврейское население выросло от пятидесяти тысяч в 1500 году до пятисот в 1650 году.

1542 год — Мартин Лютер, христианский антагонист Ватикана, обрушился на евреев с яростными нападками. Он обвинил их в занятиях ростовщичеством и ненависти к христианам, в воровстве и убийствах христианских детей, в отравлении колодцев и отчужденности. Лютер призывал сжечь синагоги, конфисковать еврейские книги и изгнать евреев из Германии. Силу этой ненависти можно объяснить его подсознательным желанием заставить евреев принять его собственную версию

desire to see the Jews adopt his new brand of Christianity. To underscore the absurdity of the anti-Jewish feeling, at the same time that Luther was vigorously attacking the Jews, the Catholic Church was also lambasting the Jews for allegedly being responsible for Luther's movement.

1551 - Jewish communities in Poland and Lithuania were given substantial administrative and judicial autonomy. The Jews were permitted to elect their own chief rabbi, and the application of Jewish law was permitted in cases between Jewish disputants.

1553 - The Talmud, which had been published under the patronage of one pope, was described as pernicious and blasphemous by another pope and was, therefore, ordered to be burned. The burning was followed by the censorship of Hebrew books in Italy.

1555 - Pope Paul IV ordered that Jews be confined to ghettos, similar to the one in Venice, with the gates of the ghetto to be locked at night. Jews were required to sell their property, avoid all contact with Christians, and confine themselves to trading in second-hand clothing and rags (whence comes the Jewish professional association, as late as this century, with the "rag trades").

1588 - Many Libyan Jews, whose presence in the country has been traced to the Phoenician period some 1,600 years earlier, were forcibly converted to Islam.

1590 - Marranos settled in Amsterdam, but they did not immediately reveal their true identity as Jews for fear of possible repercussions. In 1614, however, a synagogue was built with the permission of the government. Jews in Amsterdam were to enjoy religious freedom and protection of life and property, but full equality did not come until the emancipation of Dutch Jews in 1796. Amsterdam was to become the scene of a flourishing Jewish economic, religious and intellectual life.

140

христианства, получившую впоследствии его имя — лютеранство. Вся абсурдность антисемитских чувств этого времени выражалась в том, что в то время, как Лютер яростно нападал на евреев, католическая церковь обвиняла их в пособничестве Реформации, главой которой был Лютер.

1551 год — евреи Польши и Литвы получили относительную административную и юридическую автономию. Евреям разрешили самим выбирать раввина, и в случаях, когда судебные дела касались только евреев, суд руководствовался еврейским Законом.

1553 год — изданный по воле одного из римских пап Талмуд был другим папой объявлен богохульной книгой и сожжен. За сожжением Талмуда последовало введение цензуры еврейских книг в Италии.

1555 год — папа Павел IV приказал евреям Рима селиться только в гетто, как в Венеции, и запирать ворота гетто на ночь. Евреи должны были продать свою собственность, избегать контакта с христианами и ограничить свои занятия торговлей старьем. Отсюда и происходит существующая в некоторых умах по сей день связь евреев со старьевщичеством.

1588 год — многие евреи Ливии, которые жили там с финикийского периода тысячу шестьсот лет назад, были насильно обращены в христианство.

1590 год — марраны появились в Амстердаме, однако из страха преследований сначала не открывали тайны своего еврейства. В 1614 году, с разрешения правительства, они построили синагогу. Свобода вероисповедания, жизнь и собственность амстердамских евреев свято охранялись, но полное уравнение в правах они получили только с освобождением голландских евреев в 1796 году. Амстердам стал центром экономической, религиозной и интеллектуальной жизни евреев.

c.1592 - There were as many as 18 Talmudical colleges and 21 synagogues in Safed, the center of Kabbalah (Jewish mysticism) in *Eretz Yisrael.*

1602 - The Brief Account and Description of a Jew Named Ahasuerus appeared in book form and, within one year, was translated into every European language. It recounted the myth of the Wandering Jew, the Jew who, seeing Jesus bearing the cross and pausing on the doorstep of his house, sent him away, to which Jesus responded: "I go, but you will roam the earth until I come again." The myth of the Wandering Jew lingers to this day.

1616 - The Jews of Frankfurt, Germany were expelled from the city after they attempted to resist the storming of their ghetto by Christians. But as the expulsion did not have official sanction, the Jews were actually escorted back to the city 20 months later under the protection of the army and to the blare of trumpets.

1648 - 1655 - Ukrainians, led by Bogdan Chmielnicki, conducted an uprising against the Polish occupiers. Ukrainians, Orthodox by religion, despised both the Polish Catholics and the Jews. More than 100,000 Jews were massacred in one of the worst tragedies in Jewish history. A Russo-Polish war followed and Russian troops also massacred large numbers of Jews in White Russia and Lithuania.

1654 - Twenty-three Dutch Jews, fleeing the Portuguese occupation of the Dutch part of Brazil, arrived in New Amsterdam (present-day New York) and founded the first Jewish congregation in North America. Other Dutch Jewish refugees from Brazil launched Jewish communities on the islands of Curacao (where a Jewish community continues to exist) and Barbados in the West Indies.

1669 - 1670 - Three-thousand to 4,000 Viennese Jews were expelled on the pretext that they were responsible for the miscarriage of the empress, but the real reasons were religious fanaticism and the desire to take the property of the Jews.

1677 - The great Jewish philosopher Baruch Spinoza died. Spinoza, one of the outstanding names in the history

Около 1592 года — в Сафеде, центре Каббалы (еврейского мистицизма) в *Эрец Израэль* было восемнадцать талмудических школ и двадцать одна синагога.

1602 год — вышла в свет и была в течение года переведена на все европейские языки книга „Краткое жизнеописание еврея Агасфера". В ней пересказывался старый миф о Вечном Жиде, который, увидев на пороге своего дома Христа, несшего крест, прогнал его, на что Христос ответил: „Я уйду, но ты будешь скитаться по земле до второго пришествия". Легенда о Вечном Жиде жива до сих пор.

1616 год — евреи Франкфурта были изгнаны из города за попытку защитить гетто от осаждавших его христиан. Но изгнание не было санкционировано властями, и через двадцать месяцев евреев буквально ввели в город под охраной армии и торжественный аккомпанемент труб.

1648-1655 годы — восстание украинцев во главе с Богданом Хмельницким против господства польских завоевателей. Исповедовавшие православие христиане презирали как католиков-поляков, так и евреев. Для евреев это восстание обернулось трагедией. Погибло более ста тысяч евреев. Последовавшая затем война между Польшей и Россией принесла гибель сотням евреев Белоруссии и Литвы.

1654 год — двадцать три голландских еврея бежали в Новый Амстердам (современный Нью-Йорк) из захваченной португальцами голландской части Бразилии и основали первое еврейское землячество в Северной Америке. Другие голландские еврейские беженцы из Бразилии основали еврейские общины на островах Кюрасао, где евреи живут до сих пор, и Барбадос в Вест-Индии.

1669-1670 годы — от трех до четырех тысяч венских евреев были изгнаны из города. Их обвиняли в том, что они явились причиной выкидыша, случившегося у императрицы. Истинной причиной изгнания были религиозный фанатизм и желание прибрать к рукам собственность евреев.

1677 год — умер великий философ Барух Спиноза. Спиноза, один из замечательных мыслителей и ученых, был подверг-

of thought and ideas, was excommunicated from the Jewish community in Holland because of the doubt he cast on whether Moses had in fact written the Pentateuch, whether Adam had been the first man, and whether Mosaic law should take precedence over natural law. Although excommunicated, Spinoza retained a strong Jewish feeling and his Jewish background influenced his work.

1685 - The Jews of England were given religious freedom but general emancipation was not to come until 1890.

THE MODERN PERIOD

1712 - The first public synagogue in Berlin was established.

1738 - In Russia, the Jew Baruch ben Lieb (in Hebrew ben means "son of") was arrested and accused of having converted an army officer to Judaism. Both were burned at the stake in St. Petersburg.

1742 - A Jewish congregation was founded in Philadelphia.

1742 - Tsarina Elizaveta Petrovna ordered the expulsion of the few Jews in her kingdom, referring to the Jews as "the enemies of Christ."

c.1750 - 1880 - The Haskalah (enlightenment) movement spread through Europe. This movement, led by the German Jew Moses Mendelsohn, argued that Jewish emancipation required that Jews conform intellectually and socially with the non-Jewish majorities and that Judaism be updated to adapt to the time. From this new doctrine the Reform movement emerged.

At about the same time, another movement among Jews was also having significant impact, especially in Eastern Europe. *Hasidism* preached a doctrine of joy, and of love of God, Torah and man. It argued that God was

144

нут анафеме еврейской общиной Амстердама за то, что посмел усомниться в том, что автором Пятикнижия был Моисей. Кроме того, он подверг сомнению ряд положений Библии, в частности о том, что Адам был первым человеком. Спиноза также полагал, что человек должен подчиняться законам природы скорее, чем законам Моисея. Несмотря на отлучение, Спиноза всегда ощущал себя евреем. Его еврейское происхождение несомненно повлияло на тип его мышления.

1685 год — евреи Англии получили свободу вероисповедания, но общее уравнение в правах произошло только в 1890 году.

НОВОЕ ВРЕМЯ

1712 год — в Берлине открылась первая синагога.

1738 год — в России по обвинению в обращении в иудаизм офицера был арестован еврей Барух бен Лейба („бен" на иврите — „сын"). Обоих сожгли на костре в Санкт-Петербурге.

1742 год — в Филадельфии появилась еврейская конгрегация.

1742 год — императрица Елизавета Петровна распорядилась выслать из России немногочисленных тогда там евреев, которых она называла „врагами Христа".

Около 1750-1880 годы — в Европе распространилось движение хаскала (Просвещение). Во главе его стоял немецкий еврей Мозес Мендельсон, который считал, что для получения евреями равных с другими гражданами прав они должны в интеллектуальном и общественном плане приспособиться к нееврейскому большинству и что иудаизм должен быть пересмотрен в связи с требованиями современности. Современный реформизм в иудаизме произошел от этого движения.

Одновременно на евреев Восточной Европы оказывало все большее влияние другое движение — *хасидизм*. Основные постулаты хасидизма — радость, любовь к Богу, его учению и человеку. Хасиды считают, что Бог присутствует всюду и

omnipresent and that people should rejoice in this fact. This folksy, down-to-earth, easily understood doctrine had enormous appeal among East European Jewry, who were much more downtrodden and isolated than the Jews in France, Holland and Germany. By the end of the 19th century, Hasidism's adherents numbered more than a million Jews.

c.1765 - A census in Poland revealed that Jews formed 10% of the population.

1785 - Reflecting the enlightened thinking sweeping France, an essay competition in the town of Metz was conducted on the theme, "Is there any way of rendering the Jew more useful and happier in France?"

1791 - In the wake of the French Revolution, the National Assembly of France granted full civil rights to all the Jews in the country (c.40,000), the first European country to fully emancipate the Jews. Thus began a new and brighter era for French and, ultimately, European, Jewry.

1791 - The Pale of Settlement was established in 25 Russian provinces in present-day Poland, Lithuania, White Russia, the Ukraine, Crimea and, from 1818, Bessarabia. Virtually all Jews under Russian sovereignty were compelled to live there until 1917.

1793 - The ghetto of Rome was attacked and badly damaged as a local reaction to the freedom given Jews in France after the revolution.

1797 - Holland became the first country in the world where Jews were admitted to Parliament, coming one year after the full emancipation of Dutch Jewry.

1800 - The world Jewish population was estimated at 2.5 million.

1804 - The "Jewish Statute" was issued in Russia. Jews were not permitted to live in villages, sell alcohol to the peasants (a relatively common Jewish means of livelihood at

146

люди должны радоваться этому присутствию. Это земное, народное, доступное учение обладало неотразимой притягательностью для куда более изолированного и угнетенного, чем во Франции и Германии, восточно-европейского еврейства. К концу XIX века более миллиона евреев были приверженцами хасидизма.

Около 1765 года — перепись населения в Польше показала, что евреи составляют десять процентов населения страны.

1785 год — под влиянием идей Просвещения во французском городе Метце был проведен конкурс на лучшее эссе на тему „Есть ли способ сделать евреев Франции более счастливыми и полезными членами общества?"

1791 год — в разгаре Великой Французской революции Национальное собрание дало полные гражданские права почти сорокатысячному еврейскому населению страны. Франция стала первой европейской страной, полностью избавившей евреев от гетто и других унижений. Так началось более благоприятное время для французских, а затем и всех европейских евреев.

1791 год — в двадцати пяти провинциях Российской империи — нынешних Польше, Литве, Украине, Крыму и с 1818 года — в Бессарабии — была установлена черта оседлости. До 1917 года фактически все русское еврейство вынуждено было жить в этих границах.

1793 год — протестуя против свобод, дарованных евреям в революционной Франции, христиане разгромили гетто в Риме.

1797 год — Голландия стала первой в мире страной, где евреи стали членами Парламента. Это произошло через год после обретения голландскими евреями всех гражданских прав.

1800 год — в мире проживало около двух с половиной миллионов евреев.

1804 год — в России был опубликован „Статут о евреях". Евреям запрещалось жить в деревнях, продавать крестьянам алкогольные напитки (довольно распространенное занятие

the time), or lease land, but the government promised to underwrite factories which employed Jewish workers. Jews were authorized to attend schools and universities in Russia and to establish their own schools if the language of instruction was Russian, German or Polish (but not Yiddish or Hebrew). Jews were especially encouraged to take up agriculture.

1805 - Napoleon formed a Jewish battalion.

1815 - In Holland, rabbis, like Christian clergy, were to have their salaries paid by the state.

1817 - Tsar Alexander I outlawed blood libel in Russia.

1818 - The Hamburg (Germany) Temple was opened, the first synagogue established by the Reform movement, reflecting the attempts of German Jews to "modernize" Jewish ritual and practice.

1820 - The world Jewish population was estimated at 3.3 million, of whom 2.73 million lived in Europe and 45,000 in Palestine.

1821 - A pogrom took place in Odessa, the first of five major brutal pogroms in the city over the next 90 years (1859, 1871, 1881, 1905).

1827 - Tsar Nicholas I ordered the military conscription of Russian Jewish youths for a period of service of 25 years. In the army, Jews were compelled to eat pork and were often forcibly converted. Exemptions to army service were granted to Jewish agricultural settlers.

1830 - Large-scale German Jewish emigration to the United States began.

1839 - The entire Jewish community of Meshed, Persia was forced to convert to Islam. They became known as the "New Moslems" and continued to practice Judaism secretly.

1840 - The disappearance of a Christian monk and his servant in Syria led to a search of the Jewish quarter, the

среди евреев того времени), брать землю в аренду. Однако промышленным предприятиям, где работали рабочие-евреи, была обещана правительственная поддержка. Евреи могли обучаться в русских школах и университетах и открывать собственные школы при условии, что преподавание будет вестись на русском, немецком или польском языках, но не на идише или иврите. Особенное поощрение оказывалось евреям, которые хотели заниматься сельским хозяйством.

1805 год —Наполеон сформировал еврейский батальон

1815 год — в Голландии государство начало платить зарплату раввинам, как и христианским священникам.

1817 год — русский царь Александр I поставил обвинения евреев в ритуальных убийствах вне закона.

1818 год — в Германии открылась Гамбургская синагога, первая реформистская синагога, опиравшаяся на попытки немецких евреев модернизировать иудейский ритуал.

1820 год — в мире насчитывалось 3,3 миллиона евреев, из которых 2,73 миллиона проживало в Европе и 45 тысяч в Палестине.

1821 год — в Одессе произошел еврейский погром, первый из пяти страшных погромов в городе в течение следующих девяноста лет (1859, 1871, 1881, 1905 годы).

1827 год — император Николай I ввел воинскую повинность для евреев. Они должны были служить двадцать пять лет. В армии еврейских юношей заставляли есть свинину и часто насильственно крестили. Освобождение от воинской повинности предоставлялось евреям, занимавшимся сельским хозяйством.

1830 год — начало эмиграции немецких евреев в США.

1839 год — еврейская община Мешеда в Персии насильственно обращена в ислам. Эти евреи стали известны как „новые мусульмане" и продолжали тайно исповедовать иудаизм.

1840 год — исчезновение христианского монаха и его ученика привело к обыску еврейского квартала в Дамаске в

arrest and torture of a number of Jews, and the eliciting of a "confession" of ritual murder. This Damascus blood libel raised a public outcry in the West among Jews and some non-Jews, eventually leading to the release of those arrested (with the exception of one person who died during the prison ordeal). The event's significance was that it signalled the increasing strength and respectability of Western Jewry and their collective concern for less fortunate Jews elsewhere.

1845 - Conservative Judaism, an attempt to strike a middle path between Orthodox and Reform Judaism, appeared in Germany and, shortly thereafter, in the United States.

1847 - Lionel de Rothschild, a Jew, was elected to the British Parliament, but refused to take the Christian oath for new members. It was not until 1858 that he was able to take his Parliamentary seat after a change in the oath was legislated.

1849 - The Jews of Denmark were granted full emancipation.

1849 - Jews settled in San Francisco and Los Angeles.

1850 - The Jewish population of Russia was estimated at 2.35 million.

1854 - Rabbi Isaac Wise of Cincinnati, Ohio established the first Reform congregation in the United States.

1859 - Merchants of the "first class," the wealthiest, were permitted to live outside the Pale of Settlement in Russia. Two years later, Jews with academic diplomas were also permitted to live outside the Pale.

1863 - The Society for the Promotion of Culture among Jews of Russia was founded. Its aim was to promote popular education and culture among Russian Jews and to support Jewish literary efforts. This was to be the only legal body for Jewish educational and cultural activities in Russia. It went into a period of decline after 1917 and was disbanded in 1930.

Сирии, арестам и пыткам, закончившимся „признанием" в ритуальном убийстве. Процесс вызвал негодование среди евреев и неевреев Запада. Под давлением общественности арестованные, за исключением одного, умершего под пытками, были освобождены. Это событие было чрезвычайно важно для западного еврейства, так как в результате этого удачного вмешательства выросло его уважение к себе и интерес к евреям, жившим в менее цивилизованных странах.

1845 год — в Германии и несколько позднее в США возник консервативный иудаизм — попытка компромисса между ортодоксальным и реформистским иудаизмом.

1847 год — английский еврей Лионель де Ротшильд выбран в Парламент. Однако Ротшильд отказался принести христианскую формулу присяги для новых членов Парламента и принес ее только в 1858 году, после узаконенного изменения ее формулы.

1849 год — датские евреи получили полные гражданские права.

1849 год — евреи обосновались в Сан-Франциско и Лос-Анджелесе.

1850 год — в России проживало два миллиона триста пятьдесят тысяч евреев.

1854 год — в Цинциннати в США раввин Исаак Уайз основал первую в США реформистскую конгрегацию.

1859 год — в России самые богатые купцы-евреи, входившие в купечество так называемой первой гильдии, получили разрешение жить за пределами черты оседлости. Двумя годами позже такие же привилегии были даны евреям, получившим высшее образование.

1863 год — в России было основано Общество культурного поощрения русских евреев. Его задачей было повышение образовательного и культурного уровня евреев, а также финансовая поддержка еврейских литераторов. Общество осталось единственной официальной организацией русских евреев, направленной на повышение уровня образования. После 1917 года деятельность этого общества стала малоэффективной и в 1930 году оно было распущено.

1864 - Jews were admitted to the bar in Russia. The next year, Jewish craftsmen were permitted to live outside the Pale of Settlement.

1867 - The new constitution of Austro-Hungary abolished Jewish disabilities in the empire.

1870 - The Rome ghetto, the last of the Italian ghettos, was abolished and Jews were given full freedom as a result of the reunification of Italy.

1870 - The first Jewish agricultural school in Eretz Yisrael was founded near Jaffa.

1878 - The beginning of the political/racial (as opposed to religious) anti-Semitic movement in Germany was heralded with the publication of books and pamphlets discussing the superiority of the Aryan over the Semitic race, the alien nature of the Jew, and alleged Jewish economic success at the expense of non-Jewish Germans. These ideas spread quickly and gained popularity in such countries as France and Austro-Hungary.

1880 - Jews comprised a majority of the population in Jerusalem.

1881 onwards - Pogroms swept southern Russia, beginning with a pogrom in Elizavetograd following the assassination of Alexander II. Numerous pogroms were to follow in the next three years, among them: in Kiev in 1881, Balta in 1882, Krivoi Rog and Novo-Moskovsk in 1883, and Nizhni Novgorod (present-day Gorki) in 1884. Due to the pogroms and the very impoverished conditions in which most Jews in the Pale lived, mass emigration, primarily to the United States, began.

1882 - Leon Pinsker, a Jewish doctor from Odessa, wrote *Auto-Emancipation,* one of the most important and influential Zionist tracts. Pinsker had earlier been convinced of the need for Jewish assimilation into Russian society (i.e., their "Russification") for them to "earn" the equality they so desired. The pogroms, however, forced Pinsker to reconsider his position. He came to the view that

1864 год — евреи в России получили право заниматься юриспруденцией. В следующем году еврейские ремесленники получили право жить вне черты оседлости.

1867 год — новая конституция Австро-Венгерской империи положила конец бесправию живших там евреев.

1870 год — было упразднено гетто в Риме, последнее гетто в Италии. В результате объединения страны итальянские евреи получили полное равенство в правах.

1870 год — в Эрец Израэль недалеко от Яффы открылась первая сельскохозяйственная школа.

1878 год — в Германии возник расово-политический (в отличие от былого религиозного) антисемитизм, заявивший о себе публикацией ряда памфлетов и книг, в которых шла речь о превосходстве арийской расы над семитской, отчужденности евреев и их экономических успехах за счет немцев. Эти идеи быстро распространились и приобрели популярность во Франции и Австро-Венгрии.

1880 год — евреи составляли большинство населения Иерусалима.

С 1881 года — волна погромов прокатилась по южной России. Она началась в Елисаветграде с погрома, последовавшего за убийством Александра II. В последующие три года произошли многочисленные погромы, причем самые крупные — в Киеве в 1881 году, в Балте в 1882, в Кривом Роге и Ново-Московске в 1883 году и в Нижнем Новгороде (современном Горьком) в 1884 году. Из-за погромов и крайней бедности, в которой жило большинство евреев в России, началась массовая эмиграция, прежде всего в Соединенные Штаты.

1882 год — Леон Пинскер, еврейский врач из Одессы, закончил свою книгу „Самоосвобождение" — один из наиболее влиятельных сионистских трактатов. Изначально Пинскер был убежденным сторонником ассимиляции — русификации евреев. Под влиянием погромов он пересмотрел свою позицию и пришел к выводу, что евреи „должны раз и навсегда примириться с тем, что по самой природе своей другие нации отвергают"

"we must reconcile ourselves, once and for all, to the idea that other nations, by reason of their natural antagonism, will forever reject us." Therefore, "we must possess as a counterpoint to our dispersion one single refuge."

1882 - The May Laws in Russia restricted Jewish residence to towns and townlets *(shtetlech)*. Jews were to be prevented from trading on Sundays and Christian holidays. The May Laws were not repealed until March 1917.

1882 - A 14-year-old Christian girl disappeared in Tiszaeszlar, Hungary. It was learned that she committed suicide. Notwithstanding the evidence, however, rumors were spread that some Jews had murdered her for religious requirements in anticipation of Passover. Investigators convinced a 14-year-old Jewish boy to testify against his own father and other Jews that they had murdered the girl and taken her blood for demonic religious reasons. In the subsequent trial, which gained international publicity, the 15 accused Jews were acquitted. Despite the acquittal, anti-Semitism increased in Hungary.

1882 - 1903 - During this period of the so-called First Aliyah (immigration to *Eretz Yisrael)*, 23,000 Jews, mostly from Russia and Romania, settled in Palestine.

1886-1887 - The number of Jewish students in secondary schools and universities in Russia was limited to 10% of the student body within the Pale and 3-5% outside it.

1886 - E.A. Drumont wrote *The Jewish France* in which he described the country as being controlled politically, economically, culturally and socially by the Jews. This vitriolic anti-Semitic work was reprinted in over 100 editions and set the scene for the anti-Semitic atmosphere surrounding the later Dreyfus case (see below).

1890 onwards - Jews from Galicia, an impoverished area of Austro-Hungary, began emigrating in large numbers. An average of 10,000 Galician Jews arrived in the United States each year between 1890 and 1900; the annual

их, а поэтому они „должны иметь свое государство в качестве убежища".

1882 год — в России введены так называемые „Майские законы", ограничившие расселение евреев определенными городами и местечками (*штетлех*). Евреям было запрещено торговать по воскресеньям и в христианские праздники. „Майские законы" были отменены только в марте 1917 года.

1882 год — в Тизесларе в Венгрии исчезла четырнадцатилетняя христианская девочка. Было установлено, что она покончила с собой. Несмотря на доказательства самоубийства, распространились слухи о том, что ее убили евреи, соблюдая свои религиозные обряды во время Пейсаха. Следователи убедили четырнадцатилетнего еврейского мальчика обвинить собственного отца в том, что он и другие евреи убили девушку, так как им была нужна христианская кровь. Последовал приобретший международную огласку судебный процесс, на котором обвиняемых оправдали. Несмотря на оправдательный приговор, антисемитизм в Венгрии продолжал расти.

1882-1903 годы — этими годами датируется так называемая первая алия (иммиграция в *Эрец Израэль),* когда двадцать три тысячи евреев из России и Румынии поселились в Палестине.

1886-1887 годы — количество еврейских студентов в средних школах и университетах России было ограничено десятипроцентной нормой в черте оседлости и трех-пятипроцентной за ее пределами.

1886 год — выход книги Е. А. Дюмона „Еврейская Франция", в которой он описывал, как евреи контролируют экономическую, культурную и общественную жизнь страны. Это ярое антисемитское произведение переиздавалось более ста раз и сыграло немалую роль в создании антисемитской атмосферы дела Дрейфуса.

С 1890 года — началась эмиграция евреев из Галиции, беднейшей части Австро-Венгрии. В среднем десять тысяч галицийских евреев приезжало в США каждый год между 1890 и 1900 годами. Между 1901 и 1910 годами их число возросло до

average increased to 15,000 between 1901 and 1910. Other Galician Jews emigrated to France and Great Britain.

c.1891 - Konstantin Pobedonostsev, supreme procurator of the Holy Synod in Russia, reportedly offered a solution to the "Jewish problem" in the country: "One-third will be killed, one-third will emigrate, and one-third will be assimilated within the Russian people."

1891 - The expulsion of most Moscow Jews began. Some 30,000 persons were expelled while 5,000 others, comprising the wealthy Jews and those with valued professions, were permitted to stay.

1891 - The Jewish Colonization Association was established in London to assist Jews in economically depressed areas suffering from persecution to emigrate and settle in agricultural communities in free and developing countries. The basic idea was to transplant a large part of Russian Jewry to Argentina. Between 1904 and 1914, with the approval of the Russian government, the Association, with headquarters in St. Petersburg, established 507 emigration committees in Russia. By 1914, 45,000 Russian Jews were helped to settle in Argentina. Other Jews were relocated on agricultural settlements in Brazil, Canada, Cyprus, *Eretz Yisrael*, Turkey and the United States.

1891 - Thirteen outspoken anti-Semites were elected to the Austrian Parliament. Two years later, 15 anti-Semites were elected to the German Parliament.

1893 - Jewish pupils were expelled from Romanian public schools. Restrictions had already been imposed forbidding Jews to work as lawyers, teachers, chemists, railway officials, military officers, and employees in state hospitals, or to sell state-controlled goods (i.e., tobacco, salt and alcohol).

1894 - The trial of Captain Alfred Dreyfus, a French Jew, took place. Dreyfus, the only Jew to hold such high rank in the French military, was accused of sending military documents to the German Embassy in Paris. He was

пятнадцати тысяч в год. Другие галицийские евреи эмигрировали во Францию и Англию.

Около 1891 года — русский министр Константин Победоносцев, председатель Священного Синода, выдвинул свое решение еврейской проблемы в России: „Одну треть следует уничтожить, одна треть — эмигрирует и одна треть ассимилируется".

1891 год — началась массовая высылка московских евреев. Тридцать тысяч человек были изгнаны, а пяти тысячам — самым богатым или представителям нужных профессий — разрешили остаться.

1891 год — в Лондоне была основана Ассоциация евреев-колонистов, цель которой состояла в помощи евреям беднейших районов мира, страдающим от преследований, эмигрировать в свободные и развивающиеся страны и поселиться в сельскохозяйственных районах. Основной задачей Ассоциации было переселение большой части русских евреев в Аргентину. Между 1904 и 1914 годами Ассоциация, с согласия русского правительства, основала на территории России пятьсот семь эмиграционных комитетов с главным штабом в Санкт-Петербурге. К 1914 году эта организация помогла сорока пяти тысячам русских евреев переселиться в Аргентину. Шел также процесс переселения в сельскохозяйственные районы Бразилии, Канады, Кипра, *Эрец Израэль*, США и Турции.

1891 год — для евреев ознаменовался тем, что тринадцать отъявленных антисемитов были избраны в австрийский парламент. Через два года пятнадцать антисемитов были избраны в немецкий парламент.

1893 год — В Румынии евреев начали исключать из государственных школ. Кроме того, были введены ограничения на работу евреев в качестве адвокатов, учителей, аптекарей, железнодорожных чиновников, офицеров в вооруженных силах и служащих в государственных больницах, а также на торговлю евреями товарами, находящимися под контролем государства (табак, соль и алкоголь).

1894 год — суд над капитаном Альфредом Дрейфусом, французским евреем. Дрейфуса, единственного еврея в таком армейском чине, обвинили в передаче военных секретов в немецкое посольство в Париже. Он был признан виновным,

found guilty despite the absence of corroborated evidence, and sentenced to life imprisonment. Dreyfus was sent to Devil's Island, off the coast of South America, to serve his sentence. The Dreyfus trial had a great impact on a young Jewish journalist from Vienna, Theodore Herzl.

Herzl, who was raised in a highly assimilated environment in Vienna and at one point even advocated the baptism of Jewish children, wrote his seminal work, The Jewish State, in 1896, two years after witnessing the anti-Semitism surrounding the Dreyfus trial. In his book, Herzl argued that Jews were unable to assimilate because the majority cultures would not allow them to. Consequently, the Jews as a people could only escape discrimination, second-class citizenship and persecution by establishing their own national home.

1897 - The First Zionist Congress was held in Basel, Switzerland with Theodore Herzl as president. Of 159 delegates in attendance, 55 came from Russia and another 30 were Russian-born emigres.

1897 - The Jewish Bund was founded at a conference in Vilnius as a revolutionary workers' movement and political party in Russia, Poland and Lithuania. It emphasized Yiddish language and culture, but was anti-Zionist. By 1905, it had 30,000 members.

1897 - The Jewish population in Russia was estimated at 5.2 million notwithstanding almost continuous emigration since 1881. In some cities, the Jewish proportion of the population was especially large, for example, 80% in Berdichev, 76% in Bialystok, 52% in Minsk, 45% in Vilnius and 35% in Odessa.

1898 - More than 7,000 Jews were expelled from the Kiev area.

1898 - Emile Zola, the noted French writer, published an impassioned defense of Captain Dreyfus in an article entitled, "I Accuse." He charged the French government and army with conspiring to hide the facts by diverting popular

ным, несмотря на отсутствие доказательств, и приговорен к пожизненному заключению, которое должен был отбывать на Чертовом острове, у берегов Южной Америки. Процесс Дрейфуса имел большое влияние на молодого еврейского журналиста из Вены Теодора Герцля.

Герцль, выросший в ассимилированной венской среде и одно время ратовавший даже за крещение еврейских детей, в 1896 году, через два года после суда над Дрейфусом, выпустил брошюру „Еврейское государство". В ней он доказывал, что евреи не смогли ассимилироваться, потому что коренное население стран, где они проживают, не давало им этой возможности. Он считал, что как нация еврейство может избежать дискриминации и преследований, только создав свой собственный национальный очаг.

1897 год — в Базеле в Швейцарии состоялся Первый Сионистский конгресс. Возглавлял конгресс Теодор Герцль. На Конгресс приехало сто пятьдесят девять делегатов — из них пятьдесят пять были из России, а тридцать эмигрировавшие оттуда.

1897 год — на конференции в Вильнюсе начал свою деятельность Бунд. Он возник как революционное рабочее движение и политическая партия в России, Польше и Литве. Бундовцы придавали большое значение идишу как национальному языку евреев, были сторонниками развития еврейской культуры, но выступали против сионизма. К 1905 году в Бунде насчитывалось тридцать тысяч человек.

1897 год — в России проживало приблизительно пять с лишним миллионов евреев, несмотря на почти не прекращавшуюся с 1881 года эмиграцию. В некоторых городах еврейское население преобладало или было очень велико. Например, 80% евреев — в Бердичеве, 76% — в Белостоке, 52% — в Минске, 45% — в Вильнюсе и 35% — в Одессе.

1898 год — из Киева и его окрестностей были изгнаны более семи тысяч евреев.

1898 год — знаменитый французский писатель Эмиль Золя опубликовал страстный памфлет в защиту капитана Дрейфуса под названием „Я обвиняю". Он обвинял французскую армию и правительство в том, что с целью скрыть пороки французского

attention away from their own intrigues to the fabricated crimes of an unfortunate Jew. Mr. Zola, a Christian, was given a prison term but fled to England.

In 1899, Dreyfus was retried as a result of agitation in France and other countries for a new trial. The new court decided that Dreyfus had, in fact, committed treason, but because of undefined "extenuating circumstances" he was sentenced to ten years rather than to life imprisonment. He had already served five years and was to be granted a "pardon" by the French president on the condition that he not appeal the decision.

Despite this ruling, Dreyfus did appeal the decision in 1904 when a new government came to power. He maintained that he was innocent of all charges and, therefore, could not be "pardoned" for a crime he did not commit. In 1906, Dreyfus was finally exonerated after it was found that the original evidence presented against him in court had been completely unsubstantiated.

1900 - 1914 - Seventy-thousand Romanian Jews emigrated, mostly to the U.S., as the result of anti-Semitic persecution and an impoverishing economic crisis in the country.

1903 - The infamously anti-Semitic fabrication, *Protocols of the Elders of Zion,* was published in St. Petersburg with funding from the tsar. This book, later published in almost all the countries of Europe and North America, Brazil and, later, in the Arab countries, purported to document a Jewish conspiracy for political and economic domination of the world. Despite its absurd theory, the book did much to inflame anti-Semitism.

1903 - The Kishinev pogrom began on Easter Sunday after the body of a Christian child was found. The charge of ritual murder was made; a vicious pogrom ensued. It lasted three days during which hundreds of Jews were killed or injured, 7,000 ghetto houses were looted and destroyed, and 600 Jewish businesses were looted. The army garrison in Kishinev made no attempt to stop the attacks on Jews. A world outcry of protest and indignation followed,

общества и отвлечь от них общественное мнение был сфабрикован процесс Дрейфуса. Золя был приговорен к тюремному заключению, но бежал в Англию.

В 1899 году в результате требований общественности Франции и других стран состоялся новый суд над Дрейфусом. Судьи, однако, пришли к выводу, что Дрейфус виновен в государственной измене. Однако они обнаружили в его деле смягчающие обстоятельства, которые позволили заменить пожизненное заключение десятью годами. Поскольку Дрейфус уже отбыл пять лет, то президент Франции согласился „простить" его при условии, что он не будет требовать пересмотра дела.

Тем не менее в 1904 году, когда к власти пришло новое правительство, несмотря на это постановление, Дрейфус потребовал пересмотра дела. Он заявил, что не виновен по всем пунктам обвинения и потому не может быть „прощен" за преступление, которого не совершал. В 1906 году Дрейфуса, наконец, полностью реабилитировали, найдя доказательства его вины несостоятельными.

1900-1914 годы — семьдесят тысяч румынских евреев эмигрировали (в основном в США) из-за преследований и тяжелых материальных условий.

1903 год — в Петербурге была опубликована на субсидию царского правительства бесстыдная антисемитская фальшивка „Протоколы Сионских мудрецов". Идеей этой книги, вышедшей почти во всех странах Европы, в Северной Америке, в Бразилии, а позднее в арабских странах, была попытка представить документальные доказательства существования мирового еврейского заговора с целью установления политического и экономического господства евреев. Несмотря на абсурдность этой теории, книга сыграла очень большую роль в разжигании антисемитизма.

1903 год — на Вербное Воскресенье (воскресенье перед православной Пасхой) начался кишиневский погром. Он последовал за обвинением в ритуальном убийстве. Поводом послужило случайно найденное тело ребенка-христианина. Погром продолжался три дня и был неслыханно жестоким. Сотни евреев были убиты и искалечены, семь тысяч домов в гетто и шестьсот еврейских лавок были разгромлены. Кишиневский

and it was soon discov-ered that the child had, in fact, been killed by his own relatives.

In 1905, another pogrom took place in Kishinev. Nineteen people were killed and 56 injured. The same year, a pogrom took place in Odessa where 300 people were killed and several thousand injured. Pogroms took place in scores of other cities and towns. Jewish youth organized armed resistance.

1904 - 1914 - The period of the Second Aliyah, sparked by the Kishinev and other pogroms. Twenty-four-thousand Russian Jews arrived in *Eretz Yisrael* in this ten-year period.

1905 - In Yemen, Jews were ordered not to build houses higher than those of Moslems, and not to raise their voices in front of Moslems, participate in any religious discussions, or engage in any traditional Moslem occupation.

1905 - 1910 - Peak of Russian Jewish emigration to the United States. In this five-year period, more than 500,000 Russian Jews arrived in the U.S. For the period 1881 - 1920, the total Jewish immigration to the U.S. from all countries was 2.06 million.

1906 - A Hebrew-language high school was established in Jaffa, Palestine.

1909 - Tel Aviv was founded on the sandhills north of Jaffa as the "first all-Jewish city." In the same year, the first kibbutz (see Israel Glossary) was established in *Eretz Yisrael*.

1911 - 1913 - The mutilated body of a Christian boy was found on the outskirts of Kiev and the notoriously anti-Semitic Black Hundreds charged that the Jews committed the murder for ritual purposes. Mendel Beilis, a simple worker, was arrested and imprisoned for two years while

армейский гарнизон даже не пытался прекратить бесчинства. Последовал взрыв негодования мировой общественности, и вскоре выяснилось, что ребенок был убит родственниками.

В 1905 году девятнадцать евреев было убито и пятьдесят шесть ранено во время другого погрома в Кишиневе. В том же году во время одесского погрома погибли триста и были ранены несколько сот человек. Погромы прокатились по многим городам и местечкам. Еврейская молодежь организовывала вооруженное сопротивление.

1904-1914 годы — последовала вызванная волной погромов Вторая алия в *Эрец Израэль*. Всего за эти десять лет из России туда приехало двадцать четыре тысячи евреев.

1905 год — евреям Йемена было запрещено строить дома выше, чем у мусульман, и говорить громко в их присутствии, участвовать в каких-либо религиозных диспутах или заниматься какими-либо профессиями и ремеслами, которыми обычно занимались мусульмане.

1905-1910 годы — пик еврейской эмиграции в США из России. За эти пять лет в страну приехало более полумиллиона евреев. Общее число евреев, приехавших в США из всех стран, с 1881 года по 1920 год, составляло более двух миллионов человек.

1906 год — в Яффе в Палестине открылась школа, где преподавание велось на иврите.

1909 год — на песчаных холмах к северу от Яффы был основан Тель-Авив, „первый чисто еврейский город". В том же году был организован первый киббуц в *Эрец Израэль*.

1911-1913 годы — на окраине Киева было найдено изуродованное тело мальчика-христианина. Печально известная „черная сотня" обвинила евреев в ритуальном убийстве. Местные власти арестовали и в течение двух лет пытались заставить признаться в убийстве рабочего-еврея Менделя Бейлиса,

the authorities tried to force a confession from him, but Beilis maintained his innocence. At the trial, which was closely watched by Western Jews and non-Jews and brought the protest of several world leaders, Beilis was acquitted of the murder charge.

1911 - The American-Russian trade treaty, in existence since 1832, was unilaterally cancelled by the U.S., ostensibly because of Russian refusal to allow American Jews to travel to Russia but, in fact, because of congressional and popular disapproval of the treatment of Russian Jews. The idea of linking trade with Russia to a human rights objective was to be used once again in the 1970's with the passage of the Jackson-Vanik Amendment by the U.S. Congress (see below).

1915 - The use of Hebrew characters in printing was proscribed in Russia, effectively silencing the Hebrew and Yiddish press. The ban was lifted in 1917.

1917 - The Pale of Settlement was abolished and all restrictions on Jews, which had approved during the 300-year reign of the Romanovs, were lifted after the February revolution overthrew the tsar.

1917 - British troops, including a Jewish regiment numbering 5,000, captured Palestine from the Turks.

In the same year, in an historic letter from the British Foreign Secretary Lord Balfour to Lord Rothschild, henceforth known as the Balfour Declaration, the British government's policy on Palestine was set forth: "His Majesty's Government view with favor the establishment in Palestine of a national home for the Jewish people, and will use their best endeavors to facilitate the achievement of this object..." This was the first explicit international commitment in the 20th century to the creation of a national Jewish homeland.

1917 - The 7th Conference of Zionists of Russia, representing 140,000 members, was held in Petrograd.

но Бейлис упорно отстаивал свою невиновность. На суде, за которым пристально следили евреи и неевреи Запада и России, Бейлис был оправдан.

1911 год — был аннулирован по инициативе США существовавший с 1832 года русско-американский договор о торговле. Предлогом послужил отказ русского правительства разрешить американским евреям деловые поездки в Россию, но на самом деле договор был разорван потому, что Конгресс и американский народ не одобряли еврейской политики царского правительства. Идея использовать торговые связи в борьбе за права человека в России снова возникла в 1970-х годах, когда была принята поправка Джексона — Вэника (см. ниже).

1915 год — в России было запрещено использование еврейского алфавита в печати. Таким образом, в стране был успешно положен конец существованию прессы на идише и иврите. Запрет был отменен в 1917 году.

1917 год — Февральская революция в России отменила черту оседлости и все дискриминирующие евреев законы, принятые за триста лет правления династии Романовых.

1917 год — британские войска, в которых был и еврейский батальон, захватили Палестину у турок.

В том же году в историческом письме британского министра иностранных дел лорда Бальфура лорду Ротшильду, известном как „Декларация Бальфура", была сформулирована британская политика в отношении Палестины: „Правительство Его Величества, — говорилось в Декларации, — положительно смотрит на установление национального очага еврейского народа в Палестине и приложит все возможные усилия, чтобы помочь в осуществлении этой цели". Это было первое в XX веке четкое международное обязательство создать еврейское национальное государство.

1917 год — в Петрограде прошла Седьмая конференция сионистов России. Ее участники представляли сто сорок тысяч членов сионистских организаций.

1918 - By the end of the First World War, 1.5 million Jewish soldiers had served in the armies of the combatant nations. One- hundred-forty-thousand died in action.

1919 - Pogroms occurred in the Ukraine and Poland, incited by Ukrainian, Polish, Cossack and White armies. It is estimated that 550 Jewish communities were attacked and thousands of Jews killed.

1919 - The Evsektsiya, or Jewish Section, became responsible for the liquidation of Jewish religious and national organizations in the USSR. It was abolished in 1930.

1919 - 1923 - In the wake of the Balfour Declaration, (see 1917 above), 35,000 Jewish settlers arrived in Palestine, among them Jews fleeing the pogroms and the Bolsheviks. This four-year period was known as the Third Aliyah.

1920 - Two-and-a-half million Jews lived in the Soviet Union.

1920 - The British were granted a Palestine Mandate at the San Remo Conference. It was expressly stated that the goal would be to establish a Jewish National Home. The first British Commissioner of Palestine, Sir Herbert Samuel, was himself a Jew.

Arab opposition to the establishment of a Jewish National Home erupted into violence, leading the British to set a limit of 16,500 Jewish immigrants per year to Palestine in an effort to placate Arab hostility. But Arab riots continued. In 1929, for example, 133 Jews were killed and 339 injured in Arab attacks, and, between 1936 and 1939, 517 Jews were killed in such incidents.

In 1921, Jewish immigration to Palestine was suspended by the British because of the opposition of Arabs living in Palestine, but this suspension was soon lifted.

In 1922, two important events occurred. The League of Nations recognized the connection between the Jewish people and *Eretz Yisrael* and called on Britain to facilitate the establishment of a Jewish National Home. The Mandate

1918 год — к концу первой мировой войны в армиях воюющих стран насчитывалось полтора миллиона евреев. Сто сорок тысяч из них погибли в сражениях.

1919 год — по Украине и Польше прошла волна погромов, инспирированная украинской, польской и белой армиями и казаками. Пострадало более пятисот еврейских поселений и тысячи еврев погибли.

1919 год — Евсекция (Еврейская секция — отдел ВЦИК, занимавшийся „еврейским вопросом"), ликвидировала еврейские национальные и религиозные организации в СССР. Евсекция была распущена в 1930 г.

1919-1923 годы — под влиянием Декларации Бальфура (см. выше) в Палестину приехало тридцать пять тысяч новых поселенцев, включая евреев из России. Эти четыре года стали известны как период Третьей алии.

1920 год — в Советском Союзе проживало два с половиной миллиона евреев.

1920 год — на конференции в Сан-Ремо Палестина получила статус подмандатной территории Великобритании. Целью этого статуса было создание национального еврейского очага в Палестине. Первый полномочный представитель правительства Великобритании в Палестине, сэр Герберт Самуэль, был евреем.

Вылившееся в насилие арабское сопротивление установлению еврейского национального очага в Палестине вынудило англичан ограничить число еврейских иммигрантов в Палестину до шестнадцати с половиной тысяч человек в год. Несмотря на эту уступку, террористические акты со стороны арабов продолжались. Например, в 1929 году были убиты сто тридцать три и ранены триста тридцать девять евреев. Между 1936 и 1939 годами в подобных инцидентах погибло пятьсот семнадцать евреев.

В 1921 году англичане временно прекратили еврейскую иммиграцию в Палестину из-за арабского сопротивления, но вскоре она возобновилась.

В 1922 году произошли два важных события. Лига Наций официально признала связь между еврейским народом и *Эрец Израэль* и призвала Великобританию способствовать установлению еврейского национального очага. Действие Мандата

extended over both sides of the Jordan River, but Britain chose to divide the territory into Jewish and Arab parts in a policy statement made by Winston Churchill, then the Secretary for Colonies. The statement indicated the British were in favor of a Jewish National Home in Palestine and underlined the right of the Jews to be in Palestine. Still, Jewish immigration was limited so as not to exceed Palestine's economic capacity to absorb new arrivals.

1922 - The rule of Fascism, under the leadership of Mussolini, began in Italy, but the Jews suffered little during the first years. Fascism in Italy never embraced the pseudo-biological racism that was to be a prominent feature of Nazism, nor did it originally regard the Jews as enemies of the State. Anti-Jewish legislation was, however, to be introduced in 1938.

1923 - 1924 - As many as 3,000 Zionists were arrested and imprisoned in 150 Soviet cities.

1924 - The Technion (Israel Institute of Technology) was opened in Haifa. It was founded in 1912, but it did not open for 12 years both because of the outbreak of the First World War and a long-standing dispute between advocates of Hebrew and German as to which language should be used for instruction. The controversy was settled in favor of Hebrew. Today the Technion is an internationally-recognized institute of scientific and technological education.

1924 - 1932 - This was the period of the Fourth Aliyah to *Eretz Yisrael* during which 94,000 settlers arrived, many of whom came from Poland fleeing the economic restrictions placed on the Jews there in 1924.

1924 onwards - Attempts were made to settle Jews in agricultural settlements in the Crimea and southern Russia as an economic solution for the masses of Jews who could no longer work in such "bourgeois" pursuits as traders and petty merchants after the Bolshevik Revolution.

распространялось на оба берега реки Иордан, но англичане, следуя политике, сформулированной Уинстоном Черчиллем, тогда министром колоний, предпочли разделить территорию на еврейскую и арабскую зоны. В заявлении Черчилля говорилось, что Англия настроена в пользу еврейского национального очага и признает право евреев на присутствие в Палестине, но что еврейская иммиграция должна быть подчинена экономическим возможностям Палестины абсорбировать новых иммигрантов.

1922 год — в Италии пришла к власти фашистская партия во главе с Муссолини. Фашизм в Италии никогда не носил столь ярко выраженный расистский характер, как в Германии. К тому же изначально евреи в Италии не рассматривались как враги государства. Антиеврейское законодательство было принято только в 1938 году.

1923-1924 годы — три тысячи сионистов были арестованы и подвергнуты тюремному заключению в ста пятидесяти городах Советского Союза.

1924 год — в Хайфе открылся Технион (Израильский Технологический Институт). Он был основан еще в 1912 году, но из-за первой мировой войны, а затем — из-за многолетних споров о том, на каком языке — иврите или немецком — вести преподавание, — не открывался в течение двенадцати лет. В конце концов, спор разрешился в пользу иврита. В настоящее время Технион получил признание как научный и технический центр международного значения.

1924-1932 годы — период Четвертой алии в *Эрец Израэль,* в течение которого в Палестину въехало двести девяносто четыре тысячи человек. Многие из них прибыли из Польши в результате экономических ограничений, наложенных на евреев в 1924 году.

С 1924 года — в СССР предпринимались попытки поселить евреев в сельскохозяйственных поселениях Крыма и юга России. Это, с точки зрения властей, могло стать решением проблемы евреев, которые после революции не могли заниматься такими „буржуазными" профессиями, как торговля и частное предпринимательство.

1925 - The Hebrew University of Jerusalem was established.

1925 - The National Socialist movement, derived from the German Workers' Party which Adolph Hitler had led since 1920, was founded by Hitler.

In *Mein Kampf* Hitler wrote that the Jew was the alien, the mortal enemy, the criminal, the parasite, evil incarnate, the conspirer seeking world domination, the international banker and manipulator of countries. The Jews were, he charged, responsible for the German defeat in the First World War because they had stabbed the Germans in the back. The Jew was a polluter of the great Aryan race, a sub-human. Hitler conveniently ignored the fact that 100,000 Jews, or one-sixth of the German Jewish population, had fought on Germany's side in the First World War, 35,000 of whom had been decorated for bravery. Elsewhere in *Mein Kampf,* he wrote of Russia and the Jews: "This colossal empire in the East [referring to Russia] is ripe for dissolution, and the end of the Jewish domination in Russia will also be the end of Russia as a state..." Hitler's hatred of the Jews was all-embracing and he saw the Jews as the embodiment of evil.

1928 - Jewish settlement of Birobidzhan began. In 1934, Birobidzhan in the far eastern Soviet region of Khabarovsk became the Jewish Autonomous District, even though the Jews always formed a minority of the population and had no opportunity for religious and cultural self-development. By 1937, the Jewish population was 18,000; in 1959, 14,000; and in 1970, less than 12,000.

In the same year, the publication of books in Hebrew was banned, and a number of Zionists and Jewish writers were imprisoned or exiled to remote regions of the USSR.

1928 - The National Conference of Christians and Jews was established in the United States as a response to the anti-Semitism propagated in the *Dearborn Independent,* a newspaper sponsored by the automobile magnate Henry Ford (of Ford Motor Company).

1929 - The Iron Guard, an extreme anti-Semitic paramilitary organization, was founded in Romania.

1925 год — в Иерусалиме был основан Еврейский Университет.

1925 год — в Германии появилась Национал-социалистическая партия, отпочковавшаяся от Немецкой рабочей партии, вождем которой еще с 1920 года был Адольф Гитлер.

В книге „Моя борьба" Гитлер писал о евреях как о смертельных врагах, паразитах и преступниках. По его мнению, евреи — это воплощение зла, заговорщики, пытающиеся добиться мирового господства. Евреи, по его утверждениям, были ответственны за поражение Германии в первой мировой войне, т.к. они наносили немцам удары в спину. Евреи портили великую арийскую расу, они были неполноценными людьми. Гитлер игнорировал тот факт, что 100 тысяч евреев, или одна шестая еврейского населения Германии, служили в немецкой армии в первую мировую войну и 35 тысяч были награждены за храбрость. В другом месте книги он писал о России и евреях: „Эта колоссальная империя на востоке созрела для уничтожения, и конец еврейского доминирования в России будет также концом России как государства..." Ненависть Гитлера по отношению к евреям была всепоглощающей, и он видел в евреях воплощение дъявола.

1928 год — началось еврейское заселение Биробиджана. В 1934 г. Биробиджан был объявлен Еврейской автономной областью, несмотря на то, что в Биробиджане никогда не было еврейской общины, а еврейское население Биробиджана составляло лишь небольшой процент. К 1937 г. в Биробиджане жило восемнадццать тысяч евреев, в 1959 году — четырнадцать, а в 1970 — менее двенадцати.

В том же году была запрещена публикация книг на иврите, сионисты и еврейские писатели были арестованы или высланы.

1928 год — в США в ответ на антисемитскую пропаганду газеты „Дирборн Индепендент", субсидируемой автомобильным магнатом Генри Фордом, была образована Национальная Конференция христиан и евреев.

1929 год — в Румынии появилась „железная гвардия", полувоенная организация с крайне антисемитской программой.

1930 - The Jews of Spain were finally granted emancipation, but this equality of rights was rescinded in 1938 by Franco, the Spanish dictator.

1932 - One-hundred-sixty-thousand Jewish children were studying in Yiddish schools in the Ukraine and Byelorussia. By the end of the decade, however, all the schools were closed and Yiddish was no longer used as a language of instruction in Jewish schools.

1933 - Hitler became the German chancellor. He was granted dictatorial powers, began to build up a war economy, and set up the first concentration camp for political opponents.

In the same year, an anti-Jewish economic boycott began in Germany.

1933 - 1939 - The period of the Fifth Aliyah to *Eretz Yisrael* during which 235,000 immigrants arrived, some "illegally" by virtue of the British restrictions on Jewish immigration to Palestine. During the years 1940 - 1945, another 61,000 Jewish refugees fleeing Nazi-occupied Europe arrived in Palestine. This was known as the Sixth Aliyah.

1935 - The Nuremberg Laws were promulgated in Germany. Jews were no longer considered German citizens, a Jew being defined as a person with at least two Jewish grandparents; marriage between Jews and non-Jews was outlawed; extra-marital relations between Jews and non-Jews were also forbidden; Jews were prevented from displaying the German flag and were not to employ non-Jewish females under 45 years of age in their household. Thirteen other regulations further restricting Jewish activity in Germany were to follow the Nuremberg Laws.

1936 - In the United States, the Jewish Labor Committee and the American Jewish Congress, two major private Jewish organizations, organized a boycott of German products. The boycott found popular support in the U.S. and spread to Great Britain and other countries. It continued until the end of the war.

1936 - The Jewish population of Vienna was 176,000 or 8% of the total population. Suggestive of the Jews' role

1930 год — испанские евреи наконец получили равенство в правах, но оно было отнято у них испанским диктатором Франко в 1938 году.

1932 год — сто шестьдесят тысяч еврейских детей на Украине и в Белоруссии обучалось в школах, где преподавание велось на идише. Однако к концу этого десятилетия эти школы были закрыты и идиш как язык, на котором велось обучение, был изъят из обихода евреев СССР.

1933 год — Гитлер стал канцлером Германии. Он получил диктаторские полномочия, начал переводить экономику на военные рельсы и ввел первые концентрационные лагеря для политических противников.

В том же году в Германии начался экономический бойкот евреев.

1933-1939 годы — период Пятой алии в *Эрец Израэль,* в течение которого в Палестину въехало двести тридцать пять тысяч человек. Некоторым пришлось въезжать нелегально из-за британских ограничений на иммиграцию в Палестину. С 1940 по 1945 год в Палестину приехали еще шестьдесят одна тысяча человек, бежавших из оккупированной нацистами Европы. Эта группа беженцев стала называться Шестая алия.

1935 год — в Германии вышли в свет Нюренбергские законы. Евреи больше не признавались немецкими гражданами, причем каждый, кто имел хотя бы двух еврейских предков в третьем поколении, считался евреем. Запрещены были не только смешанные браки между евреями и неевреями, но и внебрачные отношения. Евреи не имели права вывешивать немецкий флаг и держать женскую прислугу нееврейского происхождения моложе сорока пяти лет. За Нюренбергскими законами последовали тринадцать других суровых ограничений на жизнь и деятельность евреев в Германии.

1936 год — в США Еврейский Комитет по труду и Американский Еврейский конгресс, две крупнейшие еврейские организации, организовали бойкот немецких товаров. Бойкот получил широкую поддержку в США, а также в Англии и других странах. Он продолжался до конца войны.

1936 год — в Вене проживало сто семьдесят шесть тысяч евреев, то есть 8 процентов всего населения. Огромную роль

in Viennese life was the fact that more than 60% of the lawyers and 70% of the doctors in Vienna were Jewish.

1936 - Following numerous Arab attacks against Jews and their property in Palestine, the British government appointed a Royal Commission to investigate the working of the Mandate for Palestine. In 1937, the Commission recommended that Palestine be partitioned into Jewish and Arab areas with a British-controlled corridor from Jaffa to Jerusalem. The Jews reluctantly accepted this proposal; the Arabs rejected it.

1937 - *Mossad le Aliyah Bet* (Committee for Illegal Immigration) was created by Jews in Palestine. It became the principal organization for the rescue of European Jews and their transport to Palestine.

1938 - Racial Laws were introduced in Italy. The laws defined a Jew. Further, the legislation excluded the Jews from the military, government bureaucracy, ranks of the Fascist Party (in 1933, there were more than 6,000 Jews in the Italian Fascist Party), and from businesses employing more than 100 persons. Intermarriage was forbidden; restrictions on land ownership were imposed; and Jewish children were forced to leave Italian schools. All Jews naturalized in Italy after January 1, 1919 were deprived of their citizenship and, together with non-Italian Jews, were told to leave the country by 1939. Exceptions to these restrictions were made for Jewish military heroes and Jewish fascists of the early period (i.e., early 1920's) who numbered about 3,000.

1938 - *Kristallnacht* (Night of the Broken Glass) After a Jew assassinated the Third Secretary of the German Embassy in Paris in retaliation for the fact that the Jew's parents, Poles living in Germany, had been deported, widespread attacks against Jews and Jewish property occurred. Thirty-six Jews were killed, 30,000 Jews arrested and sent to the Dachau and Buchenwald concentration camps, and 815 shops destroyed.

1938 - The Nazis came to power in Austria after the *Anschluss* (German for "union"). Attacks on Jews began

евреев в венской жизни можно представить хотя бы на основании того, что более 60 процентов адвокатов и более 70 процентов врачей в Вене были евреями.

1936 год — в ответ на непрекращающиеся арабские покушения на жизнь и собственность евреев в Палестине правительство Великобритании сформировало Королевскую комиссию для расследования эффективности Палестинского мандата. В 1937 г. Комиссия предложила разделить Палестину на арабскую и еврейскую части с подконтрольным Англии коридором между Яффой и Иерусалимом. Евреи неохотно приняли это предложение, арабы напрочь отвергли его.

1937 год — палестинские евреи создали *Моссад ле Алия Бет* (Комитет нелегальной иммиграции). Организация стала основным инструментом спасения еврейства Европы и его переселения в Палестину.

1938 год — в Италии были введены расовые законы. По ним евреи не могли быть правительственными чиновниками, членами фашистской партии (в 1933 году она насчитывала более шести тысяч евреев) и владеть предприятиями, на которых работали больше ста человек. Были также запрещены смешанные браки, введены ограничения на землевладение и еврейские дети были исключены из итальянских школ. Все евреи, натурализовавшиеся в Италии после 1 января 1919 года, теряли гражданство и вместе с неитальянскими евреями были обязаны к 1939 году покинуть страну. Исключения делались только для евреев — героев войны и тех, кто уже в 1920-х гг. был членом фашистской партии — их было около трех тысяч.

1938 — Хрустальная ночь. После того, как еврей, уроженец Польши, совершил покушение на третьего секретаря немецкого посольства в Париже, мстя за депортацию своих родителей — польских евреев, живших в Германии, начались яростные атаки на жизнь и собственность евреев. Тридцать шесть евреев были убиты, тридцать тысяч арестованы и сосланы в Дахау и Бухенвальд. Кроме того было разгромлено восемьсот пятнадцать еврейских магазинов.

1938 год — придя в результате *аншлюса* к власти в Австрии, нацисты начали кампанию против австрийских евреев.

soon thereafter. Many were deported, but nearly 118,000 of Vienna's Jews managed to emigrate by 1941. Of these, 18,000 were later caught by the Nazis in other European countries and, in large number, were killed in camps.

1938 - United States President Franklin Roosevelt convened the Evian Conference. Thirty-two countries participated as well as representatives of 39 private organizations, 21 of them Jewish, in an effort to deal with the massive problem of the resettlement of European refugees. The practical results of the meeting proved extremely disappointing, indeed tragic, as few countries showed any willingness to increase their normal annual immigration quotas to permit the refugees to reach a safe haven.

1939 - Hitler "prophesied" that a new world war would lead to the extermination of the Jews of Europe.

1939 - On the eve of the war, the world Jewish population was estimated at 16.7 million, of whom 9.5 million lived in Europe, almost five million in the U.S. and 475,000 in Palestine.

1939 - The Nazis invaded Poland, whose Jewish population numbered more than three million. With the German advance violent attacks began against Jews.

1939 - A British White Paper on the future of Palestine declared Britain's intention to establish an independent Palestinian state in ten years' time. Jews and Arabs would participate in proportional representation to their numbers in the total population. Further, only 75,000 Jewish immigrants would be permitted to enter Palestine between 1939 and 1944, after which Jewish immigration would be dependent on Arab agreement. Land sales to Jews in Palestine would be restricted or forbidden by the British in the majority of cases.

This policy, which aroused vehement Jewish opposition, guided the British attitude in the ensuing years.

1939 - 1941 - The American Joint Distribution Committee (Joint) and HICEM, an organization established by

176

Многих отправили в лагеря, но все же до 1941 года почти сто восемнадцать тысяч венских евреев смогли эмигрировать. Однако восемнадцать тысяч из них были захвачены нацистами в европейских странах и очень многие погибли в лагерях.

1938 год — президент Соединенных Штатов Америки Франклин Делано Рузвельт созвал Эвианскую конференцию. В ней принимали участие тридцать две страны, представители тридцати девяти общественных организаций (из них двадцать одна — еврейская). На конференции обсуждались проблемы массовой иммиграции беженцев из Европы. Практические итоги конференции оказались весьма жалкими и даже трагическими, потому что лишь очень немногие страны проявили готовность увеличить иммиграционные квоты, чтобы помочь беженцам.

1939 год — Гитлер выступил с пророчеством о том, что новая мировая война приведет к концу мирового еврейства.

1939 год — накануне второй мировой войны в мире насчитывалось 16,7 миллионов евреев: 9,5 млн. — в Европе, почти 5 — в США и 475 тысяч — в Палестине.

1939 год — нацисты вторглись в Польшу. По мере немецкого наступления начались преследования более чем трехмиллионного еврейского населения страны.

1939 год — в британской Белой книге было объявлено о намерениях англичан в течение ближайших десяти лет создать независимое государство в Палестине. В управлении государством предусматривалось пропорциональное этническому составу населения участие арабов и евреев. Между 1939 и 1944 годами разрешение на въезд в Палестину получили только семьдесят пять тысяч еврейских иммигрантов. После этого еврейская иммиграция ставилась в зависимость от согласия на нее арабов. Продажа земли в Палестине в большинстве случаев регулировалась британской администрацией.

В последующие годы английское правительство проводило ту же политику, вызывавшую бурный протест со стороны евреев.

1939-1941 годы — Американскому Джойнту и ХИСЕМу, организации, созданной ХИАСом и другими еврейскими учреж-

HIAS, and other Jewish organizations, were able to rescue more than 30,000 European Jews. Most of them went to the U.S. via Italy and, later, via Spain and Portugal.

1939 - Anti-Jewish laws were introduced in Czechoslovakia.

1939 - The well-known and tragic voyage of the *St. Louis,* a German ship carrying 930 Jewish refugees, occurred. Most of the passengers held U.S. immigration quota numbers allowing them entry to the U.S. by 1942 (the U.S. had an annual immigration quota); all held Cuban landing certificates. The ship first docked in Cuba, but only a handful of the refugees were permitted to disembark. The United States, Chile, Argentina, Columbia and Paraguay then refused permission for the refugees to enter. Consequently, the ship was actually compelled to return to Europe. The ship's captain, an extremely courageous German, contemplated beaching the ship on the British coast so the refugees from Nazism would not be obligated to return to Germany. Finally, Britain, Holland, Belgium and France agreed to accept the refugees. Within one year, however, all these countries except Britain were overrun by the Germans. It is likely that a large number of the ship's passengers were killed in the camps.

1940 - With the annexation of Polish, Romanian and Czech territories, and the Baltic states, the Jewish population of the Soviet Union exceeded five million.

1940 - Polish Jews were herded into cramped ghettos.

1940 - 1944 - After the fall of France, the collaborationist Vichy regime issued discriminatory laws against Jews, defining, first of all, who was a Jew. The law also included controlling Jewish economic activity, confiscating the Jews' radios, ordering the wearing of the yellow Star of David badges, forbidding Jews access to public places, and limiting them to one hour per day on the street for shopping; compelling them to pay a huge sum as a penalty for the fact that they were Jews; and forbidding any Jew the right to change his residence.

An estimated 300,000 Jews were in France at the time of the German invasion. Twenty to 25% of them were sent

дениями, удалось спасти более тридцати тысяч европейских евреев. Большинство въехало в США через Италию, а позже — через Испанию и Португалию.

1939 год — в оккупированной Чехословакии были введены антиеврейские законы.

1939 год — девятьсот тридцать еврейских беженцев с разрешением на въезд в США до 1942 года и разрешениями кубинского правительства сойти на берег на Кубе приплыли на корабле „Сент Луи" к берегам Кубы. Только горсточке беженцев действительно разрешили сойти на берег. США, Чили, Аргентина, Колумбия и Парагвай отказались принять их, и корабль с пассажирами на борту вернулся в Европу. Капитан „Сент Луи", необычайно мужественный немец, собирался посадить корабль на мель у берегов Англии, лишь бы беглецы избежали необходимости возвратиться в Германию. В конце концов Англия, Голандия, Бельгия и Франция согласились принять их, но в течение года все эти страны, кроме Англии, попали в руки немцев. Скорее всего, многие из бывших пассажиров корабля погибли в концлагерях.

1940 год — после присоединения к СССР польских, румынских и чехословацких территорий и Прибалтики еврейское население СССР превысило пять миллионов человек.

1940 год — польские евреи согнаны в гетто.

1940-1944 годы — после падения Франции вишистское правительство выпустило дискриминационные законы против евреев. Прежде всего в них определялось, кого считать евреем. Эти законы также контролировали экономическую деятельность евреев. У них конфисковывались радиоприемники, они обязаны были носить желтую звезду Давида, не имели права появляться в общественных местах и могли делать покупки в течение лишь одного часа в день. С евреев взимались огромные суммы, ни один еврей не имел права менять местожительство.

На момент падения Франции в стране было приблизительно триста тысяч евреев. 20-25 процентов были отправлены в

to concentration camps; few were to return. Some Jews were able to escape to Switzerland and 30,000 - 40,000 to Spain and Portugal. Several thousand Jewish children were saved with the help of non-Jewish Frenchmen who hid the children in the countryside.

Jews played a very important part in the work of the French Resistance.

1940 - The British government interned 30,000 German and Austrian Jews living in Britain (as well as non-Jewish Germans and Austrians, including a number of Nazi sympathizers who were actually placed alongside the Jews) as "enemy aliens," to be released after long security checks or, in some cases, sent for internment in Canada.

1941 - Jewish emigration from Germany was prohibited. From 1933 to 1941, more than 250,000 Jews fled Germany, leaving an almost equal number behind in the expanded borders of the country. Many of the German Jews who left came from the country's intellectual elite and included six future Nobel Prize winners.

1941 - A pogrom took place in Jassy, Romania as a result of rumors that the Jews were signalling to Soviet planes bombing the town. German and Romanian troops murdered many Jews immediately and rounded up 4,000 others to be sent to camps. More than half the deportees died from the terrible conditions on the transport train; the rest were returned to Jassy one week later. In all, 12,000 Jews were killed at this time.

1941 - Massacres of Jews occurred in Kaunas, Lithuania and Lvov by the Einsatzgruppen, the German units whose task it was to round up and execute Jews in occupied areas. These killer units were ultimately responsible for more than a million deaths.

1941 - At Babi Yar, in the outskirts of Kiev, 33,371 Jews were murdered as the German response to the blowing up of its headquarters in Kiev. The German action of systematic murder took less than two days to complete, setting a dubious record for mass murder.

By the end of the war, 100,000 bodies of victims of the Germans lay at Babi Yar, most of them Jews.

концентрационные лагеря, из которых лишь немногим суждено было вернуться. Некоторым удалось бежать в Швейцарию, и тридцать-сорок тысяч евреев нашло убежище в Испании и Португалии. Французы, участники Сопротивления спасли несколько сот еврейских детей, спрятав их в деревнях.

Многие евреи были участниками Сопротивления.

1940 год — правительство Великобритании интернировало тридцать тысяч проживавших в Англии немецких и австрийских евреев (как и немцев и австрийцев, некоторые из которых симпатизировали нацистам) как граждан враждебного государства. Их освобождали только после длительной и тщательной проверки, в некоторых случаях отсылали в Канаду на период интернирования.

1941 год — запрещена эмиграция евреев из Германии. С 1933 по 1941 год из Германии выехало более двухсот пятидесяти тысяч евреев; почти столько же оставалось в расширившихся границах страны. Многие эмигрировавшие немецкие евреи принадлежали к интеллектуальной элите страны. Среди них было шесть лауреатов Нобелевской премии.

1941 год — в Яссах в Румынии произошел погром, вызванный слухами о том, что евреи подавали сигналы бомбившим город советским самолетам. Многие погибли, около четырех тысяч человек были отправлены в лагеря. Более половины отправленных умерло в пути от ужасных условий, остальные неделей позже вернулись в Яссы. Всего в Ясском погроме погибло двенадцать тысяч евреев.

1941 год — зондеркоманды, немецкие военные части, чьей задачей были поиски и уничтожение евреев на оккупированных территориях, осуществили массовые убийства евреев в Каунасе в Литве и во Львове. Всего на счету зондеркоманд — смерть более чем миллиона людей.

1941 год — тридцать три тысячи триста семьдесят один еврей были уничтожены в Бабьем Яре на окраине Киева. Это была реакция немцев на взрыв в их штабе в Киеве. На совершение этой расправы немецкой системе массового уничтожения потребовалось два дня — печальный рекорд скорости.

К концу войны в Бабьем Яре было более ста тысяч трупов, в основном евреев.

1941 - At Rumbuli, 25,000 Latvian Jews were murdered by German and Latvian troops.

1941 - The first Nazi extermination camp was built at Chelmno, Poland. By 1945, 360,000 Jews were murdered there.

1941 - A general mass strike was organized in Holland in an attempt to prevent the deportation of Dutch Jewry.

1941 - The United States tightened its immigration quota, thus rendering it even more difficult to enter the country. Congress rejected a proposal to admit 20,000 German Jewish children above the annual quota. A year earlier, Congress had rejected a proposal to open Alaska to Jewish war refugees.

1941 - 1945 - Two-hundred-thousand Soviet Jewish soldiers were killed in action during the war. One-hundred-forty-five Soviet Jews were awarded "Hero of the Soviet Union." An estimated 20,000 Soviet Jews fought in the partisan movement.

1941 - 1945 - Five-hundred-fifty-thousand American Jews served in U.S. forces.

1941 - In Palestine, the *Palmach* was organized to assist the British armies to resist German advances. After the war it fought against the British occupiers of Palestine and in defense of Jewish settlements exposed to attack by the Arabs. The *Palmach,* which was to form the nucleus of the new Israeli army, played a crucial role in the 1948 war against invading Arab armies.

1941 - The Jewish community in Bagdhad, Iraq was attacked by Arab mobs. One-hundred-eighty Jews were killed.

1942 - The Jewish Anti-Fascist Committee was formed in the USSR under the chairmanship of Solomon Mikhoels. For the first time since the Jewish Sections of the Soviet Communist Party were disbanded in 1930, Soviet Jewry was given an organizational framework, but it was made clear to the Committee that it was to devote itself primarily to influencing Jewish opinion outside the Soviet Union, and to enlisting financial support from world Jewry for the Soviet war effort. Its aim was not only to intensify anti-German

1941 год — немецкие и латышские войска в Румбули уничтожили двадцать пять тысяч латышских евреев.

1941 год — в Хельмно в Польше был создан первый лагерь массового уничтожения. К 1945 году там было уничтожено триста шестьдесят тысяч евреев.

1941 год — в Голландии в ответ на попытку депортировать голландских евреев вспыхнула массовая забастовка.

1941 год — США уменьшили иммиграционную квоту, что создало дополнительные трудности для въезда. Конгресс отказался принять сверх годовой квоты двадцать тысяч еврейских детей из Германии. Годом раньше он отверг предложение об открытии Аляски для еврейских беженцев из Европы.

1941-1945 годы — во время второй мировой войны на фронтах погибло двести тысяч советских солдат-евреев. Сто сорок пять советских евреев были удостоены звания Героев Советского Союза. Около двадцати тысяч принимали участие в партизанской войне.

1941-1945 годы — в американских вооруженных силах служило 550 тысяч солдат-евреев.

1941 год — в Палестине возникла организация *„Пальмах“*. Первоначальной ее задачей была помощь британской армии в борьбе против наступавших немецких войск. Впоследствии *„Пальмах“* принимал активное участие в борьбе против британских оккупантов и защите еврейских поселений от арабов. *„Пальмах“*, ставший ядром израильской армии, сыграл решающую роль в борьбе с арабской агрессией в 1948 году.

1941 год — в резне, устроенной арабами в еврейском квартале в Багдаде, погибли сто восемьдесят евреев.

1942 год — в СССР был сформирован Еврейский антифашистский комитет под председательством Соломона Михоэлса. В первый раз после разгона Евсекции в 1930 году советскому еврейству было дано какое-то подобие собственной организации. Но как дали без околичностей понять членам Комитета, задачей его должна была быть пропагандистская работа среди зарубежных евреев. Цель — получить финансовую поддержку мирового еврейства советской армии. Деятельность организации была направлена не только на стимуляцию

feeling abroad, but also to paint a bright picture of the state of Soviet Jewry. The Committee was abolished in 1948; many of its leaders were imprisoned or killed.

1942 - 1944 - Mass transports of the Jews in Nazi-occupied Europe to such infamous death camps at Auschwitz, Maidanek and Treblinka followed the completion of the German master plan for "the Final Solution of the Jewish Question in Europe" in the winter of 1942.

1942 - Jews revolted against the Nazis in the ghettos of Kremenets, Kletsk, Mir, Nesvezh and Lachwa, and the next year in Bialystok.

1942 - The *Struma* sank in the Black Sea, causing the death of 768 of 769 Romanian Jewish refugees aboard. The ship, destined for Palestine, stopped in Turkey for badly needed repairs. Turkey refused to assist because of Arab pressure not to cooperate in facilitating immigration to Palestine, and because of a British refusal to issue permits for the refugees to proceed to Palestine (hence the Turks feared the Jews might stay in Turkey). No passengers were permitted to disembark nor was the ship attended to. Instead, it remained off the Turkish coast for ten weeks while the American Joint Distribution Committee and the local Jewish community in Istanbul provided food and medicine for those aboard. Finally, ignoring appeals to permit at least the children to disembark, Turkish authorities had the damaged ship led out to sea. When the accompanying tug boat detached itself, the ship sank. All but one on board was killed.

1943 - Hitler declared Germany to be *Judenrein* (free of Jews).

1943 - In January, several battalions of Nazi police entered the Warsaw Ghetto with the intention of deporting still more Jews to concentration camps. In the summer of 1942, more than 300,000 of the 500,000 Jews crammed into the ghetto had been deported to Treblinka. Another 85,000 died in the ghetto as a result of the terrible conditions. The Germans were intent on deporting the remaining Jews but met with armed resistance in January and withdrew, in-

антифашистских чувств за рубежом, но и на создание идиллической картины жизни советского еврейства. Комитет был ликвидирован в 1948 году, многие его члены были арестованы или убиты.

1942-1944 годы — воплощая в жизнь план „окончательного решения еврейского вопроса в Европе", немцы начали массовые отправки евреев в лагеря смерти — Освенцим (Аушвиц), Майданек, Треблинку и другие.

1942 год — в гетто Кременчуга, Клецка, Мира, Несвежа и Лахвы и в следующем году — Белостока — произошли восстания против нацистов.

1942 год — 768 из 769 еврейских беженцев из Румынии, плывших на корабле „Струма", утонули в Черном море. Корабль, направлявшийся в Палестину, остановился в Турции для срочного ремонта. Под давлением арабов, опасавшихся облегчения еврейской иммиграции в Палестину, и из-за отказа Великобритании пропустить беженцев в Палестину турки отказались ремонтировать судно. Кроме того, опасаясь, что беженцы могут остаться в Турции, им не разрешили сойти на берег. Корабль оставался у берегов Турции около десяти недель. Джойнт и еврейская община Стамбула снабжали пассажиров едой и лекарствами. Наконец, игнорируя просьбы о том, чтобы хотя бы детям разрешили сойти на берег, турецкие власти вывели так и не отремонтированный корабль в открытое море. Оставшись без буксира, „Струма" тут же пошла ко дну. Все пассажиры, кроме одного, погибли.

1943 год — Гитлер провозгласил Германию „свободной от евреев".

1943 год — в январе из Варшавского гетто продолжалась отправка евреев в лагеря смерти. Летом 1942 года более трехсот тысяч из пятисот теснившихся в гетто евреев были отправлены в Треблинку. Восемьдесят пять тысяч не выдержали ужасающих условий и погибли в гетто. Немцы были твердо намерены отправить оставшихся в гетто евреев, но на этот раз столкнулись с вооруженным сопротивлением. В январе, после тяжелых потерь, они вынуждены были отступить.

curring heavy losses.

In April, in "honor" of Hitler's birthday, the German SS and collaborationist forces again attempted to enter the ghetto and were once again met with armed resistance. This time the battle lasted for almost one month during which armed Jews fought tenaciously against the numerically superior German forces, who also were equipped with artillery and tanks. The ghetto itself was completely destroyed during the fighting. According to Polish Resistance sources, more than 300 Germans were killed and 1,000 wounded in the fighting. Official German sources indicated that 5,000 to 6,000 Jews were killed in fires or explosions and another 56,000 were either captured or exterminated.

The final note from the Jewish Combat Group read: "We are fighting for life and for death. Our losses are huge; men, women, children are gunned down or die in the flames of the ghetto. Our end is near. But as long as we will be able to hold weapons in our hands, we will fight and defend ourselves. Our fate is inevitable, but we want it to be known that one day our blood will be avenged..." On May 16, the SS general in charge of German forces sent the following telegram to Hitler: "The Jewish quarter of Warsaw has ceased to exist."

Those few who managed to escape moved into the forests and continued the resistance struggle.

1943 - Three years after the Germans occupied Denmark, they decided to impose the Final Solution there. They had not tried to do so before because the Danish king and the people of Denmark had made clear that they considered the Jews to be Danes and would not passively accept their deportation. As there were only 7,000 Jews in Denmark, the German occupiers at first concluded that it was not worth the trouble of provoking the general Danish population.

But in 1943 the orders were given to deport the Jews. In less than three weeks, however, the Danes managed to assist almost 6,000 full Jews, 1,300 half-Jews and an additional 700 non-Jewish relatives (i.e., non-Jewish spouses and their immediate families) to cross the channel to

В апреле „в честь" дня рождения Гитлера силы СС и коллаборационистов снова попытались вторгнуться в гетто, но опять натолкнулись на вооруженное сопротивление. В течение месяца евреи вели жестокую битву против численно превосходивших их немецких войск, вооруженных артиллерией и танками. Само гетто было полностью разрушено. По источникам польского Сопротивления, более трехсот немцев было убито и более тысячи ранено. Официальные немецкие источники указывали, что пять-шесть тысяч евреев погибли в пожарах и взрывах, и еще пятьдесят шесть тысяч были захвачены или убиты.

В последнем воззвании Еврейской Боевой группы говорилось: „Мы сражаемся не на жизнь, а на смерть. Наши потери огромны. Мужчины, женщины и дети погибают под пулями или в пожарах гетто. Наш конец близок. Но мы будем сражаться, пока будем в силах держать оружие в руках. Наша гибель неизбежна, но пусть все знают, что настанет день, когда наша кровь будет отомщена..." 16 мая стоявший во главе немецких армий в Польше генерал СС телеграфировал Гитлеру: „Еврейский квартал Варшавы более не существует".

Немногие евреи, пережившие восстание в гетто, бежали в леса к партизанам и продолжали сопротивление.

1943 год — только через три года после оккупации Дании немцы, наконец, занялись окончательным решением еврейского вопроса на ее территории. Они не пытались делать это раньше, потому что король и народ Дании недвусмысленно дали им понять, что считают евреев полноправными датскими гражданами и не отдадут их на расправу без сопротивления. Поскольку в Дании жило всего семь тысяч евреев, немецкие оккупанты сначала решили, что не стоит вызывать возмущение в стране.

Но в 1943 году был отдан приказ об отправке датских евреев в лагеря. Менее чем за три недели датчане смогли помочь почти восьми тысячам людей, подлежащим уничтожению. Среди них было более тысячи полукровок и семьсот человек, этнически не имеющих отношения к евреям, но сос-

Sweden where they were permitted to remain until the end of the war. Among the first to cross over to Sweden was the Nobel laureate in physics, Niels Bohr, who was to be largely responsible for convincing the Swedish government to accept all the Danish refugees in 1943. Of the total Danish Jewish community, about 100 were eventually killed by the Germans. After the war, when the Danish Jews returned home, most of them found their property intact, testifying yet again to the proud Danish record toward the Jews during the war.

1943 - The British government rejected an appeal by the Archbishop of Canterbury, the most important religious figure in the country, to scrap the immigration quota system in order to permit the entry of more refugees.

1943 - 1944 - After Mussolini's overthrow in Italy, the Germans occupied the northern part of the country. Under Mussolini's rule, no Jews were deported to the death camps in Central Europe, but this was to change under the Nazis. About 1,000 Roman Jews were seized and sent to Auschwitz, while thousands of others went into hiding, some in monasteries and a few in the Vatican itself. (The question of how much the Vatican did during the war to save the Jews has remained an extremely controversial one to this day.) In northern Italy, Jews were rounded up and sent to Auschwitz and Mauthausen.

1944 - The extermination of Hungarian Jews began in earnest. More than 200,000 Hungarian Jews were to be killed. But tens of thousands of other Hungarian Jews were saved through the efforts of a remarkable Swedish diplomat. Raoul Wallenberg, a son of a prominent Stockholm banking family, was a member of the Swedish embassy staff in Budapest during World War II. Aware that the Nazis planned to exterminate Hungary's Jews, and supported by the United States, Wallenberg issued "protective" Swedish passports, enabling many Jews to flee the country. He also provided food, shelter and medical care to the people he rescued. When Soviet troops marched into Budapest in January 1945, Wallenberg, then 32 years old, was taken prisoner and sent to the U.S.S.R. He has never been

тоящих в браке с евреями или еврейками. Все они бежали в Швецию, где им разрешили оставаться до конца войны. Одним из первых попал в Швецию лауреат Нобелевской премии физик Нильс Бор. Именно ему удалось убедить шведское правительство в 1943 году принять всех датских еврейских беженцев. Из всей еврейской общины Дании погибли от немцев сто человек. После войны, когда датские евреи вернулись на родину, большинство из них нашли свою собственность нетронутой, еще раз убедившись в чести и достоинстве, с которыми вели себя по отношению к евреям датчане во время войны.

1943 год — правительство Великобритании отказало архиепископу Кентерберийскому, крупнейшему церковному деятелю страны, в его просьбе об упрощении системы иммиграционных квот для облегчения беженцам въезда в Англию.

1943-1944 годы — после падения режима Муссолини немцы оккупировали северную часть Италии. При Муссолини евреев не отправляли в лагеря смерти в Центральной Европе, но при нацистской оккупации ситуация изменилась. Немцы захватили и отправили в Освенцим около тысячи римских евреев в то время, как сотни других нашли убежище в монастырях и даже в самом Ватикане. (Вопрос о том, что сделал Ватикан для спасения евреев в военное время, остается открытым, хотя ему посвящено немало трудов). Евреи Северной Италии были отправлены в Освенцим и Маутхаузен.

1944 год — началось настоящее истребление евреев Венгрии. Было убито более двухсот тысяч человек. Но десятки тысяч спаслись, благодаря помощи выдающегося шведского дипломата Рауля Валленберга. Отпрыск известной стокгольмской банкирской семьи, он во время второй мировой войны работал в шведском посольстве в Будапеште. При поддержке США, Валленберг выдавал многим евреям шведские паспорта, которые дали им возможность покинуть страну. Тех, кого ему удавалось спасти, Валленберг обеспечивал едой, жильем и медицинской помощью. Когда в январе 1945 года советские войска вошли в Будапешт, Валленберг, которому тогда было тридцать два года, был взят в плен и увезен в СССР. С тех пор о нем не поступало никаких сведений, несмотря на неоднократные попытки правительств стран Запада узнать о его судьбе.

heard from since, despite repeated attempts by Western governments to determine his whereabouts. The Israeli Government has honored Wallenberg as a Righteous Gentile, and the U.S. Government, in 1981, proclaimed Wallenberg an honorary U.S. citizen in recognition of his extraordinary acts of courage. (The only other recipient of such an honor in this century was Winston Churchill.)

by 1944 - Seventy-three-thousand Vilnius Jews were exterminated by the Nazis.

1944 - Anne Frank, a Dutch Jewish teen-ager, and her family were arrested in Amsterdam after remaining in hiding since 1942 with the help of a non-Jewish family. Her moving diary was found after her death in the Bergen Belsen concentration camp and has been published in many languages. (In Japan alone, for example, it has sold more than four million copies.) Only her father survived the camp.

1944 - A Jewish brigade of 5,000 soldiers from Palestine was organized and went into combat in Italy, Egypt and Northwest Europe under the overall command of the British army.

1945 - On May 7, Germany surrendered. The full horror of the German Final Solution became still more apparent with the liberation of the death camps, the digging-up of mass graves, and the personal accounts of survivors. In all, it is estimated that about six million Jews, more than a million of whom were children, were killed by the Nazis. Of this figure, about half were Polish Jews. Well over half of the Jewish populations not only of Poland but also of Latvia, Lithuania, Romania, Yugoslavia, Greece, Holland, Czechoslovakia, Germany and Austria (in the latter two cases, of those who did not manage to emigrate before the war) were killed, and as many as one million Russian Jews were slaughtered. The Holocaust, the greatest tragedy in Jewish history, had almost seen Hitler's prophesy of the total destruction of European Jewry realized. Two-thirds of European Jewry had been killed and the great centers of Jewish life in Central and Eastern Europe were destroyed.

Израильское правительство оказало почести памяти Валленберга, а в 1981 году США провозгласили его почетным американским гражданином — в знак признания его незаурядного мужества. (Единственным, кто еще в нашем веке удостоился подобной награды, был Уинстон Черчилль.)

К 1944 году — нацисты уничтожили 73 тысячи вильнюсских евреев.

1944 год — в Амстердаме была обнаружена семья Франк, которую укрывали с 1942 года голландцы. После войны в концентрационном лагере Бельзен был найден дневник четырнадцатилетней Анны Франк, который был переведен впоследствии на многие языки. Дневник выдержал в разных странах огромные тиражи. Например, в Японии распродано четыре миллиона экземпляров. Из всей семьи Франк только отец Анны вышел живым из лагеря.

1944 год — была организована Палестинская Еврейская бригада из пяти тысяч палестинских евреев. Под общим командованием британских войск она сражалась в Италии, Египте и Северо-Западной Европе.

1945 год — 7 мая Германия подписала капитуляцию. В лагерях смерти погибли миллионы людей разных национальностей. Но только цыган и евреев Гитлер уничтожал систематически. В целом около шести миллионов евреев, из них миллион детей, были уничтожены нацистами. Половину этой цифры составили польские евреи. Погибло значительно больше половины еврейского населения не только Польши, но и Латвии, Литвы, Румынии, Болгарии, Югославии, Греции, Голландии, Чехословакии, Германии и Австрии (те, кто не успели эмигрировать до начала войны) и миллион евреев России. Это было величайшей трагедией еврейского народа, его катастрофой. Казалось, Гитлер почти достиг своей цели — уничтожить европейское еврейство; две трети его погибло, крупные центры еврейской культуры в Центральной и Восточной Европе были разрушены.

1945 - The Jewish Brigade of Palestine helped to organize the survivors of the death camps and assist them in proceeding to Palestine, but British immigration restrictions on entry to Palestine remained in force. From 1945 to 1948, 51,500 Jewish survivors of the Holocaust were interned on the island of Cyprus to prevent them from proceeding to Palestine. The Jewish Agency and the *Haganah*, the organization of underground Jewish freedom fighters, helped to alleviate conditions in the internment camps and to prepare the Jews for the transfer to *Eretz Yisrael*.

1945 - The Arab League, an association of Arab states, was formed principally as a unified force opposed to the establishment of a Jewish state in Palestine.

1946 - A pogrom at Kielce, Poland, one of several in the immediate post-war period in Central and Eastern Europe, resulted in the deaths of 43 Jewish survivors of the war.

1946 - A wing of the King David Hotel in Jerusalem was blown up by the *Irgun*, a Jewish underground organization founded in Jerusalem in 1931. The hotel housed the headquarters of the British military command for Palestine, but the deaths caused by the bomb blast were indiscriminate. Arab, British and Jewish lives were lost. The *Irgun* was also responsible in the same year for blowing up the British Embassy in Rome. The *Irgun's* goals were to bring the survivors of the war to Palestine and to fight against the British who were seeking to block Jewish immigration.

1946 - Brandeis University, the first private, secular university under Jewish auspices in the U.S., was founded at Waltham, Massachusetts. The university has since gained a reputation for academic excellence in its undergraduate and graduate programs.

1946 - 1949 - The Nuremberg Trials took place. A total of 12 trials, involving 177 accused Nazi defendants, were heard before the American judges. Twelve of the defendants were sentenced to death for war crimes against humanity, 25 were sentenced to life imprisonment, and the

1945 год — палестинская Еврейская бригада собрала переживших Катастрофу и начала помогать им переселяться в Палестину, но британские ограничения на въезд в страну оставались в силе. С 1941 до 1945 года 51,5 тысяч переживших Катастрофу евреев были интернированы на острове Кипр, чтобы помешать их въезду в Палестину. Еврейское Агентство и *„Хагана"*, подпольная организация еврейских борцов за освобождение, старались облегчить условия жизни в лагере для интернированных и подготовить евреев к переселению в *Эрец Израэль.*

1945 год — в качестве силы, противостоящей созданию еврейского государства, была создана Арабская Лига, ассоциация арабских стран.

1946 год — во время погрома в Киельце в Польше, одном из нескольких послевоенных погромов в Центральной и Восточной Европе, погибли сорок три пережившых войну еврея.

1946 год — *„Иргун"*, подпольная еврейская организация, основанная в 1931 году в Иерусалиме, взорвала крыло гостиницы „Кинг Давид" в Иерусалиме, где размещался главный штаб британского военного командования в Палестине, причем при взрыве погибли и англичане, и евреи, и арабы. В том же году *„Иргун"* взорвал английское посольство в Риме. Задачей *„Иргуна"* было переселение переживших войну евреев в Палестину и действия против англичан, предпринимавших все возможное для прекращения иммиграции.

1946 год — в Уолтеме в штате Массачусетс был основан первый частный еврейский университет Брандейс. С тех пор университет приобрел блестящую академическую репутацию.

1946-1949 годы — закончился Нюренбергский процесс над главными нацистскими преступниками. Двенадцать судебных процессов над ста семьюдесятью семью обвиняемыми проходили под председательством американских судей. Двенадцать заключенных были приговорены к смертной казни, двад-

remainder to long prison terms, most of which were commuted by the U.S. in 1951.

1947 - At the United Nations Andrei Gromyko announced that the Soviet Union would support the establishment of a Jewish State in Palestine: "During the last war, the Jewish people underwent exceptional sorrow and suffering...It may well be asked if the United Nations, in view of the difficult situation of hundreds of thousands of the surviving Jewish population, can fail to show an interest in the situation of these people, torn away from their countries and homes." Gromyko indicated a Soviet preference for a bi-national Arab-Jewish state, but noted that if this proved impracticable the USSR was prepared to give support to "the partition of Palestine into two independent states, one Jewish and one Arab."

The United Nations General Assembly, by a vote of 33 in favor, 13 opposed and 10 abstentions, approved the partition of Palestine. The Jews were given the coastal strip frm above Gaza to Haifa, the area around Lake Knerret and the Negev Desert. Jerusalem was to be under international control. Those voting against this proposal for the establishment of a Jewish National Home included the Moslem states, Cuba, Greece and India. Countries abstaining included six Central and South American states, China, Ethopia, Great Britain and Yugoslavia.

1947 - The Dead Sea Scrolls were discovered in the area to the west of the Dead Sea in Palestine. This vast collection of ancient manuscripts has provided an invaluable source of knowledge on Jewish history and religion 2,000 years ago.

1948 - The State of Israel was proclaimed. (The history of Israel is treated in a separate section below.)

1948 - Solomon Mikhoels, chairman of the Anti-Fascist Committee in the Soviet Union, died in an alleged car accident that was, in fact, an assassination by the Soviet secret police.

цать пять — к пожизненному заключению, остальные получили длительные сроки тюремного заключения, большая часть которых была сокращена США в 1951 году.

1947 год — Андрей Громыко провозгласил в Организации Объединенных Наций, что СССР поддерживает идею создания еврейского государства в Палестине. „Во время последней войны еврейский народ претерпел невероятные горе и страдания... Мой вопрос заключается в том, имеет ли ООН право перед лицом страдания тысяч выживших евреев не проявить интереса к положению людей, оторванных от своих стран и домов". Громыко указал, что Советский Союз предпочел бы видеть двунациональное арабско-еврейское государство, но отметил, что, если это окажется нереальным, СССР готов будет поддержать „раздел Палестины на два независимых государства — еврейское и арабское".

Генеральная Ассамблея Организации Объединенных Наций приняла тридцатью тремя голосами против тринадцати и десяти воздержавшихся решение в пользу раздела Палестины. Евреи получили береговую полосу от Газы до Хайфы, район озера Кинеррет и пустыню Негев. Иерусалим оставался под международным контролем. Против предложения о создании еврейского государства голосовали исламские страны, Куба, Греция и Индия. Воздержались шесть стран Южной и Центральной Америки, Китай, Эфиопия, Великобритания и Югославия.

1947 год — к западу от Мертвого Моря в Палестине были обнаружены Свитки Мертвого Моря. Эта большая коллекция древних рукописей стала бесценным источником знания о истории евреев и их религии две тысячи лет назад.

1948 год — провозглашение государства Израиль. (История Израиля как государства изложена в специальной главе ниже.)

1948 год — Соломон Михоэлс, председатель Еврейского антифашистского комитета в Советском Союзе погиб в автокатастрофе, инсценированной НКВД.

1948 - 1953 - Leaders of the Jewish Anti-Fascist Committee were accused of maintaining ties with Zionism and American imperialism and with planning the secession of the Crimea from the USSR. Jewish culture suffered irreparable damage with the arrest of 431 Jewish intellectuals, including 217 writers and poets, 108 actors, 87 artists and 19 musicians. Only a few returned from the prison camps. This bleak period, known as the black years of Soviet Jewry, culminated in 1953 with the so-called Doctor's Plot - the arrest of a number of prominent doctors, mostly Jewish, who were charged with having deliberately killed government leaders, including Andrei Zhdanov, and plotting the murder of others. It was "proved" that the "doctor-saboteurs" had been employed as hired agents by foreign intelligence services and were connected with the "international bourgeois organization, Joint." The Joint, according to the indictment, was not a philanthropic organization but an arm of American intelligence. A wave of anti-Semitism ensued and there were reports that Stalin was planning the mass deportation of Jews to the east of the Soviet Union. Stalin's fortuitous death in March 1953 brought the release of the arrested doctors and a decrease in the anti-Jewish feeling pervading the country.

1948 - Zionism was declared a crime in Iraq. The Jews were compelled to raise money for the Iraqi war effort against Israel.

1952 - The show trial of Rudolf Slansky, ex-secretary general of the Czech Communist Party, and 13 others, took place. Of the 14 defendants, 11, including Slansky, were Jewish. The other Jews included an ex-deputy defense minister, an ex-deputy foreign minister, and the former editor of Rude Pravo, the Party newspaper. All were accused of links to Western intelligence services and Zionism. The prosecutors attempted to trace the "treacherous" behavior of the accused to their Jewish origin to prove that they were, in fact, "Jewish bourgeois nationalists," even though none had any link to Judaism apart from the fact of their birth to Jewish parents. Slansky and ten others, including seven Jews, were sentenced to death.

1948-1953 год — вожди Еврейского антифашистского комитета обвинены в заговоре с сионизмом и американским империализмом и в планах отделения Крыма от СССР. Еврейская культура перенесла невосполнимые потери. Четыреста тридцать один арестованный представляли собой цвет еврейской интеллигенции. Среди них было 217 писателей и поэтов, 108 актеров, 87 художников и 19 музыкантов. Лишь немногие из них вернулись из лагерей. Кульминацией антисемитской кампании в СССР, известной как борьба с космополитизмом, стало в 1953 году „дело врачей-отравителей". Были арестованы многие известные врачи, в основном евреи. Их обвиняли в преднамеренном убийстве политических деятелей, включая Жданова, и планировании дальнейших убийств. Было „доказано", что „врачи-саботажники" работали на иностранную разведку и поддерживали связи с „международной организацией Джойнт". В соответствии с обвинительным актом Джойнт был представлен не филантропической организацией, а ответвлением американской разведки. Последовала нарастающая волна антисемитизма, планировалось переселить евреев в восточные районы СССР. Смерть Сталина в марте 1953 года спасла советских евреев. Врачи были освобождены, и волна антисемитизма в стране стала постепенно спадать.

1948 год — в Ираке сионизм объявлен государственным преступлением. Евреев заставили собирать деньги на военные действия Ирака против Израиля.

1952 год — показательный процесс Рудольфа Сланского, бывшего генерального секретаря Коммунистической партии Чехословакии, и тринадцати других коммунистов. Из четырнадцати обвиняемых одиннадцать, включая Сланского, были евреями. Среди них были бывший заместитель министра обороны, бывший министр иностранных дел и бывший редактор партийной газеты „Руде Право". Всех их обвинили в связи с западными разведывательными службами и сионизмом. Обвинители пытались объяснить „предательство" обвиняемых их еврейским происхождением, чтобы доказать, что они действительно — „еврейские буржуазные националисты". Сланский и десять других обвиняемых, в том числе семеро евреев, были приговорены к смертной казни.

1952 - Twenty-four of the leading Soviet Jewish writers and poets, including David Bergelson, Perets Markish, Solomon Lozovsky and Itsik Feffer, were tried in secret and executed.

1953 - More than 150,000 Jews were among those released from Soviet prison camps in the amnesty after Stalin's death. Thousands more, however, remained in the camps.

1956 - More than 18,000 Jews were among those escaping from Hungary after the abortive uprising against Soviet domination.

1957 - After the 1956 war in the Middle East, 27 Jewish community leaders in Czechoslovakia were arrested and charged with being "Western or Zionist spies."

1959 - The Soviet census listed 2,268,000 Jews in the country, of whom 21.3% indicated a Jewish language as their native language.

1961 - 1963 - More than 160 Soviet citizens were sentenced to death for economic crimes. Sixty per cent of those sentenced were Jews.

by 1963 - Almost the entire community of 110,000 Algerian Jews was transplanted to France after Algerian independence from France led to difficulties for the Jewish minority in the Arab country. By 1968, there was only 3,000 Jews left in Algeria.

1965 - The Catholic Church's Schema on the Jews and other Non-Christian Peoples was adopted by the Second Vatican Council. In essence, this historic document reversed the 1900-year-long church attitude that the Jews had killed Jesus and proved a milestone in Catholic-Jewish relations.

1965 - The notoriously anti-Semitic *Protocols of the Elders of Zion,* first published in Tsarist Russia in 1903, was published in Morocco and other Arab countries.

1966 - A concert by Israeli singer Geulah Gil in Riga was attended by 3,000 young people. At the end of the concert, pandemonium filled the hall amid shouts of "We want to go to Israel."

198

1952 год — тайные суды и казни двадцати четырех еврейских поэтов и писателей в СССР, включая Давида Бергельсона, Переца Маркиша и Ицика Фефера.

1953 год — в числе освобожденных из лагерей по последовавшей за смертью Сталина амнистии было 150 тысяч евреев. Но еще тысячи оставались в лагерях.

1956 — в числе бежавших из Венгрии после подавления советскими войсками восстания 1956 года было более 18 тысяч евреев.

1957 год — в Чехословакии после ближневосточной войны 1956 года арестованы и обвинены в „шпионаже на западные страны и сионизм" двадцать семь лидеров еврейской общины.

1959 год — советская перепись показала, что в стране проживает 2 миллиона 268 тысяч евреев, 21,3 процента которых считают идиш своим родным языком.

1961-1963 годы — в СССР были присуждены к смертной казни за преступления, связанные с торговлей, более ста шестидесяти советских граждан; 60 процентов приговоренных были евреи.

К 1963 году — после того как в независимом теперь от Франции Алжире начались трудности для еврейского меньшинства, почти вся 110-тысячная община алжирских евреев перебралась во Францию. К 1968 году в Алжире оставались всего 3 тысячи евреев.

1965 год — Второй Ватиканский совет принял „Буллу о евреях и других нехристианских народах". Этот исторический документ кардинальным образом пересмотрел насчитывавшую тысячу девятьсот лет легенду о том, что евреи распяли Христа, и стал поворотным пунктом в отношениях между католиками и евреями.

1965 год — в Марокко и других арабских странах были переизданы „Протоколы Сионских мудрецов", впервые опубликованные в царской России в 1903 году.

1966 год — стихийное выступление 3 тысяч молодых евреев Риги за эмиграцию в Израиль. Поводом для выступления послужил концерт израильской певицы Геулы Гиль.

1966 - Premier Kosygin in Paris, in response to a question at a press conference, surprisingly indicated that the Soviet Union would place no obstacles in the way of those citizens who wanted to leave the USSR to join family abroad. A rush of applications for exit permits followed.

1967 - The world Jewish population was estimated at 13.8 million, of whom 5.9 million lived in the United States, 4.1 million in Europe (including the USSR), 2.4 million in Israel and nearly 500,000 in Argentina.

1967 - An Academic Committee on Soviet Jewry was formed in the United States by scholars anxious to focus attention on the plight of Soviet Jewry.

1967 onwards - Jews in Syria faced special hardships: they had no right to emigrate even if they held foreign passports; had to carry special cards identifying them as Jews; had a 10:00 p.m. curfew; could only attend schools at the elementary level; had no right to own either a radio or television or to have postal contact with the outside world; could not have a telephone installed in their homes; had no right to hold a job in the civil service; and had their shops boycotted by the Arab population. Some of these restrictions were lifted in 1977, but others, like emigration (with the one exception listed below - see 1977), are still in force. The plight of Syrian Jewry, like that of Soviet Jewry, has been the object of considerable Western attention.

1967 - In Libya, in the wake of the Six-Day War, 18 Jews were killed. The remaining 4,000, the remnant of a 1948 Jewish population of 38,000 (almost all of whom resettled in Israel), were encouraged to emigrate, but permitted only one suitcase per person and the equivalent of $50. There are not any Jews in Libya at the present time.

1968 - A fresh wave of anti-Semitism began in economically-troubled Poland after the failure of a neo-Stalinist plot. Jews became scapegoats for the country's problems. Party and factory meetings held all over Poland denounced Zionism. As many as 20,000 of the country's 30,000 Jews emigrated; the largest number settled in Denmark, Israel and Sweden. (Exactly 20 years later, in 1988, Polish of-

1966 год — в Париже Председатель совета министров А. Косыгин заявил на пресс-конференции, что Советский Союз не будет препятствовать выезду советских граждан-евреев за границу для воссоединения семей. Последовала серия разрешений на выезд.

1967 год — в мире насчитывалось 13,8 миллиона евреев, из которых 5,9 миллиона жили в США, 4,1 миллиона — в Европе, включая СССР, 2,4 миллиона в Израиле и 500 тысяч — в Аргентине.

1967 год — ученые США, озабоченные тяжелым положением советских евреев, организовали Академический комитет в защиту советского еврейства.

С 1967 года — наступил период тяжких испытаний для сирийских евреев: они не могли эмигрировать даже при наличии иностранных паспортов; должны были носить специальные карточки, на которых указывалось, что они евреи; они не должны были появляться на улице после десяти часов вечера; могли учиться только в начальных школах, не могли иметь радио и телевизоры; были лишены права переписки с зарубежными странами; им не разрешалось иметь телефон, работать на государственной службе и их бизнесы подвергались бойкоту со стороны арабов. Часть этих ограничений отменили в 1977 году, но другие, например на эмиграцию (за исключением одного случая — см. 1977 г.) все еще остаются в силе. Как и положение советских евреев, ситуация сирийских евреев остается в центре внимания Запада.

1967 год — в Ливии, сразу после Шестидневной войны, были убиты восемнадцать евреев. Остальным четырем тысячам евреев (все, что осталось от 35-тысячной еврейской общины 1948 года) предлагалось эмигрировать с одним чемоданом и пятьюдесятью долларами. В настоящий момент в стране практически нет евреев.

1968 год — в Польше поднялась новая волна антисемитизма после провала неосталинистского заговора. Страна испытывала экономические трудности, и евреи стали козлом отпущения. На заводах и в партийных организациях проводились собрания, осуждавшие сионизм. Из 30 тысяч польских евреев почти двадцать эмигрировали, в основном в Данию, Израиль и Швецию. (Ровно двадцать лет спустя, в 1988 году,

ficials criticized the 1968 anti-Semitic campaign and called it an embarrassment for the country.)

1968 - Taking advantage of the relaxed atmosphere under Alexander Dubcek during the short-lived Prague Spring, the Czech Jewish communities issued the following statement: "We cannot agree and never will agree to the liquidation of the State of Israel and to the murder of its inhabitants. In that country, the cradle of our religion, victims of persecution found a haven. Our brothers and sisters live there, those who together with us spent years in concentration camps, who together with us arose to take up the fight against Nazism." In the wake of the Soviet invasion, 3,400 Jews were among those fleeing Czechoslovakia and resettling in Israel and other Western countries.

1969 - Despite protests from many world leaders, nine Jews were hanged in Iraq for Zionist activity. Later in the year, two more Jews were hanged for allegedly spying for Israel and the C.I.A.

1969 - As many as 200 Soviet Jews participated in a picnic in the outskirts of Moscow to celebrate *Yom Ha'atzmaut*, Israel's Independence Day.

1970 - The Soviet census indicated that the Jewish population was 2.15 million, a decrease of 7.7% from the 1959 figure, with 17.7% identifying themselves as speakers of a Jewish language.

1970 - The Leningrad trial took place of a group of nine Jews and two non-Jews who tried to hijack a plane on an internal flight and divert it to the West. In all, 34 people stood trial, 24 in Leningrad, six in Kishinev and four in Riga. Two persons, Mark Dymshits and Edward Kuznetsov, were condemned to death, but their sentence was commuted to 15 years' imprisonment after 24 heads of state, the pope, Nobel laureates, some Western Communist parties, and many private citizens protested. Sylva Zalmanson, sentenced to 10 years' imprisonment, was the first to be released, in

польские официальные лица осудили антисемитскую кампанию 1968 года).

1968 год — в период Пражской Весны еврейские общины Чехословакии сделали следующее заявление: „Мы никогда не допустим уничтожения государства Израиль и истребления его населения. В этой стране, колыбели нашей религии, нашли убежище жертвы преследований. Там живут наши братья и сестры, те, кто вместе с нами пережили концентрационные лагеря и сражались против нацизма". После советского вторжения в Чехословакию, многие чехи эмигрировали в западные страны, уехало и 3.400 евреев.

1969 год — несмотря на протесты со стороны многих политических деятелей, девять иракских евреев были приговорены к смертной казни через повешение за сионистскую деятельность. Приговор был приведен в исполнение. В том же году повесили еще двоих евреев якобы за шпионаж в пользу Израиля и ЦРУ.

1969 год — двести советских евреев отпраздновали День Независимости Израиля, *Йом Хаацмаут,* открыто собравшись в Подмосковье.

1970 год — перепись населения в СССР показала, что евреи составляли 2,15 миллиона человек. По сравнению с 1959 годом численность евреев сократилась на 7,7 процента. Лишь 17,7 процента считавших себя евреями назвали идиш родным языком.

1970 год — ознаменовался так называемым Ленинградским делом — судом над группой советских граждан (евреев и неевреев), пытавшихся угнать курсировавший на внутренних рейсах самолет на Запад. Всего перед судом предстало тридцать четыре обвиняемых: двадцать четыре в Ленинграде, шесть в Кишиневе и четыре в Риге. Двое — Марк Дымшиц и Эдуард Кузнецов — были приговорены к смерти. Но после того как мировая общественность, главы двадцати четырех государств, несколько нобелевских лауреатов, некоторые западные коммунистические партии и Папа римский выступили с протес-

1974, and permitted to emigrate to Israel. The last of the
Jews of this group to be freed was Iosef Mendelevich who
was released in 1981.

1971 - The historic first World Conference of Jewish
Communities on Soviet Jewry was held in Brussels despite
intense pressure by the Kremlin on the Belgian government
to cancel the event. Eight hundred delegates attended from
40 countries. Among the resolutions passed were a call on
the Soviet Union to permit emigration to Israel, to allow
Soviet Jews "to live in accord with the Jewish cultural and
religious heritage," and to stop defaming the Jewish people
and Zionism.

1971 - A petition seeking the right to emigrate to
Israel was signed by more than 1,100 Soviet families and
sent to the United Nations in February. In March, 156
Jewish activists went to the Presidium in Moscow seeking
the right to emigrate to Israel. In fact, it was in March
1971, at the time of the 24th Party Congress, that large-
scale Jewish emigration began.

1972 - The official French-language bulletin of the
Soviet Information Office in Paris published an article entitled "The School of Obscurantism." The article contained
various libels against the Jews, for example, that Jews are
told by their holy books that Gentiles are not to be regarded as human beings and may thus be exploited or even massacred. A number of French organizations and the Israeli
Embassy in Paris protested, which led Novosti to circulate
another article with more distortions and misquotations
from the Bible and the Talmud. The International League
Against Anti-Semitism instituted legal action against the
Soviet bulletin and the case was heard before the French
court in 1973. The court's verdict stipulated that the
bulletin's editor was guilty of "public slander against the
Jews" and of "inciting racial discrimination, hatred and
violence." The bulletin was fined 1,500 French francs and
ordered to publish the court's ruling in its next issue.

том против приговора, смертную казнь заменили пятнадцатью годами тюремного заключения. В 1974 году Сильву Залмансон, приговоренную к десяти годам, освободили и разрешили ей эмигрировать в Израиль. Последним из евреев, участвовавших в ленинградском деле, был освобожден Иосиф Менделевич. Это произошло в 1981 году.

1971 год — в Брюсселе восемьсот делегатов из сорока стран приняли участие в исторической Первой всемирной конференции еврейских общин по советскому еврейству. Конференция была проведена в столице Бельгии, несмотря на советское давление на бельгийское правительство. Среди принятых резолюций был призыв к Советскому Союзу разрешить советским евреям „жить в соответствии с еврейской религиозной и культурной традицией", эмигрировать в Израиль и перестать чернить сионизм и еврейский народ.

1971 год — в феврале более 1100 еврейских семей в Советском Союзе подписали и послали в ООН петицию о праве на эмиграцию в Израиль. В марте 1971 года, во время XXIV съезда КПСС 156 еврейских активистов обратились в Президиум Верховного Совета с требованием права на эмиграцию. Вскоре после этого началась массовая эмиграция евреев.

1972 год — советский официальный бюллетень ТАСС, выходящий в Париже на французском языке, опубликовал статью „Школа невежества". В ней содержались различные обвинения против евреев, например в том, что Библия и Талмуд призывают евреев считать другие народы народами второго сорта и, таким образом, эксплуатировать и даже уничтожать их. Ряд французских организаций и израильское посольство в Париже выступили с протестом, что привело к появлению еще одной статьи с еще большими искажениями Библии и Талмуда. Международная лига по борьбе с антисемитизмом подала в суд на советский бюллетень, и в 1973 году дело слушалось во французском суде. Редактору бюллетеня было вынесено обвинение в „публичной клевете на евреев" и „возбуждении расовой дискриминации, ненависти и насилия". Бюллетень был оштрафован на полторы тысячи французских франков, и ему вменили в обязанность публикацию в следующем номере текста постановления суда.

1972 - The Soviet Union introduced an education tax on would-be emigrants. The tax, reaching as high as 35,000 rubles per person depending on educational level and university attended, represented an enormous financial burden for many and provoked a Western outcry. The levy was no longer enforced after a 1973 visit to Moscow by U.S. Secretary of Treasury George Shultz during which he expressed strong U.S. disapproval of the measure.

1973 - As a result of the Yom Kippur War in the Middle East, an oil embargo against the United States and the Netherlands for their support of Israel was launched by Arab oil-producing states. Oil supplies were also reduced for Western Europe and Japan in an effort to force Israel to leave the territories taken in 1967 and to punish countries which were regarded as pro-Israel. There was fear that the embargo and the suffering it caused could turn public reaction against the Jews, but very few manifestations of anti-Jewish feeling occurred in any Western country.

1974 - Libya demanded the dismissal of the Jewish editor of one of Italy's leading newspapers, *La Stampa*, after the editor wrote an article attacking the Libyan leader, but the newspaper refused to give in to the demand.

1974 - Forty-six Jews, a record number, were elected to the British Parliament in the general elections. Jews comprised less than 1% of the British population but more than 7% of the members of Parliament.

1975 - The Vatican issued a document attacking anti-Semitism and containing guidelines to develop better relations between Jews and Christians.

1975 - The Dutch foreign minister postponed a visit to Saudi Arabia after Saudi authorities refused to permit the entry of a Dutch Jewish journalist seeking to cover the foreign minister's trip.

1975 - The Soviet Union cancelled the 1972 Trade Agreement with the U.S. after Congress approved the Jackson-Vanik Amendment linking most-favored nation status to free emigration, and the Stevenson Amendment

1972 год — в Советском Союзе для эмигрирующих евреев ввели плату за высшее образование. В зависимости от образовательного уровня она достигала 35 тысяч рублей с человека. Налог был тяжелой дополнительной нагрузкой на эмигрантов. Благодаря яростным протестам на Западе, в процедуру были внесены некоторые поправки. После того как в 1973 году министр финансов США Джордж Шульц посетил Москву и выразил неодобрение этой политике от имени американского правительства, налог был отменен.

1973 год — в результате Войны Судного Дня на Ближнем Востоке арабские страны — производители нефти — ввели нефтяное эмбарго против США и Голландии за их поддержку Израиля. Арабские страны также сократили поставки нефти в Западную Европу и Японию, чтобы заставить Израиль уйти с территорий, занятых в 1967 году, и наказать произраильски настроенные страны. Высказывались опасения, что блокада и связанные с ней лишения вызовут волну антисемитизма, но проявления его на Западе оказались незначительными.

1974 год — Ливия потребовала, чтобы ведущая итальянская газета „Ла Стампа" уволила редактора-еврея, обрушившегося в статье с нападками на ливийского лидера, однако газета отказалась выполнить эти требования.

1974 год — в парламент Великобритании было избрано рекордное число евреев — сорок шесть человек. Таким образом, евреи, составлявшие менее одного процента населения страны, заняли более семи процентов мест в парламенте.

1975 год — Ватикан выпустил документ, осуждавший антисемитизм и призывавший улучшать отношения между евреями и христианами.

1975 год — министр иностранных дел Голландии отменил поездку в Саудовскую Аравию после того, как власти этой страны отказались дать въездную визу журналисту-еврею, который должен был писать об этом визите.

1975 год — Советский Союз отменил заключенное в 1972 году торговое соглашение с США после того, как Конгресс принял поправку Джексона — Вэника, связавшую режим наибольшего благоприятствования в торговле со свободой

limiting the amount of credit the U.S. was prepared to extend to the Soviet Union.

1976 - In a symbolically important gathering, Jewish delegates to the World Jewish Congress met in Spain for the first time, 500 years after the expulsion of Spain's Jews.

1976 - The second World Conference of Jewish Communities on Soviet Jewry took place in Brussels and again sought to focus world attention on the plight of Soviet Jewry by calling for free emigration and the revival of Jewish cultural and religious institutions.

1977 - In Czechoslovakia, charges of Zionism were levelled against organizers of the Charter 77 petition seeking Czechoslovak compliance with the human rights provisions of the Helsinki Accords, to which the country was a signatory.

1977 - Twelve Syrian Jewish women were married by proxy to members of New York's 25,000-strong Syrian Jewish community and were allowed to go to the U.S., the first legal Jewish emigration from Syria since 1948. Most of the single Jewish men in Syria have escaped, leaving some 500 Jewish women in the country without any prospects for marriage.

1977 - The American Nazi Party planned a march in Skokie, Illinois where some 7,000 survivors of Nazi concentration camps reside among a Jewish population of 40,000 in this town of 70,000. Legal battles continued through the first half of 1978. Finally, though the courts decided to permit the march, it never took place. The Nazi Party claimed that it had only wanted to establish its right to march.

1977 - Anatoly Sharansky, a Moscow Jew, was arrested, charged with treason for allegedly spying for the West, and sentenced to 13 years' imprisonment. Many other Jews had also been arrested since emigration became a possibility for Soviet Jews, but Sharansky's was seen as possibly the most important case in recent times because of the severity of the charge.

эмиграции, а также поправку Стивенсона, ограничивавшую кредиты Советскому Союзу.

1976 год — состоялась символически важная конференция делегатов Всемирного еврейского конгресса в Испании, первая встреча евреев в этой стране после их изгнания оттуда 500 лет тому назад.

1976 год — состоялась Вторая всемирная конференция еврейских общин по советскому еврейству в Брюсселе. Внимание мировой общественности вновь оказалось прикованным к тяжелому положению советского еврейства. Конференция призвала Советский Союз разрешить свободную эмиграцию и позволить евреям возрождать их религию и культуру.

1977 год — чешские власти обвинили в сионистской деятельности организаторов Хартии-77 — документа, требовавшего, чтобы Чехословакия соблюдала права человека согласно Хельсинскому соглашению, которое она подписала.

1977 год — двенадцать сирийских евреек вышли замуж за членов двадцатипятитысячной общины сирийских евреев в Нью-Йорке без присутствия женихов и, таким образом, получили возможность выехать в США. Это был первый случай легальной эмиграции евреев из Сирии с 1948 года. Большая часть неженатых евреев бежали из Сирии, оставив пятьсот незамужних женщин без всякой надежды на замужество.

1977 год — Американская нацистская партия намеревалась провести марш в Скоки, штат Иллинойс, где среди сорокатысячного еврейского населения проживали семь тысяч человек, переживших нацистские концентрационные лагеря (всего в городе насчитывалось семьдесят тысяч жителей). Всю первую половину 1978 года продолжались судебные дебаты, окончившиеся признанием права нацистов на подобный марш. Однако он не состоялся: нацистская партия объявила, что просто хотела заявить о своем праве на него.

1977 год — московский еврей Анатолий Щаранский был арестован, обвинен в шпионаже и приговорен к тринадцати годам тюремного заключения. С того времени как эмиграция стала реальностью для советских евреев, было арестовано немало других евреев, но дело Щаранского из-за серьезности обвинений было, возможно, одним из наиболее важных.

1977 - The Hungarian Rabbinical Seminary celebrated its centennial anniversary. It is the only training college for rabbis left in Eastern Europe. Among its students in 1977 were three from the Soviet Union.

In Hungary, where, unlike the USSR, there is no nationality designation of "Jew" in internal passports, one Jewish secondary school, three synagogues for 60,000 Budapest Jews, and Talmud classes run by the synagogues all function unhindered by the authorities.

1979 - Pope John Paul II returned to his native Poland and visited the Auschwitz concentration camp where he celebrated a solemn mass.

1979 - Jacobo Timmerman, an internationally-known Argentine Jewish journalist, who was imprisoned without charges in 1977 and then kept under house arrest for two years by the military authorities, was freed and permitted to leave the country for Israel. Timmerman charged that he was subjected to special abuse by the authorities because he was Jewish.

The Argentine Jewish community, numbering 228,000, is the largest Jewish community in Central and South America. Most of these Jews emigrated to Argentina from Eastern Europe in the late 19th and early 20th centuries. It is a well-organized, largely middle-class, educated group living in a country where manifestations of anti-Semitism have periodically occurred.

1979 - Jewish emigration from the Soviet Union reached a record high of 51,320. The previous record had been 34,733 in 1973. Since 1979, the figures dropped steadily -- 21,471 in 1980; 9,447 in 1981; 2,688 in 1982; 1,314 in 1983; 896 in 1984; 1,140 in 1985; and 914 in 1986 -- before increasing in 1987 to 8,155.

1980 - In Iran, the Jewish community which had numbered 80,000 before the Shah's downfall in 1979, experienced stepped-up departures for Israel and other countries as the domestic situation deteriorated. One prominent Iranian Jew, Avrahim Boruchim, was executed

1977 год — семинария раввинов в Венгрии отпраздновала столетний юбилей. Это единственное сохранившееся в Восточной Европе высшее учебное заведение для раввинов. В 1977 году среди студентов семинарии было три советских еврея.

В Венгрии, где в отличие от СССР, ни в паспорте, ни в свидетельстве о рождении не указывается национальность, свободно функционируют одна еврейская средняя школа, три синагоги приблизительно на шестьдесят тысяч будапештских евреев. При синагогах есть классы по изучению Талмуда.

1979 год — Папа римский Иоанн Павел II во время визита на свою родину — Польшу посетил концлагерь Освенцим и отслужил там мессу.

1979 год — Якобу Тиммерману, известному аргентинскому журналисту-еврею, которого арестовали без предъявления обвинений в 1977 году и с тех пор держали под домашним арестом, разрешили после освобождения выехать в Израиль. Тиммерман обвинил аргентинские власти в антисемитизме.

Аргентинская еврейская община, насчитывающая 228 тысяч человек — самая большая в Центральной и Южной Америке. Большая часть аргентинских евреев эмигрировала из Восточной Европы в конце XIX и начале XX века. Их характеризует сплоченность, хорошее образование и достаток. Однако время от времени им приходится сталкиваться со вспышками антисемитизма.

1979 год — еврейская эмиграция из Советского Союза достигла рекордной цифры 51.320 человек. Предыдущий рекорд — 34.733 человек — был зафиксирован в 1973 году. С 1979 года цифры постоянно шли вниз — 21.471 человек в 1980 году, 9947 — в 1981 году, 2688 — в 1982 году, 1314 — в 1983 году, 896 — в 1984 году, 1410 — в 1985, и 914 — в 1986. В 1987 году число выехавших увеличилось до 8155.

1980 год — еврейская община Ирана, в которой до падения шаха в 1979 году было 80 тысяч человек, сократилась в результате роста эмиграции в Израиль и другие страны из-за ухудшающихся условий в стране. Аврахим Борухим был казнен за „шпионаж в пользу Израиля", также были казнены два других

for "spying for Israel," and two other Jews, Simon Farzami and Albert Danielpour, were also executed. The Iranian government confiscated from Iranian Jews property valued at $54 million, and imposed travel restrictions in an effort to prevent Jews from resettling abroad.

1980 - Terrorists attacked a group of Jewish children in Antwerp, Belgium. A 15-year-old boy was killed and 20 others, mostly teen-agers, were injured. In Paris, a powerful bomb exploded outside a synagogue killing four persons, injuring dozens, and causing extensive damage to the synagogue. The next year, terrorists attacked the main Vienna synagogue, killing two and wounding many. (In January 1982 two Palestinian terrorists were sentenced by an Austrian court to life imprisonment for the attack on the Vienna synagogue.)

1981 - In an event of historical importance, Pope John Paul II, the head of the Catholic Church, entered Rome's central synagogue and met with Rome's Chief Rabbi, Elio Toaff. It was the first recorded papal visit to a synagogue.

1981 - Francois Mitterand was elected president of France and expressed plans to improve relations between France and Israel, which had experienced considerable storminess since, in the wake of the 1967 Six-Day War, Charles De Gaulle downgraded traditionally close Franco-Israeli ties. Mitterand was considered personally close to the French Jewish community. Indeed, in 1982, he became the first French president to visit Israel.

1981 - In a letter to President Reagan, 142 members of the U.S. Congress urged intensified American efforts to secure the right of emigration for nearly 5,000 Syrian Jews denied the right to leave.

1982 - Ida Nudel, known to many Soviet Jews as the "Guardian Angel" for her tireless work on behalf of Soviet Jewish prisoners prior to her own arrest, was released after a four-year term of internal exile in Siberia. Nudel had been arrested for hanging a banner from her Moscow apartment which read, "KGB, give me a visa to Israel." Though released from exile, Nudel's difficulties continued until 1987 when, 16 years after applying, she finally re-

еврея, Симон Фарзами и Альберт Данильпур. Иранское правительство конфисковало имущество евреев на 54 миллиона долларов и ввело ограничения на поездки за границу с тем, чтобы не давать евреям переселяться в другие страны.

1980 год — террористы напали на группу еврейских детей в Антверпене. Погиб пятнадцатилетний мальчик, двадцать подростков получили ранения. В Париже мощным взрывом около синагоги было убито четверо человек, ранены десятки людей и сильно повреждено здание синагоги. В следующем году террористы атаковали главную синагогу в Вене, двое были убиты, многие — ранены. (В январе 1982 года два палестинских террориста были приговорены австрийским судом к пожизненному заключению за нападение на венскую синагогу.)

1981 год — произошел исторический визит Папы римского Иоанна Павла II в центральную римскую синагогу, где он встретился с главным раввином Рима Элио Тоаффом. Это первый известный визит Папы в синагогу.

1981 год — избранный президентом Франции Франсуа Миттеран выразил намерение улучшить отношения с Израилем. Эти отношения носили напряженный характер после Шестидневной войны 1967 года, когда Шарль де Голль ослабил традиционно крепкие франко-израильские связи. В 1982 году Миттеран стал первым французским президентом, посетившим Израиль.

1981 год — сто сорок два члена Конгресса США призвали президента Рейгана принять дополнительные меры, чтобы обеспечить почти пяти тысячам сирийских евреев право на эмиграцию.

1982 год — Ида Нудель, известная многим советским евреям своей правозащитной деятельностью, была освобождена после четырехлетней ссылки в Сибирь. Нудель арестовали за то, что она вывесила в окне своей московской квартиры лозунг „КГБ, дай мне визу в Израиль!" После освобождения трудности Нудель продолжались до 1987 года, когда после шестнадцати лет „отказа" она наконец получила разрешение выехать в Израиль к сестре. До отъезда Нудель жила в Бен-

ceived permission to join her sister in Israel. In the interim, she lived in Bendery, Moldavia after being refused permission to reside in Moscow or any other major urban center.

1982 - Canada marked the 150th anniversary of legislation granting full civil rights to Jews in Canada.

1982 - More terrorist acts occurred against innocent Jewish civilians. Perhaps the most brutal took place at a Jewish restaurant on Rue des Rossiers, located in a well-known Jewish section of Paris. Six people were killed. The next day, French President Mitterand and numerous other French officials attended a memorial service for the victims. In Rome, a terrorist attack on the central synagogue left a two-year-old boy dead and 34 others injured.

1982 - In a meeting strongly condemned by Israeli and Jewish leaders around the world, Pope John Paul II met with PLO leader Yassir Arafat.

1983 - In March, the Third World Conference on Soviet Jewry convened in Jerusalem. Like its predecessors held in Brussels in 1971 and 1976, the gathering's primary purpose was to focus world attention on the desire of many Soviet Jews to leave the USSR and the hope of others to exercise greater religious and cultural rights within the Soviet Union. Jeane Kirkpatrick, the U.S. ambassador to the United Nations, represented the American Government. Statements of support came from other governments as well.

1983 - In April, some 15,000 people gathered in Washington, D.C. for the first American Gathering of Jewish Holocaust Survivors.

1983 - Klaus Barbie, known as the "Butcher of Lyons," in France, where he was the Gestapo chief during the Second World War, was arrested in Bolivia and expelled to France. He was tried for his role in deporting thousands of Jews and Resistance members, found guilty of crimes against humanity, and sentenced to life in prison.

1983 - In the Soviet Union, an "Anti-Zionist Committee of the Soviet Public" was formed to counter the arguments of Soviet Jews seeking to emigrate to Israel.

дерах в Молдавии, так как ей не дали прописки в Москве или другом крупном городе.

1982 год — Канада отметила столетний юбилей уравнения канадских евреев в правах.

1982 год — последовали новые террористические акты против невинных еврейских граждан. Самое жестокое нападение произошло на рю дю Розье в Париже. Были убиты шесть человек. На следующий день президент Миттеран и многие официальные лица посетили мемориальную службу в память убитых. В Риме при террористическом нападении на центральную синагогу погиб двухлетний мальчик и пострадали еще тридцать четыре человека.

1982 год — несмотря на осуждение израильтян и еврейских лидеров во всем мире, Папа римский Иоанн Павел II встретился с вождем ООП Ясиром Арафатом.

1983 год — в марте в Иерусалиме прошла третья Всемирная конференция по советскому еврейству. Как и на предыдущих конферециях, основной задачей было привлечь внимание мировой общественности к стремлению советских евреев эмигрировать и к надежде остававшихся в Советском Союзе жить в условиях большей религиозной и культурной свободы. Джин Киркпатрик, посол США в Организации Объединенных Наций, представляла американское правительство на этой конференции. Конференция также получила заявления о поддержке от правительств других государств.

1983 год — в апреле впервые в Америке в Вашингтоне собралось 15 тысяч евреев, переживших Катастрофу.

1983 год — Клаус Барбье, начальник гестапо в Лионе, получивший прозвище „лионский мясник", был арестован в Боливии и депортирован во Францию, где предстал перед судом. Барбье был признан виновным в преступлениях против человечества и приговорен к пожизненному тюремному заключению.

1983 год — в Советском Союзе был создан Антисионистский комитет советской общественности. Задачей комитета было противостоять евреям, желавшим эмигрировать в Израиль.

1983 - Iosif Begun, a 51-year-old Jewish engineer and unofficial Hebrew teacher living in Moscow, was sentenced to seven years' imprisonment and five years' internal exile for "anti-Soviet" activities. As a result of considerable international pressure for his release, he was permitted to depart for Israel in 1988.

1984 - Only 896 Jews were permitted to leave the USSR in 1984, the lowest annual figure since large-scale Soviet Jewish emigration began in 1971.

1984 - In the U.S. presidential elections, according to polls, Jews supported the Democratic presidential candidate, Walter Mondale, over the Republican incumbent, Ronald Reagan, by a margin of two to one.

1984 - UNESCO, the United Nations Educational, Scientific and Cultural Organization, decided to commemorate the 850th anniversary of the birth of the great Jewish philosopher Maimonidies. (See the year 1204 above for further information about Maimonidies.)

1984 - Archbishop Valerian Trifa, the Bishop of the Romanian Orthodox Church in the U.S., was deported from the country for lying about his wartime activities. He had been a leader of the fascist and virulently anti-Semitic Romanian Iron Guard and advocated the persecution of Jews during the Nazi era. He was deported to Portugal, the only country that would accept him.

1985 - A major controversy erupted in the U.S. when it was learned that West German Chancellor Helmut Kohl had invited President Reagan, during the course of an anticipated visit to West Germany, to visit the Bitburg cemetery where members of the infamous Nazi SS were buried. Notwithstanding protests by many Jews and non-Jews that such a presidential visit would be insensitive to the memory of the victims of the SS, President Reagan visited the cemetery, but also used the occasion to visit a concentration camp and to denounce the perpetrators of Nazism's monstrous crimes.

1983 год — суд над Иосифом Бегуном, пятидесятиоднолетним еврейским инженером и подпольным преподавателем иврита из Москвы. Бегун был приговорен к семи годам тюремного заключения и пяти годам ссылки за „антисоветскую" деятельность. В 1988 году под сильным международным давлением ему разрешили выехать в Израиль.

1984 год — только 896 евреев получили разрешение на эмиграцию из СССР. Это самая низкая цифра с начала еврейской эмиграции в 1971 году.

1984 год — еврейские избиратели в США поддержали кандидатуру демократа Уолтера Мондейла против республиканского кандидата, президента Рональда Рейгана, причем за Мондейла голосовали вдвое больше евреев, чем за Рейгана.

1984 год — ЮНЕСКО, научная и культурная организация при ООН, решила отметить восьмисотпятидесятилетний юбилей великого еврейского философа Маймонида (см. год 1204).

1984 год — архиепископ румынской православной церкви в США Валериан Трифа выслан из страны за ложь о своей деятельности во время войны. Трифа был вождем фашистской и яро антисемитской румынской „железной гвардии" и в годы нацизма выступал за преследования евреев. Его выслали в Португалию, единственную страну, которая согласилась его принять.

1985 год — во время визита Рейгана в Западную Германию в связи с предполагаемым посещением президентом кладбища в Битбурге, на котором похоронены солдаты и офицеры СС, в США возник серьезный моральный конфликт. Последовали заявления общественности, что это посещение оскорбительно по отношению к памяти людей, ставших жертвами нацизма. Тем не менее президент посетил Битбург. Он также побывал в бывшем концентрационном лагере и публично осудил нацистских преступников.

1985 - In Tunisia, where some 3,500 Jews remain, a policeman reportedly went berserk and killed four Jews and wounded eight others attending religious services at the historic El Ghirba synagogue on the Tunisian island of Jerba, the site of an ancient and proud Jewish community.

1985 - A nine-hour documentary film titled "Shoah," (the Hebrew word for Holocaust), made by French film maker Claude Lanzmann, was shown on Polish national television. The dramatic and moving film, which has been seen by audiences in many Western countries, has received great critical acclaim and is necessary viewing for those seeking better to understand the Holocaust. The Polish decision to air the film was considered significant because it was the first time an East European country agreed to show it.

1985 - Following years of military rule, democratically-elected Argentine President Raul Alfonsin pledged to strengthen the country's laws against racial, ethnic and religious discrimination, a move welcomed by the Jewish community.

1985 - The South African Jewish Board of Deputies, the South African Jewish community's official representative body, adopted several resolutions rejecting the government's racist policy of apartheid and called for an end to all discriminatory laws. The Jewish community, numbering nearly 120,000, is composed largely of Jews of Lithuanian origin who came in the early 1900's, supplemented by Jews fleeing Nazism. A well-educated and prosperous community, the Jews have organized an extensive communal life, including many Jewish day schools, synagogues and community centers. Ties with Israel have been especially strong. A disproportionate number of the country's Jews have been represented in liberal political circles opposed to the country's apartheid policy, including the first member of Parliament to be elected on a platform of opposition to apartheid, Helen Suzman.

Increasingly concerned about the country's bleak future and the prospects for greater instability, many Jews,

1985 год — в Тунисе, где живет три с половиной тысячи евреев, во время службы в древней синагоге Эль Гирба на острове Джерба, полицейским было убито четверо евреев и восемь ранено. Предполагается, что преступление было совершено в приступе безумия.

1985 год — по польскому телевидению был показан девятичасовой документальный фильм „Шоа" (на иврите — „Катастрофа"), созданный французским режиссером Клодом Ланцманом. Фильм Ланцмана — событие не только с кинематографической точки зрения, но и с точки зрения осмысления природы антисемитизма. Пресса откликнулась на него восторженными рецензиями. Фильм „Шоа" демонстрировался во многих странах мира. Решение показать фильм по польскому телевидению знаменательно, поскольку несколько лет назад польские евреи были вынуждены эмигрировать в результате политики польского правительства.

1985 год — в Аргентине после многих лет военной диктатуры пришел к власти путем демократических выборов президент Рауль Альфонсин. Он обещал усилить законы против расовой, этнической и национальной дискриминации в стране. Еврейская община Аргентины приветствовала это решение.

1985 год — Еврейский Совет депутатов в Южной Африке, официальный представитель еврейской общины, принял несколько резолюций против расистской политики правительства и апартеида и призвал к отмене всех расовых дискриминационных законов. Еврейская община Южной Африки насчитывает почти сто двадцать тысяч человек и состоит в основном из литовских евреев, приехавших в 1900-е годы, и из евреев, бежавших от нацизма. Хорошо образованные и экономически процветающие евреи Южной Африки создали в стране очаг еврейской культуры. Здесь много еврейских школ, синагог, культурных и религиозных центров при общинах. Связи евреев Южной Африки с Израилем особенно сильны. Евреи принимают активное участие в борьбе против государственного апартеида. В парламентской оппозиции есть еврейка — Хелен Сузман.

Однако все более обеспокоенные неясным будущим страны и ее нестабильностью в политическом плане, молодые

especially younger ones, have begun to emigrate. Israel, the U.S., Canada and Australia have been favorite destinations.

1985 - President Reagan and General Secretary Gorbachev held their first summit, in Geneva. The American leader raised U.S. concern for human rights in general and Soviet Jewry in particular, a theme he echoed at the leaders' subsequent meetings in Reykjavik, Iceland in 1986, in Washington, D.C. in 1987, and in Moscow in June 1988.

1986 - Kurt Waldheim's bid for the Austrian presidency commanded the attention of Jews around the world. In the course of the campaign it was revealed that he had lied about his wartime record during his years as Austrian foreign minister and then as the United Nations Secretary-General. The issues that dominated the headlines were Waldheim's actual wartime role, in which he was attached to an intelligence unit in Yugoslavia and Greece, and the degree of both his knowledge and involvement in war crimes against Jews, Resistance leaders, captured British commandos and others. The controversy over Waldheim's past continues to this day.

Waldheim captured 49.66% of the vote, forcing a runoff with the next leading contender. Waldheim won decisively with 55% of the vote. The United States and Israel refused to attend the inauguration ceremony.

The next year, another controversy arose when Kurt Waldheim traveled to the Vatican for an audience with Pope John Paul II. Jews had urged the Pope not to meet with Waldheim so as not to confer the international respectability on the Austrian that could come from a meeting with the head of the 800-million-member Catholic Church. The Vatican, however, insisted that it had an obligation, according to its own practice, to meet with Waldheim who had requested the meeting and represented an overwhelmingly Catholic nation. In an effort to mend fences with the Jewish community, the Pope later met with Jewish leaders at his summer residence in Italy. Among the topics discussed were the Pope's meeting with Waldheim and the reasons the event provoked such anguish among Jews; the

евреи начали эмигрировать из Южной Африки. Обычно они едут в Израиль, США и Канаду.

1985 год — президент Рейган и Генеральный секретарь Горбачев встретились в Женеве на первой встрече в верхах. Американский президент затронул вопросы о правах человека вообще и о положении советских евреев в частности. Он поднимал также этот вопрос на второй встрече в Рейкьявике в Исландии в 1986 году, на третьей — в Вашингтоне в 1987 году и в июне 1988 года в Москве.

1986 год — избирательная кампания Курта Вальдхайма, австрийского кандидата в президенты, привлекла внимание евреев во всем мире. В ходе кампании выяснилось, что Вальдхайм, будучи министром иностранных дел и позже — Генеральным секретарем ООН, скрывал правду о своем военном прошлом. Особенное внимание в прессе уделялось подлинной роли Вальдхайма во время его работы в разведке в Югославии и Греции и тому, насколько он был осведомлен о военных преступлениях против евреев, участников Сопротивления, захваченных английских разведчиков и т. д., и каково было его участие в них. Вопрос этот до сих пор остается открытым.

Вальдхайм получил поначалу 49,66 процента голосов, но затем достиг решающих 55 процентов. США и Израиль отказались посетить инагурационную церемонию.

В следующем году Вальдхайм обратился в Ватикан к Папе римскому с просьбой дать ему аудиенцию. Еврейские религиозные и общественные организации мира призывали Папу отказать Вальдхайму, поскольку прием у Папы, главы восьмисотмиллионной католической церкви, возвысил бы его в глазах мировой общественности. Но Ватикан настоял на том, что он обязан соблюдать традиции и принять главу католического государства. Впоследствии, пытаясь урегулировать отношения с еврейскими общинами, Папа встретился с их лидерами в своей летней резиденции в Италии. Среди обсуждавшихся вопросов была и его встреча с Вальдхаймом, а также и причины, по которым она вызвала такую болезненную реакцию евреев. Среди других обсуждавшихся вопросов были отсутствие формальных дипломатических отношений между

failure of the Vatican to extend formal diplomatic recognition to Israel; and the need for systematic study of the Catholic Church's position during the Nazi period. The generally positive mood surrounding the meeting with the Pope and other sessions with his principal advisors paved the way for a smooth Papal visit to the U.S. in the fall of 1987. The Vatican had earlier feared that the visit could be marred by Jewish demonstrations resulting from the Papal meeting with Waldheim. Instead, some 200 American Jewish leaders met with Pope John Paul II during his first U.S. stop in Miami, and only sporadic and poorly-attended demonstrations were held in a few of the cities on the Pope's itinerary.

1986 - Elie Wiesel, the writer and chronicler of the Holocaust and a voice of conscience throughout the world, was awarded the Nobel Peace Prize. Wiesel, a Hungarian-born Jew, survived the death camps and emigrated to the U.S. after living in France. He is highly regarded for his impassioned written and oral testimony about the war years. He has also been a strong supporter of the rights of Soviet Jews, authoring a 1966 book, *The Jews of Silence,* that generated considerable interest in the Soviet Jewry question. Wiesel has been a devoted and outspoken supporter of Israel, as well a champion of many human rights causes.

1986 - The Australian parliament voted to reject the infamous 1975 "Zionism is Racism" formula (see above, 1975) in a move that supporters hoped would be repeated by other national parliaments as a step toward cancelling the resolution.

1987 - In April, the United States permitted the deportation of Karl Linnas to his native Estonia to stand trial. He had been the chief of a concentration camp in Estonia and responsible for mass murder. The move came only after 17 different U.S. courts and other tribunals had reviewed the evidence.

Ватиканом и Израилем и необходимость систематического исследования позиции католической церкви в период нацизма. Общее положительное впечатление от встречи с Папой и его главными советниками способствовало успеху его визита в США осенью 1987 года. Сначала Ватикан был обеспокоен тем, что визит Папы может быть омрачен демонстрациями евреев, недовольных его встречей с Вальдхаймом. Однако двести американских лидеров еврейских общин встретились с Папой в первом же американском городе, который он посетил, — Майами (штат Флорида). Лишь в нескольких городах, которые посетил Папа, прошли немногочисленные спонтанные демонстрации.

1986 год — Эли Визель, писатель и историк Катастрофы, голос совести человечества, получил Нобелевскую премию мира. Визель, еврей из Венгрии, пережил лагеря смерти и эмигрировал в США из Франции. Его страстные устные и письменные показания о войне получили высокую оценку. С 1966 года, когда вышла из печати его вызвавшая большой интерес книга „Евреи молчания", он также считается крупным защитником прав советских евреев. Визель откровенный и страстный защитник не только Израиля, но и прав человека во всем мире.

1986 год — австралийский парламент проголосовал за отмену печально знаменитой формулы „Сионизм как форма расизма" (см. 1975 год) в надежде, что другие парламенты западных стран последуют его примеру.

1987 год — в апреле США приняли решение о депортации Карла Линнаса на его родину в Эстонию, где он и предстал перед судом. Во время войны Линнас был начальником концентрационного лагеря в Эстонии и участвовал в массовых убийствах. Решение было принято только после того, как семнадцать разных американских судов и других трибуналов тщательно изучили имеющиеся доказательства.

1987 - Reports from Japan of the widespread popularity of anti-Semitic literature jarred world Jewry. Particular attention was focused on two works by Japanese author Masami Uno suggesting, in language similar to the tsarist-fabricated *Protocols of the Elders of Zion,* that Jews were seeking to control the world economy. Japan's Jewish community, numbering under one-thousand, has not experienced anti-Semitism. Indeed, though Japan and Germany were allies during the Second World War, the Japanese treatment of Jews, particularly those Russian and German Jews who sought refuge in Shanghai, Harbin and other parts of Manchuria, was far more benign than that of the Nazis'.

In denouncing the current popular fad, Japanese government officials argued that it would prove short-lived and ought not be paid undue attention. Many Jewish observers suggested it might be a product of mutual ignorance between Japanese and Jews and suggested that educational and other activities be undertaken to promote mutual understanding.

1987 - On the eve of General Secretary Gorbachev's first U.S. visit, 250,000 people gathered in Washington, D.C. in support of emigration and religious and cultural rights for Soviet Jews. The gathering, one of the largest in Washington's history, was attended by an impressive array of dignitaries, including Vice President Bush, leaders of the Congress, representatives of the Christian, Black and labor communities, the Israeli ambassador to the U.S., and former prisoners of conscience including Natan Sharansky, Ida Nudel, Vladimir Slepak, Iosef Mendelevich and Yuli Edelshtein. Jewish and non-Jewish participants came to Washington, D.C. from across the U.S. and Canada.

As noted earlier, the year 1987 saw the first upturn in Soviet Jewish emigration since 1979, though the total remained far below the 1979 figure. During 1987, a number of long-term refuseniks and former prisoners of conscience were permitted to leave, and the Kremlin spoke of increased religious and cultural opportunities for Soviet Jews.

1987 год — евреи всего мира были потрясены сообщениями из Японии о популярности антисемитской литературы в этой стране. Особенное внимание было обращено на две работы Масами Уно, который считает — в полном соответствии с „Протоколами Сионских мудрецов", — что евреи стараются контролировать мировую экономику. Евреи Японии, которых не более тысячи, не испытывали на себе антисемитизма. Хотя Германия и Япония были союзниками во второй мировой войне, японцы обращались с евреями, особенно с теми, которые бежали в Шанхай из России и нацистской Германии, несравнимо лучше, чем нацисты.

Японские правительственные чиновники настаивали на том, что эта вспышка антисемитизма — явление временное и на нее не следует обращать серьезного внимания. Многие еврейские наблюдатели высказали точку зрения, что вспышка антисемитизма может быть результатом взаимного незнания друг о друге, и предложили усилить просветительную деятельность для улушения взаимопонимания.

1987 год — двести пятьдесят тысяч демонстрантов собрались в Вашингтоне, чтобы выступить в поддержку прав советских евреев на свободу эмиграции, вероисповедания и национальной культуры. Демонстрация была приурочена к первому визиту Генерального секретаря Горбачева в США и оказалась одной из самых представительных. Ее поддержали многие известные люди, включая вице-президента Буша, лидеров Конгресса, представителей христианской, черной и еврейской общин и бывших узников совести во главе с Натаном Щаранским, Идой Нудель, Владимиром Слепаком, Иосифом Менделевичем и Юлием Эдельштейном. Евреи и неевреи, участвовавшие в демонстрации, приехали в Вашингтон со всех концов США и Канады.

Как указывалось раньше, 1987 год стал поворотным в эмиграции советских евреев после 1979 года, хотя общее число эмигрантов все же оставалось значительно ниже рекордных цифр 1979 года. В 1987 году отказники с большим стажем, и бывшие узники Сиона получили разрешение на эмиграцию. Кремль заговорил о росте религиозных и культурных возможностей советских евреев.

JEWISH POPULATION STATISTICS*

Jewish Population Distribution by Continent (%)

Continent	1939	1948	1976	1984
Europe (incl. USSR & Turkey)	58.6	33.2	29.0	21.3
N. and S. America	32.9	50.8	47.0	49.9
Asia (incl. Israel)	4.6	9.1	22.0	27.1
Africa	3.7	6.5	1.5	1.1
Australasia	0.2	0.4	0.5	0.6
Total	100.0	100.0	100.0	100.0

Jewish Population Distribution by Country (thousands)

Country	1930's	1948	1976	1984
	Europe			
	(1939)			
Austria	60	31 **	12	6
Belgium	100	45	41	32
Bulgaria	50	51	7	3
Czechoslovakia	360	42	12	8
Denmark	7	5	7	6
France	300	235	650	530
Germany ***	240	153 **	33	33
Great Britain	340	345	410	330
Greece	75	8	6	5
Hungary	403	174	80	61
Ireland	4	4	4	2.3

* Source: *American Jewish YearBook*, annual volumes.
** Includes Displaced Persons - concentration camp survivors, war refugees, homeless persons, etc.
*** The figures indicated after the Second World War are for West Germany only.

ДЕМОГРАФИЧЕСКИЕ ДАННЫЕ *

Еврейское население по континентам (%)

Континент	1939	1948	1976	1984
Европа (вкл. СССР и Турцию)	58,6	33,2	29,0	21,3
Сев. и Юж. Америка	32,9	50,8	47,0	49,9
Азия (вкл. Израиль)	4,6	9,1	22,0	27,1
Африка	3,7	6,5	1,5	1,1
Австралия и Новая Зеландия	0,2	0,4	0,5	0,6
Всего:	100,0	100,0	100,0	100,0

Еврейское население по странам (в тысячах)

Страна	1930-е (1939)	1948	1976	1984
		Европа		
Австрия	60	31 **	12	6
Бельгия	100	45	41	32
Болгария	50	51	7	3
Чехословакия	360	42	12	8
Дания	7	5	7	6
Франция	300	235	650	530
Германия ***	240	153 **	33	33
Великобритания	340	345	410	330
Греция	75	8	6	5
Венгрия	403	174	80	61
Ирландия	4	4	4	2,3

---

* Дается по: American Jewish Yearbook.
** Включая перемещенных лиц — переживших концлагеря, беженцев, бездомных и т. д.
*** Цифры после второй мировой войны включают только Западную Германию.

Italy	51		53	38	32
Netherlands	150		28	30	26.2
Poland	3,250		85	6	4.6
Romania	850		380	60	26
Spain	4		3	9	12
Sweden	7		15	16	15
Switzerland	25		25	21	19
Turkey	50		80	27	20
USSR	3,030		2,000	2,150 *	1,575
Yugoslavia	75		10	6	5

North and South America

Argentina	260	(1935)	360	300	228
Brazil	40	(1933)	110.75	150	100
Canada	155.5	(1931)	180	305	310
Chile	3.5	(1930)	25	27	17
Columbia	2	(1935)	6	12	7
Cuba	8	(1933)	10	1.5	0.7
Mexico	20	(1935)	25	37.5	35
Peru	1.5	(1935)	3	5	5
United States	4,831	(1937)	5,000	5,776	5,705
Uruguay	12	(1930)	37	50	27
Venezuela	1	(1926)	3	15	20

Afro-Asia: Non-Arab Countries

Ethiopia	51	(1936)	51	28	10
India	24	(1931)	30	8	4
Iran	40	(1935)	50	80	25
Israel **	424	(1939)	713	3,059	3,471
South Africa	90	(1936)	100	118	118
Zimbabwe	2.5	(1931)	3.5	3.8	1.1

* Soviet census figure. Unofficial estimates, taking into account the deficiencies of the census method, among other problems, place the Jewish population at between 2.5 and 3 million.
** Jewish population only. For non-Jewish figures, see section on Israel.

Италия	51	53	38	32
Голландия	150	28	30	26,2
Польша	3.250	85	6	4,6
Румыния	850	380	60	26
Испания	4	3	9	12
Швеция	7	15	16	15
Швейцария	25	25	21	19
Турция	50	80	27	20
СССР	3.030	2.000	2.150 *	1.575
Югославия	75	10	6	5

Северная и Южная Америка

Аргентина	260	(1935)	360	300	228
Бразилия	40	(1933)	110,75	150	100
Канада	155,5	(1931)	180	305	310
Чили	3,5	(1930)	25	27	17
Колумбия	2	(1935)	6	12	7
Куба	8	(1933)	10	1,5	0,7
Мексика	20	(1935)	25	37,5	35
Перу	1,5	(1935)	3	5	5
США	4.831	(1937)	5.000	5.776	5.705
Уругвай	12	(1930)	37	50	27
Венесуэла	1	(1926)	3	15	20

Африка и Азия (без арабских стран)

Эфиопия	51	(1936)	51	28	10
Индия	24	(1931)	30	8	4,3
Иран	40	(1935)	50	80	25
Израиль **	424	(1939)	713	3.059	3.471
ЮАР	90	(1936)	100	118	118
Зимбабве	2,5	(1931)	3,5	3,8	1,1

---

* Цифры взяты из советской переписи населения. По неофициальным оценкам, принимающим во внимание, наряду с другими проблемами, недостатки методов переписи, еврейское население составляло 2,5-3 миллиона.
** Только еврейское население. Цифры нееврейского населения — см. главу об Израиле.

Afro-Asia: Arab Countries

Algeria	110	(1931)	130	1.0	unavail.
Egypt	72.5	(1934)	75	0.4	0.2
Iraq	91	(1935)	125	0.35	0.2
Lebanon	- *		5,200	0.4	0.1
Libya	30	(1938)	38	-	-
Morocco	181	(1936)**	286	18	13
Syria	26	(1933)	15	4.5	4
Tunisia	59.5	(1936)	70	7	3.5
Yemen	55		50	0.5	1

Australasia

Australia	23.5	(1933)	37	70	75
New Zealand	2.5	(1936)	3.5	5	4

Total Jewish Population

16,633.5 (1939)   11,373.5   14,259.5   12,963.3

---

* Included with 1933 Jewish population in Syria.
** Includes both French and Spanish Morocco as well as Tangiers.

Африка и Азия: арабские страны

Алжир	110	(1931)	130	1	нет инф.
Египет	72,5	(1934)	75	0,4	0,2
Ирак	91	(1935)	125	0,35	0,2
Ливан	— *		5.200	0,4	0,1
Ливия	30	(1938)	38	—	—
Марокко	181	(1936)**	286	18	13
Сирия	26	(1933)	15	4,5	4
Тунис	59,5	(1936)	70	7	3,5
Йемен	55		50	0,5	1

Австралия и Новая Зеландия

Австралия	23,5	(1933)	37	70	75
Новая Зеландия	2,5	(1936)	3,5	5	4

Всего:

16.633,5	(1939)	11.373,5	14.259,5	12.963,3

* Включено в еврейское население Сирии в 1933 г.
** Включает французское и испанское Марокко и Танжир.

ANTI-SEMITISM

After reading the chronological history of the Jewish people, there may well be a feeling of shock, amazement, or disbelief. We all knew about the Spanish Inquisition, the pogroms in Eastern Europe, the Dreyfus Affair and the Holocaust, but to read of one massacre after another, of successive expulsions over the course of more than 1,500 years and in so many different parts of the world is to realize the depth, pervasiveness and constancy of anti-Jewish feeling.

But why the Jews, and why at so many different times in so many different places? These are difficult questions to answer, questions that have concerned scholars and laymen for centuries. Indeed, anyone who has experienced anti-Semitism has surely tried to understand the reasons for it. The complexity of the possible explanations, and limits of space, prevent more than a superficial examination of the question here, but the importance of understanding the phenomenon of anti-Semitism should be obvious to every Jew (and concerned non-Jew).

The term "anti-Semitism" was coined in Germany in 1879 to give a name to the anti-Jewish movement that swept the land in the wake of the severe economic depression of 1873. The concept of anti-Semitism, however, goes back much farther.

What is anti-Semitism? It is a passionate and irrational force that sees Jews as a single group to which it ascribes certain exceptional characteristics. It may take form on many levels and in many ways. It may be official government policy, or unofficial but sanctioned policy; it may be group (i.e., all members of group X hate Jews); or, it may

АНТИСЕМИТИЗМ

Прочитав главу, посвященную истории евреев, можно испытывать потрясение, изумление или недоверие. Все мы знали об инквизиции в Испании, погромах в Восточной Европе, деле Дрейфуса и Катастрофе, но чтение об одном массовом убийстве за другим, о высылках из разных стран в течение полутора тысяч лет может помочь понять всю глубину, постоянство и навязчивость антиеврейских настроений.

Однако, почему именно евреи и почему в столь разные времена и в столь разных странах? Эти трудные вопросы в течение многих веков занимали как ученых, так и дилетантов. Всякий, кто хоть как-то испытал на себе антисемитизм, пытается найти объяснение этому явлению. Сложность возможных объяснений и отсутствие места позволяют ограничиться только беглым обзором, но каждому еврею и нееврею должно быть ясно, как важно понимать феномен антисемитизма.

Термин „антисемитизм" возник в Германии в 1879 году как название антиеврейского движения, захватившего страну вслед за серьезным экономическим спадом 1873 года. Но сама концепция антисемитизма восходит к гораздо более ранним временам.

Что такое антисемитизм? Это иррациональное и страстное чувство, которое заставляет неевреев видеть в евреях враждебный себе народ, наделенный неприемлемыми для них чертами. Антисемитизм очень многообразен и существует на разных уровнях. Он может быть официальной политикой правительства или политикой неофициальной, но дозволенной. Он

be individual. It may be verbal, active or passive, physically or psychologically violent; it may mean simple avoidance of Jews or it may result in persecution; it may involve name-calling, pamphlet or book publishing, official or unofficial discrimination (e.g., in housing, employment, education), social or physical isolation, acts of violence and, ultimately, massacres, pogroms and genocide.

Anti-Semitism stems from a combination of religious, political, economic, racial, cultural, social and psychopathological factors, sometimes working independently of one another, sometimes working in concert in varying proportions.

Much depends on the particular historical context and the location. There is no one universal explanation of anti-Semitism. Originally, religious factors were probably the most significant. Before the development of Christianity, there were those pagan peoples who regarded the Jews as too uncompromising in their religion. After all, the religion of the Jews allowed for only one God and required a very strict code of behavior. Pagan religions allowed for tens, even hundreds of gods, and there was always room for one more. Seldom was a strict code of behavior required. The Jews were seen as setting themselves apart. Who were they to claim that there was only one absolute truth? Why was their life so rigidly structured around the 613 commandments of proper and improper behavior?

When Christianity developed, the Jews were variously seen as the killers of Jesus, deniers of his teachings, missionaries seeking to convert Christians to Judaism, or poisoners of the Christian populace. When Islam emerged and the Jews did not embrace the religion of Mohammed, they were attacked as infidels. And when Martin Luther led the split of the Christian church and the Jews did not follow him, the Jews were again attacked.

может быть групповым (все принадлежащие к группе Х ненавидят евреев) или личным. Он может быть пассивным, активным, выражаться на словах, быть связанным с физическим или психологическим насилием. Он может выражаться в том, что евреев просто избегают или приводить к преследованиям. Антисемитизм может выражаться в устных оскорблениях, публикации памфлетов или книг, официальной или неофициальной дискриминации (в области расселения, работы, образования), общественной или физической изоляции, актах насилия и, наконец, в массовых убийствах, погромах и геноциде.

Антисемитизм представляет собой комбинацию религиозных, политических, экономических, расовых, культурных, общественных и психологических факторов, которые иногда существуют раздельно, а иногда составляют части одного целого.

Многое зависит от специфических исторических и географических условий. Одного общего объяснения антисемитизма не существует. Изначально наиболее важными были скорее всего религиозные факторы. Еще до появления христианства существовали языческие народы, которым евреи казались слишком бескомпромиссными в своей религиозности. Действительно, у евреев был только один Бог, и иудаизм требовал соблюдения чрезвычайно строгого кодекса поведения. В языческих же религиях были десятки, даже сотни Богов, и всегда могло найтись место для еще одного. Строгие кодексы поведения почти не существовали. Поэтому казалось, что евреи отделяют себя от остального мира. Кто они были такие, чтобы заявлять, что существует только одна абсолютная правда? Почему их жизнь подчинялась такой строгой структуре, сосредоточенной вокруг шестисот тринадцати заповедей допустимого или недопустимого поведения?

С развитием христианства евреи получили репутацию народа, распявшего Иисуса, противников его учения, миссионеров, пытавшихся обращать христиан в иудаизм, отравителей христиан. Когда появился ислам и евреи не захотели принять его, мусульмане стали рассматривать евреев как „неверных". А когда Лютер возглавил Реформацию, то есть раскол христианской церкви, и евреи не последовали за ним, то этим они также стимулировали нападки на себя со стороны христиан.

In the Middle Ages a new factor emerged - the Jewish association with the practice of usury. This added another negative dimension to the picture. Now the Jew allegedly was not only trying to suck the blood of the Christians, but their money, as well.

Since the end of the 19th century, anti-Semitism has embraced new forms. In the case of Germany and the rise of Hitler, anti-Semitism took on a racial basis - the Jews were members of an inferior race. And other false images strengthened the anti-Jewish feeling: the Jews as the seeker of world domination, as the manipulator of entire economies, as the cause of Germany's defeat in the First World War, as Bolshevik revolutionary, as alien in Germany, etc.

In the Arab states from the 1940's, political factors came to the fore, namely, the local Jew as the extension of Israel the enemy. In Eastern Europe, anti-Semitism has deep religious roots in some countries, which has been bolstered by political and national factors - the Jew as scapegoat for a country's political and/or economic problems, as loyal only to international Jewry, as revisionist, as outsider, or as the privileged person who purportedly gained more from revolution than did others (e.g., emancipation, education, professional mobility, urbanization, etc.).

Two types of people who hold negative views of Jews must be distinguished here. There are those who are unaware of the truth but who, presented with convincing evidence, are prepared to change their outlook; and those who disregard all evidence except for that which support their views. Hence, there are those whose stereotypes of Jews are rooted in ignorance alone or lack of contact with Jews. In such cases, the stereotypes are likely to disappear on meeting Jews who do not conveniently fit the caricatures, or seeing evidence that statistically, for example, Jews are no wealthier than non-Jews.

В средние века появился новый фактор — связь евреев с ростовщичеством. К образу евреев добавилась еще одна отрицательная черта. Теперь оказалось, что еврей сосет не только кровь христианина, но и его деньги.

С конца XIX века антисемитизм видоизменился. В Германии, особенно при Гитлере, он принял форму расизма — евреи считались представителями низшей расы. Кроме того, евреев обвиняли в стремлении к мировому господству, контролю над всей экономикой, в них видели причину поражения Германии в первой мировой войне, считали большевистскими агентами, чужаками в Германии и т. д.

С момента возникновения Израиля в арабских странах антисемитизм имел политическую подоплеку: местный еврей так или иначе считался сторонником Израиля, враждебного государства. В Восточной Европе антисемитизм имеет глубокие религиозные корни, но также подстегивается политическими и националистическими факторами. Он своего рода отдушина для политических и экономических проблем в стране. Еврей считается лояльным только по отношения к мировому еврейству, ревизионистом, чужаком или представителем элиты, якобы получившим от революции больше чем другие (уничтожение черты оседлости, официальной процентной нормы на поступление в высшие учебные заведения, разрешение на целый ряд профессий, ранее запрещенных, и тому подобное).

Необходимо различать два антисемитизма. К первому принадлежат люди неосведомленные, но склонные изменить свою точку зрения, если им представят убедительные аргументы. Вторые — те, кто игнорируют любые аргументы, кроме тех, которые поддерживают их точку зрения. Первые начинены предрассудками о евреях из-за невежества или отсутствия контактов с ними. В таких случаях стереотип мнения может исчезнуть после знакомства с евреями или после изучения разного рода документов, например, статистики, показывающей, что евреи отнюдь не богаче, чем неевреи.

But there are, or course, others whose anti-Semitism is based on a passion pure and simple, an irrational view that may draw from a nutshell of truth that represents only a small part of reality (e.g., some Jews are wealthier than the average citizen, some Jews are usurers, some Jews have long noses), and carefully construct an ideology that only permits new evidence if it serves to re-enforce the ideology. Thus the fact that some non-Jews are also wealthier than the average citizen, or are usurers, or have long noses is either ignored, regarded as irrelevant, or seen as an exception. Or to offer another example, Jews who are not, say, Bolsheviks, are seen by anti-Semitic, anti-Bolshevik individuals as either crypto-Bolsheviks, in sympathy with the Bolsheviks, potential Bolsheviks, or in some other equally dangerous way sabotaging the existing order.

Who is this real anti-Semite? Depending on the period and circumstances, he could have been a pious Christian roused to action by a local parish priest or bishop to defend the church, to defeat the Christ-killers, to prevent the Jew from ritually killing Christian babies and defiling the Host. The Jew, in this view, is seen as the Anti-Christ and the personification of the devil himself. Or the anti-Semite may see the Jew as a usurer, as indeed he was compelled to become in the Middle Ages when Christians were not permitted by the church to perform such work. The Jew was regarded as Shakespeare's Shylock, the demonic-looking figure charging exorbitant interest rates and filling his pot of gold. Or the anti-Semite may be an anti-modernist and see the Jews as the perpetuators of the French Revolution and the emancipation and equality it heralded in order to benefit themselves. The anti-Semite may cling to the old order and fear the new; he may be one who hates change and sees the Jew as the bearer of change. The anti-Semite may be a rabid nationalist, an ethnocentrist who sees the Jews as a group that is alien, unassimilable, part of an international chain (or cabal).

238

У вторых антисемитизм носит иррациональный характер, подкрепляемый отдельными фактами, которые не суть, а лишь маленькая часть действительности (например, что некоторые евреи богаче среднего жителя страны, некоторые евреи занимаются ростовщичеством, у некоторых евреев длинный нос). Такие антисемиты воспринимают только те аргументы, которые поддерживают их точку зрения. А тот факт, что некоторые неевреи тоже богаче среднего гражданина или занимаются ростовщичеством и имеют длинные носы, кажется им незначительным, несуществующим или только исключением. Или другой пример — евреи, которые вовсе не разделяют взглядов большевиков, воспринимаются людьми с антисемитскими и антибольшевистскими взглядами или как замаскированные большевики, или как симпатизирующие большевикам, потенциальные большевики, или как возможные враги существующего порядка вещей.

Кто же этот подлинный антисемит? В зависимости от исторического периода и обстоятельств он мог быть благочестивым христианином, которого местный священник или епископ подвиг на защиту церкви, на войну против народа, распявшего Христа, на защиту христианских младенцев от ритуальных убийств или на защиту Святого Духа от осквернения. В этом случае еврей рассматривался как антихрист и воплощение самого дьявола. Кроме того, антисемит мог видеть в еврее только ростовщика, каковыми многие евреи и были в Средние Века, когда церковь не позволяла христианам заниматься ростовщичеством, а евреи не имели земли и многие профессии были для них недоступны. На еврея смотрели как на шекспировского Шейлока, на демона, который дерет с христиан нещадные проценты, чтобы наполнить свой карман золотом. Наконец, антисемит может быть ретроградом и видеть в евреях вдохновителей революции, например Французской, считая, что принесенные ею свобода и равенство прежде всего служат на пользу евреям. Антисемит может цепляться за старый порядок и ненавидеть любые новшества, носителями которых он считает евреев. Антисемит может быть ярым националистом, этноцентристом, видя в евреях чуждый, неассимилирующийся элемент населения.

The anti-Semite may be a frustrated individual who has nothing in life and is going nowhere. His anti-Semitism becomes a way of saying that he is, in fact, someone, that he is superior to a whole group (or race) or people, that if he is frustrated there is a reason for it and that reason is the connivance of Jews. The anti-Semite may be anti-capitalist and regard the Jews as the capitalist par excellence. The anti-Semite may be anti-socialist and see the Jew as the socialist par excellence. The anti-Semite may be the ultimate conformist and hate the Jew because he sees the Jew as being different and finds that fact threatening. The anti-Semite wants to have no conscience and yet the Jew is his conscience and for this he hates him. The anti-Semite is a weak and frightened person who needs to vent his frustrations on an easily identifiable and vulnerable group in society because his real enemy - the real cause of his weakness, frustration or oppression - is far too strong, too complex or too distant to be attacked.

Anti-Semitism is a mixture of many factors that have accumulated over the centuries and penetrated the minds of ignorant people looking for easy answers to difficult problems, seeking escape from the real difficulties at hand. And this ignorance has often been sowed and manipulated by governments and other leading institutions that succeed in using the Jew as the scapegoat, as a means of channeling the hatred, frustration and violent instincts of the general population against a weak and fictitious enemy (rather than against themselves). And what better enemy than the so-called killers of Jesus, the son of God, the object of veneration of hundreds of millions of people; or those who were compelled to become usurers and were then hated for the fact that they were usurers; or those who were expelled or forced to flee from one country after another and were then accused of being rootless wanderers and aliens; or the clannish Jews who always stuck together and did not assimilate, forgetting that it was not the Jews who asked to be crammed into ghettos and Jewish quarters with the gates locked at night; or the Jewish socialists, modernists, urban dwellers, capitalists?

Довольно часто антисемитизм встречается в людях с комплексом неполноценности. Антисемитизм позволяет таким людям самоутверждаться, а причины своих неудач объяснять заговором евреев. Политическая платформа антисемитизма достаточно широка. Антисемит может быть противником капитализма и смотреть на евреев как на капиталистов „божьей милостью". Он может быть антисоциалистом и видеть в евреях „божьей милостью" социалистов. Он может быть конформистом и ненавидеть евреев за то, что они другие. В сущности антисемит — слабый и испуганный человек, которому нужно выместить свою задавленность на легко определимой и уязвимой группе общества, потому что его настоящий враг — подсознательное чувство неполноценности.

Антисемитизм — это сочетание многих факторов, накопившихся за многие столетия и проникших в умы невежественных людей, которые ищут легких ответов на сложные вопросы. Часто антисемитизм провоцировался правительствами или другими ведущими общественными институтами, чтобы отвлечь население от осознания истинных причин бедственного положения страны. В противном случае недовольство обернулось бы против самого правительства. И кто мог быть более удобным козлом отпущения, чем евреи, которых считали убийцами Иисуса Христа — Божьего сына, в которого верят миллионы христиан? Кто в этой ситуации был более удобен, чем евреи, которые занимались ростовщичеством и которых ненавидели за это? Евреи, которых изгоняли из одной страны за другой, а потом обвиняли, что они чужаки в этих странах, что они не ассимилируются. А между тем евреи не сами просили запирать себя в гетто и разрешать им жить только в определенных кварталах. Но об этом забывали. Наконец, кто более подходил для роли обвиняемого, чем евреи- социалисты, евреи-капиталисты?

The anti-Semite need not stop and think that if Jews were socialists or revolutionaries it was often because their conditions were so bad under autocratic regimes; if they were modernists, it was because they had suffered so much during the dark Middle Ages; if they were urban dwellers, it was largely because they were so seldom permitted to own land in the countryside; if they were capitalists, it was, perhaps, because they had so few economic or professional opportunities in the pre-capitalist period.

Don't misunderstand. This is not to suggest that the Jews are always blameless in history. There have, of course, been rapacious, exploitative or politically irresponsible persons who were Jews; they cannot be brushed aside with the simple excuse that their conditions as Jews made them that way. But these are individuals and should be judged as such; they no more speak for the group of which they are a part (i.e., Jews) than do the bad elements of any other group. But it is interesting that in the case of the Jews, the world helped shape the Jews and then hated them for the ways into which they were shaped. The world gave birth to anti-Semitism and in this way helped to insure the continued existence of the Jews - the exact opposite of their desired goal.

Why? Anti-Semitism has played a part (together, obviously, with much more positive forces like the strength of Judaism and historical and cultural factors) in giving shape to the Jewish community, that is, in reminding some Jews of who they are. If the Jew is regarded as not assimilable, it is also because he has so often not been permitted to assimilate. In fact, the Jew is perfectly assimilable in any society that practices freedom, equality and tolerance.

Of course, it is here that the real argument begins as to whether this can ever actually be achieved in the Diaspora. Early Zionists like Theodore Herzl originally believed it possible, then had their minds changed by events that took place in late 19th-century Europe (pogroms in Eastern Europe, the Dreyfus Affair, racial anti-Semitism, etc.). The question that Zionists pose is whether anti-Semitism will be

Антисемит никогда не задумывается, почему социалистические идеи оказались так близки евреям. Однако политическая активность евреев в конце прошлого века и в наше время — это реакция на их униженное положение.

Я не хотел бы быть неправильно понятым, но я не придерживаюсь точки зрения, что в истории человечества евреи всегда были невинными жертвами. Разумеется, и среди евреев существовали и существуют люди, политически безответственные, склонные к эксплуатации и обману. Их существование нельзя объяснить плохими условиями жизни евреев. Но они являются типичными представителями евреев не больше, чем дурные люди любой другой национальности являются представителями народа, к которому принадлежат. Парадоксально, но мир, породив антисемитизм, помог евреям сохраниться как нации.

Почему? Антисемитизм при всей своей отрицательности укреплял еврейскую общину, сплоченную общей религией и культурой. Если на еврея часто смотрят как на человека, не желающего ассимилироваться, то это потому, что на самом деле ему не так-то часто давали возможность ассимилироваться. В обществе, построенном на свободе, равенстве и терпимости, евреи вполне способны к ассимиляции.

Вот тут-то и начинаются настоящие споры о том, возможны ли эти свобода, равенство и терпимость в пределах Диаспоры. Первые сионисты, например Теодор Герцль, поначалу считали, что это возможно, но после погромов в Восточной Европе, после дела Дрейфуса и многих других антисемитских актов их точка зрения изменилась. Вопрос, который ставят сионисты, — это вопрос о том, можно ли истребить анти-

extinguished from the countries of the Diaspora, or is it too ingrained, too easily aroused ever to disappear.

Regrettably, as you well know, anti-Semitism still exists today, primarily in the Soviet Union and the Arab world (where, for the most part, few Jews remain). There also have been some disturbing anti-Jewish incidents in democratic countries in North America, Western Europe and Latin America. But in none of the latter nations is anti-Semitism officially condoned. Moreover, there are Jewish and inter-denominational organizations that keep a close eye on matters and are prepared to take legal action when laws are broken. And the anti-Semitic elements in these Western nations represent fringe groups rather than mainstream thinking. Still, a Jew, without obviously looking for anti-Semitism, is understandably sensitive to it both in his or her own country and elsewhere in the world.

семитизм в странах Рассеяния, или он так глубоко укоренился, так живуч, что не исчезнет никогда.

К сожалению, как вам хорошо известно, антисемитизм существует и сейчас, прежде всего в Советском Союзе и арабских странах. Случаются также тревожные проявления антисемитизма и в демократических странах — в Северной и Латинской Америке, в Западной Европе. Но ни одна из стран Америки и Западной Европы не придерживается антисемитизма как официальной идеологии. Более того, там существуют еврейские организации, равно как организации других народностей, которые следят за тем, чтобы в случаях нарушения национального равенства предпринимались узаконенные меры к их устранению. В этих странах антисемитские элементы представляют собой скорее отдельные группы, чем взгляды большинства.

THE JEWISH CONTRIBUTION

Every group takes pride in the successes of its members. Throughout history, especially when permitted the opportunity for a proper education and professional growth, Jews have contributed enormously to all spheres of human activity. In this section, only a small sampling of some of these individuals and their fields of endeavor are indicated. (Note: Among those listed below, there are some who, though born Jewish, never identified themselves as Jews, others who were born of mixed marriages, and still others who were baptized as Christians at some point in their lives.)

Inventors, Discoverers, Adventurers

Karl Arnstein piloted the first Zeppelin across the Atlantic Ocean. Emil Berliner invented the microphone. Arthur Korn first successfully transmitted a photograph by wire. Gabriel Lippman created color photography. Abraham Stern invented the calculating machine. Edward Davis invented the electric clock. L.B. Philipps invented the keyless watch. Sansone Valobra invented the safety match. Jews participated in the development of the first electrically-driven automobile, the first airplane, the first motorboat, the first telephone, and in the release of atomic energy. Jews are said to have introduced oranges, apricots, sugar, rice, cinnamon, mattresses, sofas, slippers, jasmine and lilac to Europe after encountering these items in Asia. Jews brought our numerical system from India to the Arab world and, later, from the Arab world to Europe. The first recorded use by a European of tobacco is by a Jew, the

ВКЛАД ЕВРЕЕВ В МИРОВУЮ КУЛЬТУРУ

Каждая нация гордится успехами своих представителей. На протяжении веков, особенно тогда, когда у них был доступ к образованию, евреи внесли огромный вклад во все сферы человеческой деятельности. В этой главе собраны лишь немногие данные о евреях, достигших успехов в различных областях знания. (В этот список включены как те, кто, родившись евреем, никогда не считал себя таковым, так и те, кто родился от смешанных браков или перешел в христианство).

Изобретатели и путешественники

Карл Арнстейн перелетел через Атлантический океан на первом цеппелине. Эмиль Берлинер изобрел микрофон. Артур Корн первым передал фотографию по телеграфу. Габриэль Липман изобрел цветную фотографию. Абрахам Стерн изобрел счетную машину. Эдуард Дэвис изобрел электрические часы. Л. Б. Филиппс изобрел часы, которые не нужно заводить. Сансоне Валобра придумал безопасные спички. Евреи принимали участие в создании первого электрического автомобиля, первого самолета, первой моторной лодки, первого телефона, а также в работах, связанных с расщеплением атомного ядра. Считается, что евреи ввезли в Европу апельсины, абрикосы, сахар, рис, корицу, матрасы, диваны, туфли-шлепанцы, жасмин и сирень из Азии. Евреи принесли из Индии в арабский мир и оттуда в Европу нашу цифровую систему. Первым европейцем, употреблявшим табак, был еврей, врач в первой экспедиции Кристофора Колумба в Западное полушарие. В пятнадцатом

ship's doctor on Christopher Columbus' first expedition to the Western Hemisphere. In the 15th century, there were more than 250 Jewish astronomers in Europe, a very high proportion of all the astronomers at the time. Jews were also very prominent as cartographers.

Medicine

Ferdinand Cohn founded the science of bacteriology. Boris Chain was one of the three men associated with the development of penicillin. Jonas Salk developed the vaccine to control poliomyelitis (polio). Casimir Funk was the first to isolate and identify vitamins. Selman Waksman, in association with Albert Schatz, discovered streptomycin which has so effectively combated pneumonia. Alex Besredka developed the serum against typhus. Paul Ehrlich was father of the field of hematology and discoverer of the cure for syphilis. Albert Neiser discovered the organism of gonorrhea. August von Wasserman developed the Wasserman Test for syphilis. Waldemar Haffkine discovered methods of inoculation against both cholera and the bubonic plague, which reduced by 80% the mortality rate from the latter disease. Bela Schick invented the Schick Test for diphtheria. Carl Koller was the first surgeon to use a local anaesthetic. Karl Landsteiner whose work made possible the scientific blood transfusion. Sigmund Freud, founder of psychoanalysis, whose work revolutionized human thought more profoundly than anyone since Charles Darwin put forward the theory of human evolution. Other Jewish scientists and doctors were responsible for the treatment of diabetes and the discovery of insulin, and the founding of the fields of tropical medicine, otology (diseases of the ear), modern scientific dentistry and neurology.

Sciences

As in the field of medicine, so, too, in the sciences, especially in physics and mathematics, Jews have made important contributions. A brief glance at the names of

веке в Европе было более двухсот пятидесяти еврейских астрономов, что составляло большой процент всех астрономов того времени. Евреи также были известны как картографы.

Медицина

Фердинанд Кон был отцом бактериологии. Борис Хаин был одним из троих ученых, открывших пенициллин. Джонас Салк разработал противополиомиелитную вакцину. Казимир Франк создал систему витаминов и определил их свойства. Сельман Ваксман и Альберт Шатц открыли стрептомицин, победивший пневмонию. Алекс Бесредка выделил противотифозную сыворотку. Поль Эрлих был отцом гематологии и нашел средство от сифилиса. Альберт Найзер выделил организм гонорреи. Август фон Вассерман разработал систему анализа на определение сифилиса (реакцию Вассермана). Вальдемар Хафкин изобрел вакцину против холеры и бубонной чумы, которые на 80 процентов сократили смертность от этих болезней. Бела Шик разработал систему анализа на дифтерит (анализ Шика). Карл Коллер стал первым хирургом, который проделал операции под местным наркозом. Карл Ландстейнер разработал систему переливания крови. Зигмунд Фрейд создал теорию психоанализа. Работы Фрейда повлияли на философию XX века. Другие еврейские ученые и врачи разработали способы лечения диабета и открыли инсулин, открыли область тропической медицины, отоларингологии (ушные заболевания), основали современную неврологию и стоматологию.

Точные науки

Вклад евреев в точные науки, особенно в физику и математику, так же велик, как их вклад в медицину. Здесь дан лишь краткий перечень крупнейших физиков — Альберт Эйн-

some of the most eminent Jewish physicists - Albert Einstein, Edward Teller, J. Robert Oppenheimer, Denis Gabor, Max Born, Isidor Rabi, James Franck, Lev Landau and Igor Tamm (Note: Nils Bohr and Enrico Fermi were also of partially Jewish origin) - suggests the calibre of the contributions.

Music and Art

Composers - Ernest Bloch, Gustav Mahler, Felix Mendelsohn, Giacomo Meyerbeer (operatic compositions), Arnold Schonberg, Aaron Copland and George Gershwin.

Conductors - Leonard Bernstein, Daniel Barenboim, Eugene Ormandy, Erich Leinsdorf, Arthur Fiedler, Andre Previn, Sir George Solti, George Szell and Andrei Kostelanetz.

Pianists - Arthur Rubenstein, Vladimir Horowitz, Daniel Barenboim, Emil Gilels, Vladimir Ashkenazy and Rudolf Serkin.

Violinists - Jascha Heifetz, David and Igor Oistrakh, Isaac Stern, Yehudi Menuhin, Itzhak Perlman, Pinchas Zukerman and Henryk Szeryng.

Cellists - Grigor Piatigorsky, David Popper, Bernhard Cassman and Leonard Rose.

Benny Goodman and Harry James were world-famous jazz and big band exponents. Bob Dylan was the leading American folk singer of his generation. Elton John is an internationally-known popular performer.

In art, Jews have not figured among the great masters of the past, but in the last 100 years a number of important artists have appeared, including the painter and sculptor Amedeo Modigliani, the impressionist Camille Pissarro, the painter Marc Chagall, the cubist Max Weber, the impressionist Max Liebermann, and the sculptors Jacob Epstein and Jacques Lipchitz.

штейн, Эдуард Теллер, Роберт Оппенгеймер, Дэннис Габор, Макс Бор, Исидор Раб, Джеймс Франк и Лев Ландау. К ним можно присоединить Нильса Бора и Энрико Ферми, которые были полукровками.

Музыка и изобразительное искусство

Композиторы — Эрнст Блох, Густав Малер, Феликс Мендельсон, Джакомо Мейербер, Жорж Бизе, Арнольд Шенберг, Аарон Копланд и Джордж Гершвин.

Дирижеры — Леонард Бернстайн, Даниэль Баренбойм, Юджин Орманди, Эрих Лейнсдорф, Артур Фидлер, Андре Превен, сэр Джордж Солти, Джордж Шелл и Андрей Костеланец.

Пианисты — Артур Рубинштейн, Владимир Горовиц, Даниэль Баренбойм, Эмиль Гиллельс, Владимир Ашкенази, Рудольф Серкин.

Скрипачи — Яша Хейфец, Давид и Игорь Ойстрахи, Исаак Стерн, Йегуди Менухин, Ицхак Перельман, Пинхас Цукерман и Генрик Шеринг.

Виолончелисты — Григорий Пятигорский, Давид Проппер, Бернард Кассман, Леонард Розе.

Евреи Бенни Гудман и Гарри Джеймс были известны во всем мире как джазовые композиторы и исполнители. Боб Дилан был известнейшим американским исполнителем народных песен. Элтон Джон — популярный певец с международной известностью.

В истории пластических искусств прошлого нет крупных мастеров-евреев. Но в последние сто лет евреи внесли вклад в мировое изобразительное искусство. Вот несколько имен: Амедео Модильяни, Камил Писсарро, Марк Шагал, Макс Вебер, Макс Либерман, Якоб Эпштейн, Жак Липшиц.

Literature

Jews have played a particularly important role in 20th century American writing. Among the most famous American Jewish authors are Saul Bellow, Joseph Heller, Bernard Malamud, Philip Roth, J.D. Salinger, Leon Uris, Edna Ferber, Herman Wouk, Norman Mailer, Irving Stone and Elie Wiesel (who lives in the U.S. but writes in French; all his works are translated into English). Playwrights include Lillian Hellman and Arthur Miller. Poets include Allen Ginsberg and Gertrude Stein.

Other writers with an international reputation include the Italian novelist Alberto Moravia; the Czech novelist Franz Kafka; the German poet and essayist Heinrich Heine; the French novelist Marcel Proust; the French author Andre Maurois; the Hungarian-British novelist and write Arthur Koestler; the British playwright Harold Pinter; the British writer Israel Zangwill; the Canadian novelist Mordechai Richler; the Soviet writers Isaac Babel, Ilya Ehrenburg, Ilya Ilf, Osip Mandelshtam and Boris Pasternak; and the Yiddish writers Sholom Aleichem, who lived in Russia, and Isaac Bashevis Singer, who lives in the United States.

Thoughts and Ideas

A survey by a distinguished American magazine of the leading American intellectuals found that one-half were Jewish. In the USSR, Jews who comprise less than 1% of the total population, account for 14% of all doctors of science. In other countries as well, for example Britain and France, Jews are disproportionately well-represented among leading university professors and the so-called intellectual elite.

Leading scholars have included Harold Laski, political theorist; David Ricardo, economist; Raymond Aron, political scientist; Emile Durkheim, sociologist and anthropologist; Karl Marx, economist, sociologist and philosopher; Gyorgy Lukacs, philosopher and former president of the Hungarian Academy of Sciences; Isaiah Berlin, political and

Литература

Наиболее значительный вклад евреи внесли в американскую литературу XX века. Среди известных писателей Америки много евреев: Сол Беллоу, Джозеф Хеллер, Бернард Маламуд, Филип Рот, Д. Ж. Сэлинджер, Лион Урис, Эдна Фербер, Герман Вук, Норман Мэйлер, Ирвинг Стоун и Эли Визель, который живет в США, но пишет по-французски (все его работы переведены на английский язык. Драматурги — Лилиан Хелман и Артур Миллер. Среди поэтов наиболее известен Аллан Гинзберг.

В других странах евреи также внесли свой вклад в национальные литературы стран, в которых они живут: Альберто Моравиа, Франц Кафка, Генрих Гейне, Марсель Пруст, Андре Моруа, Артур Кестлер, Хэрольд Пинтер, Израэль Зэнгуилл, Мордехай Рихлер, Исаак Бабель, Илья Эренбург, Илья Ильф, Осип Мандельштам и Борис Пастернак. К этим именам можно добавить писателей, писавших на идише: Шолом-Алейхем — в России и Исаак Башевис Зингер — в США.

Мир идей

Исследование современной американской интеллигенции показало, что половина американских интеллектуалов — евреи. В СССР, где евреи составляют всего один процент населения, 14 процентов докторов наук — евреи. Евреи других стран, например Англии и Франции, составляют значительную часть ведущих университетских профессоров и так называемой интеллектуальной элиты.

Среди ведущих ученых — политический теоретик Хэрольд Ласки, экономист Давид Рикардо, специалист по политическим наукам Раймон Арон, социолог и антрополог Эмиль Дюркгейм, экономист, социолог и философ Карл Маркс, философ и бывший президент Венгерской Академии наук Дьердь Лукач, специалист по теориям политики и общества Исайя Берлин,

social theorist; Herbert Marcuse, political philosopher; Claude Levi-Strauss, anthropologist; Franz Boas, founder of American cultural anthropology; Erich Fromm, social heorist; Rosa Luxemburg, political theorist; Martin Buber, philosopher of religion; Baruch Spinoza, philosopher; Ludwik Zamenhof, creator of the international language Esperanto; and Cesare Lombroso, founder of the field of criminology.

Politics and World Affairs

Leon Blum (France), premier in the Popular Front government, 1936-1937; vice-premier, 1937-1938; premier, 1938; head of interim government, 1946-1947; vice-premier, 1948. Pierre Mendes France (France), premier, 1954-1955. Rene Mayer (France), at various times minister of transport, finance, defense and justice; prime minister, 1952-1953. Simone Weil (France), minister of health and third-ranking member of the French government in 1978. Bruno Kreisky (Austria), chancellor, 1970-1983. Benjamin Disraeli (Britain), prime minister, 1868, 1874-1880. Lord Reading (Britain), viceroy of India, 1920-1926; foreign secretary, 1931. Sidney Sonnino (Italy), prime minister, 1906, 1909-1910; foreign minister, 1915-1919. Liuigi Luzzatti (Italy), prime minister, 1910. Sir Isaac Isaacs (Australia), chief justice of the High Court, 1930-1931; governor general, 1931-1936. Michael Myers (New Zealand), chief justice, 1929-1946. Sir Julius Vogel (New Zealand), premier, 1873-1875, 1876. Bela Kun (Hungary), head of Communist government during its brief reign from March to August 1919. Matyas Rakosi (Hungary), secretary of the Hungarian Communist Party, 1945-1956; premier, 1952-1953. Rudolph Slansky (Czechoslovakia), general secretary of Czech Communist Party, 1948-1950; vice-premier, 1948-1951. In the early days of the Soviet state, Kamenev, Zinoviev, Trotsky, Sverdlov, Radek and Dimanshtein played important roles. (Of the 23 members of the Central Committee elected at the 6th Party Congress in July 1917, seven were Jewish.) Henry Kissinger (United States),

политический философ Герберт Маркузе, антрополог Клод Леви-Стросс, основатель американской культорологической антропологии Франц Боаз, теоретик общества Эрих Фромм, политический теоретик Роза Люксембург, религиозный философ Мартин Бубер, философ Барух Спиноза, создатель международного языка эсперанто Людвик Заменхофф и основатель криминологии Чезаре Ломброзо.

Политика и международные отношения

Леон Блюм — премьер-министр в правительстве Народного Фронта во Франции в 1936-37 годах, вице-президент в 1937-38 годах, премьер-министр в 1938 году, глава временного правительства в 1946-47 годах, заместитель премьера в 1948 году. Пьер Мендес — премьер-министр Франции в 1954-55 годах. Рене Майер — в разное время министр транспорта, финансов, обороны и юстиции во Франции, в 1952-1953 годах — премьер-министр. Симон Вейль — президент Европейского парламента, министр здравоохранения и третий по рангу член французского правительства в 1978 году. Бруно Крайский — канцлер Австрии в 1970-1983 годы. Бенджамен Дизраэли — премьер-министр Великобритании в 1868, 1874-80 годах. Лорд Рединг — вице-король Индии в 1920-26 годах, министр иностранных дел в 1931 году. Сидней Соннино — премьер-министр Италии в 1906,1909-1910 годах и министр иностранных дел в 1915-1919 годах. Луиджи Луццати — премьер-министр Италии в 1910 году. Сэр Исаак Айзекс, председатель Верховного суда Австралии в 1930-1931 годах, в 1931-1936 годах — генерал-губернатор. Майкл Майерс — верховный судья Новой Зеландии в 1929-46 годах. Сэр Джулиус Вогель — премьер-министр Новой Зеландии в 1873-75 и в 1876 годах. Бела Кун — глава коммунистического правительства Венгрии, существовавшего с марта по август 1919 года. Матиаш Ракоши — секретарь Венгерской Коммунистической партии в 1945-56 годах, премьер-министр в 1952-53 годах. Рудольф Сланский — генеральный секретарь Коммунистической партии Чехословакии в 1948-1950 годах, президент — в 1948-1951 годах. Каменев, Зиновьев, Троцкий, Свердлов, Радек и Дименштейн были крупнейшими

national security adviser to the president, 1969-1975; secretary of state, 1973-1977. Arthur Goldberg (United States), secretary of labor, 1961-1962; Supreme Court justice, 1962-1965; ambassador to the United Nations, 1965-1968; ambassador to the Belgrade Conference, 1977-1978. Louis Brandeis (United States), Supreme Court justice, 1916-1939. Felix Frankfurter (United States), Supreme Court justice, 1939-1962. Edward Koch (United States), mayor of New York, 1977-1989. In the U.S. in 1988, there were seven Jewish senators and 28 congressmen. In Britian, three members of the cabinet, 28 of 635 members of the House of Commons, and 45 of 1,100 members of the House of Lords were Jewish, including Chief Rabbi Immanual Jakobovits who, in 1988, became the first rabbi to sit in the House of Lords.

Cinema

It is well-known that many in the U.S. entertainment industry, in Hollywood and elsewhere, have been Jewish. One of the reasons is that this was an entirely new field when the mass of Jews arrived in the U.S. between 1881 and 1914. Consequently, there was less likelihood of meeting entrenched interests or anti-Semitism, and such factors as family connections were less important than in other industries. The major movie producers - MGM, Paramount, Warner Brothers, 20th Century Fox and others - were founded by Jews, in many cases immigrants from Central and Eastern Europe. But Jewish participation in cinema has been prominent not only in the U.S. but in other countries as well.

World-famous directors include: Milos Forman and Jan Kadar of Czechoslovakia and the U.S.; Sir Alexander Korda, Richard Lester and John Schlessinger of Britain; Fritz Lang of Austria; Claude Lelouch of France; and Mel Brooks, Stanley Kubrick, Mike Nichols, Woody Allen, Billy

политическими фигурами на заре советской истории (из двадцати трех членов Цетрального Комитета, избранных на VI Съезде партии в июле 1917 года, семь были евреи). Генри Киссинджер — советник президента США по национальной безопасности в 1969-75 годах, государственный секретарь в 1973-77 годах. Артур Гольдберг — министр труда США в 1961-62 годах, верховный судья в 1962-65 годах, представитель в ООН в 1965-68 годах, представитель на Белградской Конференции в 1977-78 годах. Луис Брандейс — член Верховного суда США в 1916-39 годах. Феликс Франкфуртер — член Верховного суда США в 1939-62 годах. Эдвард Коч — мэр Нью-Йорка с 1977 года по 1989 год. В 1989 году момент в США были семь сенаторов и двадцать восемь членов Конгресса — евреи. В Англии три члена кабинета министров, 28 из 635 членов Палаты Общин, и 45 из 1100 членов Палаты лордов — евреи, включая Главного Раввина Иммануила Якубовича, который в 1988 году стал первым раввином, занявшим место в Палате Лордов.

Кинематограф

Хорошо известно, что евреи весьма широко представлены в „индустрии развлечений" США. Одна из причин этого явления — в том, что эта область только зарождалась в период массовой эмиграции евреев (1881-1914). Соответственно, в ней было легче начинать, чем в традиционных отраслях индустрии, где были крепки семейные связи, а также наличествовал антисемитизм, блокировавший деятельность евреев. Наиболее известные киностудии — Эм-Джи-Эм, „Парамаунт", „Уорнер Бразерс", „XX век. Фокс" и другие — были основаны евреями, часто иммигрантами из Восточной и Центральной Европы. Но и в других странах роль евреев в кинематографе очень значительна.

Среди наиболее известных режиссеров-евреев чешские режиссеры Милош Форман и Ян Кадар (теперь в США), сэр Александр Корда, Ричард Лестер и Джон Шлессинджер из Великобритании, австриец Фриц Ланг, француз Клод Лелуш и Мел Брукс, Стэнли Кубрик, Майк Николс, Вуди Аллен, Билли

Wilder, Stanley Kramer, Joseph Mankiewicz, William Wyler and Otto Preminger of the U.S.

Actors have included such internationally-known figures as Kirk Douglas, Dustin Hoffman, Barbra Streisand, Jerry Lewis, Edward G. Robinson, Charlie Chaplin, Paul Newman, Peter Sellers, Woody Allen, the Marx Brothers, Eddie Cantor, Peter Lorre, Danny Kaye, Elliot Gould, Goldie Hawn and Simone Signoret.

Chess

Wilhelm Steinitz of Austria was world chess champion from 1866 to 1894 and was defeated by his pupil Emmanuel Lasker of Germany who held the world title from 1894 to 1921. Other Jewish world titlists have included Mikhail Botovnik of the Soviet Union, 1948-1957, 1958-1960 and 1961-1963; Mikhail Tal of the Soviet Union, 1960-1961; Bobby Fischer of the United States who won the world title in 1972 and later forfeited it; and Gary Kasparov, the current world champion who is half-Jewish and half-Armenian, from the USSR.

Sports

In the minds of many Jews and non-Jews, Jews are not traditionally associated with international-level sports competition, but there is really no basis for such an assumption. Between 1896 and 1980, Jewish athletes competing in the Olympic Games won a total of 123 gold medals, 78 silver medals and 78 bronze medals. Hungarian Jewish athletes won 82 medals, including 32 in fencing and 14 in gymnastics; American Jewish athletes garnered 53 medals, including 15 in track and field and 14 in swimming; and Soviet Jewish athletes won 41 medals, including 13 in swimming. Mark Spitz, the American swimmer, won an unprecedented seven gold medals at the Munich Olympic Games in 1972.

Уайлдер, Стэнли Крамер, Джозеф Манкевиц, Уильям Уайлер, Отто Премингер и Роман Полянский (французский гражданин, работавший в США) в Америке.

Среди актеров пользуются международной известностью Кирк Дуглас, Дастин Хоффман, Барбара Страйзанд, Джерри Льюис, Эдуард Г. Робинсон, Чарли Чаплин, Пол Ньюмэн, Питер Селлерс, Вуди Аллен, братья Маркс, Эдди Кантор, Питер Лорри, Дэнни Кэй, Элиотт Гулд, Голди Хон и Симона Синьоре.

Шахматы

Австриец Вильгельм Стейниц был чемпионом мира по шахматам с 1866 по 1894 год и потерпел поражение от своего ученика, немецкого еврея Эммануэля Ласкера, который оставался чемпионом мира с 1894 по 1921 год. Среди других евреев-чемпионов мира — советский гроссмейстер Михаил Ботвинник (1948-57, 1958-60 и 1961-63), советский шахматист Михаил Таль (1960-61 годы), американец Бобби Фишер, который выиграл титул чемпиона мира в 1972 году и впоследствии отказался его защищать, и нынешний чемпион Гарри Каспаров, полуеврей-полуармянин из СССР.

Спорт

По традиции многие евреи и неевреи не считают евреев спортсменами международного класса, но такая точка зрения абсолютно необоснована. Между 1896 и 1980 годами еврейские атлеты, принимавшие участие в Олимпийских играх, выиграли 123 золотых медали, 78 серебряных и столько же бронзовых. Венгерские еврейские атлеты выиграли 82 медали, включая 32 в фехтовании и 14 в гимнастике. Американские еврейские атлеты выиграли 53 медали, включая 15 в легкой атлетике и 14 — в плавании, а советские спортсмены-евреи выиграли 41 медаль, из них 13 — в плавании. На Олимпийских играх 1972 года в Мюнхене американский еврей, пловец Марк Спиц выиграл семь золотых медалей — первый рекорд такого рода.

Nobel Prizes

Nobel Prizes, the world's most prestigious honors, have been given annually in physics, chemistry, physiology or medicine, literature and peace since 1901, and a sixth prize - in economics - has been awarded since 1969. By 1987, winners of Jewish descent included at least 37 persons for physiology or medicine, 28 for physics, 16 for chemistry, nine for literature, nine for economics and six for peace.

The above lists are, of course, incomplete. They could be much longer and still not convey either the quantity or quality of the contributions made by Jews in the above and other fields. Indeed, whole areas of endeavor have been left out because of space limitations - areas like journalism, architecture, engineering and industry where Jews have played active and innovative roles.

Jews can take pride in their contribution to the world's intellectual and scientific development and progress.

Нобелевские премии по физике, химии, физиологии или медицине, литературе и борьбе за мир — считаются самыми престижными в мире и присуждаются с 1901 года, премия в области экономики присуждается с 1969 года. К 1987 году среди нобелевских лауреатов по крайней мере тридцать семь евреев получили премию за работы в медицине или физиологии, двадцать восемь — в физике, шестнадцать — в химии, девять — в литературе, девять — в экономике и шесть — за борьбу за мир.

Списки, приведенные здесь, разумеется, не полны. Их можно было бы продолжать и продолжать, и они все-таки не охватили бы всей полноты вклада евреев во все области человеческой деятельности. Действительно, из-за нехватки места сюда не были включены целые области, такие как журналистика, архитектура, инженерное дело и промышленность, где евреи играли и играют немалую роль.

Евреи могут гордиться своим вкладом в науку и культуру.

A PERSONAL ACCOUNT
OF ISRAEL'S INDEPENDENCE

It may be of interest to read the personal story of one young Israeli's activities during the years leading to independence. (The author has asked that his name not be used.)

"By the end of the Second World War, we young Jews in Eretz Yisrael had the feeling that the time had come for our independence. Great changes were taking place in the world and we believed that it was necessary for us, too, to take action. Millions of our brethren had been slaughtered in the Holocaust without the intervention of the Allied nations to prevent or diminish the extent of the genocide. Only for political reasons were the transport lines to Auschwitz, for example, not bombed by the Allies. Such bombing might have made the systematic destruction of European Jewry that much more difficult to execute.

As the full extent of the tragedy of European Jewry became known, we had only one recurrent feeling: If we are not prepared to help ourselves, there is no one else who will. We realized the necessity to make preparations to lead the Jews in the Diaspora, and especially the Displaced Persons who remained in Europe after the war's end, toward the creation of a free and recognized homeland for all of us.

Thus the end of the Second World War did not bring with it our demobilization and a return to 'normal lives.' The real work now began in earnest. I remained a full-timed member of the *Haganah** and was appointed the area

---

* *Haganah* is the Hebrew word for "defense." Here it refers to the organization that was originally organized for the protection of Jewish settlements in Palestine against Arab attacks. Later, although declared illegal by the British, it continued the fight against the occupying British at the same time that it carried on with defense preparations for the Arab attack expected after Israel's independence.

КАК ИЗРАИЛЬ СТАЛ НЕЗАВИСИМЫМ

Воспоминания участника и свидетеля этих событий

Возможно, вам будет интересно прочитать рассказ о том, что происходило в жизни одного молодого израильтянина в годы перед получением Израилем независимости (он попросил нас не называть его имени).

„К концу второй мировой войны мы, молодые евреи Эрец Исраэль чувствовали, что пришло время нашей независимости. В мире происходили большие перемены, и мы считали, что нам также необходимо было действовать. Миллионы наших братьев погибли в Катастрофе, и союзники даже не пытались предотвратить геноцид или хотя бы уменьшить его масштабы. Например, по чисто политическим причинам союзники не бомбили транспортные линии, ведшие в Освенцим. А ведь такие бомбежки могли бы сильно помешать систематическому уничтожению европейского еврейства.

По мере того как становились известны подробности трагедии европейского еврейства, нас преследовало только одно чувство — ощущение того, что, если мы сами не готовы помочь себе, никто другой нам не поможет. Мы понимали необходимость подготовки евреев Рассеяния и особенно перемещенных лиц, оставшихся в Европе по окончании войны, к мысли о создании свободного и всеми признаваемого государства для всех нас.

Таким образом, конец второй мировой войны не принес нам демобилизации и возвращения к „нормальной жизни". Всерьез началась настоящая работа. Я продолжал все время работать на *Хагану*,* и меня назначили командующим района,

---

* На иврите „Хагана" означает „защита". „Хагана" — название организации, созданной вначале для защиты еврейских поселений в Палестине от нападений арабов. Позднее, хотя англичане и запретили ее, „Хагана" продолжала борьбу против английской оккупации и одновременно готовилась к защите от нападения арабов, которое ожидалось после провозглашения независимости Израиля.

commander for the zone known as the Jerusalem Corridor. In the few remaining years prior to independence, it was our task to prepare the Jewish settlements for their individual and collective defense, and to insure that the road to Jerusalem would remain open in time of conflict. We organized and trained units, prepared commanders for their leadership roles, collected and distributed arms, and established contingency plans in the event of war.

We all knew that something was astir, that we would be attacked by at least some of our Arab neighbors once the British left Palestine, and that we would surely have no one but ourselves on whom to rely for our defense. By 1947, in fact, it became clear that the forthcoming battle would include the regular armies of at least three, and possibly more, Arab countries who would try to fill the vacuum left by the departing British.*

The Arab armies, we knew, were equipped with armored cars, tanks, aircraft, field guns and other modern equipment, not to speak of their numerical superiority. Not only were our arms numerically insufficient to equip each fighting person, much of the equipment was obsolete.

At the same time that we were making tactical plans for the impending Arab invasion, we were also engaged in a military and paramilitary struggle against the British. We did our best to facilitate the aliyah of hundreds of thousands of Holocaust survivors who waited in Europe for passage to *Eretz Yisrael* and the chance to start a new life, while the British did what they could to impede the movement. Equally large numbers of Jews in Arab countries were in ever-increasing danger as the moment of Israel's independence approached with the concomitant war threat.

In the summer of 1947, I received word from *Haganah* headquarters to join a unit in Europe. Our first task was to organize the Jews in Europe for their own self-defense. This was especially important in Central Europe where the

---

* In fact, five countries were to attack Israel - Egypt, Iraq, Jordan, Lebanon and Syria.

известного как Иерусалимский коридор. В немногие годы, оставававшиеся до получения независимости, нашей задачей была подготовка еврейских поселений для индивидуальной и общей обороны и обеспечение открытого доступа к дороге в Иерусалим во время постоянно возникающих конфликтов. Мы организовывали и тренировали части, готовили людей возглавить борьбу, собирали и распределяли оружие, разрабатывали планы на случай начала войны.

Мы все твердо знали, что что-то готовится, что как только англичане уйдут из Палестины, арабы нападут на нас, * и что нам не на кого полагаться в деле нашей защиты. К 1947 году стало очевидно, что армии по меньшей мере трех арабских стран примут участие в будущей войне, что они попытаются заполнить вакуум, оставленный уходящими англичанами.

Мы знали, что у арабских армий есть бронетранспортеры, танки, самолеты, полевая артиллерия и другая современная техника, не говоря уже о том, что численно они превосходили нас во много раз. У нас не хватало оружия даже на всех бойцов, к тому же значительная часть его устарела.

Одновременно с тактическим планированием защиты против арабского вторжения мы вели военную и полувоенную борьбу с англичанами. Мы делали все возможное для того, чтобы облегчить алию сотням тысяч переживших Катастрофу евреев, которые ждали въезда в Израиль в Европе как начала новой жизни. Но англичане делали все возможное для того, чтобы помешать их переезду. Опасность для евреев, проживавших в арабских странах, возрастала по мере того, как наступал час независимости Израиля, потому что грядущий военный конфликт с арабскими странами в этом случае был неизбежен.

Летом 1947 года я получил из штаба „Хаганы" приказ прибыть в распоряжение ее отделения в Европе. Нашим первым заданием была организация европейских евреев для самозащиты. Это было особенно важно в Центральной Европе,

---

* И на самом деле, на Израиль напали пять стран — Египет, Ирак, Иордания, Ливан и Сирия.

governments had not yet consolidated themselves. As a result, Jewish war survivors became victims of locally-inspired violence in Poland and other countries. Our second task was to oversee the transfer of these Jews to Western Europe from where they could be transported to *Eretz Yisrael*.

I was in Prague when the historic U.N. decision was announced to partition British-occupied Palestine into a Jewish state, an internationally-administered Jerusalem, and an Arab area in Transjordan and the Western Galilee. It was on November 29, 1947. That evening we all gathered in the room of one of my colleagues and celebrated the good news. Among those present was a man who would later become famous as Ike, the captain of the aliyah ship 'Exodus.' Ike was, in fact, on his way to meet the ship when the news from the United Nations was broadcast. Even though we all enjoyed ourselves that evening, each of us knew that while one struggle - that of creating the State of Israel - may have finally been resolved, another struggle - a likely war with the neighboring Arab states - still lay before us.

Our immediate reaction to the news was to want to return home. We were all officers and felt that our services would now be needed more than ever. We urged our commanders to send us back, but we were told that our presence in Europe had become all the more important. The principal tasks before us now were to speed up the movement of refugees to *Eretz Yisrael* and to purchase modern weaponry (tanks, aircraft, small arms) for Israel. I well recall a conversation I had at the time with a colonel in the Czech air force. He had made a very interesting calculation of the military line-up in the Middle East, and logically concluded that by all the rules of classical military warfare we would have no chance to defend our still-to-be-born state against the Arab states. My response was that he was absolutely right if one were to consider numbers alone, but that he had overlooked the most important factor of all, the human factor. The Jews knew that they only had two alternatives: to fight or be destroyed.

где правительства еще не консолидировались. В результате в Польше и других странах, евреи, пережившие войну, стали жертвами местных проявлений насилия. Нашей второй задачей было наблюдение за переправкой этих евреев в Западную Европу, откуда их, в свою очередь, можно было перевезти в *Эрец Израэль.*

Я был в Праге, когда ООН приняла историческое решение о разделении оккупированной англичанами Палестины на еврейское государство, международный Иерусалим и арабскую часть в Трансиордании и Западной Галилее. Это произошло 29 ноября 1947 года. В тот вечер мы все собрались в комнате одного из моих коллег, чтобы отпраздновать радостную новость. Среди собравшихся был человек, который в будущем стал известен как Айк, капитан „Экзодуса" — корабля алии. Когда новости передали по радио, Айк как раз был на пути к своему кораблю. Хотя этот вечер стал для нас праздником, каждый из нас знал, что хотя борьба за создание государства Израиль нами выиграна, нас ждет близкая война с соседними арабскими государствами.

Новость о создании Израиля вызвала острое желание попасть домой. Все мы были офицерами и чувствовали, что мы нужны нашей стране, как никогда раньше. Мы упрашивали наших командиров послать нас домой, но нам говорили, что наше присутствие в Европе стало еще более важным и необходимым. Нашими главными задачами теперь стали ускорение темпа движения беженцев в *Эрец Израэль* и приобретение современного оружия (танков, самолетов, стрелкового оружия) для Израиля. Я хорошо помню разговор, который был у меня в то время с одним полковником чешских ВВС. Он сделал очень интересные расчеты военного положения на Ближнем Востоке и пришел к логическому выводу, что по классическим правилам ведения войны у нас не было и шанса успешно защитить наше еще не рожденное государство против арабских государств. Я ответил, что он, разумеется, абсолютно прав, если считаться только с цифрами, но что он не учел самого важного фактора — человеческого. Евреи знали, что у них есть только одна альтернатива — сражаться или быть уничтоженными.

I pointed out that he had not included in his military equation our strong will to survive and to live as a people in our historic homeland, as well as our resourcefulness. The Arabs, I said, were an army attacking a foreign territory without particular motivation and with low levels of training. These factors would be enough to offset the sheer weight of numbers, although there was no doubt that a war would cause incalculable pain and suffering for all sides. I should emphasize here that even though we thought of the impending war, none of us relished the idea. None of the settlers in *Eretz Yisrael* wanted a war and everything possible was done to avoid a conflict.

On Independence Day, May 14 - 15, 1948, I was in Italy commanding a school of unit leaders chosen from among the Jewish refugees in the country. It would soon be their responsibility to take command of groups of refugees both during the passage to, and on arrival in, Israel. I remember hearing the declaration of our independence on an old radio which by some miracle managed to receive the Voice of Jerusalem. It was midnight and I was alone in my office. The news came over the radio. I wept. I don't know if it was from the joy of a dream fulfilled, from sorrow that my parents and sister who had planted this dream in me were not alive on this historic day and able to share in the happiness, from sadness that I was separated from my new wife who was in Israel at the time, or from anxiety at what would now happen to our new country. There was so much on my mind that sleep was impossible. Would the Arab states now attack? Would we able to defend ourselves? Where were my friends? Why was I so far away from the events at hand? Would our small state be able to absorb the hundreds of thousands of refugees who would now be able to enter without British interference, at the same time that it might be fighting a war for its very survival? Would the Middle East ever see true peace and friendship between Israel and her neighbors? Would the big powers - the U.S., Britain, France and the Soviet Union - assist us or only pursue their own interests in the area?

Я также указал ему, что в свое военное уравнение он не включил нашей сильной воли к выживанию и нашего желания жить как свободный народ на нашей исторической родине, а также нашей инициативности и изобретательности. Арабы, сказал я, будут армией, напавшей на чужую территорию, особого желания воевать у них не будет, а уровень их военной подготовки низок. Эти факторы, полагал я, были гораздо убедительнее цифр, хотя не было никаких сомнений в том, что война принесет обеим сторонам бесконечную боль и страдания. Я должен подчеркнуть здесь, что, хотя все мы думали о неизбежной войне, никто из нас не радовался ей. Никто из поселенцев в *Эрец Израэль* не хотел войны, и делалось все возможное для предотвращения конфликта.

В День Независимости 14-15 мая 1948 года я был в Италии, где возглавлял школу для руководителей, выбранных из находившихся там еврейских беженцев. Скоро они должны были взять на себя ответственность за переезд и устройство новых граждан Израиля. Я помню, как по старому приемнику, который каким-то чудом принимал „Голос Иерусалима", я услышал Декларацию Независимости. Была полночь, и я был один в своем кабинете. Я услышал эти новости по радио и заплакал. Я не знал, были ли это слезы радости от сознания сбывшейся мечты, или то были слезы скорби о том, что мои родители и сестра, которые заронили в мою душу эту мечту, не дожили до этого исторического дня и не могли разделить моей радости, были ли это слезы разлуки с моей молодой женой, которая была в Израиле, или слезы беспокойства за нашу новую страну. В голове у меня было столько мыслей, что сон не шел. Начнут ли арабские государства наступление прямо сейчас? Сможем ли мы защитить себя? Где мои друзья? Почему я нахожусь так далеко от происходящих событий? Будет ли в силах наше маленькое государство принять сотни тысяч беженцев, которые теперь смогут приехать без помех со стороны англичан, и одновременно вести войну за само свое существование? Увидит ли когда-нибудь Ближний Восток подлинную дружбу между Израилем и его соседями? Будут ли великие державы — США, Великобритания, Франция и Советский Союз — помогать нам или сосредоточатся только на собственных интересах в нашем регионе?

After a sleepless night, I was invited the next day to visit the local village mayor. This turned out to be one of the best consolations I could ever have had. He greeted me with the following words: 'Now no matter what happens, you Jews will be the masters of your own destiny.' And then a local group of wartime anti-fascist partisans gave me a small package of weapons that they had captured from the Germans, and their spokesman added these words: 'We hope that these weapons will help a persecuted people to defend their homeland.'

These words crystallized my own feelings: We, Jews, had finally become responsible for our own future. We were no longer going to be bullied or manipulated by others, no longer going to be second-class citizens with the threat of anti-Semitism forever hanging over our heads as minorities in other countries. I think that every Israeli, every Jew must repeat these words from time to time and grasp their full meaning.

The idea was phrased very well by a former Czech officer, a man who had been decorated with the highest Soviet honor for bravery during the Second World War. He told a group of *olim* (immigrants to Israel): 'You will not have white bread in Israel; you will eat black bread instead. But that bread will be your bread which you have made from the fields of grain sown with your own hands.' To me, these words represent the true spirit of independence."

На следующий день после бессонной ночи меня пригласили к мэру деревни, где мы стояли. Эта встреча оказалась одной из лучших наград, которые я мог бы получить. Он приветствовал меня такими словами: „Что бы ни произошло, вы, евреи, будете хозяевами собственной судьбы". А затем группа бывших партизан-антифашистов подарила мне оружие, которое они захватили у немцев, и один из них сказал: „Мы надеемся, что это оружие поможет преследуемому народу защищать свою родину".

Эти слова точно выражали мои собственные чувства: мы, евреи, наконец сами несли ответственность за наше будущее. Другие больше не могли ни играть, ни манипулировать нашей судьбой. Мы больше не должны были быть гражданами второго сорта, людьми, над головами которых всегда нависала угроза антисемитизма, в каких бы странах мы ни жили. Я думаю, что время от времени каждый израильтянин и каждый еврей должен мысленно повторять эти слова и пытаться понять их подлинное значение.

Эту же мысль хорошо выразил бывший чешский офицер, который получил высшую советскую награду за храбрость во второй мировой войне. Он сказал группе *олим* (иммигрантов в Израиль): „В Израиле у вас не будет белого хлеба, вместо него вы будете есть черный. Но этот хлеб будет вашим собственным хлебом, выращенным на полях, вспаханных вашими собственными руками". Для меня эти слова воплощают подлинный дух независимости.

A CHRONOLOGICAL HISTORY OF ISRAEL

Though a young, modern-day country, Israel's history is, as you know, rich, detailed and complex. The extraordinary story of Israel's creation - its rapid progress into a developed, technologically advanced society, its integration of hundreds of thousands of immigrants from dozens of countries, its transformation of desert into garden, its ability to withstand Arab efforts to destroy it - have captured the world's imagination and filled hundreds of books. The history presented here is necessarily brief, sketchy and selective. It would be impossible to cover so much detail in such limited space. Instead, we have chosen some of the highlights - the joyous moments and the tragic ones, the hopes and anxieties of a young nation facing countless challenges and hurdles in its quest for normalcy and security.

1948 - At midnight, between May 14 and 15, the British Mandate for Palestine expired and the State of Israel was created. The Declaration of the Establishment of the State of Israel reads as follows (excerpts):

Eretz Yisrael was the birthplace of the Jewish people. Here their spiritual, religious and political identity was shaped. Here they first attained to statehood, created cultural values of national and universal significance and gave to the world the eternal book of books.
After being forcibly exiled from their land, the people kept the faith with it throughout their dispersion and never ceased to pray and hope for their return to it and for the restoration in it of their political freedom.

ВАЖНЕЙШИЕ ДЛЯ ИЗРАИЛЯ СОБЫТИЯ

Хотя Израиль — молодое государство, история его, как вы знаете, богата, интересна и сложна. Необычайная история создания Израиля — его быстрое превращение в развитую страну с прогрессивной технологией, расселение в нем сотен тысяч иммигрантов из десятков стран, его превращение из пустыни в цветущий сад, его способность противостоять попыткам арабского мира уничтожить его — захватили воображение всего мира и заполняют страницы сотен книг. История Израиля представлена здесь по необходимости кратко, выборочно и без деталей. При таком ограниченном объеме книги было бы невозможно говорить об истории Израиля подробно. Поэтому мы выбрали лишь самые волнующие моменты — радостные и трагические, связанные с надеждами и тревогами молодого государства, перед которым стоят бесконечные трудности и препятствия в его стремлении к нормальной и безопасной жизни.

1948 год — в двенадцать часов ночи с 14-го на 15 мая истек срок Британского мандата на Палестину и было создано государство Израиль. Декларация об установлении государства Израиль (приводится в отрывках) гласит:

Эрец Израэль был колыбелью еврейского народа. Здесь сформировалось духовное, религиозное и политическое самосознание евреев. Здесь евреи впервые создали государство, создали культурные ценности национального и мирового значения и дали миру Библию — вечную книгу книг.

После насильственного изгнания с родной земли народ продолжал сохранять свою веру в Рассеянии и продолжал молиться и надеяться на возвращение и на восстановление своей политической свободы.

This right (of the Jewish people to establish their state) is the natural right of the Jewish people to be masters of their own fate, like all other nations, in their own sovereign state.

The State of Israel will be open for Jewish immigration and for the ingathering of the exiles; it will foster the development of the country for the benefit of all its inhabitants; it will be based on freedom, justice and peace as envisaged by the prophets of Israel; it will ensure complete equality of social and political rights to all its inhabitants irrespective of religion, conscience, language, education and culture; it will safeguard the holy places of all religions; and it will be faithful to the principles of the Charter of the United Nations.

We extend our hand to all neighboring states and their peoples in an offer of peace and good neighborliness, and appeal to them to establish bonds of cooperation and mutual help with the sovereign Jewish people settled in its own land. The State of Israel is prepared to do its share in a common effort for the advancement of the entire Middle East.

We appeal to the Jewish people throughout the Diaspora to rally around the Jews of Eretz Yisrael in the tasks of immigration and upbuilding and to stand by them in the great struggle for the age-old dream - the redemption of Israel.

1948 - The United States recognized Israel 11 minutes after its creation. The Soviet Union recognized the Jewish state three days later.

Chaim Weizman was elected president of the Provisional Council of the State. Weizman, born near Minsk in 1874, was an internationally-renowned chemist and a Zionist leader. In 1917, he had been instrumental in securing the Balfour Declaration for a Jewish National Home, and for more than 20 years he had been the president of the World Zionist Organization.

1948 - On the day of Israel's independence, Egyptian, Syrian, Jordanian, Lebanese and Iraqi armies attacked. Tel

274

Право на свое государство является естественным правом еврейского народа быть хозяином собственной судьбы, так же как являются хозяевами собственной судьбы все другие нации в своем национальном государстве.

Государство Израиль будет открыто для еврейской иммиграции и возврашения изгнанников. Оно будет развиваться на благо всех граждан страны, оно будет построено на принципах свободы, справедливости и мира, как это представлялось израильским пророкам. Оно будет предоставлять полное равенство в общественных и политических правах всем своим гражданам, независимо от их религии, самосознания, языка, образования и культуры. Оно будет охранять священные для всех религий места, следовать принципам Хартии Объединенных Наций.

Мы протягиваем руку всем соседним государствам и их народам, предлагая мир и добрососедские отношения, и призываем их установить сотрудничество и взаимную помощь с суверенным еврейским народом, живущим на своей земле. Государство Израиль готово взять на себя часть общих задач для развития всего Ближнего Востока.

Мы призываем евреев, живущих в странах Рассеяния, объединиться с евреями государства Израиль в вопросах иммиграции и восстановления и поддержать их в борьбе за воплощение многовековой мечты — восстановления Израиля.

1948 год — через одиннадцать минут после создания государства Израиль США признали его. Через три дня Израиль был признан Советским Союзом.

Президентом Временного Государственного Совета был избран Хаим Вейцман. Вейцман, родившийся в 1874 году под Минском, был химиком с международной репутацией и сионистским лидером. В 1917 году он сыграл решающую роль в создании Декларации Бальфура о еврейском национальном очаге и в течение более чем двадцати лет был президентом Всемирной сионистской организации.

1948 год — в День Независимости Израиля египетские, сирийские, иорданские, ливанские и иракские армии перешли в

Aviv was bombarded by Egyptian planes. David Ben-Gurion, born in Russian-occupied Poland in 1886 and settled in Palestine in 1906, was in charge of Israel's defense. The USSR sharply denounced the Arab aggression; Czechoslovakia supplied Israel with arms.

Bulgaria, Czechoslovakia and Poland quickly concluded agreements with Israel to facilitate the emigration to Israel of Jews from their countries. Yugoslavia and Romania permitted Jewish emigration to Israel without a specific agreement.

The U.N. arranged a cease-fire on June 11. It lasted until July 8 when the Egyptians renewed their attack. A second cease-fire, which went into effect on July 17, continued until October 15 when the battle was again resumed until a final cease-fire was declared on January 7, 1949.

On September 17, 1948, Count Bernadotte, the Swedish mediator for the United Nations, was assassinated in Jerusalem by an Israeli group who regarded him as being pro-Arab.

On December 9, the U.N. General Assembly called for the internationalization of Jerusalem. The Jordanians had occupied East Jerusalem, destroyed the Jewish quarter, and closed the Western Wall, the Jew's most sacred place, to Jewish access (not again to be visited by Jews until after the Israelis captured East Jerusalem in the Six-Day War). The Jews controlled West Jerusalem. To demonstrate Israel's attachment to Jerusalem, and notwithstanding the U.N. General Assembly action, the Israeli Knesset (Parliament) was moved from Tel Aviv to Jerusalem.

On December 11, Resolution 194 (III), adopted by the U.N. General Assembly, called upon the states in the Middle East conflict to negotiate a peace settlement. Paragraph II addressed the refugee question (when Israel was created, hundreds of thousands of Arabs living in Palestine had left the country): "Those refugees wishing to return to their homes and live in peace with their neighbors should be permitted to do so at the earliest practicable date" and "compensation should be paid for the property of those

наступлени на новое государство. Египетские самолеты начали бомбить Тель-Авив. Во главе обороны стал родившийся в 1886 году в Польше и поселившийся в Палестине в 1906 году Давид Бен-Гурион. СССР резко осудил арабскую агрессию; Чехословакия поставляла Израилю оружие.

Болгария, Чехословакия и Польша быстро заключили с Израилем соглашение, чтобы облегчить иммиграцию своих граждан в Израиль. Югословия и Румыния разрешили евреям эмигрировать в Израиль без специального соглашения.

ООН добилась прекращения огня 11 июня. Мир продолжался до 8 июля, когда египтяне возобновили наступление. Второе прекращение огня, вступившее в силу 17 июля, продолжалось до 15 октября. Окончательное прекращение огня было, наконец, объявлено 7 января 1949 года.

17 сентября 1948 года граф Бернадот, шведский посредник ООН, был убит в Иерусалиме израильской группой, считавшей его настроенным проарабски.

9 декабря Генеральная Ассамблея ООН призвала к признанию Иерусалима международной территорией. Иорданцы оккупировали восточный Иерусалим, разрушили еврейский квартал и закрыли для евреев доступ к их величайшей святыне — Западной стене (евреи снова смогли посещать ее только когда израильтяне захватили восточный Иерусалим в Шестидневной войне). Западный Иерусалим находился в руках Израиля. Чтобы продемонстрировать, как важен Иерусалим для Израиля, несмотря на решение ООН, израильский Кнессет (Парламент) был переведен из Тель-Авива в Иерусалим.

11 декабря резолюция Генеральной Ассамблеи ООН за номером 194 (III) призвала воюющие страны Ближнего Востока начать мирные переговоры. Когда Израиль был создан, сотни тысяч арабов, живших в Палестине, покинули страну. Пункт II касался вопроса о беженцах, он гласил: „Беженцы, которые хотят вернуться домой и жить в мире со своими соседями, должны получить разрешение как только это станет практически возможным", и „тем, кто предпочитает не возвращаться, должна быть выплачена компенсация за их собствен-

choosing not to return." The Arabs interpreted this resolution to mean that the refugees (Palestinians) had a free and unconditional choice between repatriation and compensation, whereas Israel argued that the refugee question could be solved only in the context of a general peace in the area, not as a separate issue.

In February and March, Israel signed armistice agreements with Egypt, Lebanon and Jordan. Regrettably, from 1949 to 1967 Jordan prevented any Israeli access to the Jewish holy sites under its control in East Jerusalem.

On July 20, 1949, an armistice was reached with Syria, the last of the parties to the conflict. The war of Independence was now finally over. Israel's toll: 4,000 soldiers and 2,000 civilians killed. No figures were available for Arab losses. Israel's territory was expanded from 6,200 square miles (16,000 square kilometers) under the original U.N. partition plan to about 8,000 square miles (20,700) square kilometers).

1948 - The first census was conducted in Israel. The state's total population was 782,000, of whom 713,000 were Jews and 69,000 Arabs.

1949 - On January 25, Israel held its first general elections. Any Christian, Moslem or Jew over the age of 21 and resident of the country for three months had the right to vote and/or stand for office. Eighty-seven per cent of the eligible voters went to the polls, following which David Ben-Gurion became the country's first prime-minister - the head of the government. (The presidency, first held by Weizmann, was a largely ceremonial post.)

1949 - On May 11, Israel was admitted to the United Nations. Within one year of its independence, Israel had been recognized by more than 50 countries.

1949 - 1950 - Operation Magic Carpet - the transplantation of practically the entire Jewish community of Yemen to Israel - was organized. Yemen's Jews, who date their origins in the country to the period of the Second Temple (i.e., some 2,000 years ago), were a highly religious and traditional community. Their Jewish culture was very

ность". Арабы интерпретировали эту резолюцию как безусловное и свободное право выбора палестинских беженцев между репатриацией и компенсацией, в то время как Израиль считал, что вопрос о беженцах может быть решен только в обстановке мира во всем регионе, а не как отдельный вопрос.

В феврале и марте Израиль подписал перемирие с Египтом, Ливаном и Иорданией. К сожалению, с 1949 по 1967 год Иордания закрыла для Израиля доступ к еврейским святым местам, находившимся под иорданским контролем в Восточном Иерусалиме.

20 июля 1949 года было подписано перемирие с Сирией — последней страной возникшего конфликта. Война за Независимость наконец закончилась. Израиль потерял четыре тысячи солдат и две тысячи гражданских лиц. Цифры арабских потерь неизвестны. Территория Израиля выросла с 6.200 кв. миль (16 тысяч кв. км) по изначальному плану ООН почти до 8.000 кв. миль (20.700 кв. км).

1948 год — первая израильская перепись населения показала, что население Израиля равнялось 782 тысячам человек, из которых 713 тысяч составляли евреи и 69 тысяч — арабы.

1949 год — 25 января в Израиле прошли первые всеобщие выборы. Любой проживший в стране не менее трех месяцев христианин, мусульманин или еврей старше двадцати одного года имел право голосовать или избираться. В выборах приняли участие 87 процентов потенциальных избирателей. Давид Бен-Гурион был избран первым премьер-министром страны — фактически главой правительства. (Пост президента, занимаемый Хаимом Вейцманом, был в основном церемониальным.)

1949 год — 11 мая Израиль был принят в Организацию Объединенных Наций. Через год со дня получения независимости он был признан более чем пятьюдесятью государствами.

1949-50 годы — операция „Ковер-самолет" — вывоз практически всех йеменских евреев в Израиль. Йеменские евреи жили в этой стране с периода Второго Храма (то есть, около двух тысяч лет назад) и сохранили почти без изменений традиции и религию древних евреев. Их культура была очень близка к древней иудейской культуре, особенно богат был их фольк-

close to ancient Hebrew culture and they possessed a rich folklore. The 46,000 Yemenite Jews who were assisted to Israel by the Jewish Agency had been permitted, but not forced, to leave Yemen, from which they proceeded on foot to Aden, a distance of as much as several hundred miles. There they were met by planes that transported them to Israel. Almost none of these Jews had ever before seen a plane, hence the name Operation Magic Carpet.

About 16,000 Yemenite Jews emigrated to Palestine between 1919 and 1948. No other country in the world sent such a high percentage of its Jewish population to Eretz Israel before the state's establishment.

1950 - An average of 500 immigrants per day arrived in Israel.

1950 - The Soviet Union stopped pressing for the internationalization of Jerusalem, thus giving implicit recognition to the city's division into Israeli and Jordanian sectors.

1950 - The Iraqi government enacted the "Special Law Authorizing the Emigration of Jews." One-hundred-twenty-thousand of 130,000 Iraqi Jews chose to emigrate to Israel and were flown there, via Cyprus, in a massive rescue and resettlement operation. Those over the age of 20 were each permitted to take $16, those aged 12 to 20 $10, and those under the age of 12 $6.

1950 - Israel's Law of Return was promulgated. "Every Jew has the right to come to this country as an *oleh* (immigrant to Israel) and become an Israeli citizen." The Minister of the Interior, however, reserved the right to withhold the law's application in cases involving criminals or those who might adversely affect the public health or order.

1950 - The United States, Britain and France agreed among themselves to preserve an arms balance between Israel and the Arab states and to resist aggression by either side. (It was not until 1962 that the U.S. began supplying

280

лор. Еврейское Агенство помогло 46 тысячам йеменских евреев, которым разрешили (но не заставили) эмигрировать в Израиль. Они пришли в Аден пешком, преодолев расстояние в несколько сотен миль. Там их посадили на самолеты и отправили в Израиль. Почти ни один из этих евреев не видел раньше самолета, отсюда и произошло название операции „Ковер-самолет”.

Между 1919 и 1948 годами 16 тысяч йеменских евреев эмигрировали в Палестину. Это самый большой процент евреев, прибывших в Израиль из одной общины.

1950 год — в среднем пятьсот иммигрантов в день приезжало в Израиль.

1950 год — Советский Союз прекратил настаивать на превращении Иерусалима в город с международным статусом, неофициально признав, таким образом, его разделение на израильскую и иорданскую части.

1950 год — правительство Ирака ввело „специальный закон разрешающий еврейскую эмиграцию”. Сто двадцать тысяч иракских евреев из ста тридцати решили эмигрировать в Израиль. Их перевезли туда на самолетах через Кипр, осуществив массовую операцию по переезду и переселению. Евреям старше двадцати лет иракское правительство разрешило взять с собой по шестнадцать долларов, евреям от двенадцати до двадцати лет — по десять, детям до двенадцати лет — по шесть долларов.

1950 год — был введен израильский закон о Возвращении. „Каждый еврей имеет право приехать в страну как *оле* (иммигрант в Израиль) и стать израильским гражданином”. Однако министр внутренних дел сохранил за собой право отказывать в этом праве людям с преступным прошлым или лицам, опасным для общества с точки зрения здравоохранения или общественного порядка.

1950 год — США, Великобритания и Франция согласились поддерживать баланс вооружений между арабскими государствами и Израилем и противодействовать агрессии с той или другой стороны. (Только в 1962 году США начали поставлять

significant amounts of arms to Israel. Until then, France was the principal supplier.)

by 1951 - The number of Jewish immigrants in the first three years of Israel's independence numbered 650,000. In addition to the Yemenite and Iraqi Jews mentioned above, 30,500 of Libya's 39,000 Jews, 37,000 of Bulgaria's 45,000 Jews, two-thirds of the surviving Polish Jewish community of 100,000 (excluding those still in the USSR), and one-third of the Romanian Jewish community of 119,000 arrived in Israel.

1951 - The U.N. Security Council called on Egypt to desist from closing the Suez Canal to Israeli and Israel-bound shipping, but the Egyptians paid no heed.

1952 - Israel, which had originally hoped to follow a non-aligned foreign policy of friendship with states of different ideologies and power blocs, strengthened its ties with the United States through various financial agreements. Also, Israel's support for the U.N. forces opposing Communist North Korea in the Korean War indicated a clear-cut foreign policy orientation.

1952 - A start was made to bring the southern half of the Negev Desert under cultivation and to create settlements in the Negev. Many new factories were opened and Israel enjoyed a period of economic expansion. A number of *kibbutzim* and *moshavim* (see Israel Glossary) were founded in the first years of the state.

1952 - An agreement was reached between Israel and West Germany under which Germany would pay approximately $715 million as partial reparations for material losses suffered by Jews during the Nazi period.

1952 - Chaim Weizmann, Israel's first president, died. Itzhak Ben-Zvi was elected his successor. Ben-Zvi, born in Poltava, Ukraine in 1884, emigrated to Palestine in 1907.

1953 - In February, a bomb went off in the courtyard of the Soviet Embassy in Tel-Aviv leading to a break in Soviet-Israeli relations. Relations were restored five months later and, as a token of the renewed ties, the USSR permit-

оружие Израилю в больших количествах. До тех пор главным поставщиком оружия Израилю была Франция.)

К 1951 году — третьему году существования Израиля 650 тысяч иммигрантов въехало в страну. Кроме упоминавшихся йеменских и иракских евреев, в Израиль иммигрировали 30 тысяч евреев из 39- тысячного еврейского населения Ливии, 37 тысяч из 45- тысячного еврейского населения Болгарии, две трети оставшихся в живых после второй мировой войны евреев из Польши (всего в Польше было сто тысяч евреев) и одна треть из 119 тысяч румынских евреев.

1951 год — Совет Безопасности ООН призвал Египет воздержаться от закрытия Суэцкого канала для израильских судов и судов других стран, направляющихся в Израиль.

1952 год — Израиль, первоначально надеявшийся следовать в своей внешней политике добрососедским отношениям со странами разных идеологий и принадлежащих к различным блокам, укрепил связи с США путем различных финансовых соглашений. Кроме того, израильская поддержка сил ООН, противостоявших коммунистическом режиму в Северной Корее в Корейской войне, продемонстрировала четкое направление во внешней политике страны.

1952 год — было положено начало созданию поселений в южной части пустыни Негев и превращению ее в плодородные земли. Открылось много новых фабрик, экономика Израиля достигла в этот период расцвета. В первые годы существования государства были также основаны много новых *кибуцим* и *мошавим* (см.: Словарь израильских терминов).

1952 год — по соглашению с Израилем Западная Германия обязалась выплатить ему около 715 миллионов долларов в качестве частичной компенсации за материальные потери, понесенные евреями в период нацизма.

1952 год — после смерти Хаима Вейцмана, первого президента Израиля, Ицхак Бен Цви был избран на его место. Бен-Цви родился в Полтаве в 1884 году и эмигрировал в Палестину в 1907 году.

1953 год — взрыв бомбы во дворе советского посольства в Тель-Авиве вызвал разрыв дипломатических отношений между двумя государствами. Они были восстановлены через пять месяцев, и в качестве залога хороших отношений СССР раз-

ted 100 Soviet Jews to be reunited with their relatives in Israel.

1953 - The Israel Foreign Ministry announced the transfer of its offices from Tel Aviv to Jerusalem. Many countries, however, including the U.S., continued to maintain their diplomatic legations in Tel Aviv as a sign of their non-recognition of Jerusalem as Israel's capital.

1953 - David Ben-Gurion resigned as prime minister and returned to his cottage home in the Negev kibbutz. President Ben-Zvi called on another Russian-born political figure, Moshe Sharett, the foreign minister since 1948, to become prime minister.

1954 - A law for the abolition of capital punishment, except in cases involving Nazi war crimes, was approved by the Knesset.

1954 - Several thousand Cochin Jews of India, who had lived in India for more than 1,500 years and preserved their strong Jewish faith while developing distinctive customs and rites, immigrated to Israel.

1954 - Israel, anxious to establish close ties with Third World countries, signed its first such accord with Burma for technical and economic cooperation.

1955 - The waters of the Yarkon River were successfully diverted to the Negev Desert and provided an enormous impetus for the agricultural development of this arid region. Israel, developing innovative irrigation methods, became a leader in the successful transformation of desert into thriving agricultural areas.

1955 - Elections were held and David Ben-Gurion returned to Jerusalem as prime minister.

1955 - President Nasser of Egypt announced a big Soviet-Czech arms deal with Egypt, marking the beginning of a consistent anti-Israel, pro-Arab policy by the Communist Bloc states.

1955 - France agreed to send arms to Israel (while continuing to sell arms to Egypt). The U.S. and Britain sent arms to Iraq, Jordan and Lebanon.

1956 - Eighteen Falasha Jews from Ethiopia came to Israel to be trained as teachers. The Falashas, according to

решил ста советским евреям воссоединиться с родными в Израиле.

1953 год — министерство иностранных дел Израиля заявило о переезде из Тель-Авива в Иерусалим. Но многие страны, включая США, сохранили дипломатические представительства в Тель-Авиве в знак того, что не признают Иерусалим столицей Израиля.

1953 год — Давид Бен-Гурион ушел в отставку с поста премьер-министра и вернулся в свой дом в киббуце в Негеве. Президент Бен-Цви призвал другого уроженца России, Моше Шаретта, который с 1948 года был министром иностранных дел, занять пост премьер-министра.

1954 год — Кнессет одобрил закон об отмене смертной казни за исключением случаев, касающихся нацистских преступников.

1954 год — несколько тысяч кохинских евреев, более полутора тысяч лет проживавших в Индии и сохранивших еврейскую религию, эмигрировали в Израиль.

1954 год — настроенный на установление тесных связей с „третьим миром", Израиль подписал первое соглашение с Бирмой о торговой и технической кооперации.

1955 год — воды реки Яркон были успешно отведены в пустыню Негев, что стимулировало развитие сельского хозяйства в этом районе. Израиль стал мировым лидером в области освоения пустынь и превращения их в процветающие сельскохозяйственные районы.

1955 год — после выборов Давид Бен-Гурион вернулся в Иерусалим в качестве премьер-министра.

1955 год — президент Египта Насер заявил о договоренности Египта с СССР и Чехословакией о крупных поставках оружия. Этот договор отметил начало последовательной антиизраильской политики коммунистических государств.

1955 год — продолжая продавать оружие Египту, Франция начала поставки оружия Израилю. США и Великобритания посылали оружие в Ирак, Иорданию и Ливан.

1956 год — восемнадцать евреев секты „Фалаша" из Эфиопии приехали в Израиль, чтобы получить профессию учителей.

their tradition, went to Ethiopia from Canaan (modern-day Israel) in the days of King Solomon. For many centuries, they had an independent state in the mountains of Ethiopia. Finally, in the 17th century, their independence was brought to a crushing end after their defeat by the Ethiopian emperor. In 1956, the Falashas numbered some 30,000, only a fraction of their total centuries ago. They have been the victims of unimaginably poor economic conditions, as well as zealous Christian missionaries. Still, they have clung tenaciously to their ancestral faith and customs. (See below - 1984 - for more information on Ethiopian Jews.)

1956 - During the first six months, an arms race was building between Israel and its Arab neighbors. Artillery duels took place on the Gaza Strip border. Some Arab leaders were speaking in warlike terms. *Fedayeen* (Arab terrorist) attacks, a problem since the creation of the state, (between 1951 and 1956, about 6,000 acts of sabotage and theft were committed by Arab infiltrators in Israel), were on the increase and Jordan agreed to allow the *fedayeen* to operate from its territory against Israel.

1956 - Golda Meir became Israel's foreign minister. Born in Russia in 1898, she went to the United States as a child and lived in Milwaukee, Wisconsin until she emigrated to Palestine in 1921. In 1948, she became Israel's first ambassador to the Soviet Union. The tumultuous reception she received by Moscow Jews in front of the Central Synagogue was one of the factors serving to increase Stalin's suspicion of Soviet Jews' loyalty to his regime, leading, in turn, to the black years of Soviet Jewry (1948 - 1953).

1956 - In July, Egypt nationalized the Suez Canal. The U.N. Security Council called for "free and open transit through the Canal without discrimination," but President Nasser announced that no Israeli ships would be allowed to pass. Tension and clashes in the area continued to increase.

In October, after the election victory of pro-Nasserite forces, Jordan joined the Egyptian-Syrian military alliance directed against Israel. Israel feared that the Arabs might be

„Фалаша" считают, что их предки отправились в Эфиопию из Ханаана (нынешнего Израиля) в дни царя Соломона. В течение многих столетий эта секта жила в независимом государстве в горах Эфиопии. Но в XVII веке они были разбиты эфиопским императором, и их независимости пришел конец. В 1956 году секта „фалаша" насчитывала 30 тысяч человек— горстка по сравнению с тем, сколько их было столетия назад. Они жили в невообразимо тяжелых экономических условиях и были жертвами фанатизма христианских миссионеров. Тем не менее они упрямо сохраняли веру и обычаи предков (см. также 1984 г.).

1956 год — в течение первых шести месяцев нарастала гонка вооружений между Израилем и его арабскими соседями. На перешейке Газы происходили артиллерийские перестрелки. Некоторые арабские лидеры делали воинственные заявления. Арабские террористы *(федаины),* чьи нападения стали бедствием для Израиля с самого начала (между 1951 и 1956 годами они совершили около шести тысяч актов саботажа и воровства) активизировались, а Иордания разрешила *федаинам* проводить со своей территории рейды против Израиля.

1956 год — Голда Меир стала министром иностранных дел Израиля. Она родилась в 1898 году в России, приехала в Соединенные Штаты ребенком и жила в Милуоках, откуда эмигрировала в Палестину в 1921 году. В 1948 году она стала первым послом Израиля в Советском Союзе. Бурный восторг, с которым московские евреи приветствовали ее появление около московской синагоги, явился одной из причин неверия Сталина в лояльность евреев к советской системе. В свою очередь, это привело к началу черных лет советского еврейства (1948-1953 год).

1956 год — Египет национализировал Суэцкий канал. Совет Безопасности ООН призвал к „свободному и открытому допуску к каналу без всякой дискриминации", но президент Насер объявил, что израильские корабли не будут проходить через канал. Напряженность и столкновения в этом районе нарастали.

В октябре, после победы пронасеровских сил на выборах, Иордания вступила в военный союз с Египтом и Сирией против Израиля. Израиль опасался, что арабы начнут наступление со

planning a military offensive from all three sides. These concerns coincided with French and British concern for the adverse effect of Nasser's nationalization of the Canal on their own economic and geo-political position.

On October 29, Israeli troops moved into Egyptian-controlled Sinai. Two days later, British and French planes bombed Egyptian military targets. Other Arab states did not join in the fighting against the Israeli-British-French forces fighting on the Egyptian front.

The United States, expressing its disapproval of the Israeli-British-French offensive, suspended its program of technical and economic assistance to Israel. The program was not resumed until April 1957.

On November 5, Israeli forces occupied the southern tip of the Sinai Desert, the strategically important town of Sharm el-Sheikh, which controls the entrance to the Red Sea leading to the Israeli port of Eilat. The Sinai campaign ended.

On February 7, 1957, Moscow unilaterally cancelled a two-year contract for oil deliveries to Israel and announced the halting of its oil deliveries because of Israel's "aggressive action" against Egypt. In exchange for oil, Israel had been exporting oranges to the USSR.

In March, despite strong misgivings, Israel withdrew its forces from the Gaza Strip and Sharm el-Sheikh. In return, a U.N. agreement established an emergency force "to secure and supervise the cessation of hostilities" and to guarantee access to Eilat via the Straits of Tiran and the Gulf of Aqaba. Pressure for Israel's withdrawal from the occupied areas came from U.S. President Eisenhower and Soviet Premier Bulganin.

Israel called for face-to-face peace negotiations with Egypt, but Cairo did not respond.

1956 - Fifty-six thousand immigrants arrived in Israel during the year, many from Egypt.

1957 - Immigrants to Israel numbered 80,000, including many Hungarian Jews and a large number of Polish Jews who had been repatriated to Poland from the Soviet Union.

всех трех сторон. Одновременно Франция и Англия проявляли беспокойство, предполагая, что национализация Суэцкого канала отрицательно скажется на их собственном экономическом и геополитическом положении.

29 октября израильские войска вступили на контролируемую Египтом территорию Синая. Через два дня английские и французские самолеты бомбили египетские военные объекты. Другие арабские страны не вступили в военные действия против израильско-франко-английских войск на египетском фронте.

В знак неодобрения тройственного наступления Англии, Франции и Израиля США прекратили техническую и экономическую помощь Израилю. Она возобновилась только в апреле 1957 года.

5 ноября израильские силы оккупировали западную оконечность Синайской пустыни, стратегически важный город Шарм-эль-Шейх, открывающий выход к Красному морю из израильского порта Эйлат. Синайская кампания закончилась.

7 февраля 1957 года Москва в одностороннем порядке прекратила поставки нефти в Израиль (соглашение было заключено на два года) по причине израильской „агрессии" против Египта. В обмен на нефть Израиль экспортировал в СССР апельсины.

В марте, несмотря на серьезные сомнения, Израиль вывел войска из сектора Газы и Шарм-эль-Шейха. В ответ ООН согласилась оставить свои силы „для обеспечения безопасности и прекращения военных действий" и гарантировать выход Израиля из Эйлата через Тиранский и Акабский проливы. От Израиля требовали отвести свои силы из оккупированных районов. На него оказывали давление президент США Эйзенхауэр и председатель Совета министров СССР Булганин.

Израиль призвал Египет к прямым переговорам, но реакции не последовало.

1956 год — 56 тысяч иммигрантов приехали в Израиль, многие из них — из Египта.

1957 год — в Израиль приехало 80 тысяч иммигрантов, включая многих венгерских и польских евреев, которые поначалу репатриировались из Советского Союза в Польшу.

1958 - Israel celebrated its tenth anniversary. The Jewish population stood at 1.8 million, representing a growth of almost 1.2 million since 1948. In a ten-year period, 940,000 immigrants arrived from dozens of countries.

During this period, industrial output doubled, industrial exports increased from $18 million in 1950 to $81 million in 1958, and the number of university students increased from 1,500 to 10,000, remarkable progress for a country that had already been burdened with two wars and the need to resettle almost one million immigrants.

1958 - Israel launched the International Cooperation Division of the Ministry of Foreign Affairs to provide technical assistance to developing countries. As will be seen, the program became a key part of Israeli foreign policy and enjoyed considerable success during the next 15 years.

1959 - Ten thousand Romanian Jews arrived in Israel amidst rumors of an imminent mass departure from Eastern Europe and the USSR for Israel. Arab states immediately denounced the Jewish emigration from Romania to Israel and the possibility of additional arrivals.

1959 - Controversy and conflict swept the Israeli government over the question of the reported sale of arms to West Germany, leading to Ben-Gurion's temporary resignation. Ben-Gurion received majority support in the Knesset for the sale and returned to office.

1959 - Trouble between North African immigrants in Israel and the authorities broke out over charges of discrimination in employment, housing and social services.

1959 - In November, Ben-Gurion was re-elected prime minister for the fourth time.

1960 - On May 23, Israel announced that Adolf Eichmann, responsible for the deaths of millions of Jews during the Holocaust, had been apprehended in Argentina by Israeli agents and secretly brought to Israel.

On June 8, Argentina lodged a protest against the illegal seizure of Eichmann, withdrew its ambassador from

1958 год — Израиль отпраздновал десятую годовщину. Еврейское население равнялось 1,8 миллионам человек — с 1948 года оно выросло на 1,2 миллиона. За десять лет в страну приехали 940 тысяч иммигрантов из многих стран.

За эти десять лет вдвое выросло промышленное производство, возрос с 18 миллионов долларов в 1950 году до 81 миллиона долларов в 1958 году промышленный экспорт, с полутора тысяч до десяти тысяч выросло число студентов в стране. Все это были ошеломляющие успехи для страны, которая вела две войны и приняла почти миллион эмигрантов.

1958 год — Израиль создал Отдел международного сотрудничества Министерства иностранных дел для оказания технической помощи развивающимся странам. Как будет ясно в дальнейшем, эта программа стала важнейшим аспектом иностранной политики Израиля и проводилась с неизменным успехом в течение следующих пятнадцати лет.

1959 год — в Израиль приехали 10 тысяч румынских евреев. Их эмиграция сопровождалась слухами о массовых отъездах из СССР и Восточной Европы в Израиль. Арабские государства немедленно осудили еврейскую эмиграцию из Румынии, как и возможность дальнейшей иммиграции в Израиль.

1959 год — правительство Израиля пережило кризис из-за сообщений о поставках оружия в Западную Германию. Он привел к временной отставке Бен-Гуриона. Бен-Гурион получил поддержку большинства в Кнессете по вопросу о поставках и снова занял свой пост.

1959 год — иммигранты из Северной Африки заявили, что подвергаются дискриминации со стороны израильских властей в области работы, жилья и социального обеспечения.

1959 год — в ноябре Бен-Гурион в четвертый раз был избран премьер-министром.

1960 год — Израиль официально заявил, что Адольф Эйхман, несущий ответственность за гибель миллионов евреев во время второй мировой войны, был захвачен в Аргентине израильскими агентами и тайно доставлен в Израиль.

8 июня Аргентина выразила протест против нелегального захвата Эйхмана, отозвала из Израиля посла и поставила воп-

Israel, and brought the matter before the United Nations. (Diplomatic relations were resumed in October.)

On April 11, 1961, Eichmann was tried before an Israeli court. His defense rested on the fact that he was only "following orders" in carrying out the systematic extermination of European Jewry.

On December 15, Eichmann was sentenced to death for "crimes against the Jewish people, crimes against humanity, and membership in hostile organizations."

On May 31, 1962, he was executed by hanging, the first and only death penalty carried out since Israel's creation.

1960 - The Shah of Iran announced formal recognition of Israel. *De facto* recognition had existed for years and much of Israel's oil had been supplied by Iran. The Shah's action provoked an outcry from Arab states.

1961 - Forty-two Moroccan Jews drowned. They had left the country illegally, seeking to reach Israel by sea. Emigration from Morocco, generally permitted, had been declared illegal from 1961 to 1964.

1961 - Israel successfully launched a rocket designed for meteorological research.

1961 - Ben-Gurion was returned to office for the fifth time.

1962 - The United States began, for the first time, large-scale delivery of arms to Israel. These arms sales have proved vital to Israel's defense.

1962 - In March, Israel's Jewish population reached two million.

1962 - Ben-Zvi, who was elected to a third term of five years as president of Israel, died in April 1963. His successor was Russian-born Zalaman Shazar who settled in Palestine in 1924.

1963 - The Knesset expressed its concern over the presence of German scientists working on missile and aircraft production in the United Arab Republic (Egypt and Syria), and asked Bonn to end these activities. The West German government promised to do what it could. The scientists reportedly returned to Germany by 1965.

рос перед ООН. (Дипломатические отношения между странами возобновились в октябре.)

11 апреля 1961 года Эйхман предстал перед израильским судом. Доводы защиты сводились к тому, что он, занимаясь систематическим уничтожением европейского еврейства, только „выполнял приказы".

15 декабря Эйхмана приговорили к смерти за „преступления против еврейского народа и человечности".

31 мая приговор был приведен в исполнение через повешение. Это была единственная смертная казнь, которой кто-либо подвергся в Израиле со дня его создания.

1960 год — шах Ирана заявил об официальном признании Израиля. Фактически Иран давно признал Израиль, и большая часть закупаемой Израилем нефти поставлялась из Ирана. Действия шаха вызвали бурный протест арабских стран.

1961 год — утонуло сорок два марокканских еврея. Они нелегально покинули страну, пытаясь добраться до Израиля морем. С 1961 до 1964 года в Марокко был наложен запрет на эмиграцию в Израиль.

1961 год — Израиль осуществил успешный запуск ракеты с целью метеорологических исследований.

1961 год — Бен-Гурион в пятый раз занял пост премьер-министра.

1962 год — США впервые начали крупные поставки оружия Израилю.

1962 год — в марте еврейское население Израиля достигло двух миллинов человек.

1963 год — Бен-Цви, в третий раз выбранный президентом Израиля сроком на пять лет, умер в апреле 1963 года. Его преемником стал родившийся в России и поселившийся в Палестине в 1924 году Залман Шазар.

1963 год — Кнессет выразил озабоченность присутствием в Объединенных Арабских Республиках (Египте и Сирии) западногерманских ученых, работавших над производством ракет и самолетов, и призвал Бонн прекратить эту помощь. Правительство Западной Германии обещало сделать все, что было в его силах. По сообщениям, к 1965 году все ученые вернулись в ФРГ.

1963 - Ben Gurion resigned as prime minister to return to his Negev *kibbutz*. He was replaced by Levi Eshkol. Born in Kiev in 1896, Eshkol settled in Palestine in 1913 where he became active in the *kibbutz,* labor and Zionist movements.

1964 - Pope Paul VI paid a 12-hour visit to Israel as part of a visit to Middle East holy sites. In Israel, the Pope carefully avoided use of the word "Israel."

1964 - Israel reached a special trade agreement with the six members of the European Common Market, thus opening new markets to Israel at reduced tariffs.

1964 - At a meeting of the Palestine National Council in East Jerusalem, the Palestine Liberation Organization (PLO) was formed as "the only legitimate spokesman for all matters concerning the Palestinian people." A resolution was adopted that the "Palestinian problem will only be settled in Palestine and by force."

1964 - The canal and pipeline for carrying the flow of the Jordan River to the Negev for irrigation purposes was completed. This represented an important step forward in a region where water is an especially precious commodity. Construction of the canal and pipeline was preceded by a long-standing and unresolved dispute with Jordan, Lebanon and Syria over access to the river's waters.

1965 - Diplomatic relations were established with West Germany. This was a traumatic step for many Israelis because of fresh memories of the Holocaust. Still, the Knesset approved the motion by a large majority. Several Arab states severed their relations with Bonn as a result of the diplomatic accord.

1965 - A new Palestinian organization, *al-Fatah* (conquest), began terrorist operations against Israel. Raids into Israel were conducted primarily from Jordan, but also from Syria and Lebanon. Over the next several years, a number of Israelis were killed or wounded. The Israeli military carried out reprisal raids against Jordan, Lebanon and Syria.

1963 год — Бен-Гурион ушел с поста премьер-министра и вернулся в свой *киббуц*. Его место занял Леви Эшкол, поселившийся в Палестине в 1913 году и активно участвовавший в *кибуцном*, рабочем и сионистском движениях.

1964 год — посещая священные места Ближнего Востока, Римский папа Павел VI нанес двенадцатичасовой визит в Израиль. Было замечено, что, находясь в стране, он тщательно избегал слова „Израиль".

1964 год — Израиль заключил торговое соглашение с шестью членами Европейского общего рынка, получив, таким образом, доступ к новым рынкам с пониженным тарифом.

1964 год — на встрече Национального Совета Палестины в Восточном Иерусалиме была создана Организация Освобождения Палестины „в качестве единственного законного представителя по вопросам, касающимся палестинского народа". Она тут же приняла резолюцию о том, что „палестинский вопрос будет решен только в Палестине и только силой".

1964 год — завершилось строительство канала и трубопровода для орошения пустыни Негев водой из Иордана. Это был важный шаг в развитии района, где вода — драгоценность. Строительству канала и трубопровода предшествовал длинный и так и не разрешенный спор с Иорданией, Ливаном и Сирией по поводу доступа к водам Иордана.

1965 год — были установлены дипломатические отношения с Западной Германией. Многие израильтяне были травмированы этим шагом из-за еще памятных событий Катастрофы. Но большинством голосов Кнессет одобрил это решение. В ответ несколько арабских стран прервали дипломатические отношения с ФРГ.

1965 год — новая палестинская организация „Аль-Фатах" („борьба") начала террористические действия против Израиля. Нападения совершались в основном с территории Иордании, но также из Сирии и Ливана. В течение нескольких следующих лет были убиты или ранены многие израильтяне. Израильские военные подразделения наносили ответные удары по Иордании, Ливану и Сирии.

1965 - The Israel Museum, now the country's foremost museum, opened in Jerusalem. It offered displays of Israel's artistic, ethnographic and archaeological treasures, including the Shrine of the Book containing the Dead Sea scrolls and the Bar Kokhba letters (from the 2nd century c.e.), a sculpture garden and a museum of art and antiquities.

1965 - In the previous five years, economic performance was impressive. The economy grew at an average annual rate of 11%, one of the highest growth rates in the world, exports almost doubled, and the industrial base grew significantly. El Al, the Israeli international airline, carried six times as many passengers in 1965 as in 1960.

1966 - Polish-born Israeli writer Shmuel Agnon was awarded the Nobel Prize for Literature, the first Hebrew-language writer to receive the prestigious award.

1966 - Abie Nathan, a former pilot in the Israeli air force, flew to Port Said, Egypt carrying a peace petition for President Nasser signed by 75,000 Israelis. Nathan was sent back to Israel the next day but not before being received by the mayor of Port Said. Nathan has continued his private peace initiatives to the present.

1966/1967 - Enrollment in institutes of higher education reached 30,000, compared to 10,000 in 1958.
1967 - Before the Six-Day War, Israel had diplomatic relations with 110 countries.

1967 - Tension on the Syrian border had been steadily increasing since 1965 when power in Syria was seized by a new group. On April 17, 1967, after heavy shelling of Israeli border villages by Syrian tanks and heavy artillery, Israeli planes shot down six Syrian MIGs.

On May 14, President Nasser dispatched Egyptian troops to the Sinai.

1965 год — в Иерусалиме открылся Музей Израиля — теперь самый замечательный в стране. В нем выставляются художественные, этнографические и археологические сокровища Израиля, включая Хранилище Книги, где находятся Свитки Мертвого Моря и письма Бар-Кохбы, восходящие ко II веку до н. э. В музее также есть сад, где выставлена уникальная скульптура, художественный отдел и отдел древностей.

1965 год — последние пять лет страна переживала период впечатляющего экономического расцвета. Экономический рост, достигавший 11 процентов в год, был одним из самых высоких в мире, экспорт вырос почти в два раза, и значительно возросла индустриальная база. В 1965 году „Эль-Аль", международная израильская авиалиния, перевозила в шесть раз больше пассажиров, чем в 1960 году.

1966 год — уроженец Польши, израильский писатель Шмуэль Агнон, получил Нобелевскую премию по литературе. Он стал первым из писавших на иврите литераторов лауреатом этой премии.

1966 год — бывший пилот израильских ВВС Эби Натан прилетел в Порт-Саид, чтобы передать президенту Насеру мирное предложение, подписанное 75 тысячами израильтян. На следующий день его отправили обратно в Израиль, но только после аудиенции у мэра Порт-Саида. Эби Натан продолжает заниматься своей частной мирной деятельностью и в настоящее время.

1966-67 годы — в высших учебных заведениях страны обучались 30 тысяч студентов; в 1958 году их было 10 тысяч.

1967 год — накануне Шестидневной войны Израиль поддерживал дипломатические отношения со ста десятью странами.

1967 год — с приходом в 1965 году к власти новой группировки в Сирии напряжение на сирийской границе нарастало. После массированного обстрела израильских пограничных деревень сирийскими танками и тяжелой артиллерией 17 апреля 1967 года, израильские самолеты сбили шесть сирийских „МИГов".

14 мая президент Насер направил египетские войска в Синай.

On May 16, Cairo Radio announced: "The existence of Israel has continued too long. The battle has come in which we shall destroy Israel." On the same day, Egypt demanded the withdrawal of the United Nations forces which had been in the Gaza Strip and Sharm el-Sheikh since 1957. Three days later, Israel was advised by the U.N. troop commander that the troops would be removed immediately.

On May 19, Cairo Radio announced: "This is our chance, Arabs, to deal Israel a mortal blow of annihilation, to blot out its entire presence in our holy land."

On May 21, Israel and Egypt called up their military reservists.

On May 22, Cairo Radio announced: "The Arab people is firmly resolved to wipe Israel off the map."

On May 23, President Nasser announced his intention to block the Straits of Tiran to Israeli ships, thus effectively stopping Israel's trade link with East Africa and Asia. Prime Minister Eshkol replied that any interference in the Straits of Tiran would be deemed "an act of aggression."

On May 27, President Nasser declared that "our basic objective will be the destruction of Israel."

On May 30, King Hussein of Jordan placed Jordanian forces under Egyptian control. Egyptian, Iraqi and Saudi Arabian troops were sent to Jordan.

On June 1, the Iraqi president declared that "we are resolved, determined and united to achieve our clear aim of wiping Israel off the map."

On June 1, Moshe Dayan became the minister of defense as part of a government of national unity.

On June 3, Radio Cairo hailed the impending Moslem holy war.

On June 5, Israel, surrounded by Arab forces likely to attack at any moment, made a pre-emptive strike, destroying 452 Egyptian, Iraqi, Jordanian and Syrian planes in less than three hours. The Six-Day War had begun. With almost complete control of the air, Israeli ground forces struck out on all fronts, except the Lebanese (Lebanon did not participate in the war). Within six days, Israel captured 26,476 square miles (68,500 square kilometers) of Arab

16 мая каирское радио объявило: „Израиль существует слишком долго. Начинается битва, в которой мы его уничтожим". В тот же день Египет потребовал вывода войск безопасности ООН с перешейка Газы и Шарм-эль-Шейха. Войска находились там с 1957 года. Через три дня командующий войсками ООН сообщил Израилю, что войска будут выведены немедленно.

19 мая каирское радио заявило: „Арабы, настал момент нанести смертельный уничтожающий удар по Израилю, чтобы стереть его с лица нашей святой земли".

21 мая — Израиль и Египет мобилизовали резервистов.

22 мая каирское радио заявило: „Арабский народ твердо намерен стереть Израиль с карты мира".

23 мая президент Насер объявил о своем решении заблокировать Тиранский пролив для израильских кораблей, прекратив, таким образом, торговлю Израиля с Восточной Африкой и Азией. Премьер-министр Эшкол заявил, что любая попытка блокировать Тиранский пролив будет „актом агрессии".

27 мая президент Насер заявил: „Нашей основной целью будет уничтожение Израиля".

30 мая король Иордании Хусейн передал иорданские войска в распоряжение Египта. Войска Египта, Ирака и Саудовской Аравии были посланы в Иорданию.

1 июня президент Ирака заявил: „Мы полны решимости и едины в достижении нашей цели — стереть Израиль с карты мира".

1 июня Моше Даян стал министром обороны в правительстве национального единства.

3 июня каирское радио восславило предстоящую священную войну против врагов ислама.

5 июня, окруженный со всех сторон готовыми к наступлению арабскими силами, Израиль нанес превентивный удар, уничтожив менее чем за три часа 452 египетских, иракских, иорданских и сирийских самолета. Началась Шестидневная война. При наличии почти полного преимущества в воздухе израильские сухопутные силы атаковали на всех фронтах, кроме ливанского (Ливан не участвовал в войне). За шесть дней Израиль захватил 26.476 кв. миль (68.500 кв. км) арабской

territory, including the Golan Heights from which the Syrians had bombarded Israeli settlements since 1949, the West Bank of the Jordan River, the Gaza Strip (where the Egyptians had confined the Arab refugees from the 1948 war), the entire Sinai Desert, and East Jerusalem. Israeli casualties in the Six-Day War numbered 777 dead and 2,586 wounded. No precise figures for Arab casualties were ever made public, but an estimated 15,000 Arab soldiers were killed. The Six-Day War proved to be one of the most dramatic and successful military actions in the history of modern warfare.

Weeks of tension before the Six-Day War and the outbreak of conflict led thousands of young Jewish volunteers abroad to travel to Israel to help out in the fields, clean up the rubble, and rebuild and assist in other non-military capacities, while others conducted fund-raising efforts and demonstrations on behalf of Israel in their own countries.

In the wake of the Six-Day War, the Soviet Union and its allies in Eastern Europe (except Romania) broke off diplomatic relations with Israel.

On June 27, the barriers between East and West Jerusalem were formally removed after 19 years. Free movement in the entire city was now permitted and Jews could once again pray at the Western (Wailing) Wall. At the U.N., the General Assembly, by a large majority, passed a resolution condemning Israel for altering the status of Jerusalem.

On November 22, the U.N. Security Council adopted British-sponsored resolution 242 which emphasized "the inadmissibility of the acquisition of territory by war and the need to work for a just and lasting peace in which every state in the area can live in security." Both Israel and the Arab states claimed to recognize the validity of this resolution, which has to this day been the basis for possible peace talks. But each side interprets differently what is required for "every state in the area to live in security."

In December, Gunnar Jarring of Sweden was appointed by the United Nations to try and negotiate peace terms between the contending parties in the Middle East.

территории, включая Голанские высоты, с которых Сирия обстреливала израильские поселения начиная с 1949 года, Западный берег реки Иордан, сектор Газы (где египтяне содержали арабских беженцев 1948 года), всю Синайскую пустыню и Восточный Иерусалим. В Шестидневной войне Израиль потерял 777 человек убитыми и 2.586 человек были ранены. Цифры арабских потерь не были опубликованы, но приблизительно погибло 15 тысяч арабских солдат. Шестидневная война явилась одной из наиболее драматических и успешных военных операций в истории современного военного дела.

В напряженное время накануне конфронтации и во время самой войны сотни молодых еврейских добровольцев из разных стран приехали в Израиль. Они работали на полях, убирали урожай и помогали в гражданской промышленности. В поддержку Израиля еврейская молодежь многих стран проводила демонстрации и объявляла сбор денег.

Сразу после Шестидневной войны Советский Союз и его восточноевропейские союзники, за исключением Румынии, разорвали дипломатические отношения с Израилем.

27 июня, в первый раз за девятнадцать лет, официально были уничтожены барьеры, разделявшие Восточный и Западный Иерусалим. Было разрешено свободное передвижение по городу, и евреи снова смогли молиться у Западной стены (Стены плача). Генеральная Ассамблея ООН подавляющим большинством голосов приняла решение, осуждающее Израиль за изменение статуса Иерусалима.

22 ноября Совет Безопасности ООН принял выдвинутую Великобританией резолюцию за номером 242, которая подчеркивала „недопустимость присвоения территории военным путем и необходимость справедливого и длительного мира, при котором все государства могли бы жить в безопасности". Как Израиль, так и арабские страны, признали эту резолюцию, которая до сих пор является основой для мирных переговоров. Но каждая из сторон по-своему понимает, что требуется для того, чтобы „все государства жили в безопасности".

В декабре швед Гунар Ярринг был назначен Советом Безопасности посредником по мирным переговорам на Ближнем Востоке.

1967/1968 - Donations to Israel by Western Jewry, sparked by the Six-Day War, totaled $350 million, seven times the previous year's figure.

1968 - In the 10-year period 1958 - 1968, Israel sent 2,562 experts in development projects to 64 developing countries, and trained 10,569 men and women from 82 such countries in technology, medicine, agriculture, etc., in Israeli institutions.

1968 - One passenger was killed by the Palestine Front for the Liberation of Palestine (P.F.L.P.) in an armed attack on an El Al plane in Athens. Two days later, in retaliation, Israeli commandos destroyed more than a dozen aircraft in Beirut, Lebanon. The U.N. Security Council censured the Israeli action but did not mention the earlier attack on the El Al plane.

1968 - U.S. assistance in the economic development of Israel between 1948 - 1968 totalled $1.25 billion.

1969 - President De Gaulle of France imposed a total ban on French arms supplies to Israel. A partial ban had been in effect since 1967. France, which had earlier been Israel's closest friend and ally, was turning increasingly towards the Arab world for friendship and trade.

1969 - Levi Eshkol, Israel's prime minister since 1963, died. Golda Meir was chosen to replace him until the general election. Following the elections, Golda Meir retained her post as prime minister.

1969 - Alfred Frauenknecht, a Swiss national, was arrested for betraying Swiss military secrets and for industrial espionage in an extraordinary case that involved the passing to Israeli agents of between 137,000 and 157,000 documents related to the French Mirage engine. Because of France's ban on the sale of jets or spare parts for the Mirage jets already in Israel's possession, Israel was anxious to get hold of the blueprints and reproduce the spare parts in Israel. Alfred Frauenknecht, a non-Jew with great sympathy for Israel, agreed to help. He was sentenced to four-and-a-half years in a Swiss jail.

1967-68 годы — пожертвования западного еврейства на Израиль достигли 350 миллионов долларов — в семь раз больше, чем в предыдущем году.

1968 год — за десять лет, истекшие с 1958 года, Израилем было послано в шестьдесят четыре развивающиеся страны 2.562 эксперта. 10.569 мужчин и женщин из восьмидесяти двух стран получили в Израиле образование в области техники, медицины, сельского хозяйства и т. д.

1968 год — в вооруженном нападении, совершенном Палестинским фронтом освобождения Палестины на самолет „Эль-Аль" в Афинах, погиб один пассажир. Через два дня израильские коммандос нанесли ответный удар и уничтожили более дюжины самолетов в Бейруте в Ливане. Совет Безопасности ООН осудил действия Израиля без упоминания нападения на самолет „Эль-Аль".

1968 год — за двадцать лет с 1948 года США оказали Израилю помощь в размере 1,25 миллиарда долларов.

1969 год — президент Франции де Голль полностью прекратил военные поставки Израилю. Частично поставки были ограничены с 1967 года. Франция, ранее ближайший друг и союзник Израиля, все настойчивее искала торговых связей и рынков сбыта в арабском мире.

1969 год — умер Леви Эшкол, премьер-министр Израиля с 1963 года. До всеобщих выборов его место заняла Голда Меир. После выборов она осталась на этом посту.

1969 год — Альфред Фрауенкнехт, подданный Швейцарии, был арестован за передачу швейцарских военных секретов и промышленный шпионаж в пользу Израиля. Не менее ста тридцати семи тысяч чертежей и документов, касавшихся двигателей французских „Миражей", попали в руки израильтян в этом необычном деле. Из-за запрета на продажу „Миражей" и запасных частей к ним Израиль был чрезвычайно заинтересован в получении чертежей, чтобы наладить производство запасных частей у себя. Альфред Фрауенкнехт, инженер, симпатизировавший Израилю, согласился помочь израильтянам. За передачу документов он был приговорен к четырем с половиной годам тюремного заключения в Швейцарии.

1969 - Golda Meir publicly supported the growing Soviet Jewish struggle for emigration. Until this speech, the consistent position of successive Israeli governments had been to attempt to work quietly through behind-the-scenes negotiations with the Soviet Union on Jewish emigration.

1969 - On Christmas Day, five gunboats, built for Israel in Cherbourg, France (and paid for) and held in France under the French arms embargo of Israel, were secretly removed from the port, taken to Israel and put into service in the Israeli navy.

1969 - Israel concluded a trade agreement with Romania, the only East European country with which it had diplomatic relations after the Six-Day War.

1970 - After two years of a war of attrition along the Israeli- Egyptian border, including the shooting down of four Egyptian planes piloted by Soviet air force personnel, a cease-fire was arranged with the help of the U.S. secretary of state William Rogers. The cease-fire, reached on August 7, was extended another three months in November and contributed greatly to an easing of the tensions along the border.

1970 - The Law of Return was amended to grant Israeli nationality to the spouse of any immigrant Jew, as well as to his/her descendants for two generations and their spouses, whether they be Jewish by halakha (Jewish law) or not.

1970 - From 1952 - 1970, the Israeli economy grew in real terms at an average rate of 9% (compared with Japan's 9.6%, West Germany's 5.3% and the United States' 3.3%).

1970 - The Open Bridge policy with Jordan, established by Israel to allow freedom of movement for Arabs in the Gaza Strip and West Bank, was extended to permit residents of these areas to travel freely to neighboring Arab states.

1971 - Israel extended its citizenship laws to include persons who were not physically present in the country but who wished to be recognized as Israeli citizens. This law

1969 год — Голда Меир публично объявила о поддержке нараставшей борьбы советских евреев за право на эмиграцию. До этой речи Израиль придерживался политики постепенных кулуарных переговоров.

1969 год — в Рождество из Шербурского порта (Франция) израильской секретной службой были похищены построенные для Израиля и уже оплаченные пять канонерок, стоявшие в порту после эмбарго, наложенного Францией на поставки вооружений Израилю.

1969 год — Израиль подписал торговое соглашение с Румынией, единственной восточно-европейской страной, поддерживавшей дипломатические отношения с Израилем после Шестидневной войны.

1970 год — после двухлетней войны на истощение на израильско-египетской границе, где, кстати, были сбиты четыре египетских самолета, пилотируемые советскими летчиками, было достигнуто соглашение о прекращении огня. В выработке соглашения принимал непосредственное участие американский государственный секретарь Уильям Роджерс. Соглашение вступило в действие 7 августа и было продлено еще на три месяца в ноябре, способствовав смягчению напряженности на границе.

1970 год — в Закон о Возвращении была внесена поправка, предоставлявшая право на израильское гражданство супруге или супругу любого еврея-иммигранта в Израиль, так же как любым их потомкам в течение двух поколений, независимо от того, являются ли они евреями по Халаха (еврейскому закону).

1970 год — с 1952 года израильская экономика росла в среднем на 9% (японская — 9,6%, западно-германская — на 5,3% и американская — на 3,3%).

1970 год — политика „открытого моста" по отношению к Иордании, проводившаяся Израилем для обеспечения свободного передвижения арабского населения на Западном берегу Иордана и в секторе Газа, была распространена на поездки жителей этих районов в соседние арабские государства.

1971 год — закон о присвоении израильского гражданства был распространен на тех, кто не находясь физически в стране, заявляли о своем желании быть гражданами Израиля. Этот

was especially important for those Soviet Jews who renounced their citizenship while still in the USSR.

1971 - Israel maintained diplomatic relations with all the nations of Black Africa except Somalia and Mauritania. The strong ties forged by Israel with Black Africa had deep roots. In 1902, Theodore Herzl, speaking through a character in one of his books, wrote, "There is still one unresolved problem of racial misfortune, which only a Jew can comprehend. I refer to the Negro problem. Once I have lived to witness the return and redemption of the Jews, I also wish to assist in the preparations for the redemption of the Negroes."

1972 - Israel opened its first ground-satellite station.

1972 - President Amin of Uganda ordered all Israeli diplomats, military advisors and other Israelis in Uganda to leave on the grounds of alleged subversion. Amin, who received paratroop training in Israel and visited Israel twice after assuming power in 1971, had come under the influence of the Arab states who, promising financial and military aid, urged Amin to sever ties with Israel.

1972 - Golda Meir paid an official visit to Romania at the invitation of that country's prime minister. The visit was the first by an Israeli prime minister to a Communist country.

1972 - At Lod Airport in Israel three Japanese gunmen working on behalf of Palestinian terrorist organizations killed 23 people, including 21 Christian pilgrims from Puerto Rico, and wounded 60 others. Two of the gunmen were killed by Israeli forces and a third was captured and imprisoned.

1972 - The Palestinian group Black September killed 11 Israeli athletes at the summer Olympic Games in Munich. Three terrorists captured by West Germany (five others were killed) were released one month later as ransom for a West German airliner hijacked on a flight from Damascus, Syria to West Germany.

закон был особенно важен для тех советских евреев, которые отказались от советского гражданства, еще не покинув СССР.

1971 год — Израиль поддерживал дипломатические отношения со всеми странами Черной Африки, кроме Сомали и Мавритании. Связи Израиля с Черной Африкой имели глубокие корни. В 1902 году устами героя одной из своих книг Теодор Герцль сказал: „Существует еще одна неразрешенная проблема несчастья целой расы, понять которую может только еврей. Я имею в виду негритянскую проблему. Дожив до возвращения и освобождения евреев, я также хочу помочь и освобождению негров".

1972 год — Израиль открыл свою первую наземную станцию слежения за спутниками.

1972 год — президент Уганды Амин выслал из страны всех израильских дипломатов, военных советников и других израильтян под тем предлогом, что они занимались саботажем. Амин, прошедший подготовку парашютиста в Израиле и дважды посетивший его со своего прихода к власти в 1971 году, попал под влияние арабских государств, которые обещаниями финансовой и военной помощи склонили его порвать связи с Израилем.

1972 год — по приглашению премьер-министра Румынии Голда Меир нанесла официальный визит в эту страну. Это был первый визит премьер-министра Израиля в коммунистическое государство.

1972 год — три вооруженных японца, действовавших от имени палестинских террористических организаций, устроили взрыв в аэропорту Лод в Тель-Авиве. Погибли двадцать три человека. Двадцать один из них оказались пилигримами из Пуэрто-Рико. Шестьдесят человек было ранено. Израильскими солдатами были убиты двое бандитов, третий был захвачен и арестован.

1972 год — на летних Олимпийских играх в Мюнхене палестинская террористическая организация „Черный сентябрь" зверски расправилась с одиннадцатью израильскими спортсменами. Западная Германия захватила трех террористов (пятеро других были убиты), которые через месяц были отпущены на свободу в качестве выкупа за западногерманский самолет,

1972 - Four Arab terrorists seized the Israeli Embassy in Bangkok, Thailand and took six hostages. The hostages were released unharmed 18 hours later.

1972 - Israel launched a number of raids into Arab territories in retaliation for the series of Palestinian attacks.

1972 - The Katz Report, commissioned by the Israeli government, found that 91% of all children living in substandard housing among Israel's Jewish population were of Sephardic or Oriental origin, and that in other social and economic areas Oriental Jews also lagged far behind the Ashkenazi community.

1973 - Golda Meir met with Pope Paul VI, the first meeting between an Israeli prime minister and a pope.

1973 - Israeli planes forced a Libyan civilian airliner to land in the Sinai. The plane crash-landed; 104 persons were killed. Israel had feared the plane, flying over Israeli-controlled territory, was on a terrorist mission to Tel Aviv following terrorist threats to bomb the city.

1973 - An Israeli raid on terrorist bases in Lebanon resulted in the killing of three top Palestinian leaders.

1973 - Palestinians kidnapped three Soviet Jewish immigrants in Austria in route to Israel. The hostages were later freed in return for Austria's agreement to close the Jewish Agency's transit camp for Soviet migrants at Schoenau.

1973 - Israel permitted Arabs from other countries to visit East Jerusalem and the territories occupied in the Six-Day War year-round instead of just in the summer, as was previously the case.

1973 - Professor Ephraim Katzir, born in 1916, was elected the fourth president of Israel.

1973 - On October 6, Yom Kippur, Israel was caught by surprise in an attack by Egyptian and Syrian forces. Fully mobilized, these two armies could call on more than

захваченный во время полета из Дамаска в Западную Германию.

1972 год — четыре арабских террориста захватили израильское посольство в Бангкоке и взяли шестерых заложников. Спустя восемнадцать часов заложники были освобождены.

1972 год — Израиль осуществил ряд налетов на арабские территории в ответ на террористические акты палестинцев.

1972 год — отчет Каца, сделанный по инициативе израильского правительства, показал, что 91 процент всех еврейских детей, живших в жилищных условиях ниже стандартных, были сефардского или азиатского происхождения, и что в других областях общественной и экономической жизни евреи из Азии тоже сильно отставали от ашкенази.

1973 год — первая в истории встреча главы правительства еврейского государства — Голды Меир — с римским Папой Павлом VI.

1973 год — израильские самолеты заставили самолет ливийской гражданской авиации приземлиться в Синайской пустыне. Самолет разбился, и сто четыре человека погибли. Израильтяне опасались, что самолет летел над подконтрольной Израилю территорией с целью террористической акции над Тель-Авивом, так как террористы не раз угрожали подвергнуть город бомбежке.

1973 год — три лидера палестинских террористов погибли при израильском налете на базы террористов в Ливане.

1973 год — палестинцы похитили трех находившихся в Австрии по пути в Израиль еврейских эмигрантов из СССР. Позже заложники были освобождены в обмен на согласие Австрии закрыть лагерь для советских эмигрантов в замке Шенау.

1973 год — Израиль разрешил арабам из других стран посещать Восточный Иерусалим и территории, занятые в Шестидневной войне, круглый год. Раньше эти посещения разрешались только летом.

1973 год — профессор Эфраим Кацир, родившийся в 1916 году, был выбран четвертым президентом Израиля.

1973 год — 6 октября, в Судный день, Египет и Сирия напали на Израиль и застали его врасплох. При полной мобилизации в Египте и Сирии обе армии могли собрать более

one million men, 3,300 tanks and 950 aircraft against 300,000 Israeli soldiers, 1,700 tanks and 500 aircraft. In addition, Iraq, Jordan and Saudi Arabia sent forces to aid Syria on the northern front.

In the first days, Arab forces advanced and Israel found itself on the defensive, but as Israel recouped from the shock of the surprise attack, it began to turn the tide. On October 10, the Soviet Union initiated an arms airlift, which was to reach a total value of $3.5 billion, to the Arab states. The United States hesitated to respond until October 15, when it began an arms airlift to Israel that was to total $2.2 billion in value. Great Britain refused to permit the sale of spare parts and ammunition for British arms previously sold to Israel.

On October 13, Golda Meir said, "We will win because we must live. Our neighbors are not fighting for their lives, nor for their sovereignty, they are fighting to destroy us. We will not be destroyed. We dare not be destroyed." On October 16, Israeli forces succeeded in crossing the Suez Canal and deploying inside Egypt. By October 22, the Israeli army occupied 500 square miles (1,295 square kilometers) of Arab lands and were within 20 miles of the Syrian capital of Damascus. They had captured the strategically important Mt. Hermon from the Syrians and had completely surrounded and cut off the Egyptian town of Suez as well as the Egyptian Third Army.

On October 22, resolution 338 of the U.N. Security Council calling for a cease-fire was accepted by Israel and Egypt, but it was soon broken and fighting continued until a second cease-fire accord was reached on October 24. On the same day, the Syrians also accepted the cease-fire. The Yom Kippur War was over. Israeli losses during the 18-day war totaled 2,412 killed and 508 missing in action. No Arab figures were released.

The Yom Kippur War had a number of very important repercussions:

1) The number of Israeli soldiers killed was very high and caused national mourning;

миллиона человек, 3300 танков и 950 самолетов против 300 тысяч израильских солдат, 1700 танков и 500 самолетов. Кроме того, Ирак, Иордания и Сирия послали в помощь Сирии свои силы на северный фронт.

В начале войны арабские силы наступали, а Израиль вел оборону. Но придя в себя от шока неожиданного нападения, Израиль перешел в наступление. 10 октября Советский Союз начал воздушные поставки оружия арабским государствам общей стоимостью 3,5 миллиарда долларов. США, проколебавшись до 15 октября, начали в свою очередь поставлять оружие Израилю. Оружие доставлялось тоже по воздуху, и стоимость его составляла 2,2 миллиарда долларов. Великобритания отказалась разрешить продажу запасных частей и боеприпасов для британского вооружения, проданного Израилю раньше.

13 октября Голда Меир заявила: „Мы победим, потому что мы должны жить. Наши соседи борются не за свою жизнь и свободу, они воюют, чтобы уничтожить нас. Мы не смеем быть уничтоженными". 16 октября передовой отряд израильских сил успешно пересек Суэцкий канал и развернул военные действия на территории Египта. К 22 октября израильские силы занимали 500 кв. миль (1295 кв. км.) арабских территорий и находились в двадцати милях от столицы Сирии Дамаска. Они захватили стратегически важную гору Хермон у сирийцев и полностью окружили и отрезали египетский город Суэц и Третью египетскую армию.

22 октября Израиль и Египет приняли призывавшую к прекращению огня резолюцию ООН за номером 338. Но вскоре прекращение огня было нарушено, и бои продолжались до вторичного прекращения огня 24 октября. В тот же день согласились на прекращение огня и сирийцы. Война Судного Дня кончилась. Израильские потери за восемнадцать дней равнялись 2412 убитым и 508 пропашим без вести. Арабские цифры не были обнародованы.

Война Судного Дня имела ряд очень важных последствий для Израиля.

1. Количество погибших было настолько велико, что в стране был объявлен национальный траур.

2) The concept of Israeli invincibility was damaged as Arab war plans were not correctly foreseen and the picture of the inept Arab soldier, suggested by earlier conflicts, disappeared;

3) Confidence in the Israeli leadership was sapped as many argued that Israel was caught unprepared and that the leaders should have heeded the warning signals of an impending Arab attack;

4) Israel bore an enormous financial burden from the war and the need to replace destroyed and damaged weaponry;

5) The vulnerability of the non-oil producing countries to political and economic pressure by Arab oil-producing states became apparent due to the oil embargo against the U.S. and the Netherlands for their support of Israel and with the fourfold increase in oil prices;

6) The refusal of other NATO countries to aid the U.S. in its effort to airlift supplies to Israel demonstrated Israel's vulnerability in time of war;

7) Israel became increasingly isolated in the world arena, especially among the Third World countries with which it had built up friendships over the years and to which it had given considerable technical assistance. Under Arab pressure, and with the attraction of Arab wealth, most of these countries broke their relations with Israel and began to vote reflexively against it in various international forums;

8) Immigration to Israel declined, whereas it had increased considerably after the victory in the Six-Day War;

9) Israel's dependence on the U.S. for political and military support grew; and

10) The Israeli national mood was particularly gloomy even though Israeli forces had repulsed the attack and even driven into Egypt and Syria.

Israel withdrew from the territories occupied in the Yom Kippur War and left untouched the Egyptian Third Army because of international pressure. By November 22, Israel returned 8,300 Egyptian prisoners-of-war in ex-

2. Изменились представления как об Израиле, так и об арабах: образ непобедимого Израиля потускнел, а образ бестолкового арабского солдата остался в прошлом.

3. Была подорвана вера в компетентность израильского руководства. Израиль был застигнут арабами врасплох. Это могло произойти только в результате утраты руководством бдительности.

4. Война и необходимость восстановления уничтоженного и поврежденного оружия легли тяжелым финансовым бременем на плечи израильтян.

5. Эмбарго, наложенное арабскими странами на продажу нефти США и Голландии за их поддержку Израиля, и повышение цен на нефть в четыре раза сделали очевидной уязвимость стран, не производящих нефть, для политического и экономического давления со стороны арабских государств.

6. Отказ стран — членов НАТО помочь США в воздушных поставках Израилю продемонстрировал уязвимость Израиля в военное время.

7. Выросла политическая изоляция Израиля в мире, особенно среди стран „третьего мира”, с которыми он поддерживал дружеские связи и которым оказывал значительную техническую помощь много лет. Под давлением арабских стран и привлеченные арабским богатством, многие из этих стран разорвали связи с Израилем и начали голосовать против него на различных международных форумах.

8. Снизилась иммиграция в Израиль, значительно возросшая в результате Шестидневной войны.

9. Возросла зависимость Израиля от военной и политической поддержки Соединенных Штатов.

10. Естественно, что настроение израильтян как нации было подавленным, несмотря на то что израильские войска отразили наступление и вступили на территорию Египта и Сирии.

Израиль ушел с территорий, занятых в войне Судного дня, и благодаря международному давлению не тронул Третью египетскую армию. К 22 ноября Израиль обменял 8300 египетских военнопленных на 241 израильтянина. Однако Сирия

change for 241 Israelis. Syria, however, refused to produce even a list of the Israeli prisoners it held or to give the International Red Cross access to them.

On November 11, Israel and Egypt reached a cease-fire agreement after the first direct meeting between officials of the two countries since 1949. On January 16, 1974, through the mediation efforts of Henry Kissinger, U.S. secretary of state, Israel and Egypt signed a disengagement agreement. Israel agreed to withdraw its forces a limited distance from the east bank of the Suez Canal; Egypt agreed to reduce and limit its own armed forces on the east bank.

On May 31, 1974, Kissinger helped Israel and Syria to reach a disengagement pact. Israel agreed to withdraw from all the territory it occupied in the Yom Kippur War and from a further strip it seized in 1967. An exchange of prisoners was arranged - 53 Israelis and about 400 Syrians, but another 57 Israelis taken prisoner by the Syrians had been killed. Israelis returning from captivity in Syria complained of torture. In May, the U.N. Security Council approved the posting of a security force on the Golan Heights between Israel and Syria. In the previous eight months, 54 Israeli soldiers and six civilians were killed by Syrian shell fire. The U.N. force was initially approved for a six-month period and later extended.

1973 - David Ben-Gurion, Israel's first prime minister, died at the age of 87.

1973 - Elections were held in Israel. The ruling Labor Party was returned to power but with a smaller percentage of the vote, as an expression of criticism for the lack of Israeli preparedness for the Yom Kippur war.

1973 - In the wake of the Yom Kippur War, 24 black African states severed their diplomatic ties with Israel and a 25th "suspended" its ties.

1974 - Golda Meir announced her resignation. In the month before, there were several large rallies in Israel demanding her resignation and that of Moshe Dayan, the

отказалась представить списки израильских военнопленных и пропустить к ним представителей международного Красного Креста.

11 ноября после первой прямой встречи между официальными лицами обеих стран с 1949 года, Израиль и Египет достигли соглашения о прекращении огня. 16 января после вмешательства в переговоры государственного секретаря США Генри Киссинджера Израиль и Египет подписали соглашение об отводе военных сил. Израиль согласился отвести войска на некоторое расстояние от восточного берега Суэцкого канала. Египет согласился сократить и ограничить вооруженные силы на Восточном берегу.

31 мая 1974 года Киссинджер помог Израилю и Сирии заключить пакт об отводе военных сил. Израиль согласился отвести войска со всех территорий, оккупированных во время войны Судного Дня, и с части территорий, захваченных в 1967 году. Состоялся обмен военнопленными — 53 израильтянина и около 400 сирийцев, однако 57 израильтян, захваченных сирийцами, были убиты. Вернувшиеся из сирийского плена израильтяне рассказывали о пытках, которым их подвергали. В мае Совет Безопасности ООН одобрил помещение отряда сил безопасности на Голанских высотах между Израилем и Сирией. За предыдущие восемь месяцев пятьдесят четыре израильских солдата и шесть гражданских лиц погибли от сирийских обстрелов. Сначала отряд сил безопасности должен был находиться на Голанах шесть месяцев, но потом срок его пребывания был продлен.

1973 год — в возрасте восьмидесяти семи лет лет скончался первый премьер-министр Израиля Давид Бен-Гурион.

1973 год — всеобщие выборы в Израиле. Правившая Партия Труда снова пришла к власти, но получила меньшее количество голосов в результате недовольства израильтян неподготовленностью к войне Судного Дня.

1973 год — сразу за войной Судного Дня 24 страны Черной Африки разорвали дипломатические отношения с Израилем, а двадцать пятая „временно" их прервала.

1974 год — Голда Меир объявила о том, что уходит в отставку. В предыдущем месяце в Израиле прошли демонстрации с требованиями отставки Голды Меир и министра обороны

minister of defense, for their alleged responsibility in Israel's unpreparedness for the Arab attack. In her resignation speech, however, Prime Minister Meir stressed that her decision was in no way connected with these demonstrations nor could it be interpreted as her acknowledgement of guilt. She was replaced as prime minister by Yitzhak Rabin, chief of army staff from 1963 through the Six-Day War and ambassador to the United States from 1968 to 1973.

1974 - Eighteen people, mostly women and children, died in an attack on the Northern Israeli village of Kiryat Shemona by Palestinian infiltrators.

1974 - Palestinian terrorists attacked a school at Ma'alot in Israel. Twenty-one children were killed and 70 were wounded. Israeli army units stormed the school and killed the three terrorists.

1974 - Richard Nixon, president of the U.S., paid the first visit to Israel by an American president.

1974 - In November, Yassir Arafat, head of the Palestinian Liberation Organization, addressed the U.N. General Assembly, the first time that a member of the PLO or any other Palestinian organization was given a right normally reserved for heads of state. More than 100,000 people gathered outside the U.N. to protest Arafat's presence.

The day after Arafat's speech, the General Assembly, by a large majority, voted not to allow Israel to participate in the debate on the Middle East.

1974 - On November 20, the General Conference on UNESCO (United Nations Educational, Scientific and Cultural Organization) voted 48 - 33 to exclude Israel from the organization's regional groupings. The move provoked widespread protests and withdrawals from UNESCO's activities by Western intellectuals. The French Senate voted to reduce the French contribution to UNESCO by 10% and the U.S. Congress voted to suspend all allocations to UNESCO.

Моше Даяна. Их обвиняли в том, что Израиль оказался застигнутым врасплох войной Судного Дня. Однако в своей речи об отставке премьер-министр Меир подчеркнула, что ее решение никоим образом не связано с этими демонстрациями и не может рассматриваться как признание ею „вины". Ицхак Рабин, начальник штаба Армии Обороны Израиля с 1963 года и до конца Шестидневной Войны и посол Израиля в США, сменил Голду Меир на посту премьер-министра.

1974 год — восемнадцать человек, в основном женщин и детей, погибли при нападении палестинских террористов на деревню Кирьят Шмона в северном Израиле.

1974 год — палестинские террористы напали на школу в Маалоте в Израиле. Двадцать один ученик был убит и семьдесят детей ранено. Израильские части взяли школу штурмом и застрелили трех террористов.

1974 год — Ричард Никсон стал первым американским президентом, посетившим Израиль.

1974 год — в ноябре Ясир Арафат, глава Организации Освобождения Палестины, выступил перед Генеральной Ассамблеей ООН. Таким образом, впервые член ООП или какой-либо другой палестинской организации получил право, обычно предоставляемое только главам государств. Сто тысяч человек собрались около ООН в знак протеста против присутствия там Арафата.

На следующий день после выступления Арафата Генеральная Ассамблея проголосовала против участия Израиля в дебатах по ближневосточным проблемам.

1974 год — 20 ноября Генеральная Конференция ЮНЕСКО проголосовала (48 голосов против 33-х) за исключение Израиля из региональной группы. Решение вызвало волну протестов, и ряд западноевропейских ученых и деятелей культуры прекратили сотрудничать с ЮНЕСКО. Франция решила сократить ассигнования ЮНЕСКО на 10 процентов. США временно вообще прекратили их.

1974 - On November 25, the General Assembly voted to affirm the Palestinians' "right to national independence and sovereignty" by a vote of 89 for, 8 against and 37 abstentions. No mention was made in the resolution of Israel's right to exist.

1974 - The Egyptian foreign minister demanded that all immigration to Israel should be banned for 50 years.

1974 - Prime Minister Rabin appealed to President Sadat of Egypt to meet him in face-to-face talks without any pre-conditions. The appeal was unsuccessful.

1975 - On January 15, the 100,000th Soviet Jewish immigrant arrived in Israel.

1975 - Despite strong Arab opposition, the expanded nine-member Common Market signed a treaty of association with Israel, another important step in the opening of European markets to Israeli goods.

1975 - In June, the Suez Canal reopened and, by November, Israel-bound cargo began to pass through without serious incident.

1975 - The International Women's Year Conference meeting in Mexico City condemned Zionism, together with apartheid, racism and colonialism. This was to lay the foundation for the infamous "Zionism is Racism" resolution passed by the U.N. later the same year.

1975 - Prime Minister Rabin made the first visit by an Israeli prime minister to Germany. His first stop was at the Bergen Belsen concentration camp where he recited the Mourner's Kaddish.

1975 - Foreign ministers of the Islamic states meeting in Jeddah, Saudi Arabia demanded Israel's expulsion from the United Nations.

1975 - On September 1, a second Sinai disengagement pact was signed by Egypt and Israel. Article I read: "The conflict between them (Egypt and Israel) shall not be resolved by military force but by peaceful means." Article VII permitted non-military cargo destined for Israel to pass through the Suez Canal.

1974 год — 25 ноября Генеральная ассамблея ООН проголосовала 89 голосами — за, 8 — против, при 37 воздержавшихся, за право палестинского народа на „национальную независимость и суверенитет". В резолюции не упоминалось право Израиля на существование.

1974 год — министр иностранных дел Египта потребовал, чтобы всякая иммиграция в Израиль была прекращена на пятьдесят лет.

1974 год — премьер-министр Израиля Бегин обратился к президенту Египта Садату с призывом к прямым переговорам без предварительных условий. Призыв не имел успеха.

1975 год — 15 января в Израиль прибыл стотысячный советский иммигрант.

1975 год — несмотря на сильную арабскую оппозицию, девять стран, входящих в Общий рынок, подписали с Израилем договор о сотрудничестве, который стал важным этапом в открытии европейских рынков для израильских товаров.

1975 год — в июне открылся Суэцкий канал, и к ноябрю груз, идущий в Израиль, начал проходить через него без серьезных затруднений и инцидентов.

1975 год — прошедшая в Мехико конференция Международного Года Женщины объявила сионизм мировоззрением, подлежащим уничтожению наряду с апартеидом, расизмом и колониализмом. Этот шаг заложил основания для позорной резолюции ООН о „сионизме как о форме расизма", которая была принята позже в том же году.

1975 год — впервые в истории премьер-министр Израиля Рабин нанес визит в Западную Германию. Его первой остановкой был Берген-Бельзен, бывший концентрационный лагерь, где он произнес поминальную молитву Каддиш.

1975 год — собравшись в Джидде в Саудовской Аравии, министры иностранных дел исламских стран потребовали исключения Израиля из Организации Объединенных Наций.

1975 год — 1 сентября Израиль и Египет подписали второй пакт об отводе войск из Синая. В статье первой говорилось: „Противоречия между ними (Египтом и Израилем) будут разрешены не военной силой, но мирными средствами". Статья седьмая санкционировала свободное прохождение через Суэцкий канал невоенных грузов в Израиль.

1975 - The U.N. General Assembly, by a vote of 72 in favor, 35 against and 32 abstentions, declared that "Zionism is a form of racism and racial discrimination." Among those countries voting for this pernicious resolution were the Moslem states, the Soviet Union and the East European countries, Mexico, Brazil, Portugal (the only West European country to vote in favor), India and some other Afro-Asian states. Voting against the resolution were the U.S., Canada, Australia, New Zealand, the Scandinavian countries, the nine members of the Common Market, nine Central American and Caribbean states, Uruguay, Fiji, five black African states and Israel. The U.N. vote was harshly criticized in many Western countries. To many, the very credibility of the United Nations had suffered irreparable damage. More than 200 members of the British Parliament publicly condemned the action. The U.S. Jewish community, particularly angry over the Mexican vote, called for a tourist boycott. This had a substantial adverse impact on the Mexican economy and quickly led to Mexican efforts to patch up relations with Israel.

1975 - In November, as a gesture of conciliation, Israel handed back to Egypt the valuable oil wells at Abu Rodeis in the Israel-occupied Sinai, held since 1967.

1976 - A Security Council majority supported a Palestinian state and called for the withdrawal by Israel from all territories occupied in the Six-Day War. The United States exercised its veto, but the majority sentiment clearly was in favor of a Palestinian state on the West Bank of the Jordan River and in the Gaza Strip, despite Israel's protests that such a state would pose a threat to the region, particularly to Israel itself which was seen as the real object of the Palestinian cause. Israel maintained its opposition to the PLO as a terrorist organization which had claimed many victims in Israel and elsewhere.

1976 - The Assembly of the World Health Organization meeting in Geneva declared inadmissible a favorable report by its own specialists on Israel's conduct of health services for the Arab population in the Gaza Strip and West Bank.

1975 год — семьюдесятью двумя голосами против тридцати пяти и при тридцати двух воздержавшихся Генеральная Ассамблея ООН объявила сионизм „формой расизма и расовой дискриминации". За принятие резолюции проголосовали исламские страны, Советский Союз и страны Восточной Европы, Мексика, Бразилия, Португалия (единственная западноевропейская страна, проголосовавшая в пользу резолюции), Индия и некоторые другие афро-азиатские страны. Против голосовали США, Канада, Австралия, Новая Зеландия, скандинавские страны, страны Общего Рынка, девять центрально-американских и карибских государств, Уругвай, Фиджи, пять стран Черной Африки и Израиль. Во многих странах Запада резолюция ООН подверглась суровой критике. ООН утратила свой международный авторитет. Более двухсот членов британского парламента публично осудили резолюцию. Еврейская община США, особенно возмущенная позицией Мексики, призвала к бойкоту туризма в эту страну. Эта мера привела к значительному ухудшению мексиканского экономического положения и быстро вынудила правительство Мексики попытаться наладить отношения с Израилем.

1975 год — в ноябре в знак примирения Израиль вернул Египту важные нефтяные источники в Абу-Родейсе, на территории, оккупированной израильтянами с 1967 года.

1976 год — большинством голосов Совет Безопасности принял резолюцию в поддержку создания палестинского государства и призвал Израиль уйти со всех территорий, захваченных в Шестидневной войне. США воспользовались правом вето, но стало очевидно, что мировое общественное мнение склоняется в пользу создания палестинского государства на Западном берегу реки Иордан и секторе Газы, несмотря на заявления Израиля о том, что такое государство станет угрозой миру на Ближнем Востоке и самому существованию Израиля. Израиль продолжал выступать против ООП как против террористической организации, повинной в гибели многих израильтян и жителей других стран.

1976 год — проходившая в Женеве ассамблея Всемирной организации здравоохранения признала недопустимым составленный ее собственными наблюдателями благоприятный отчет о медицинском обслуживании, организованном Израи-

The Arab bloc and its supporters at the world body simply would not accept any report complimentary to Israel.

UNESCO reconsidered its earlier position on Israel and decided to allow it full membership in the European regional grouping.

1976 - On June 27, an Air France flight in route from Tel Aviv to Paris carrying 246 passengers and 12 crew members was hijacked by Palestinian sympathizers, including two West Germans, after a stop-over at Athens airport. The plane was first taken to Libya, then to Entebbe, Uganda where the passengers were held captive in an airport building. The plane's hijackers were joined by others waiting in Uganda. It was also clear that the Ugandan army was acting in full cooperation with the hijackers.

Three days later, Israelis and non-Israeli Jews were separated from the other passengers, the latter permitted to leave for France. In an act of solidarity, the French pilot and his crew refused to be released, instead remaining with the Israeli/Jewish hostages in the airport building. Israel, delaying for time by giving the appearance of negotiating with the terrorists over the release of Palestinians and Palestinian sympathizers held in Israeli prisons for acts of terrorism, prepared for a dramatic rescue operation which was mounted on July 3. It resulted in the freeing of the hostages, with the exception of three who were killed in the cross-fire, and the killing of the hijackers as well as a number of Ugandan soldiers who tried to resist the Israeli operation. The Israeli commander of the rescue mission, Yonatan Netanyahu, was also killed.

The Israeli action, executed at a distance of 2,500 miles (4,000 kilometers), caught the world's imagination, inspired books and films, and served as an example to other nations, some of whom were later to adopt similar tough tactics in dealing with terrorists.

1976 - On July 19, Shimon Peres, minister of defense, announced that Lebanese civilians were being permitted to cross the border into Israel to work in Israeli factories,

лем для арабского населения в секторе Газы и на Западном берегу. Арабский блок и его стороннники в этой Организации просто не могли принять отчета, в котором Израиль был показан в благоприятном свете.

ЮНЕСКО пересмотрела свою позицию по отношению к Израилю и приняла его в члены европейского регионального отделения.

1976 год — 27 июня после посадки в Афинах самолет авиакомпании „Эр Франс", летевший из Тель-Авива в Париж с 246 пассажирами и 12 членами экипажа на борту, был похищен группой террористов ООП, включавшей двух западных немцев. Самолет был сначала угнан в Ливию, потом в Энтеббе в Уганде, где пассажиров держали заложниками в здании аэропорта. В Уганде к похитителям присоединились их сообщники. Стало ясно, что армия Уганды полностью поддерживает похитителей.

Через три дня всех пассажиров, кроме граждан Израиля и евреев других стран, освободили и разрешили им вылететь во Францию. В знак солидарности с заложниками французский пилот и его экипаж отказались улететь. Они остались с израильскими и еврейскими заложниками в здании аэропорта. Оттягивая время, Израиль создавал видимость переговоров с террористами по поводу освобождения палестинцев и их сторонников, сидевших в израильских тюрьмах за участие в террористических актах. Тем временем израильтяне готовили предпринятую ими 3 июля блистательную спасательную операцию. Она закончилась освобождением заложников, кроме троих убитых в перестрелке. Были также убиты похитители и угандийские военные, пытавшиеся сопротивляться израильтянам. Командир израильских коммандос Йонатан Нетаньяху геройски погиб.

Операция, осуществленная на расстоянии 4 тысяч километров от Израиля, привлекла всеобщее внимание и послужила примером другим нациям, которые позже приняли похожую тактику по отношению к террористам. Об операции в Энтеббе написаны книги и сняты фильмы.

1976 год — 19 июля министр обороны Шимон Перес заявил, что мирные ливанские граждане могут переходить ливано-израильскую границу, чтобы работать на израильских фабри-

shop, sell their farm produce, and receive medical care. The civil war in Lebanon had wreaked havoc and widespread suffering. Israel's response was to offer assistance to civilians while supporting the military efforts of the Christians against the Moslems and left-wing forces in Lebanon's complex political landscape.

1976 - The U.N. passed a resolution, with the U.S. voting in favor, criticizing Israel's conduct in the administered territories (the territories occupied in 1967).

1976 - Prime Minister Rabin declared that Israel was prepared to establish economic ties with its Arab neighbors even prior to a general peace settlement, but his overture failed.

1976 - Rabin resigned as prime minister because of sharp conflicts over the Jewish settlements in the West Bank and as a result of serious internal division in the Labor Party. Since 1967, more than 80 Jewish settlements had either been established or were in the planning stage in the territories taken in the '67 war. About half were in the strategically important Golan Heights, others were in the West Bank and Sinai. The West Bank settlements, in particular, provoked controversy among Israelis over whether to return the territory in a peace settlement or hold on to it for religious/national reasons (in Biblical times, it formed part of the Jewish land) and/or because of its strategic depth.

From the Arab viewpoint, each new Jewish settlement on the West Bank was additional proof that Israel had no intention of withdrawing from the area.

1977 - Abu Daoud, suspected mastermind of the massacre of Israeli athletes at the 1972 Olympic Games in Munich, was arrested in France. Although both West Germany and Israel requested his extradition, the requests were denied on narrow legal grounds, and, as he was not sought in France, Daoud was released and flown to Algeria. The action caused a serious strain in French-Israeli relations. Arguments also arose between France and West Germany over whether Bonn had followed the proper procedure in seeking Daoud's extradition.

ках, делать покупки, продавать продукты с ферм и пользоваться медицинским обслуживанием. Гражданская война в Ливане принесла с собой разруху и лишения. Оказывая помощь христианам, боровшимся против мусульман и левых, Израиль счел нужным также поддерживать мирное население.

1976 год — ООН одобрила поддержанную США резолюцию, критиковавшую политику Израиля на находящихся под его управлением (оккупированных в 1967 году) территориях.

1976 год — премьер-министр Рабин заявил о готовности Израиля установить экономические связи с арабскими соседями даже до заключения общего мирного договора, но ответа со стороны арабских государств не последовало.

1976 год — Рабин ушел с поста премьер-министра из-за острых разногласий по поводу еврейских поселений на Западном берегу Иордана и в результате серьезной фракционной борьбы в Рабочей партии. С 1967 года более восьмидесяти еврейских поселений были созданы или планировались на территориях, оккупированных в войне 1967 года. Более половины из них находились на стратегически важных Голанских высотах, другие — на Западном берегу и в Синае. Особенные разногласия вызывал среди израильтян вопрос о поселениях на Западном берегу — возвращать ли территории по мирному соглашению, или удерживать их по стратегическим и религиозным соображениям (в библейские времена они составляли часть еврейской земли).

С арабской точки зрения, каждое новое еврейское поселение на Западном берегу было дополнительным доказательством того, что Израиль не намеревался уйти из этого района.

1977 год — Абу Дауд, подозревавшийся в организации убийства израильских спортсменов на Олимпийских играх 1972 года в Мюнхене, был арестован во Франции. Хотя и Израиль и Западная Германия потребовали его выдачи, их требования были отклонены на основании юридических формальностей. Поскольку Франция не собиралась его судить, его немедленно освободили и увезли в Алжир, что вызвало серьезное напряжение в израильско-французских отношениях. Между Францией и Западной Германией также возникли трения по поводу того, следовал ли Бонн законным процедурам в просьбе о выдаче Абу Дауда.

1977 - Full diplomatic relations were established between Israel and Portugal. In protest, Libya recalled its *charge d'affaires* from Lisbon and the Yemen Arab Republic broke off diplomatic relations with Portugal.

1977 - In May, 22 political parties participated in national elections. The Labor Party suffered a dramatic drop in its vote, losing its first general election. Menachem Begin's right-of-center Likud Party won with a plurality of the vote (33.4%) and formed a coalition government with several other political parties. Labor's defeat was seen as the result of the corruption scandals that had recently plagued the party, as well as voter dissatisfaction with the high inflation rate and other economic and social policies of the Labor Party. Interestingly, Likud enjoyed strong support among Oriental Jews and, to a large extent, among Soviet Jewish immigrants.

Begin, born in Poland in 1913, became active in the Zionist movement in his youth. In 1939, following the German occupation of Poland, he went to the Soviet Union where he was promptly sentenced to eight years' imprisonment and sent to the north. Released in 1941, he joined the Polish Free Army and managed to arrive in Palestine in 1942. He became a leader in the *Irgun* in 1943 and was active in party politics from 1948, becoming a member of the Knesset in 1949 as a member of the Herut political party which he founded (and which, in 1973, became part of Likud).

In a statement to the Knesset on his government's general orientation he said: "By virtue of (the Jewish people's) age-long heritage, I wish to declare that the Government of Israel will not ask any nation, be it near of far, mighty or small, to recognize our right to exist...It would not enter the mind of any Briton or Frenchman, Belgian or Dutchman, Hungarian or Bulgarian, Russian or American, to request for his people recognition of their right to exist. Their existence, *per se,* is their right to exist. The same holds true for Israel. We were granted that right to exist by the God of our fathers, at the glimmer of the

1977 год — между Израилем и Португалией были установлены дипломатические отношения. В знак протеста Ливия отозвала своего полномочного представителя из Лиссабона, а Йеменская Арабская Республика разорвала дипломатические отношения с Португалией.

1977 год — в мае двадцать две политические партии Израиля приняли участие в выборах. Рабочая партия потеряла огромное количество голосов и в первый раз проиграла всеобщие выборы. Большинство голосов (33.4%) получила возглавляемая Менахемом Бегиным партия Ликуд, которая и сформировала коалиционное правительство. Поражение Рабочей партии явилось результатом скандалов по поводу коррупции, а также недовольством избирателей высокой инфляцией и другими последствиями экономической и социальной политики правящей партии. Интересно, что Ликуд пользовался активной поддержкой со стороны евреев из Азии и Африки, а также в большой степени эмигрантов из Советского Союза.

Бегин родился в Польше в 1913 году и еще в молодости стал активным участником сионистского движения. В 1939 году после оккупации Польши нацистами он уехал в Советский Союз, где был немедленно приговорен к восьми годам тюремного заключения и отправлен на север. После освобождения в 1941 году он вступил в Свободную Армию Польши и в 1942 году добрался до Палестины. В 1943 году он возглавил *„Иргун"* и, начиная с 1948 года, был активным членом партии. В 1949 году он стал членом Кнессета от партии Херут, которую он основал и которая в 1973 году влилась в Ликуд.

В обращенной к Кнессету речи о политике нового правительства Бегин сказал: „Основываясь на древнем наследии еврейского народа, я хочу заявить, что правительство Израиля не будет просить ни один другой народ — близкий или далекий, могучий или маленький — признать наше право на существование... Ни одному британцу или французу, бельгийцу или голландцу, венгру или болгарину, русскому или американцу не придет в голову просить о таком праве для своего народа. Само их существование является гарантией этого права. Это справедливо и в отношении Израиля. Наше право на существование было даровано нам Богом наших отцов на заре

dawn of human civilization, nearly 4,000 years ago. For that right, which has been sanctified in Jewish blood from generation to generation, we have paid a price unexampled in the annals of the nations..." And on immigration: "Come from east and west, north and south, to build together *Eretz Yisrael*. There is room in it for millions of returnees to Zion."

1977 - The Palestine National Council, meeting in Cairo, reaffirmed the earlier amended Charter (1968). Excerpts: *Article 1*. "Palestine is the homeland of the Palestinian Arab people." *Article 5*. "The Palestinians are those Arab nationals who, until 1947, normally resided in Palestine regardless of whether they were evicted from it or have stayed there. Anyone born after that date of a Palestinian father - whether inside Palestine or outside it - is also a Palestinian." *Article 9*. "Armed struggle is the only way to liberate Palestine." *Article 15*. "The liberation of Palestine, from an Arab viewpoint, is a national duty...aims at the elimination of Zionism in Palestine."

In 1976, there were an estimated 3.25 million Palestinians in the world, of whom 705,000 lived on the West Bank, 370,000 in the Gaza Strip, 400,000 in pre-1967 Israel, 956,000 in Jordan and 250,000 in Lebanon.

1977 - Prime Minister Begin stated that Israel was providing supplies, artillery and training to support Christian militias in Lebanon. Begin emphasized that it was Israel's obligation to block any attempt at "genocide" by Palestinian forces in Lebanon.

1977 - In November, history was made when President Sadat of Egypt became the first Arab leader to pay an official visit to Israel, hold meetings with Israeli leaders, and address the Knesset. Hopes for peace soared in Israel and Egypt. Sadat spoke of his implicit recognition of the State of Israel and called on the Israelis to withdraw from the territories taken in the Six-Day War, to permit the creation of a Palestinian homeland, and to live in peace. Begin responded that it was his country's greatest hope to

человеческой цивилизации почти четыре тысячи лет тому назад. И за это право, освященное от поколения к поколению, мы заплатили цену, подобной которой нет в истории народов..." В этой же речи Бегин коснулся иммиграции:„Приезжайте с востока и запада, севера и юга, чтобы вместе построить *Эрец Израэль*. В нем есть место для миллионов вернувшихся к Сиону".

1977 год — собравшийся в Каире Национальный Совет Палестины подтвердил свою Хартию, дополненную в 1968 году. Вот несколько ее положений. *Статья 1.* „Палестина — это родина палестинского арабского народа". *Статья 5.* „Палестинцы — это те лица арабской национальности, которые проживали в Палестине до 1947 года, независимо от того, были ли они изгнаны или остались там. Тот, кто родился после этого времени от отца-палестинца — независимо от того, было ли это в Палестине или вне ее — тоже считается палестинцем". *Статья 9.* „Вооруженная борьба — это единственный путь к освобождению Палестины". *Статья 15.* „С арабской точки зрения освобождение Палестины — национальный долг... и ставит своей целью уничтожение сионизма в Палестине".

В 1976 году в мире насчитывалось 3,25 миллиона палестинцев, 705 тысяч из которых проживали на Западном берегу, 370 тысяч — в секторе Газы, 400 тысяч — на территрории Израиля, каковой она была до 1967 года, 965 тысяч — в Иордании и 250 тысяч — в Ливане.

1977 год — премьер-министр Бегин заявил о том, что Израиль снабжает христианских бойцов в Ливане боеприпасами, артиллерией и инструкторами. Бегин подчеркнул, что долг Израиля — препятствовать любой попытке геноцида со стороны палестинских сил в Ливане.

1977 год — в ноябре состоялся исторический визит президента Египта Садата в Израиль. В Израиле и Египте возросли надежды на мир. Выступив в Кнессете, Садат заявил о безоговорочном признании Израиля и призвал израильтян уйти с территорий, оккупированных в Шестидневной войне, не препятствовать созданию палестинского государства и жить в мире. В ответной речи Бегин указал, что мир является заветным желанием израильского народа, но что он невозможен без гарантий безопасности для Израиля.

live in peace but that peace must be accompanied by security for Israel.

To continue the momentum for peace, Begin then visited Sadat in Egypt where it was arranged that periodic bilateral ministerial talks would be conducted with the hope that other Arab states would join in. (None did.)

The ministerial talks were broken off in January 1978 because the Egyptians viewed the Begin government's support for Jewish settlements on the West Bank and in the Sinai as a serious obstacle to the search for peace. Hope for a quick peace settlement dimmed even though the Israeli minister of defense, Ezer Weizman, returned for a visit to Egypt in March. The Egyptians made it clear that any peace settlement would have to include a solution to the Palestinian question. Israel offered some suggestions for autonomy to be given to the West Bank, but fell short of the Egyptian (and other Arab states') demands for an independent Palestinian state.

The Begin position on the West Bank settlements also created problems in Israel's relations with its closest ally, the United States. The U.S. position under President Carter was that Israel would have to be prepared to relinquish a good part of the occupied territories, whereas Prime Minister Begin regarded the West Bank as an integral part of Israel.

1978 - In March, Palestinian terrorists entered Israel from the sea, hijacked a bus and murdered 35 persons before being killed by Israeli forces. Shortly thereafter, Israeli forces moved into southern Lebanon, the site of numerous Palestinian training camps and bases, and occupied a large area in order to destroy these training camps and root out the terrorists. One month later, Israeli forces began to withdraw, their positions taken by U.N. forces.

1978 - A large "Peace Now" demonstration, attended by tens of thousands of Israelis, was held to protest Begin's peace policy. The demonstrators, led by several hundred army reserve officers, felt that the Begin Government was

Используя благоприятный момент для мирных переговоров, Бегин посетил Садата в Египте, где была достигнута договоренность о регулярных переговорах на уровне министров. Стороны высказали надежду, что к ним присоединятся и другие арабские государства. Надежда эта оказалась напрасной.

В январе 1978 года переговоры на министерском уровне были прерваны, поскольку египтяне считали поддержку правительством Бегина еврейских поселений на Западном берегу и в Синае серьезным препятствием к достижению мира. Надежда на быстрое урегулирование отношений поблекла, несмотря на то что в марте израильский министр обороны Эзер Вейцман отправился в Египет с визитом. Египтяне дали понять, что любое мирное соглашение должно будет включать решение палестинского вопроса. Израиль выдвинул предложения по поводу автономии Западного берега, но они не удовлетворили требований Египта и других арабских стран, требовавших создания независимого палестинского государства.

Позиция Бегина в вопросе о поселениях на Западном берегу также создала сложности в отношениях с ближайшим союзником Израиля — США. При президенте Картере США придерживались точки зрения, что Израиль должен быть готов уступить большую часть оккупированных территорий, в то время как премьер-министр Бегин рассматривал их как неотъемлемую часть Израиля.

1978 год — в марте палестинцы проникли в Израиль с моря, похитили автобус и убили тридцать пять человек. Израильские солдаты уничтожили террористов. Вскоре израильские военные подразделения вступили в южный Ливан, где располагались многочисленные палестинские базы и лагеря для обучения террористов, с целью уничтожить эти лагеря и покончить с терроризмом. Через месяц Израиль начал выводить войска, а на их место прибыли войска ООН.

1978 год — десятки тысяч израильтян вышли на демонстрацию протеста против политики Бегина. Они несли лозунги „Мир сейчас”. Участники демонстрации, возглавляемые несколькими сотнями армейских офицеров запаса, считали, что

responding inadequately to the Sadat initiative and losing an opportunity for peace. Sizeable counter-demonstrations by Begin supporters were held. The country was divided over whether to relinquish land occupied in 1967 for the chance for peace.

1978 - In May, Yitzhak Navon was elected the fifth president of Israel, the first Sephardic Jews to hold the post.

1978 - Beth Hatefutsoth, the Museum of the Jewish Diaspora, opened on the campus of Tel Aviv University and quickly established itself as a major institution and must-see tourist site for travelers from abroad. Among its many attractions is a center that provides computer-based information on once heavily-populated East European and other Jewish towns and villages, permitting visitors to learn about their roots.

1979 - In recognition of the plight of Indochinese refugees fleeing oppression in their native lands and seeking new homes, Israel resettled 101 Vietnamese. Two years earlier, Israel accepted 66 Vietnamese refugees who had been rescued off the Vietnam coast by an Israeli ship.

1979 - After a month of particularly intensive American-Egyptian-Israeli negotiations, Israeli Prime Minister Begin and Egyptian President Sadat signed an historic peace treaty at the White House. American President Carter signed the documents as witness. The peace treaty formally brought to an end the 31-year state of war between Israel and Egypt. Begin and Sadat later received the Nobel Peace Prize for this extraordinary accomplishment. PLO leader Yasser Arafat vowed to "chop off the hands" of the treaty's signers and most Arab countries severed diplomatic ties with Egypt in protest.

1980 - In February, in a further step to develop Israeli-Egyptian relations, the Egyptian Parliament passed a law ending Egypt's participation in the Arab economic boycott of Israel, which had been announced by the Arab League

правительство Бегина недостаточно гибко реагировало на мирную инициативу Садата и потеряло возможность достижения мира. В ответ сторонники Бегина провели значительные контр-демонстрации. Мнение населения страны по вопросу о том, стоит ли „обменять" территоррии, оккупированные в 1967 году, на возможность мира, разделилось.

1978 год — в мае президентом Израиля был выбран Ицхак Навон, первый случай, когда этот пост занял сефардский еврей.

1978 год — на территории Тель-авивского университета открылся и быстро завоевал популярность у туристов музей еврейской Диаспоры Бет-Хатефутсот. Особенно привлекает посетителей компьютерный центр, где можно получить информацию о некогда обильно заселенных еврейских городках и местечках в Восточной Европе и других странах, получить сведения об истории евреев и, таким образом, узнать больше о происхождении евреев и их корнях.

1979 год — в знак признания тяжести испытаний, выпавших на долю индо-китайских беженцев, подвергавшихся преследованиям на родине и вынужденных искать убежища, Израиль принял сто одного вьетнамца. Двумя годами раньше Израиль уже принял шестьдесят шесть вьетнамских беженцев, которые были спасены у берегов Вьетнама экипажем израильского корабля.

1979 год — после месяца особенно интенсивных переговоров между Египтом, Израилем и США премьер-министр Бегин и президент Египта Садат подписали в Белом Доме исторический мирный договор. Президент США Картер скрепил документ своей подписью как свидетель. Договор официально положил конец тридцати одному году войны между двумя странами. Позже Бегин и Садат разделили Нобелевскую премию мира за это выдающееся достижение. Лидер ООП Ясир Арафат поклялся „отрубить руки" подписавшим договор, и в знак протеста большая часть арабских стран порвала дипломатические отношения с Египтом.

1980 год — в феврале египетский парламент предпринял очередной шаг для улучшения египетско-израильских отношений, издав закон, отменивший участие Египта в экономическом бойкоте Израиля, объявленном Лигой арабских стран в 1957 го-

in 1957. Other Arab countries continue to adhere to the boycott, refusing to do business with companies that maintain commercial links with Israel. The Israeli Embassy opened in Cairo and for the first time the Israeli flag flew over the Egyptian capital. In March, El Al, Israel's national airline, began regular flights between Tel Aviv and Cairo. Shortly thereafter, the Israeli-Egyptian border was opened to vehicular traffic.

1980 - In July, the Knesset, Israel's Parliament, by a vote of 69 to 15 with three abstentions, approved a bill that made Jerusalem (East and West Jerusalem) the capital of Israel. The bill provided special protection for the holy places of all faiths in the city. Saudi Arabia and Iraq stated they would sever diplomatic and economic ties with any country that recognized Israel's designation of Jerusalem as the capital or that kept its embassy there. Indeed, following the U.N. resolution condemning the Israeli move, all those countries with embassies in Jerusalem moved their legations to Tel Aviv.

1981 - Israeli jets destroyed the single Iraqi nuclear reactor. Prime Minister Begin declared that the facility was being developed to construct nuclear weapons that would pose a grave threat to Israel's security. The U.N. condemned the Israeli action.

1981 - More than 4,000 Holocaust survivors from 26 countries gathered in Jerusalem to participate in the First World Gathering of Holocaust Survivors. Remarkably, some family members and friends who had been forcibly separated by the war and had not known of each other's fate for 40 years were reunited. In other cases, information about the fate of common friends was exchanged for the first time since the war.

1981 - While reviewing a military parade near Cairo, Egyptian President Sadat was assassinated by a group of Egyptian soldiers. His successor, Hosni Mubarak, announced that Egypt would adhere to its treaty with Israel and continue to seek a broader Middle East peace.

1981 - Underscoring the growing bilateral ties between Israel and the United States, the two countries signed an

ду. Другие арабские страны продолжают бойкот, отказываясь вести дела с компаниями, которые поддерживают экономические связи с Израилем. В Каире было открыто израильское посольство, и в первый раз флаг Израиля был поднят над столицей Египта. В марте израильская национальная авиакампания „Эль-Аль" начала регулярные рейсы из Тель-Авива в Каир. Вскоре израильско-египетская граница была открыта.

1980 год — в июле Кнессет проголосовал шестьюдесятью девятью голосами против пятнадцати и трех воздержавшихся за объявление Иерусалима (Восточного и Западного) столицей Израиля. Закон предусматривал специальную охрану святых мест всех религий. Саудовская Аравия и Ирак заявили, что они прервут дипломатические отношения с любой страной, которая признает Иерусалим столицей Израиля или откроет там посольство. Действительно, вслед за решением ООН, осуждающим израильскую акцию, все страны, чьи посольства раньше находились в Иерусалиме, перевели их в Тель-Авив.

1981 год — израильские самолеты уничтожили атомный реактор Ирака. Премьер-министр Бегин заявил что реактор строился с целью производства ядерного оружия, что представляло бы смертельную опасность для Израиля. ООН осудила действия Израиля.

1981 год — более 4 тысяч человек из двадцати шести стран, переживших Катастрофу, собрались в Иерусалиме, чтобы принять участие в Первом Всемирном съезде переживших Катастрофу. Поразительно, что многие приехавшие встретились здесь со своими родственниками и друзьями, с которыми были насильно разлучены войной и о судьбе которых ничего не знали в течение сорока лет. Другие сумели получить информацию о судьбе общих друзей.

1981 год — Во время военного парада, проходившего недалеко от Каира, группой египетских военных был убит президент Египта Садат. Преемник Садата Хосни Мубарак заявил, что Египет будет продолжать придерживаться мирного договора с Израилем и искать пути к миру на всем Ближнем Востоке.

1981 год — подчеркивая рост двусторонних связей, Израиль и США подписали важный меморандум о стратегичес-

important memorandum on strategic cooperation establishing a "framework for continued consultation and cooperation."

1981 - In December, the Knesset passed a bill applying Israeli law to the Golan Heights, the area bordering Syria that was captured by Israel in the 1967 Six-Day War. This meant that Israel was, in effect, annexing the territory. The U.S. supported a U.N. call for Israel to withdraw its legislation, and Washington suspended temporarily the memorandum on strategic cooperation.

1982 - French President Francois Mitterand became the first French head of state to visit Israel.

1982 - In April, Israel completed its withdrawal from the Sinai, the area captured from Egypt in the Six-Day War. In so doing, Israel relinquished the region's incalculable strategic depth, valuable oil fields developed by Israel, two of the world's most advanced air force bases, and several Israeli settlements.

1982 - Costa Rica moved its embassy back to Jerusalem from Tel Aviv, becoming the first country to return to Jerusalem since leaving in 1980. Subsequently, El Salvador followed suit.

1982 - Zaire became the first Black African country to resume diplomatic relations with Israel since the 1973 Yom Kippur War when virtually every Black African nation broke ties.

1982 - In June, Israeli forces entered Lebanon with the stated goal of pushing the PLO forces in southern Lebanon out of a 40-kilometer area north of Israel's border. Israeli troops pressed on past the 40-kilometer line in pursuit of PLO strongholds elsewhere in the country. By July, the troops reached the outskirts of Beirut, Lebanon's capital. The next month, under a plan negotiated by the U.S., the PLO agreed to evacuate West Beirut, where they had been headquartered since 1970, and to leave for other countries. Some 15,000 PLO and Syrian soldiers departed the country.

ком сотрудничестве, устанавливавший „основу для продолжающихся консультаций и сотрудничества".

1981 год — в декабре Кнессет постановил, что израильские законы распространяются на район Голанских высот, захваченный в 1967 году в Шестидневной войне. Фактически это означало, что Израиль аннексировал эту территорию. США поддержали призыв ООН к Израилю отменить этот закон, и Вашингтон временно прервал действие меморандума о стратегическом сотрудничестве.

1982 год — президент Франции Миттеран стал первым главой французского правительства, посетившим Израиль.

1982 год — в апреле Израиль завершил вывод войск из Синая, района, захваченного у Египта в Шестидневной войне. Таким образом, Израиль отказался от неоценимой с военной точки зрения стратегической „глубины" района, ценных источников нефти, разработанных израильтянами, двух самых передовых авиабаз в мире и нескольких израильских поселений.

1982 год — Коста-Рика перевела посольство обратно в Иерусалим из Тель-Авива, став, таким образом, первой страной, вернувшейся в Иерусалим с тех пор, как официальные представительства покинули его в 1980 году. Сальвадор последовал примеру Коста-Рики.

1982 год — Заир стал первой страной Черной Африки, восстановившей дипломатические отношения с Израилем с тех пор, как после войны Судного дня в 1973 году практически все страны Черной Африки прервали их.

1982 год — в июне израильские войска вошли в Ливан с целью вытеснить силы ООП в южном Ливане из 40-километровой зоны к северу от израильской границы. Израильские силы перешли за пределы 40-километровой зоны, чтобы захватить опорные базы ООП по всей стране. К июлю войска дошли до пригородов Бейрута, столицы Ливана. В следующем месяце по плану, разработанному США, ООП согласилась эвакуироваться из Западного Бейрута, где с 1970 года находился ее штаб, и уйти в другие страны. Около 15 тысяч солдат ООП и Сирии покинули Ливан.

Israel's actions in Lebanon divided the Israeli public. At one Tel Aviv demonstration in July protesting the war in Lebanon, an estimated 100,000 gathered. Two weeks later, approximately double that number demonstrated in Tel Aviv in favor of the government's policy. And in a September vote, the Knesset approved the government's conduct of the war in Lebanon by a vote of 50 to 40.

Ten days after the Knesset vote, several hundred Palestinian Arabs in the Sabra and Shatila refugee camps in West Beirut were killed by right-wing Lebanese Christians. In Jerusalem, Israeli officials denied any responsibility for the killings, but acknowledged that the Cabinet approved the entry of Christian militiamen into the camps. As many as 400,000 people demonstrated in Tel Aviv to call for the establishment of an independent Israeli inquiry into the massacres to determine Israel's role, if any. Three days later, the Israeli Cabinet announced the formation of a commission of inquiry. The commission criticized Israel's highest leaders for ignoring the possibility of vengeance against the Palestinians after the assassination of Lebanese President-elect Bashir Gemayel. Gemayel shared the same tragic fate as two other Arab leaders who had sought to reach a peaceful understanding with Israel. Like King Abdullah of Jordan (the current king's late grandfather) and Egyptian President Sadat, he was murdered.

1983 - Irish-born Chaim Herzog, a former military leader and Israeli ambassador to the United Nations, was elected by the Knesset to serve as Israel's sixth president, succeeding Yitzhak Navon. Herzog won a second five-year term in 1988.

1983 - One-hundred-fifty-thousand people gathered in Tel Aviv on the first anniversary of Israel's entry into Lebanon to call for an immediate Israeli withdrawal and the resignation of Prime Minister Begin's government.

1983 - On August 28, after six years as Israel's prime minister, Menachem Begin announced his intention to resign. Reportedly overwhelmingly distraught by the death of his wife, and deeply troubled by the unexpectedly long and difficult Israeli presence in Lebanon, Begin submitted

Мнение израильского народа по поводу действий в Ливане резко разделилось. Около 100 тысяч человек собралось на тель-авивскую демонстрацию против войны в Ливане. Через две недели вдвое больше людей вышли на демонстрацию в ее поддержку. А в сентябре Кнессет одобрил политику в Ливане пятьюдесятью голосами против сорока.

Спустя десять дней после голосования в Кнессете несколько сотен палестинцев в Сабре и Шатиле — лагерях для беженцев в западном Бейруте — погибли от руки правых ливанских христиан. Израильские официальные лица в Иерусалиме отрицали, что они несли какую-либо ответственность за эту акцию, но признали, что кабинет министров разрешил христианской милиции войти в лагеря. Четыреста тысяч человек вышли на демонстрацию в Тель-Авиве с призывом к созданию независимой израильской комиссии по расследованию роли Израиля в ливанской резне. Через три дня израильский кабинет министров объявил о создании такой комиссии. Комиссия подвергла критике израильских лидеров за то, что они не учли возможности мести палестинцам за убийство Башира Джемаеля, только что избранного президентом Ливана. Джемаель разделил трагическую судьбу двух других арабских вождей, пытавшихся достичь мира с Израилем, — короля Иордании Абдуллы (деда нынешнего короля) и президента Египта Садата.

1983 год — Хаим Герцог, родившийся в Ирландии, профессиональный военный, бывший одно время послом Израиля в ООН, избран Кнессетом шестым президентом Израиля. Герцог сменил на этом посту Ицхака Навона. В 1988 году он был переизбран.

1983 год — 150 тысяч человек собрались в Тель-Авиве, чтобы отметить первую годовщину вторжения Израиля в Ливан и потребовать немедленного вывода израильских сил из Ливана и отставки правительства Бегина.

1983 год — 28 августа, после шести лет на посту премьер-министра Израиля, Менахем Бегин объявил о своем намерении уйти в отставку. По сообщениям, подавленный смертью жены и глубоко обеспокоенный неожиданно затянувшимся и трудным пребыванием израильских сил в Ливане, Бегин попросил у

his resignation to President Herzog. Succeeding Begin was Foreign Minister Yitzhak Shamir, who became Israel's seventh prime minister.

Born in 1915 in Poland, Shamir emigrated to Palestine in 1935. He became a leader of the Stern Gang* and later was head of the European division of the Mossad, Israel's intelligence agency. He joined Begun's Herut Party in 1970 and was elected to the Knesset in December 1973. He became Speaker in June 1977.

1983 - A suicide truck bomb exploded at Israeli military headquarters in Tyre, Lebanon killing 28 Israelis and 32 others. American and French peacekeeping troops in Lebanon also suffered very high casualties from terrorist bombings.

1983 - Israel released 4,500 Palestinian and Lebanese prisoners held primarily in southern Lebanon and in Israeli jails in exchange for six Israeli soldiers held by the PLO.

1984 - In July, elections for the eleventh Knesset were held. The Labor Party gained 44 seats, the Likud Party 41. Of the popular vote, Labor received 34.9%, Likud 31.9%. Thirteen other parties divided the remaining 35 seats. After several weeks of negotiation, a National Unity Government was formed between the Labor and Likud Parties. Under the unusual arrangement, Shimon Peres, the head of Labor, was sworn in as the prime minister for the first two years of the four-year period. Yitzhak Shamir, the Likud leader, was named deputy prime minister and foreign minister for the first two years. In the fall of 1986, the two leaders switched positions.

1984 - An increasing number of Ethiopian Jews succeeded in leaving their native land on foot, traveling hundreds of miles to neighboring Sudan. Fleeing the famine ravaging large parts of Ethiopia, the civil wars, and the

---

* Underground paramilitary organization which fought for a Jewish state.

президента Герцога отставки. Министр иностранных дел Ицхак Шамир стал седьмым премьер-министром Израиля, сменив
Бегина.

Шамир родился в 1915 году в Польше и эмигрировал в
Палестину в 1935 году. Он стал лидером так называемого
„Отряда Штерна",* а позже возглавил европейское отделение
Мосада, израильской разведки. В 1970 году он вступил в пар-
тию Бегина „Херут" и в декабре 1973 года стал членом Кнес-
сета. В июне 1977 года он стал спикером.

1983 год — грузовик-бомба с шофером-камикадзе взор-
валась в израильском военном штабе в Тире в Ливане. Взрывом было убито шестьдесят человек, среди которых было
двадцать восемь израильтян. Американские и французские
силы по поддержанию мира в Ливане также понесли крупные
потери от бомб террористов.

1983 год — Израиль, в обмен на шестерых израильских
солдат, бывших в плену у ООП, освободил четыре с половиной
тысячи палестинских и ливанских заключенных, находившихся
в тюрьмах в Израиле и южном Ливане.

1984 год — в июле прошли одиннадцатые выборы в Кнессет. Рабочая партия получила 44 места, Ликуд — 41. Это составило соответственно 34.9% и 31.9%. Остальные тринадцать
партий разделили оставшиеся 35 мест. После нескольких
недель переговоров Рабочая партия и Ликуд сформировали
Правительство Национального Единства. Было достигнуто
необычное соглашение, по которому Шимон Перес, глава Рабочей партии, был приведен к присяге как премьер-министр, а
лидер Ликуда Ицхак Шамир был назначен заместителем
премьер-министра только на первые два года. Осенью 1986 года они поменялись местами.

1984 год — тысячи евреев Эфиопии покинули страну и,
преодолев пешком сотни миль, достигли соседнего Судана,
где нашли временное убежище в лагерях для беженцев. Они
бежали от голода и гражданской войны. Тайно осуществляя

---

* Военизированной подпольной группы, боровшейся за создание еврейского государства. (*Прим. перев.*)

physical insecurity of the Jewish community, thousands of Ethiopian Jews illegally left the country and found temporary haven in Sudanese refugee camps. Working quietly in one of the most extraordinary modern-day rescue operations, Israel succeeded in bringing 7,000 to 8,000 Ethiopian Jews from Moslem Sudan to the Jewish state in an effort known as Operation Moses.

For centuries, Ethiopian Jews had dreamed of fulfilling the Biblical vision of returning to Zion, the land of the Jews. In walking from their villages, risking arrest, robbery and death, traversing a rugged landscape, and carrying their young and old on their backs, they enacted a modern-day exodus. Sadly, perhaps as many as 2,000 died en route, victims of famine, disease and violence.

Despite an effort to keep the rescue operation secret, disclosures in the press led the Sudanese government, which earlier had not sought to stop the transfers to Israel, to curtail the movement. Other than several hundred Ethiopian Jews who were later rescued from the Sudan with U.S. Government assistance in March 1985, the large-scale movement of Ethiopian Jews to Israel ended abruptly. As many as 10,000 to 12,000 Ethiopian Jews remain in Ethiopia, separated from family members and unable to leave. The Ethiopian Government has rejected appeals from Israel, the U.S. and other Western countries to permit any further family reunification in Israel.

1985 - A number of tragic terrorist incidents occurred, including, in June, the hijacking by Shiite Moslems of a TWA airplane en route from Athens to Rome and its forced transfer to Beirut where the hijackers killed one American and demanded that Israel release Shiite Moslem prisoners held in Israeli jails. Two months later, an Israeli diplomat was killed in Cairo. In September, three Israeli civilians were killed by Palestinian terrorists in Cyprus. In response to the Cyprus killings, on October 1, Israeli Air Force jets bombed PLO headquarters in Tunisia, killing at least 15 persons. In October, Palestinian terrorists seized an Italian passenger ship, the *Achille Lauro,* and demanded the release of 50 Palestinians held by Israel. They killed one

одну из самых необычных современных спасательных операций, Израиль успешно переправил семь из восьми тысяч эфиопских евреев из мусульманского Судана в еврейское государство. Операция получила название „Моисей".

Многие столетия эфиопские евреи мечтали о возрождении библейского идеала и возвращении в Сион, землю евреев. Идя пешком из своих деревень, рискуя быть арестованными, ограбленными или убитыми, неся на себе стариков и детей, они осуществили современный исход. К сожалению, около 2 тысяч человек погибли по пути от голода, болезней и насилия.

Несмотря на усилия держать операцию в тайне, информация в прессе привела к тому, что суданское правительство, которое поначалу смотрело на это сквозь пальцы, пресекло операцию. Массовое переселение эфиопских евреев в Израиль прекратилось, за исключением тех нескольких сотен, которые в марте 1985 года были вызволены из Судана при содействии правительства США. От десяти до двенадцати тысяч эфиопских евреев остались в Эфиопии, разлученные с семьями и лишенные возможности уехать. Эфиопское правительство отвергло просьбы Израиля и других стран разрешить дальнейшее воссоединение семей.

1985 год — мусульманами-шиитами совершен ряд окончившихся трагически террористических актов, включая июньское похищение самолета компании „Ти-дабл'ю-эй", летевшего из Афин в Рим. Самолет был угнан в Бейрут, где террористы убили одного американца и потребовали, чтобы Израиль освободил мусульман-шиитов, заключенных в израильских тюрьмах. Через два месяца в Каире был убит израильский дипломат. В сентябре три мирных израильтянина погибли от руки палестинских террористов на Кипре. В ответ на кипрские убийства 1 октября израильские ВВС разбомбили штаб ООП в Тунисе, уничтожив по крайней мере пятнадцать террористов. В октябре палестинцы захватили итальянский пассажирский пароход „Ахилле Лауро" и потребовали освобождения пятидесяти

passenger, an American Jewish wheelchair-bound tourist. And in December, Palestinian terrorists attacked El Al passengers in Rome and Vienna, killing 18 and injuring more than 110 persons.

1985 - Israel's population reached four million, of which 3.5 million were Jews. Jerusalem, with a population of 428,000, surpassed Tel Aviv as the nation's largest city.

1985 - Israel completed its military withdrawal from Lebanon.

1985 - Hopes for peace talks between Israel and Jordan increased when Prime Minister Peres stated that "the state of war between Israel and Jordan should be terminated immediately." King Hussein initially responded positively to Peres' peace plan though he later called for PLO participation, a condition unacceptable to Israel.

1986 - Prime Minister Peres traveled to Morocco for meetings with King Hassan. While the talks represented a minor breakthrough in Arab-Israeli dialogue, they did not lead to negotiations between Israel and its immediate Arab neighbors.

1986 - Israel made several important diplomatic advances. In January, formal diplomatic relations were established with Spain, leaving Greece the only West European nation without full ties with Jerusalem. In East Europe, Poland become the first Soviet-bloc nation to re-establish (low-level) diplomatic links with Israel since the 1967 Six-Day War. During 1986, several meetings between Israeli and Soviet officials also took place, fueling speculation that a restoration of relations might be in the offing. And in Africa, Cameroon and Ivory Coast also restored ties with Israel.

1986 - The world's attention was drawn to Anatoly Sharansky's arrival in the West. To many, Sharansky's name had become synonymous with the struggle of Soviet Jews

344

палестинцев, находившихся в заключении в Израиле. Они убили одного из пассажиров, инвалида-еврея, передвигавшегося в кресле-каталке. В декабре палестинские террористы напали на пассажиров „Эль-Аль" в Риме и Вене, убив восемнадцать и ранив более ста десяти человек.

1985 год — население Израиля достигло четырех миллионов человек, из которых 3,5 миллиона были евреями. Иерусалим, с населением в 428 тысяч человек, стал самым населенным городом страны.

1985 год — Израиль завершил вывод войск из Ливана.

1985 год — надежды на мирные переговоры между Израилем и Иорданией возросли, когда премьер-министр Перес заявил, что „состояние войны между Израилем и Иорданией должно быть немедленно прекращено". Изначально король Хусейн положительно отнесся к мирному плану Переса, хотя позднее он выдвинул условием для переговоров участие в них ООП. Это условие было, разумеется, неприемлемо для Израиля.

1986 год — премьер-министр Перес посетил Марокко, где встретился с королем Хассаном. Эти переговоры, однако, не привели к переговорам между Израилем и его ближайшими арабскими соседями.

1986 год — Израиль сделал несколько важных дипломатических ходов. В январе были установлены официальные дипломатические отношения с Испанией. Теперь единственной страной Западной Европы, не имевшей полного представительства в Иерусалиме, осталась Греция. В Восточной Европе Польша стала первой страной советского блока, восстановившей (хотя и неполностью) дипломатические связи с Израилем, порванные в 1967 году. В течение 1986 года также произошло несколько встреч между израильскими и советскими официальными лицами, причем муссировались слухи о том, что не исключено восстановление дипломатических отношений с СССР. Из африканских стран Камерун и Берег Слоновой Кости также восстановили отношения с Израилем.

1986 год — появление на Западе Анатолия Щаранского привлекло внимание мировой общественности. Для многих имя Щаранского стало синонимом борьбы советских евреев за

seeking to leave the USSR, and his nine-year imprisonment had been criticized by many foreign leaders. Sharansky resettled in Jerusalem with his wife Avital, whom he had not seen since 1974. He changed his first name from Anatoly to the Hebrew name Natan.

1986 - The last remaining obstacle in Israeli-Egyptian relations - the dispute over a tiny piece of land on the Red Sea known as Taba - approached resolution when both sides agreed to submit their dispute to an international panel for binding arbitration.

1986 - Pursuant to the rotation agreement, Prime Minister Peres yielded his post to Deputy Prime Minister and Foreign Minister Shamir and assumed the latter's position.

1987 - The second major trial in Israel of an accused Nazi war criminal, (the first was the 1960 trial of Adolf Eichman), John Demjanjuk, began. Demjanjuk, the first accused war criminal extradited to Israel, in this case by the U.S., was charged with committing war crimes, including operating the gas chamber, at the Treblinka death camp. In April 1988 the Israeli court, after 106 sessions, convicted the 68-year-old retired auto worker of crimes against the Jewish people, crimes against humanity, war crimes and crimes against a persecuted people. The sentence, which is subject to appeal, was death by hanging.

1987 - Hungary became the second East European country to restore (low-level) diplomatic ties with Israel. In a related matter, a Soviet diplomatic team arrived in Israel in July, reportedly concerned with matters relating to property owned by the Russian Orthodox Church and to Soviet passport-holders. At the time of writing, nearly one year later, the Soviet team remains in Israel.

1987 - In a significant step to strengthen Israeli-American ties, Israel was accorded the status of a major non-NATO ally of the United States. Relations between the

эмиграцию из СССР. Запад резко критиковал Советский Союз за приговор Щаранскому. Вместе со своей женой Авиталь, которую он не видел с 1974 года, Щаранский поселился в Иерусалиме. Он изменил свое имя Анатолий на еврейское имя Натан.

1986 год — последнее препятствие в израильско-египетских отношениях — разногласия по поводу крошечной территории в Красном море, известной под названием Таба, — было почти ликвидировано, когда Израиль и Египет согласились представить его на рассмотрение международного арбитража.

1986 год — по принятому Кнессетом соглашению, премьер-министр Перес поменялся постами с заместителем премьер-министра и министром иностранных дел Шамиром.

1987 год — в Израиле начался суд над Иваном Демьянюком. Это был второй важный судебный процесс по обвинению в нацистских военных преступлениях (первый был над Адольфом Эйхманом в 1960 году). Демьянюку, которого после обвинения в военных преступлениях США выслали в Израиль (первый случай такого рода), были предъявлены обвинения в преступлениях против человечности, включающие деятельность, связанную с уничтожением заключенных в газовой камере в лагере смерти Треблинка. В апреле 1988 года израильский суд после ста шести заседаний признал виновным шестидесятивосьмилетнего бывшего рабочего автозавода в преступлениях против человечности, военных преступлениях, преступлениях против еврейского народа и представителей других народов, боровшихся с нацизмом. Приговор — смертная казнь через повешение — подлежит обжалованию.

1987 год — второй страной Восточной Европы, восстановившей неполные дипломатические связи с Израилем, стала Венгрия. В июле группа советских дипломатов также приехала в Израиль, чтобы, как сообщалось, заниматься делами, касавшимися собственности русской православной церкви в Иерусалиме, и судьбой людей с советскими паспортами. В настоящее время эта группа советских чиновников продолжает оставаться в Израиле.

1987 год — был осуществлен важный шаг в упрочении американо-израильских отношений: Израиль получил статус союзника США вне рамок НАТО.

two countries on the political, economic and strategic fronts became and remain increasingly close.

1987 - Foreign Minister Peres met secretly with Jordan's King Hussein and reported on a possible breakthrough in the search for peace. However, a number of complications arose which dashed hopes for early progress. Among these was the opposition of the Likud Party half of the coalition government to an international peace conference on the Middle East, which would have included the USSR, China, Britain and France, in addition to the U.S., rather than direct, bilateral face-to-face negotiations.

1987 - In a case that received considerable attention, an American Jew and his wife were found guilty in U.S. courts of spying for Israel. Jonathan Jay Pollard and his wife were sentenced - he to life imprisonment, she to five years - for passing along secret information he obtained while working for the U.S. Navy.

1987 - In December, unrest broke out in the Gaza Strip and West Bank. It led to months of clashes between local Palestinian Arab residents and the Israeli military. More than 160 Palestinian Arabs have been killed. Prompted in part by this conflict, U.S. Secretary of State George Shultz launched a peace initiative and made several trips to the region. He met with Israeli, Syrian, Jordanian, Saudi and Egyptian officials seeking a means of starting a peace process. As of June 1988, there seemed little prospect of success.

1988 - In April Israel and its friends around the world celebrated the 40th anniversary of the state's independence.

1988 - In November were national elections in Israel.

1987 год — министр иностранных дел Перес тайно встретился с королем Иордании Хусейном и сообщил о возможном успехе поисков мира с Иорданией. Но целый ряд осложнений помешали быстрому достижению успеха. В их числе была оппозиция Ликуда, составлявшего половину коалиционного правительства, проведению международной мирной конференции по Ближнему Востоку, в которой приняли бы участие СССР, Китай, Великобритания и Франция, а также США. Ликуд предпочитал прямые двусторонние переговоры.

1987 год — судебный процесс, в ходе которого американский суд признал виновными в шпионаже в пользу Израиля американского еврея Джонатана Полларда и его жену. Поллард был приговорен к пожизненному заключению, а его жена — к пяти годам тюрьмы за передачу израильтянам секретной информации, доступ к которой он получил, работая в ВМФ США.

1987 год — в декабре начались беспорядки в секторе Газа и на Западном берегу. Они привели к столкновениям между местными палестинскими арабами и израильскими военными. Было убито больше ста шестидесяти палестинцев. Государственный секретарь США Джордж Шульц несколько раз посетил страны Ближнего Востока с целью провести в жизнь свою мирную инициативу. Он встречался с израильскими, сирийскими, иорданскими, саудовскими и египетскими представителями. В июне 1988 года надежд на успех было мало.

1988 год — в апреле Израиль и его друзья во всем мире отпраздновали сорокалетие израильской независимости.

1988 год — в ноябре произошли всеобщие выборы в Израиле.

SOME FACTS AND FIGURES ABOUT ISRAEL

- The total population of Israel (1988) is 4.43 million, of whom 3.63 million are Jews. In 1948, the Jewish population of Israel was 650,000. Since then, Israel has absorbed 1.8 million immigrants.

- The male-female ratio in the population is 49.9% male and 50.1% female. The median age is 24.4. The average life expectancy for Jewish men is 74 years and for Jewish women 77, one of the highest life expectancy rates in the world.

- Of the Jewish population, 59.1% are sabras (native-born). 22.7% were born in Europe or the Americas, 9.7% in Africa and 8.5% in Asia. According to 1982 statistics, 197,000 Israeli citizens were born in the Soviet Union (or pre-revolutionary Russia) and 96,900 were the children of fathers born in the Soviet Union.

- 87% of the Jewish population live in urban areas, 13% in rural areas. Of this 13%, approximately 3% live on *kibbutzim* and 3.5% on *moshavim* (see Israel Glossary). The ten major urban centers of Jewish population are:

City	Population
Tel Aviv-Jaffa	320,000
Jerusalem	470,000
Haifa	223,000
Holon	133,500
Bat Yam	128,700
Petah Tikva	123,900
Ramat Gan	121,700
Beer Sheba	115,000
Netanya	112,000
Rishon L'Zion	102,200

ИЗРАИЛЬ: ФАКТЫ И ЦИФРЫ

- Население Израиля в 1988 году составляло 4,43 миллиона, из которых 3,63 миллиона были евреями. В 1948 году в Израиле жили 650 тысяч евреев. С тех пор в Израиль приехали 1,8 миллиона иммигрантов.

- 49.9% составляют мужчины и 50,1% — женщины. Средний возраст — 24,4 года. Средняя продолжительность жизни мужчин — 74 года, женщин — 77 лет, одна из самых высоких в мире.

- Среди еврейского населения 59,1% — сабры (люди, родившиеся в Израиле). 22,7% родились в Европе и в Северной или Южной Америке, 9,7% — в Африке и 8,5% — в Азии. По статистике 1982 года, 197 тысяч израильских граждан родились в СССР или дореволюционной России, а 96,9 тысяч имели родителей, родившихся в СССР.

- 87% еврейского населения живут в городах, а 13% — в сельской местности. Из этих 13%, около 3% живут в *киббуцах* и 3% в *мошавах* (см. Словарь израильских терминов). В десятку крупнейших израильских городов входят:

Город	Население
Тель-Авив и Яффа	320.000
Иерусалим	470.000
Хайфа	223.000
Холон	133.500
Бат Ям	128.700
Петах Тиква	123.900
Рамат-Ган	121.700
Беер-Шева	115.000
Нетания	112.000
Ришон Лецион	102.200

- 77.5% of the Jews in Israel identify Hebrew as their first language. The other principal languages indicated in surveys include Arabic, Yiddish, Romanian and Russian. Whereas in 1948 Hebrew was spoken by 376,000 Jews over the age of 14, today it is spoken by more than three million Jewish adults.

- Nearly 1.5 million tourists visited Israel in 1987.

- The first four presidents of Israel - Chaim Weizmann, Yitzhak Ben-Zvi, Zalman Shazar and Ephraim Katzir - and the first four prime ministers - David Ben-Gurion, Moshe Sharett, Levi Eshkol and Golda Meir - were Russian-born.

- Individuals with a higher education comprise 15% of the Israeli work force, the highest such figure in the world. The United States and Canada follow.

- Per capita attendance at the theater in Israel is the highest in the world. Israel is also blessed with such world-renowned musical groups as the Israel Philharmonic Orchestra, founded in 1936, and the Jerusalem Symphony Orchestra.

- Israel publishes nearly 4,000 new book titles each year, vying with Japan and Sweden for the highest per capita figure.

- The ratio of medical doctors to total population in Israel is second only to that of the Soviet Union (but the system of medical education is modelled on the American system).

- In 1981, 91% of all households had a television set.

- Of Israel's total households, 62.7% are owned by their occupants, 29.5% are rented, and 7.8% have other arrangements.

- There are 80 museums in Israel. Fifteen Hebrew newspapers, five Arabic and nine in other languages (including the Russian-language *Nasha Strana)* are published regularly. There are also 650 periodicals in many languages.

- Israel's seven major universities are: Technion-Israel Institute of Technology in Haifa (9,000 students); Hebrew University of Jerusalem (16,000 students); Weizman Institute of Science in Rehovot (5,000 students); Bar-Ilan

- 77.5% евреев в Израиле считают иврит своим родным языком. По статистике, другими основными языками являются арабский, идиш, румынский и русский. В то время как в 1948 году 376 тысяч евреев старше четырнадцати лет говорили на иврите, сегодня на нем говорят больше трех миллионов взрослых евреев.

- В 1987 году почти 1,5 млн. туристов посетили Израиль.

- Первые четыре президента Израиля — Хаим Вейцман, Ицхак Бен-Цви, Залман Шазар и Эфраим Кацир — и первые четыре премьер-министра — Давид Бен-Гурион, Моше Шарет, Леви Эшкол и Голда Меир — родились в России.

- Среди работающих израильтян люди с высшим образованием составляют 15% — самая высокая цифра в мире. В этом отношении США и Канада идут непосредственно вслед за Израилем.

- В Израиле самая высокая посещаемость театра в мире, два прославленных оркестра — Оркестр израильской филармонии, основанный в 1936 году, и Иерусалимский симфонический оркестр.

- В Израиле издается почти 4 тысячи новых книг в год, что ставит Израиль (из расчета на душу населения) почти на один уровень с Японией и Швецией.

- По числу врачей на душу населения Израиль уступает только СССР (но медицинское образование построено по американской системе).

- В 1981 году, 91% семей имел телевизоры.

- Положение с жильем. В Израиле 62,7% квартир и домов являются собственностью жильцов, 29,5% сдаются в наем, 7,8% используются на паритетных началах.

- В Израиле 80 музеев. Пятнадцать газет на иврите, пять — на арабском, и девять — на других языках (включая „Нашу страну" по-русски). Кроме того, в Израиле насчитывается 650 периодических изданий на многих языках.

- В семерку важнейших израильских университетов входят: Технион — Израильский технологический институт в Хайфе (9 тысяч студентов), Еврейский университет в Иерусалиме (16 тысяч студентов), Институт Вейцмана в Реховоте (5000 сту-

University in Ramat Gan (10,000 students); Tel Aviv University (16,900 students); Haifa University (6,000 students); and Ben-Gurion University of the Negev (5,500 students).

- There are three distinct climate zones in Israel. The coastal plain, including Tel Aviv and Haifa, has warm, rather humid summers, similar to but longer than the summers in cities like New York, Philadelphia, Washington, Baltimore and Cleveland, and identical to the summers in the American South. Winters tend to be mild with considerable rainfall. The hilly and mountainous areas of Israel, including Jerusalem, have warm, dry summers with cool evenings, and rather cold winters with rainfall and occasional snowfall. The Negev Desert and Jordan River Valley have hot summers and mild winters.

- Almost half of annual government national budget expenditures go for defense, the highest proportional defense expenditure of any Western country. Israel needs to keep its armed forces in a state of constant preparedness and in possession of the most technically sophisticated equipment as counterweights to Arab numerical superiority. This financial burden is an enormous strain on the economy. Moreover, military service is compulsory for young men (three years) and women (two years). Married women and women with children are exempt. Religious women may claim exemption or commit themselves to a year of national service in, for example, a hospital or poor area.

- In 1950, Israel's exports were valued at $35 million. In 1987, they amounted to $7 billion dollars.

Israel's major exports include citrus fruits and other fruits and vegetables, polished diamonds, metals, chemical and oil products, machinery and transport equipment (primarily aircraft), weapons, electrical and electronic equipment, plastic and rubber products, metal products, textiles and clothing. The principal imports are chemicals, iron and steel, food and live animals, petroleum and petroleum products, manufactured goods, motor vehicles, precious and semi-precious stones, and machinery. Israel's main trading partners are the United States, the twelve

дентов), Университет Бар-Илан в Рамат-Гане (10 тысяч студентов), Тель-Авивский университет (около 17 тысяч студентов), Университет в Хайфе (6 тысяч студентов), и Университет Бен-Гуриона в Негеве (5,5 тысяч студентов).

- В Израиле есть три выраженные климатические зоны. Лето на прибрежной равнине, включающей Тель-Авив и Хайфу, теплое и довольно влажное, похожее на лето в Нью-Йорке, Филадельфии, Вашингтоне, Балтиморе и Кливленде, только более продолжительное. Зима там теплая и дождливая. В холмистых и гористых районах Израиля, включая Иерусалим, лето теплое и сухое с прохладными вечерами, а зима довольно холодная с дождями и иногда снегопадами. В пустыне Негев и долине реки Иордан лето жаркое, а зима мягкая.

- Почти половина годового государственного бюджета уходит на оборону, что пропорционально выше, чем в любой западной стране. Израилю приходится держать свои вооруженные силы в постоянной готовности и оснащать их самым совершенным оружием, чтобы компенсировать численное превосходство арабских стран. Это ложится тяжелым бременем на экономику. Кроме того, военная служба обязательна для молодых мужчин (на три года) и женщин (на два года). Замужние женщины и матери освобождаются от службы. Религиозные женщины могут получить освобождение или прослужить один год в больнице или в бедном районе.

- В 1950 г. Израиль экспортировал товаров на 35 млн. долларов. В 1987 году экспорт составлял 7 миллиардов долларов.
- Главные статьи израильского экспорта включают цитрусовые и другие фрукты и овощи, бриллианты, металлы, продукты химической и нефтяной промышленности, машины и транспортное оборудование (в основном, самолеты), оружие, электрооборудование и электронику, изделия из резины, пластмасс и металлов, текстиль и одежду. Главные статьи импорта включают химикалии, железо и сталь, продукты питания и скот, нефть и нефтепродукты, автомобили, драгоценные и полудрагоценные камни и машины. Основные торговые партнеры Израиля — США, двенадцать членов Общего рынка, Швейца-

members of the Common Market, Switzerland, Japan and Hong Kong. There is also a yearly trade of several million dollars with Bulgaria, Czechoslovakia, Hungary and Romania.

- There are those who from afar view Israel as a theocracy, but this is inaccurate. Israel is a Jewish state and Jewish history is taught in schools, the Sabbath is an official day of rest, synagogues are plentiful, and Jewish values are preserved. This does not mean, however, that everyone in Israel is a religious Jew or that only a religious Jew can comfortably live in the country. Many Zionist leaders and political figures (David Ben-Gurion, for example) were not at all religious and yet coexisted with moderately religious and strictly observant Jews.

рия, Япония и Гонконг. Ежегодный торговый оборот с Болгарией, Чехословакией, Венгрией и Румынией достигает нескольких миллионов долларов.

Некоторые люди, судящие издалека, считают Израиль теократией, но это не так. Израиль — еврейское государство, в школах которого изучают еврейскую историю, Шабат — официальный выходной день, а службы проводятся в синагогах. Это не означает, однако, что все евреи в Израиле религиозны или что только религиозным евреям хорошо в Израиле. Многие лидеры Израиля, как идеологи сионизма, так и политики (например, Давид Бен-Гурион) не были религиозны и тем не менее сосуществовали с умеренно религиозными и строго соблюдающими Закон евреями.

Total Jewish Immigration to Israel: 1919 - 1983*

Year	Number of Immigrants
1919–1948	452,158
1948–1960	981,227
1961–1964	228,046
1965–1971	197,821
1972–1979	267,582
1980–1983	63,656
TOTAL:	1,611,058

Immigration to Israel, 1948 - 1983.
By Country of Origin**

Country	Number of Immigrants
Africa	
Algeria	184,413
Egypt, Sudan	30,002
Libya	35,778
Morocco	140,365
South Africa	11,918
Tunisia	14,703
Other	13,566
Total	430,745
Asia	
Afghanistan	4,088
China	892

---

* Source: *Statistical Abstract of Israel*, 1984.
** Source: *Facts About Israel*, Jerusalem, 1985.

Еврейская иммиграция в Израиль: 1919 — 1983 *

Год	Число иммигрантов
1919-1948	452,158
1948-1960	981,227
1961-1964	228,046
1965-1971	197,821
1972-1979	267,582
1980-1983	63,656

ВСЕГО: 1,611,058 человек

Иммиграция в Израиль, 1948-1983.
по континентам и странам **

Страна	Число иммигрантов

Африка

Алжир	184,413
Египет, Судан	30,002
Ливия	35,778
Марокко	140,365
Южная Африка	11,918
Тунис	14,703
Другие страны	13,566

Всего   430,745 человек

Азия

Афганистан	4,088
Китай	892

---

* Источник: Statistical Abstract of Israel, 1984.
** Источник: Facts About Israel, Jerusalem, 1985.

India, Pakistan, Sri Lanka	24,789
Iran	69,755
Iraq	129,497
Lebanon	3,954
Syria	8,152
Turkey	60,134
Yemen, Aden	50,614
Other	5,355
Total	357,230

North and South America

Argentina	32,670
Brazil	6,092
Canada	5,793
Chile	3,835
Mexico	2,267
United States	52,039
Uruguay	5,628
Other	7,438
Total	115,762

Europe

Belgium	3,135
Bulgaria	39,887
Czechoslovakia	23,459
France	21,702
Germany, Austria	15,649
Greece	2,891
Hungary	28,175
Italy	4,233
Netherlands	3,968
Poland	168,533
Romania	260,188
Sweden	1,104
Switzerland	2,026

Индия, Пакистан, Шри Ланка	24,789
Иран	69,755
Ирак	129,497
Ливан	3,954
Сирия	8,152
Турция	60,134
Йемен, Аден	50,614
Другие страны	5,355
Всего	357,230 человек

Северная и Южная Америки

Аргентина	32,670
Бразилия	6,092
Канада	5,793
Чили	3,835
Мексика	2,267
США	52,039
Уругвай	5,628
Другие страны	7,438
Всего	115,762 человек

Европа

Бельгия	3,135
Болгария	39,887
Чехословакия	23,459
Франция	21,702
Германия, Австрия	15,649
Греция	2,891
Венгрия	28,175
Италия	4,233
Голландия	3,968
Польша	168,533
Румыния	260,188
Швеция	1,104
Швейцария	2,026

United Kingdom	19,798
USSR	199,467
Yugoslavia	8,051
Other	11,601
Total	813,867
Australia and New Zealand	3,309
Continent Unknown	24,483

Soviet Jewish Immigration to Israel: 1948-1987*

Year	Number of Immigrants
1948-1968	4,667
1969	3,033
1970	999
1971	12,819
1972	31,652
1973	33,477
1974	16,816
1975	8,531
1976	7,279
1977	8,348
1978	12,192
1979	17,614
1980	7,570
1981	1,767
1982	731
1983	387
1984	340
1985	348
1986	206
1987	2,072
TOTAL:	175,291

* Source: Embassy of Israel, Washington, D.C.

Великобритания	19,798
СССР	199,467
Югославия	8,051
Другие страны	11,601
Всего	813,867 человек

Австралия и Новая Зеландия   3,309

Число эмигрантов из неустановленных стран 24,483

Иммиграция из СССР 1948-1987 *

Год	Кол-во иммигрантов
1948-1968	4,667
1969	3,033
1970	999
1971	12,819
1972	31,652
1973	33,477
1974	16,816
1975	8,531
1976	7,279
1977	8,348
1978	12,192
1979	17,614
1980	7,570
1981	1,767
1982	731
1983	387
1984	340
1985	348
1986	206
1987	2,072
ВСЕГО:	175,291 человек

---

* Источник: Embassy of Israel, Washington, D.C.

ISRAEL GLOSSARY

A number of words and terms that are often heard in reference to Israel are listed in this section, with brief explanations.

Aliyah (ascent) - Immigration to Israel.

Ben-Gurion Airport - Israel's international airport, located in the town of Lod between Tel Aviv and Jerusalem. The name was changed from Lod to Ben-Gurion Airport after the death in 1973 of Israel's first prime minister.

El Al (upwards) - The international airline of Israel, established in 1949.

Eretz Yisrael (Land of Israel) - The historic land of the Jewish people.

Flag of Israel - White with two blue stripes and a six-pointed star. The star symbolizes the star or shield of King David and the white with blue stripes were inspired by the *tallis* (prayer shawl).

Halutz, plural, *halutzim* (pioneer) - Early settlers in Palestine, many of whom came from Russia to farm the land and fulfill the Zionist vision.

Haganah (defense) - The *Haganah* existed as a clandestine organization in Palestine from its founding in 1920 to 1948. Its primary purpose was to protect the Jewish population against Arab attacks as well as to fight in the independence struggle against the British occupiers of Palestine. The *Haganah* became the foundation of the Israeli army after the creation of the State of Israel in 1948.

Hatikvah (the hope) - The hymn of the Zionist movement from 1897 and, later, the national anthem of the State

СЛОВАРЬ ИЗРАИЛЬСКИХ ТЕРМИНОВ

В этой главе приведены некоторые слова и термины, часто употребляющиеся по отношению к Израилю.

Алия (восхождение) — иммиграция в Израиль

Аэропорт им. Бен-Гуриона — израильский международный аэропорт, находящийся в городе Лод между Тель-Авивом и Иерусалимом. В 1973 году после смерти Бен-Гуриона — первого израильского премьер-министра аэропорт в Лоде был назван именем Бен-Гуриона.

„Эль-Аль" (вверх) — израильская международная авиалиния, открытая в 1949 году.

Эрец Израэль (Земля Израиля) — историческая земля еврейского народа.

Флаг Израиля — белый с двумя голубыми полосами и шестиконечной звездой. Звезда символизирует звезду или щит царя Давида, а белый фон с голубыми полосами напоминает о *таллесе* (молитвенной шали).

Халуц, мн. ч. — *халуцим* (первопроходец) — первые поселенцы в Палестине, многие из которых приехали из России возделывать землю и бороться за воплощение сионистской мечты.

Хагана (защита) — подпольная организация, существовавшая в Палестине с 1920 года до 1948 года. Ее задачей была охрана еврейского населения от арабских нападений и борьба за независимость против английских оккупантов Палестины. После создания Израиля в 1948 году *Хагана* стала ядром израильской армии.

Хатиква (Надежда) — гимн сионистов с 1897 года, ставший затем национальным гимном Израиля. Слова, впервые опу-

of Israel. The words were first published in 1886 and were slightly revised in 1948. The melody was inspired by a tune in Smetana's *Vltava*. The words, translated into English, are as follows:

> So long as still within our hearts
> The Jewish heart beats true,
> So long as still towards the East,
> To Zion, looks the Jew,
> So long our hopes are not yet lost -
> Two-thousand years we cherished them -
> To live in freedom in the land
> Of Zion and Jerusalem.

Histadrut (short for *Eretz Yisrael* Labor Federation) - The principal labor organization, organized in 1920, to negotiate with employers agreements on behalf of its members, who today comprise more than 80% of the Israeli labor force. Not only does the Histadrut engage in collective bargaining, but it also runs a massive health insurance program for its members, operates a loan service, assists the dependents of deceased members, sponsors Israel's largest athletic organization, *Hapoel,* and otherwise plays a crucial role in the economic, political and social fabric of the country.

Horah - An Israeli dance that is popular among Jews the world over.

Irgun or *Irgun Zvai Leumi* (National Military Organization) - The *Irgun* was a Jewish underground organization founded in Jerusalem in 1931 by a group of *Haganah* commanders who left the organization in protest against its defensive character. In 1937, a split occurred in the ranks of the *Irgun*. Half of its 3,000 members returned to the *Haganah* and the others became more aggressive in the face of Arab attacks on Jewish settlers in Palestine. The *Irgun* was strongly opposed to the British presence in Palestine but called a halt to its anti-British activity during the war.

бликованные в 1886 году, были немного переделаны в 1948. В гимне использована мелодия „Влтавы" Сметаны. В переводе на русский слова гимна звучат так:

Покуда в нашей груди бьется еврейское сердце,
Покуда еврей смотрит на восток, к Сиону,
Наши надежды еще не потеряны —
Мы лелеем их две тысячи лет —
Надежды на свободную жизнь
В стране Сиона и Иерусалима

Гистадрут (сокр. от Трудовой Федерации *Эрец Израэль)* — организация, созданная в 1920 году для заключения трудовых соглашений между ее членами и нанимателями. Сейчас в Гистадруте состоят более 80 процентов работающих людей в Израиле. Гистадрут не только ведет переговоры о коллективных договорах, но обеспечивает групповую медицинскую страховку для своих членов, дает деньги взаймы, помогает семьям, потерявшим кормильцев, поддерживает крупнейшую спортивную организацию Израиля „Хапоэль" и вообще играет важную роль в экономической, политической и общественной жизни страны.

Хора — популярный среди евреев всего мира еврейский танец.

„Иргун", или *„Иргун Цваи Леуми"* — (Национальная Военная Организация): еврейская подпольная организация, основанная в Иерусалиме в 1931 году группой руководителей *„Хаганы",* которые вышли из нее, недовольные оборонительным характером ее деятельности. В 1937 году в *„Иргуне"* произошел раскол, в результате которого 3 тысячи его членов вернулись в *„Хагану",* а оставшиеся начали активную борьбу против арабов, нападавших на еврейских поселенцев в Палестине. *„Иргун"* также был ярым противником присутствия англичан в Палестине, но во время войны прекратил антибританскую деятельность.

This decision caused yet another split in the *Irgun's* ranks and a breakaway faction - the Stern gang - continued the anti-British activity using violent means. Menachem Begin became the head of *Irgun* in 1943. As the full horror of the Holocaust became known, the *Irgun* stepped up its anti-British activity and also advocated the use of violence. Although the Israeli state was created in May 1948, *Irgun* did not join the national army until four months later, carrying on independent military action against the Arabs and coming into conflict with the government on such questions as control of weapons.

Ivrit (Hebrew) - The official language, with Arabic, of the State of Israel.

Jaffa - An ancient city federated with Tel Aviv. It is also the brand name for Israeli oranges and grapefruits, to be found in most Western countries.

Kibbutz - The kibbutz is a voluntary collective community, primarily agricultural, but increasingly turning to non-agricultural pursuits. There is no private wealth; rather the kibbutz is responsible for all the needs of its members. The first kibbutz was founded in 1909 and today about 3% of the Jewish population in Israel live on *kibbutzim,* but the influence and importance of the kibbutz in Israeli life far exceeds that figure. Many of Israel's political and military elite have come from the *kibbutzim* and the economic viability of the kibbutz has proved very important to the national economy. *Kibbutzim* vary according to social, political and religious outlook. There are religious and non-religious *kibbutzim,* left-wing *kibbutzim* and politically conservative *kibbutzim.* Children are normally reared communally. Parents and children see one another every day and have close ties, but they usually live separately from one another, though this is now changing on some *kibbutzim.*

The kibbutz method of child-rearing has attracted the interest of many psychologists who are intrigued by the fact that kibbutz children often appear healthier and psychologically better balanced than children raised in a conventional family situation. The kibbutz also attracts many

Это решение вызвало новый раскол в „*Иргуне*". Отделившаяся группа Штерна продолжала действия против англичан с применением насилия. В 1943 году „*Иргун*" возглавил Менахем Бегин. По мере того как становились известны ужасы Катастрофы, „*Иргун*" усилил антибританскую деятельность и выступил за применение оружия в борьбе за свободу. Хотя в мае 1948 года было создано государство Израиль, „*Иргун*" присоединился к национальной армии только четыре месяца спустя. В течение всего этого времени он продолжал самостоятельные действия против арабов, вступая в конфликты с правительством по таким вопросам, как контроль над оружием.

Иврит — официальный язык государства Израиль наряду с арабским.

Яффа — древний город, объединенный с Тель-Авивом. Это также фирменное название израильских апельсинов и грейпфрутов, под которым они известны в западных странах.

Киббуц — добровольная коллективная община, первоначально — сельскохозяйственный кооператив, но постепенно перешедшая и к другим видам деятельности. Поскольку киббуц обеспечивает все нужды своих членов, частной собственности в нем не существует. Первый киббуц был основан в 1909 году. Сейчас в киббуцах проживают 3 процента населения, но влияние и значение киббуцев в Израиле намного больше, чем можно предположить по этой цифре. Многие члены израильской военной и политической элиты происходят из киббуцев. Вклад киббуцев чрезвычайно важен для экономики Израиля. В зависимости от общественного, политического и религиозного мировоззрения киббуцы бывают разные. Так существуют киббуцы религиозные и светские, левые и политически консервативные. Детей обычно воспитывает община. Родители и дети видятся каждый день и очень близки, но живут отдельно друг от друга, хотя сейчас в некоторых киббуцах эта ситуация меняется.

Методы воспитания детей в *киббуцах* привлекают внимание психологов всего мира, заинтригованных тем, что дети, воспитанные там, часто здоровее и психологически уравновешеннее детей, выросших в обычных семьях. Многие молодые добровольцы из Северной Америки, Западной Европы и других

young volunteers from North America, Western Europe and other countries who want to experience the kibbutz by working and sharing in the communal life. Don't confuse the kibbutz with the *kolkhoz;* they are not the same thing by any stretch of the imagination!

Kol Yisrael (Voice of Israel) - The radio station of Israel whose overseas transmissions include frequent daily broadcasts in English, Russian (more often than not jammed by the Soviet Union), and a number of other languages.

Knesset (assembly) - The Israeli parliament. The 120 members are elected for four-year terms according to a system of proportional representation. (Roughly speaking, if a party draws, say, 5% of the popular vote, it is entitled to 5% of the Knesset seats.) The Knesset in turn elects the president of Israel, (the head of state, not government), to a five-year term, and is responsible for selecting the prime minister (the head of government and, until now, the candidate of the political party winning a plurality in the general elections). The prime minister and his cabinet (whose members are often, but need not be, in the Knesset) are responsible to the Knesset. Thus a parliamentary vote of no confidence (61 of 120 votes) can bring down the standing government and result in general elections before the formal term of office is over (similar to the British system).

Maccabiah Games - A quadrennial international sports festival. Jewish athletes come to Israel from all over the world to represent their countries in a wide range of sports. The Games were first held in 1932 and have been held at four-year intervals since 1953. The last competition was held in 1985.

Moshav - A co-operative village where each family maintains its own household and works its own plot of land. Marketing and supply of goods are handled co-operatively and, to varying degrees, capital and the means of production are jointly owned. An average *moshav* has from 60 to 100 families. There are more than 300 *moshavim* in Israel and their membership comprises approximately 3.5% of the Israeli Jewish population.

стран приезжают в киббуцы, чтобы приобрести новый опыт. Не путайте киббуцы с *колхозами* — их и сравнить нельзя!

„*Кол Израэль*" (Голос Израиля) — израильская радиостанция, чьи передачи включают программы на английском, русском (в основном глушащиеся в СССР) и ряде других языков.

Кнессет (собрание) — израильский парламент. 120 членов избираются сроком на четыре года по системе пропорционального представительства. (Например, если партия получила 5 процентов голосов, она получает около 5 процентов мест в Кнессете). В свою очередь, Кнессет сроком на пять лет выбирает президента Израиля, который является главой государства, но не правительства. Парламент также отвечает за назначение премьер-министра — главы правительства, который до сегодняшнего дня является кандидатом партии, получившей большинство на всеобщих выборах. Премьер-министр и его кабинет, чьи члены часто являются членами Кнессета (хотя это и необязательно), несут ответственность перед ним. Таким образом, парламентский вотум недоверия (61 из 120 голосов) может привести к падению правительства и всеобщим выборам до конца установленного конституцией выборного срока. (Эта система похожа на британскую).

Маккавейские игры — международный спортивный фестиваль, проходящий в Израиле раз в четыре года. Еврейские атлеты со всего мира приезжают в Израиль представлять свои страны в разных видах спорта. Впервые игры были проведены в 1932 году и продолжались раз в четыре года с 1953 года. Последние прошли в 1985 году.

Мошав — сельский кооператив, где каждая семья ведет отдельное хозяйство и работает на собственном земельном участке. Продажа и закупки товаров совместные, и владение капиталом и средствами производства до известной степени обобществлены. В среднем в *мошаве* живет от 60 до 100 семей. В Израиле более 300 *мошавов*, в которых проживает приблизительно 3,5 процента еврейского населения Израиля.

Nosher, plural *noshrim* (one who drops out) - A Jewish emigrant who chooses to settle in a country other than Israel. Soviet Jews who migrate to the U.S., Canada, etc., and not to Israel, are referred to as *noshrim.*

Oleh, plural *olim* (one who ascends) - An immigrant to Israel. Soviet Jews who immigrate to Israel are known as Soviet *olim.*

Palmach (Hebrew acronym for "shock companies") - The Palmach was founded by the *Haganah* in 1941 as its strike arm. It continued to function until 1948 when it was merged into the new Israeli army.

Sabra (prickly pear) - A person born in Israel. The pear, like the average Israeli, is often regarded as having a prickly exterior but a very tender heart.

Shaliach (emissary) - A *shaliach* is an official Israeli representative sent to the Diaspora for the purpose of fund-raising, education, encouragement of *aliyah,* etc.

Shalom - A well-known Hebrew word which has three meanings - "hello," "good-bye," and "peace."

Shekel - The name of the Israeli currency (like the American dollar or British pound).

Sochnut (agency) - The Jewish Agency for Israel, or Sochnut, deals with *aliyah* and Jewish education in the Diaspora. Its history is more fully described in a later section.

State of Israel - Refers to the political entity which was created in 1948. It is distinguished from the Land of Israel *(Eretz Yisrael)* which refers to the area associated with the Jews from Biblical times.

Tzahal (Hebrew acronym for "Israel Defense Army") - The army was officially established on May 14, 1948. Today, it is composed of a relatively small group of career soldiers and officers and a majority of conscripted soldiers of both sexes (men normally serve for three years, women for two years), supplemented by those who serve in the reserves *(meluim).* Reservists are called up for training and service at least once a year for at least four to six weeks, and are, of course, mobilized at other times if the security situation so requires.

Ношер, мн. ч. — *ношрим*, (тот, кто уходит) — еврейский эмигрант, предпочитающий поселиться не в Израиле. Так называют советских евреев, которые едут в США, Канаду и другие страны, но не в Израиль.

Оле, мн. ч. — *олим* — (тот, кто восходит) — иммигрирующий в Израиль. Советских евреев, иммигрирующих в Израиль, называют советскими *олим*.

Пальмах (ивритская аббревиатура понятия „ударные роты") — ударный отряд *„Хаганы"*, был основан в 1941 году. *Пальмах* просуществовал до 1948 года, когда стал частью новой армии Израиля.

Сабра (дословно — кактус, шершавая груша) — человек, родившийся в Израиле. Считается, что израильтяне подобны съедобным плодам кактуса, шершавым снаружи, но на самом деле очень нежным.

Шалиах (эмиссар) — официальный представитель Израиля в Диаспоре, занимающийся сбором средств, образованием и поощрением *алии*.

Шалом — известное ивритское слово, обозначающее „здравствуйте", „до свидания" и „мир".

Шекель — единица израильской валюты.

Сохнут (агентство) — Еврейское агентство Израиля, или Сохнут занимается *алией* и еврейским образованием в Рассеянии. Ниже его история описана подробно.

Государство Израиль — это понятие относится к политической единице, созданной в 1948 году. Не путайте с Землей Израиля (*Эрец Израэль*), — термин, под которым понимают землю, где евреи живут с библейских времен.

Цахал (ивритская аббревиатура Армии обороны Израиля) — официально армия была создана 14 мая 1948 года. Сейчас она состоит из сравнительно небольшой группы профессиональных военных и большинства призывников обоих полов (мужчины обычно служат три года, женщины — два) и резервистов (*мелуим*). Резервистов призывают для сборов и службы раз в год по меньшей мере на четыре-шесть недель. В случае необходимости они подлежат мобилизации.

Ulpan (instruction) - An adult study center. The word is generally applied to the intensive courses in Hebrew language and related subjects that are offered to immigrants to Israel. Many visitors to Israel, often youngsters, also take advantage of *ulpan* classes offered by the *kibbutzim*. Such programs allow both the study of Hebrew and work as a *kibbutz* volunteer.

Western or *Wailing Wall* - The Western Wall, the holiest shrine of the Jewish people, is located in the Old City of Jerusalem, an area to which, during Jordanian rule from 1948 to 1967, the Jews did not have access. The wall was near the destroyed Second Temple (70 c.e.). It stands as a symbol of the destruction of the Temple, the exile of the Jews, and the hope for the restoration of Israel's glory.

Yad Va-Shem (monument and name) - The official Israeli body for the commemoration of the Nazi massacre of Jews and Jewish resistance during the war. The museum should not be missed. Apart from the museum, there are also extensive archives on the Holocaust period and a library.

Yishuv (settlement) - 1) The Jewish settlement in Palestine before 1948, and 2) any settlement in Israel.

Yored, plural *yordim* (one who descends) - A person who emigrates from Israel.

Zionism - The term derives from the word "Zion," which has been a traditional synonym of both Jerusalem and all of *Eretz Yisrael.* It was coined in 1893, but the desire of Jews to witness the return to the Land of Israel dates back to the period of the Babylonian Exile, more than 2,500 years ago. In essence, Zionism refers to the national liberation movement of the Jewish people.

In earlier times, this desire to return to the Land of Israel had a largely religious or messianic basis, but at the First Zionist Congress held in Basel, Switzerland in 1897, the concept of political Zionism was crystallized. The crux of the argument of political Zionism then was that Jews, although scattered over the globe, could still be regarded as one people or nation. It did not matter whether they were observant Jews. The fact was that many Jews were unable

Ульпан (наставление) — учебный центр для взрослых. Обычно так называют интенсивные курсы иврита, на которых изучаются история евреев и основы иудаизма. Такие курсы организовываются для новоприбывших иммигрантов. Многие гости Израиля, особенно молодежь, тоже поступают в *ульпаны*, которые существуют при *киббуцах*. Они учат здесь язык и одновременно работают в *киббуце* как добровольцы.

Западная стена, или *Стена плача* — величайшая святыня еврейского народа — находится в Старом Иерусалиме, к которому евреи не имели доступа в период иорданского правления с 1948 по 1967 год. Стена находилась возле разрушенного Второго Храма (70 год н. э.). До сих пор она остается символом разрушения храма, изгнания евреев и надежды на возрождение славы Израиля.

Яд Ва-Шем (памятник и имя) — официальная израильская организация, учрежденная в память еврейского Сопротивления во время войны и евреев, уничтоженных нацистами. Все, кто приезжают в Израиль, обязательно должны посетить музей *Яд Ва-Шем*. Кроме экспонатов, там также имеются архивы по периоду Катастрофы и библиотека.

Йишув (поселение) — 1) еврейское поселение в Палестине до 1948 года, 2) любое поселение в Израиле.

Йоред (мн. ч. — *йордим*) (тот, кто спускается) — человек, эмигрирующий из Израиля.

Сионизм — термин происходит от слова „Сион", которое было традиционным символом как Иерусалима, так и всего *Эрец Израэль*. Термин появился в 1893 году, но желание евреев вернуться на Землю Израиля восходит к периоду Вавилонского изгнания более двух с половиной тысяч лет назад. По сути термин „сионизм" относится к национально-освободительному движению еврейского народа.

В более далекие времена это желание вернуться на Землю Израиля носило, в основном, религиозный или мессианский характер, но на Первом Сионистском конгрессе, проходившем в 1897 году в Базеле в Швейцарии, была сформирована концепция политического сионизма. Основным положением политического сионизма была идея, что евреи, хотя и разбросанные по всему земному шару, все же могут рассматриваться как один народ или нация. Их религиозность или отсутствие оной

or unwilling to assimilate fully into the larger society of the countries in which they lived, and sought to retain their identity with the Jewish people worldwide.

This view was strengthened by three events in the second half of the 19th century: 1) the Dreyfus case in France highlighted the fact that even when Jews were given formal emancipation (in the case of France, 100 years before the Dreyfus case), this did not by any means signal the end of discrimination or ostracism in either official or unofficial circles; 2) the pogroms that swept Russia and Romania underscored the entrenched second-class status and the vulnerability of Jews to physical attacks with impunity by the local population (and, often, the military); and 3) the nationalist movements that led to the creation of new European states (i.e., Italy, 1870) gave further impetus to the idea of Jewish self-determination in a Jewish National Home.

Thus, Zionism was strongly influenced by such people as Theodore Herzl, the first president of the Zionist Congress, and Leon Pinsker, the Odessa doctor who died before the First Zionist Congress met in 1897, but whose seminal work, *Auto-Emancipation,* helped lay the groundwork for the political Zionist movement. These pioneer thinkers came to embrace the concept of a Jewish National Home and a revival of Jewish national life. One of the most discussed issues was whether Jews necessarily had to gather in *Eretz Yisrael.* What if it seemed impossible for political or other reasons to establish the Jewish National Home in *Eretz Yisrael?* Would another territory be acceptable?

There was talk of establishing the Jewish State on the island of Cyprus, or in the Sinai peninsula, or possibly in a part of Argentina or Uganda, but it was finally agreed by the Zionist leaders that their aim must be the establishment of a Jewish State in the historic home of the Jewish people. It would take enormous effort on the part of Zionist leaders such as Chaim Weizmann, later the first president of Israel, to realize this vision. In 1948, 51 years after the First Zionist Congress, and 31 years after the British govern-

не имели значения. Наиболее важным был тот факт, что многие евреи не могли или не хотели полностью ассимилироваться с населением стран Рассеяния и продолжали осознавать себя частью еврейского народа.

Популярности этой точки зрения способствовали события второй половины XIX века. 1. Дело Дрейфуса во Франции показало, что хотя формально евреи и получили все гражданские права за сто лет до этого судебного процесса, однако это ни в коей мере не означало исчезновения дискриминации или остракизма по отношению к ним в официальных и неофициальных кругах. 2. Захлестнувшая Россию и Румынию волна погромов сделала очевидным факт, что положение евреев — это положение граждан второго сорта и что они не защищены даже против физических действий со стороны местного населения (часто поддержанных военными). 3. Национально-освободительные движения, приведшие к объединению (например, Италии в 1870 году), дали новый толчок идее национального самоопредления в еврейском национальном очаге.

На формирование платформы сионизма оказали большое влияние такие люди, как первый президент Сионистского Конгресса Теодор Герцль и врач из Одессы Леон Пинскер, скончавшийся до Конгресса, но написавший важную работу „Самоосвобождение", которая заложила основы политического сионизма. Эти смелые идеологи основали концепцию еврейского национального очага и возрождения еврейской национальной жизни. Одним из наиболее часто обсуждавшихся вопросов был вопрос о том, только ли *Эрец Израэль* может стать местом, где евреи осуществят идею государственности? Возможно ли создать еврейское государство на какой-либо другой территории?

Обсуждалась возможность создания еврейского государства на Кипре, или на Синайском полуострове, или в Аргентине, или в Уганде, но в конце концов вожди сионизма решили, что создание национального очага евреев должно быть осуществлено на исторически связанной с ними земле. Однако претворение этой мечты в реальность потребовало невероятных усилий со стороны сионистских лидеров, например Хаима Вейцмана, будущего первого президента Израиля. В 1948 году, лишь через пятьдесят один год после Первого Сионистского

ment, in the Balfour Declaration, stated its willingness to permit a Jewish National Home in Palestine, Israel was created.

As noted earlier, there are some Jews who oppose political Zionism on religious grounds. They argue that only God can restore the Jewish people to Zion - *Eretz Yisrael* - and therefore that the Jews must await the coming of the Messiah. Thus, certain ultra-orthodox groups actually encourage Jewish emigration from Israel or the non-recognition of the Jewish State.

Still, the vast majority of Jews in the Diaspora vigorously support Israel's right to exist, especially in the wake of the Holocaust when large numbers of European Jews who could not find refuge because of restrictive and discriminatory immigration laws, might have been saved had a Jewish state existed. Moreover, Israel's experience in welcoming hundreds of thousands of Jews from Moslem countries, Ethiopia and the Communist bloc have further underscored, for Jews everywhere, Israel's unique significance.

Конгресса и тридцать один год после Декларации Бальфура, в которой английское правительство выражало готовность не препятствовать созданию еврейского национального очага в Палестине, было создано государство Израиль.

Как уже отмечалось раньше, существуют евреи, которые выступают против политического сионизма по религиозным причинам. Их аргумент состоит в том, что только Бог может вернуть еврейскому народу Сион — *Эрец Израэль* — и что поэтому евреи должны ждать прихода Мессии. Поэтому некоторые ультраортодоксальные группы поощряют эмиграцию из Израиля или непризнание еврейского государства.

Тем не менее абсолютное большинство евреев Рассеяния страстно поддерживают право Израиля на существование, особенно в свете того, что если бы во время Катастрофы существовало еврейское государство, многие европейские евреи, не нашедшие убежища из-за ограничительных и дискриминационных иммиграционных законов разных стран, могли бы быть спасены. И, наконец, успехи Израиля в адаптации сотен тысяч евреев из мусульманских стран, Эфиопии и стран Восточного блока еще раз показали евреям во всем мире уникальное значение Израиля для всего еврейского народа.

THE JEWISH ORGANIZATIONS WORKING
WITH SOVIET JEWISH EMIGRANTS

No sooner do Soviet Jewish emigrants arrive in Europe than they are met by officials of the Jewish Agency *(Sochnut)*. If they desire to go to Israel, they are helped to do so. If, however, they choose to go elsewhere, they are interviewed by an organization popularly called Joint, and then by another organization called HIAS. The first assists with housing, medical and family problems, and financial matters. The second aids with transportation from Vienna to Rome, acquiring an immigrant visa, travel to the country of resettlement, reception of newcomers on arrival in the United States, assistance with immigration formalities, and transport of baggage. In Rome, English-language classes are offered by an organization called ORT.

But who are these organizations - the Jewish Agency, Joint, HIAS and ORT - that you have come in contact with? Were they set up exclusively as a response to the emigration of Soviet Jews? It can be confusing for newcomers to understand the nature and responsibility of the various organizations. In this section, therefore, we seek to unravel this mystery.

As you will see, each of these organizations is a worldwide, philanthropic agency under Jewish auspices that has helped hundreds of thousands of Jews in many countries for more than 50 years. The people who work in these organizations, and those who voluntarily contribute money to keep them functioning, are themselves often one-time refugees and immigrants, recipients, perhaps, of the aid of one or more of the organizations. Or perhaps they are the sons and daughters, or grandsons and granddaughters, of refugees and immigrants, people who realize that the fate

ЕВРЕЙСКИЕ ОРГАНИЗАЦИИ, РАБОТАЮЩИЕ С ЭМИГРАНТАМИ ИЗ СОВЕТСКОГО СОЮЗА

Как только советский еврейский эмигрант приезжает в Европу, его встречают представители Еврейского агентства *(Сохнута)*. Если эмигрант хочет ехать в Израиль, Еврейское Агентство помогает ему. Если он предпочитает какую-либо другую страну, он проходит интервью сначала с организацией, известной как ДЖОЙНТ, а потом с другой организацией, которая называется ХИАС. Первая занимается жильем, финансовыми делами, медицинскими и семейными вопросами. Вторая обеспечивает переезд из Вены в Рим, получение визы, переезд в страну, где эмигрант будет жить, прием в США, иммиграционные формальности и пересылку багажа. Английские курсы в Риме курируются организацией ОРТ.

Но что это за организации — Еврейское агентство, ДЖОЙНТ, ХИАС и ОРТ, — с которыми вы сталкиваетесь? Были ли они созданы специально для эмигрантов из Советского Союза? Новичку бывает трудно понять, чем они занимаются и что собой представляют. Поэтому здесь мы попытаемся ответить на эти вопросы.

Как вы увидите, каждая из этих организаций представляет собой международное филантропическое агентство, которое помогало сотням тысяч еврейских беженцев из многих стран в течение более чем пятидесяти лет. Люди, работающие в этих организациях или жертвующие на них деньги, часто сами были беженцами и иммигрантами, которые в свое время тоже получали от них помощь. Или это дети и внуки беженцев и иммигрантов, люди, которые понимают, что судьба всех евреев взаимосвязана и что эти организации необходимы для благополучия всех евреев. Они такие же, как вы, только бежен-

of all Jews is interlocked and that such organizations are essential to the well-being of world Jewry. They are people like yourself; only their refugee experience took place 10 or 15 or 50 years ago. They have not forgotten what it is like to be in need of assistance. Today, you are the recipient of their help; tomorrow, perhaps, you will help others.

Jewish Agency (Sochnut)

The Jewish Agency, whose representatives meet Soviet Jewish emigrants on arrival in Vienna, who assist in the sending of the *vyzov* to the Soviet Union, and who are available for information and counselling regarding *aliyah*, is an international, non-governmental organization headquartered in Jerusalem. The Jewish Agency encourages and assists Jews in the Diaspora to share in the development and settlement of Israel. Its operating funds come primarily from voluntary gifts, mostly from the U.S., and from grants by the Israeli government.

The term "Jewish Agency" first appeared in the League of Nations Mandate for Palestine of 1922 which provided for a Jewish agency to deal with matters affecting the Jewish population of Palestine and the establishment of a Jewish National Home.

The Jewish Agency was established in 1929 and played a crucial role in the period up to the establishment of the State of Israel in working with the British Mandate authorities, and world Jewry, and in the efforts to save European Jewry during the Holocaust. Jewish Agency representatives were stationed in Europe to help organize an "underground railroad" to get Jews out of war-torn Europe and to Palestine. As late as 1939, this effort actually had the support of Germany's leaders who were eager to get rid of as many Jews as possible, but the Final Solution to exterminate European Jewry brought this movement to a virtual standstill. After the war, the Jewish Agency cooperated with the *Haganah* to assist war survivors to break the British blockade to resettle in Palestine.

цами они были десять, пятнадцать или пятьдесят лет назад. Они не забыли, что это такое — нуждаться в помощи. Сегодня вы среди тех, кто получает помощь, но не исключено, что завтра вы будете среди тех, кто оказывает помощь другим.

Еврейское агентство (Сохнут)

Еврейское агентство, чьи представители встречают советского эмигранта по приезде в Вену, обеспечивают высылку *вызовов* в Советский Союз, а также дают информацию и советы по вопросам *алии,* — это международная частная организация с центральным офисом в Иерусалиме. Еврейское Агентство помогает евреям Рассеяния принимать участие в развитии и жизни Израиля. Оно существует на добровольные пожертвования, в основном американские, и дотации от правительства Израиля.

Название „Еврейское агентство" было впервые использовано в Палестинском мандате Лиги Наций 1922 года, который предусматривал создание еврейской организации для работы с еврейским населением Палестины и становление еврейского национального очага.

Еврейское агентство возникло в 1929 году и сыграло важную роль в период, предшествовавший созданию государства Израиль. Оно также принимало участие в попытках спасти европейских евреев во время Катастрофы. Его представители в Европе помогали организовывать „подпольную железную дорогу" для вывоза евреев из воюющей Европы в Палестину. Еще в 1939 году вожди Германии поддерживали эту идею, так как они жаждали избавиться от как можно большего количества евреев, но „окончательное решение" еврейского вопроса практически положило конец организованному выезду евреев. После войны Еврейское агентство сотрудничало с „Хаганой", помогая пережившим войну и Катастрофу евреям прорваться сквозь английскую блокаду и оказаться в Палестине.

After May 1948, the Jewish Agency continued to be responsible for immigration, land settlement, youth work and Youth Aliyah (originally intended as a program to care for orphaned or unaccompanied youngsters from Nazi Europe and later adapted to assist the children of immigrant families unable to provide decent housing and education), and, from 1954, for Jewish education and cultural programs in the Diaspora (among, for example, the Jews of Ethiopia and India).

The Jewish Agency has been directly responsible for the enormous task of helping more than one million immigrants to resettle in Israel since 1948, including the transplantation of Yemenite Jews in 1949 - 1950, the evacuation of Iraqi Jews in 1951, the resettlement of 37,000 Bulgarian Jews, and tens of thousands of Polish, Romanian, Yugoslav, Libyan, Egyptian and other Jews. Recently, the Jewish Agency has been largely concerned with Soviet Jewish immigration, which has constituted a substantial percentage of all *olim* (immigrants) since 1971.

American Jewish Joint Distribution Committee (also known as "JDC" or "Joint")

The JDC was founded in the United States in 1914 to relieve the wartime suffering of Jews. During the First World War, aid was extended to Jews in Turkish-controlled Palestine and to hundreds of thousands of Polish Jews.

In 1919 - 1920, JDC set up health and child-care institutions to aid Jews fleeing the pogroms in Poland and the Ukraine. Indeed, it was only the presence of JDC officials, wearing American military uniforms, that had any restraining influence on the retreating Polish army. Later, Polish Jews suffered widespread poverty, but the relief efforts of the JDC helped alleviate starvation.

In 1920, JDC appropriated $500,000 for medical supplies and clothing for Soviet Russia. The next year, it organized health societies in the USSR and Poland to combat tuberculosis. In 1922, as the result of an agreement reached between the Soviet government and JDC, medical

С мая 1948 года Еврейское агентство продолжало нести ответственность за иммиграцию, расселение, работу с молодежью и молодую алию. Оно изначально помогало сиротам или детям из семей иммигрантов, которые не могли обеспечить им жилье и образование, — а с 1954 года Еврейское агентство включило в свою работу еврейские образовательные и культурные программы в Рассеянии (например, среди эфиопских и индийских евреев).

На плечи Еврейского агентства легло огромное дело помощи миллиону иммигрантов в переселении в Израиль с 1948 года, что включало переселение йеменских евреев в 1949-50 годах, эвакуацию иракских евреев в 1951 году, переселение 37 тысяч болгарских евреев и десятков тысяч польских, румынских, югославских, ливийских, египетских и других евреев. В последнее время Еврейское агентство в основном занимается советскими еврейскими иммигрантами, которые начиная с 1971 года составляют значительный процент всех *олим* (иммигрантов).

Американский еврейский объединенный комитет по распределению (ДЖОЙНТ, или Джей-ди-си)

ДЖОЙНТ был основан в США в 1914 году, чтобы помогать евреям во время первой мировой войны. В это время он помогал евреям в находившейся в руках турок Палестине и сотням тысяч польских евреев.

В 1919-20 годах ДЖОЙНТ организовывал лечебные и детские учреждения для евреев, бежавших от погромов из Польши и Украины. Присутствие работников ДЖОЙНТа в американской военной форме сдерживало антисемитские акции отступавшей польской армии. Позже польские евреи жили в страшной бедности и ДЖОЙНТ оказывал им материальную помощь.

В 1920 году ДЖОЙНТ выделил полмиллиона долларов на медикаменты и одежду для Советского Союза. В следующем году он организовал в СССР и Польше медицинские общества по борьбе с туберкулезом. В 1922 году в результате соглашения, достигнутого ДЖОЙНТом с советским правительством,

centers, loan cooperatives and vocational training schools were established for Soviet Jews. In 1924, the American Joint Agricultural Corporation was set up to help settle Soviet Jews on agricultural settlements in the Ukraine and Crimea. Thousands of families were eventually resettled through this effort.

The work of JDC was temporarily interrupted in 1933 because of the world-wide economic depression. In 1938, all JDC activity in the Soviet Union was halted by Stalin.

JDC was extremely active on behalf of German Jewry between 1933 and 1939. It supported many of the refugees who fled to France and those who reached Portugal seeking to reach safety across the Atlantic. It paid the ship fares of many of the refugees. The JDC representative in Lisbon, Portugal was the only representative of an American non-governmental organization left in Europe by 1942.

In 1938, JDC set up soup kitchens to feed destitute Austrian Jews. It helped 70,000 Hungarian and Czech Jews to emigrate in 1938 - 1939. In 1940, it was providing daily meals for 500,000 Polish Jews. In 1941, JDC was caring for 151,000 children and helped 34,000 European Jews to emigrate. From 1942, it began to send packages of food and clothing to thousands of East European, mostly Polish, Jewish refugees in the Soviet Union. In 1943, it was feeding 5,000 Jewish refugees daily meals in Shanghai, China, maintaining 18,000 Jewish refugees in Switzerland, and 6,000 Jewish refugees in Sweden. In 1943 - 1944, it was responsible for parachuting $300,000 to the Polish Jewish underground. In 1944, JDC helped to evacuate more than 8,000 youths from the Balkans to Palestine and rescued two trainloads of Hungarian Jews destined for extermination. Further efforts were made to assist Jews in countries that were liberated from Nazi occupation, such as Romania and Poland.

Between 1945 and 1952, JDC spent $342 million on feeding, clothing and rehabilitating 250,000 Displaced Persons in Europe, and it assisted many of those war survivors to get to Palestine and, later, Israel.

для советских евреев были созданы медицинские центры, ссудные кассы для получения заемов и ремесленные училища. В 1924 году Американская еврейская сельскохозяйственная корпорация задалась целью помочь советским евреям устраиваться в сельскохозяйственных поселениях на Украине и в Крыму. В результате тысячи семей переселились туда.

В 1933 году из-за экономической депрессии деятельность ДЖОЙНТа временно прекратилась. В 1938 году Сталин запретил какую-либо деятельность ДЖОЙНТа на территории СССР.

В 1933-38 годах ДЖОЙНТ принимал активное участие в судьбе немецких евреев. Он поддерживал многих беженцев, оказавшихся во Франции, и тех, кто добрался до Португалии. Многим беженцам ДЖОЙНТ оплатил переезд через океан. Представитель ДЖОЙНТа в Лиссабоне был единственным представителем общественной американской организации, остававшейся к 1942 году в Европе.

В 1938 году ДЖОЙНТ организовал столовые для нищенствовавших австрийских евреев. В 1938-39 годах он помог эмигрировать 70 тысячам венгерских и чешских евреев. В 1940 году обеспечивал ежедневное питание полумиллиону польских евреев. В 1941 году оказал поддержку 151 тысяче детей и помог эмигрировать 34 тысячам европейских евреев. С 1942 года ДЖОЙНТ начал посылать продуктовые и другие посылки тысячам беженцев из Восточной Европы в Советский Союз — в основном, евреям из Польши. В 1943 году он обеспечивал ежедневное питание 5 тысячам еврейских беженцев в Шанхае в Китае, содержал 18 тысяч еврейских беженцев в Швейцарии и 6 тысяч еврейских беженцев в Швеции. В 1943-44 годах ДЖОЙНТ перебросил на парашютах еврейскому подполью Польши 300 тысяч долларов. В 1944 году он помог вывезти из балканских стран в Палестину более 8 тысяч молодых людей и спас два поезда с венгерскими евреями, которых должны были уничтожить. Он предпринимал и дальнейшие усилия для спасения евреев в странах, освобожденных от нацистов, например в Румынии и Польше.

Между 1945 и 1952 годами ДЖОЙНТ потратил 342 миллиона долларов на питание, одежду и переселение 250 тысяч перемещенных лиц в Европе и помог многим пережившим войну добраться до Палестины, позднее Израиль.

JDC, as an international organization, has also concentrated its efforts in other parts of the world. It has supported health, educational and vocational programs for Jews in Latin America, North Africa, Iran and France; assists adult education institutes in Israel; provides social services, including kosher cafeterias and old-age homes, to Romanian Jewry; operates two medical clinics in Ethiopia; and is, of course, extremely active in the care and maintenance of Soviet Jewish emigrants.

JDC has been one of the most effective Jewish philanthropic organizations, and hundreds of thousands, if not millions, of Jews have been directly helped by its work to enhance the quality of Jewish life.

Hebrew Immigrant Aid Society (HIAS)

HIAS was established in New York City in 1909 through the merger of the Hebrew Sheltering House Association, founded in 1884, and the Hebrew Immigrant Aid Society founded in 1902.

Originally, the Society was established as a *landsmanshaft* (an association of people who emigrated from the same town or district in Eastern Europe) to provide burial for Jews who died at Ellis Island, the U.S. immigration processing center in New York harbor. (New arrivals were turned back if they failed the stringent medical exam, had criminal records, or did not have sufficient funds).

HIAS quickly expanded to meet a wide variety of immigrants' needs and to serve as a forceful advocate on behalf of Jewish arrivals who were handicapped by lack of English and by the legal formalities of immigration. HIAS also took an active role in improving the often dismal conditions on board the ships transporting East European Jews from Germany and Britain to the U.S.; published a Yiddish bulletin offering advice to newcomers; offered shelter to immigrants; ran citizenship classes; and served as an effective lobby against attempts by nativist groups to

Как международная организация, ДЖОЙНТ работает и в других частях света. Он поддерживает медицинские, образовательные и профессиональные программы для евреев Латинской Америки, Северной Африки, Ирана и Франции, помогает образовательным учреждениям для взрослых в Израиле, обеспечивает социальное обслуживание, кошерное общественное питание и дома для престарелых в Румынии, располагает двумя клиниками в Эфиопии и, конечно, очень активен в поддержке и заботе о еврейских эмигрантах из СССР.

ДЖОЙНТ был и остается одной из самых эффективных еврейских благотворительных организаций, и уже сотни тысяч, если не миллионы, евреев получили от него непосредственную помощь в результате его работы по улучшению условий жизни евреев.

Еврейское Общество помощи иммигрантам (ХИАС)

ХИАС был создан в Нью-Йорке в 1909 году в результате слияния Еврейской Ассоциации жилищной помощи, основанной в 1884 году, и ХИАСа, основанного в 1902 году.

Первоначально организация функционировала как землячество (ассоциация людей, эмигрировавших из одного и того же городка или района в Восточной Европе), чтобы хоронить по обряду евреев, умерших на Эллис Айлэнд, американском иммиграционном центре в Нью-йоркской бухте. (Новоприбывших отправляли назад, если они не проходили строгий медицинский осмотр, были в прошлом преступниками, или не располагали достаточным количеством денег.)

ХИАС быстро перерос свою первоначальную задачу и взял на себя ответственность за помощь новоприбывшим евреям, которые не знали английского и не могли справиться с юридическим оформлением иммиграции. ХИАС также сыграл важную роль в улучшении ужасных условий на кораблях, которые перевозили восточноевропейских евреев из Германии и Англии в США. ХИАС издавал на идише бюллетень, в котором публиковались советы для новоприбывших, предлагал жилье, вел занятия, необходимые для получения гражданства, и успешно боролся с теми, кто хотел ограничить иммиграцию в

restrict or end the flow of immigration to the U.S. During 1912 alone, HIAS helped more than 150,000 persons.

But HIAS did not limit itself only to the cause of Jewish immigrants. Its efforts to liberalize American immigration policy also positively affected non-Jewish immigration. The story is often told of a group of 54 non-Jewish Russian peasants who arrived in New York in 1905 without either relative guarantees or the necessary $25 per person to enter the country. They were scheduled to be deported but HIAS successfully intervened by offering to act as financial guarantors. The men were lodged at HIAS expense and, after a while, they all found work with the exception of one man who was hospitalized (and whose bill of $100 was paid by HIAS). The peasants wrote back to Russia saying that while no Russian representatives had met them in New York, a Jewish society had assisted them. When the Russian government learned this, it offered to subsidize HIAS' work with an annual grant of $6,000 so HIAS could assist other Russian arrivals. After considerable debate among HIAS leaders, the offer was rejected. HIAS' independence would be compromised and its public image tarnished if it accepted a grant from the very same government responsible for so many pogroms. Further, there might be attempts by the Russian government to gather information on Russians who left the country illegally.

During the 1930's, most of HIAS' efforts were devoted to assisting thousands of Jewish refugees from Eastern and Central Europe to proceed to Western Europe, Latin America, North America and Palestine. This work continued during the war years at the same time that HIAS did what it could to convince reluctant Western countries to open wider their doors to Jewish war refugees.

After the war, HIAS continued its fight against restrictive American immigration laws and worked with Palestine (and, later, Israel) in the task of resettling war survivors. More than 56,000 of these Displaced Persons were helped to go to the U.S. between 1948 and 1951.

США. Только за 1912 год ХИАС помог более чем 150 тысячам человек.

ХИАС, однако, не ограничивался работой с еврейскими иммигрантами. Его усилия по смягчению американских иммиграционных законов имели положительное влияние на судьбу других иммигрантов. Широко известна история пятидесяти четырех русских крестьян, приехавших в Нью-Йорк в 1905 году без поручительств родственников и без необходимых для въезда в страну двадцати пяти долларов на человека. Их должны были депортировать, но вмешательство ХИАСа в качестве финансового поручителя спасло этих людей. За счет ХИАСа им нашли жилье, и через некоторое время все, кроме одного человека, попавшего в больницу, уже работали. Больничные счета были оплачены ХИАСом (сто долларов). Устроившись, крестьяне написали в Россию о том, как еврейская организация помогла им в Нью-Йорке, в то время как никакой помощи от русских организаций они не получали. Узнав об этом, русское правительство предложило ХИАСу субсидию в размере 6 тысяч долларов с условием, что он будет помогать другим эмигрантам, прибывающим из России. После дискуссий среди лидеров ХИАСа это предложение было отвергнуто. ХИАС считал, что, приняв деньги от правительства, которое несло ответственность за еврейские погромы, он потеряет свою независимость и скомпрометирует себя. Кроме того, в дальнейшем русское правительство могло пытаться заняться сбором информации о русских, которые нелегально покинули страну.

В 1930 годах деятельность ХИАСа сосредоточивалась в основном на помощи в переселении тысяч еврейских беженцев из Восточной и Центральной Европы в Западную Европу, Латинскую Америку, Северную Америку и Палестину. Эта работа продолжалась в течение всей войны. Одновременно ХИАС делал все возможное, чтобы убедить неохотно открывавшие двери страны Запада принимать как можно больше беженцев.

После войны ХИАС продолжал борьбу против ограничений в американской иммиграционной политике и занимался в Палестине и позже в Израиле расселением переживших войну беженцев. Между 1948 и 1951 годами он оказал помощь в иммиграции в США более чем 56 тысячам перемещенных лиц.

In 1954, the various Jewish immigrant organizations operating in the U.S. were merged into the United HIAS Service. Since then it has aided Hungarian Jews fleeing the 1956 uprising, Jews from North Africa and the Middle East, Czech Jews in 1968, Polish Jews shortly thereafter, Romanian Jews, Iranian Jews since the fall of the Shah in 1979, and, of course, Soviet Jews. HIAS assists these migrants to find new homes in North and South America, Western Europe and Australia and New Zealand, depending on the immigration policies of the individual countries. HIAS also has an office in Israel and works closely with the Jewish Agency on matters of common concern.

Apart from dealing with immigration, HIAS also has a world-wide service to assist in locating missing relatives and friends.

On occasion, HIAS has responded willingly to government requests to aid in the resettlement of non-Jewish refugees. The most recent instances have involved Cubans, Uganda Asians, Chileans, Kurds, and thousands of Indochinese.

HIAS has assisted more than four million people since the Hebrew Sheltering House Association was founded in 1884. It has become a household name among the many Jewish families who have been touched by its philanthropic work.

Perhaps you are wondering where organizations such as the JDC and HIAS receive funds for carrying out their important work. Most of the JDC money comes from the United Jewish Appeal (UJA) which is an American Jewish organization founded in 1939 to assist Jews worldwide. The UJA conducts an annual fund-raising campaign through more than 200 local Jewish Federation and Welfare Funds and direct appeals to communities where such organizations do not exist. The UJA raises hundreds of millions of dollars annually from the voluntary contributions of American Jews. It is a remarkable testament to the commitment to

В 1954 году различные еврейские огранизации, работавшие с иммигрантами, слились в Объединенный ХИАС. С тех пор он помогал венгерским евреям, бежавшим после восстания 1956 года, евреям из Северной Африки и Ближнего Востока, чешским евреям в 1968 году, польским евреям приблизительно в то же время, румынским евреям, иранским евреям после падения шаха в 1979 году и, конечно, евреям из Советского Союза. ХИАС помогает этим иммигрантам начинать новую жизнь в Северной и Южной Америке, Западной Европе, Австралии и Новой Зеландии — в зависимости от иммиграционной политики каждой страны. У ХИАСа также есть отделение в Израиле, где он сотрудничает с Еврейским Агентством по вопросам, касающимся обеих организаций.

Помимо работы с иммигрантами, ХИАС также занимается розысками пропавших.

В некоторых случаях ХИАС с энтузиазмом откликался на просьбы правительств о помощи беженцам — неевреям. Самые последние случаи включали кубинцев, угандийцев азиатского происхождения, чилийцев, курдов и тысячи индокитайцев.

Со времени основания Еврейской Ассоциации жилищной помощи в 1884 году ХИАС оказал помощь более чем четырем миллионам человек. Во многих еврейских семьях, которым помогал ХИАС, это слово произносят с неизменной благодарностью.

Возможно, вас интересует, откуда ДЖОЙНТ, ХИАС и другие организации получают деньги. Большая часть денег ДЖОЙНТа получена им от организации, носящей название Объединенный Еврейский Призыв (ОЕП) — американской еврейской организации, основанной в 1939 году, чтобы помогать евреям во всем мире. Эта организация проводит ежегодную кампанию по сбору денег. Ей помогают более двухсот еврейских федераций и вспомоществовательных фондов. Кроме того, сбор денег производится непосредственно в общинах. ОЕП каждый год собирает миллионы долларов, которые являются добровольными пожертвованиями американских ев-

Jewish survival and to the generosity of individual Jews concerned with Jewish welfare worldwide.

The money raised is distributed according to need, including support for immigrant resettlement in Israel and the JDC rehabilitation and relief operations in 30 countries world-wide.

The Jewish community's funds for HIAS are largely channeled through the above-mentioned local Jewish Federation and Welfare Funds, which are coordinated nationally by the New York-based Council of Jewish Federations (CJF). In your local U.S. community you will likely hear about the "Federation." It raises money among Jews in an annual campaign. The funds collected are then divided up. A percentage goes to UJA, another percentage to local Jewish institutions (hospitals, schools, community centers, old-age homes, camps, employment services, etc.), and yet another percentage goes to agencies like HIAS. In some communities, such as New York and Metrowest, New Jersey, resettled Soviet Jews have themselves become active and organized contributors to Federation fund-raising appeals.

ORT

ORT, the organization that sponsors English-language classes for Soviet Jews in Italy, was founded in St. Petersburg in 1880. Its initials in Russian stand for *Obshchestvo rasprostraneniya truda* (Society for the Spreading of Manual Labor). Until 1920, ORT limited its activities to Russia and concentrated on opening small workshops for various manual trades, as well as assisting Jewish craftsmen to move from the Pale of Settlement to the Russian interior. In 1921, ORT established its headquarters in Berlin and became an international organization. Its activities spread to Poland, Lithuania, Latvia, Bessarabia, Germany, France, Bulgaria, Hungary and Romania. ORT branches were also set up in the U.S., South Africa, Canada and South America.

реев. Это замечательное свидетельство воли евреев к выживанию и щедрости отдельных евреев, озабоченных судьбой своего народа во всем мире.

Собранные деньги распределяются по мере необходимости, в том числе на устройство переселенцев в Израиле и мероприятия ДЖОЙНТа по спасению и облегчению положения евреев в тридцати странах мира.

Деньги ХИАСа в основном распределяются через вышеупомянутые местные еврейские федерации и вспомоществовательные фонды, которые координируются по всей стране находящимися в Нью-Йорке Советом еврейских федераций (СЕФ). Скорее всего, вы услышите о „Федерации" в вашей местной еврейской общине. Каждый год она собирает деньги. Потом фонды распределяются. Часть идет ОЕП, еще часть — местным еврейским организациям (больницам, школам, общественным центрам, домам для престарелых, летним лагерям, агентствам по трудоустройству и т. д.) и еще часть — таким организациям, как ХИАС. В некоторых общинах, например в Нью-Йорке и его западных пригородах, в Нью-Джерси и др., бывшие советские евреи сами принимают активное участие в деятельности Федерации и помогают в кампаниях по сбору денег.

Общество распространения труда (ОРТ)

ОРТ — организация, отвечающая за курсы английского языка для советских евреев в Италии, была основана в Санкт-Петербурге в 1880 году. Название организации расшифровывается как *Общество распространения труда*. До 1920 года ОРТ ограничивало свою деятельность территорией России, причем деятельность Общества заключалась в организации маленьких мастерских в помощь еврейским ремесленникам, переезжавшим из черты оседлости в другие районы страны. В 1921 году ОРТ открыло отделение в Берлине и стало международной организацией. Его деятельность распространилась на Польшу, Литву, Латвию, Бессарабию, Германию, Францию, Болгарию, Венгрию и Румынию. Также открылись отделения ОРТ в США, Южной Африке, Канаде и Южной Америке.

ORT remained active in the USSR until 1938. It assisted Jewish farmers in the Ukraine who had been hurt by the First World War and the Civil War. It encouraged cultivation of the land and, by 1928, sponsored 86 settlements in the Soviet Union, 37 in Bessarabia and 18 in Poland with a total of more than 4,000 families. By 1934, ORT sponsored 67 agricultural colonies with 3,100 Jewish families in the USSR and 47 factories and cooperatives in cities and on collective farms, employing more than 5,000 people. ORT was especially active in training and retraining Jewish craftsmen and manual laborers as ORT's philosophy focused on these groups, i.e., those who worked with their hands. In 1938, the ORT office in Moscow was closed and its activities in the country brought to a halt by the Soviet government.

In 1945, ORT became active in Palestine and, by 1960, had trained more than 70,000 skilled workers and technicians through its network of vocational schools. In Poland, where ORT's activities had been suspended from 1949 to 1957, more than 16,000 people were given training between 1957 - 1967. In 1967, ORT's activities were ended by the Polish government.

ORT has carried its philosophy of the value of learning a vocation or technical trade to North Africa, Iran and India. It is estimated that more than one million people have benefited from ORT courses during its history. Soviet Jews have benefited from ORT's English-language courses in Rome, while Italian Jews attend ORT's vocational courses. ORT teaches vocational skills to more than 75,000 people annually in some 24 countries.

The international headquarters of ORT is located in Geneva, Switzerland, and ORT fund-raising committees exist in all the major Western countries.

Деятельность ОРТ в СССР продолжалась до 1938 года. Здесь Общество помогало пострадавшим во время первой мировой и гражданской войны еврейским крестьянам на Украине. ОРТ поощряло евреев работать на земле и к 1928 году поддерживало 86 новых поселений в Советском Союзе, 37 — в Бессарабии и 18 — в Польше. Всего более 4 тысяч семей. К 1934 году ОРТ поддерживало 67 сельскохозяйственных колоний с более чем тремя тысячами еврейских семей в СССР, 47 фабрик и кооперативов в городах и колхозах, где работало более пяти тысяч человек. Особенно активно ОРТ участвовало в профессиональной подготовке и переквалификации еврейских ремесленников и рабочих, так как поддерживало представителей физического труда. В 1938 году советское правительство закрыло отделение ОРТ в Москве и прекратило его деятельность на территории СССР.

В 1945 году ОРТ начало работу в Палестине и к 1960 году подготовило в своей сети профессионально-технических училищ более 70 тысяч квалифицированных рабочих и техников. В Польше между 1957 и 1967 годами более 16 тысяч людей получили профессию, хотя с 1949 по 1957 год его деятельность там была запрещена. В 1967 году польское правительство снова наложило запрет на деятельность ОРТ.

В Северной Африке, Иране и Индии ОРТ также организовало свои курсы, где, кроме профессиональных навыков, учащимся внушается мысль о важности ремесел или технических навыков. Считается, что за историю существования ОРТ более миллиона людей овладели профессиями на его курсах. Советские евреи посещают Ортовские курсы английского языка в Риме, а итальянские — его ремесленные училища. Каждый год более 75 тысяч человек в двадцати четырех странах получают профессию в классах ОРТ.

Международный штаб ОРТ находится в Женеве в Швейцарии, а его комитеты по сбору пожертвований существуют во всех крупных западных странах.

SOME JEWISH QUOTATIONS

Jewish literature and folklore are rich in pithy, incisive, witty quotations. The following is a sampling of quotations drawn from the Talmud, Hasidic folklore and other sources and collected in a book titled *A Treasury of Jewish Quotations* by Leo Rosten. As the reader will surely note, several of the quotations might well be directly applicable to an immigrant's situation.

"Pray that you will never have to bear all that you are able to endure."

"If I am not for myself, who will be for me? And if I am only for myself, what am I? And if not now - when?"

"If a Jew breaks a leg, he thanks God he did not break both legs; if he breaks both legs, he thanks God he did not break his neck."

"The man who cannot survive bad times will not see good times."

"The greatest doctor is time."

"Time brings wounds and time heals wounds."

"Better a fool who has traveled than a wise man who remained home."

ЕВРЕИ О СЕБЕ И О РАЗНОМ
НЕКОТОРЫЕ ВЫСКАЗЫВАНИЯ

Еврейские литература и фольклор богаты краткими, язвительными и остроумными высказываниями. Ниже следует подборка изречений из Талмуда, хасидского фольклора и из книги „Сокровищница еврейских афоризмов" Лео Ростена. Читатель, конечно, заметит, что некоторые из них вполне приложимы к ситуации иммигранта.

„Молись о том, чтобы тебе никогда не пришлось перенести всего, что ты можешь вынести."

„Если я не за себя, то кто же за меня? Но если только я за себя, то кто же я? И если не сейчас — то когда же?"

„Если еврей ломает ногу, он благодарит Бога, что не сломал обе, если он ломает обе ноги, он благодарит Бога, что не сломал себе шею."

„Человек, который не в силах перенести плохие времена, никогда не увидит хороших."

„Время — величайший целитель."

„Время наносит раны и время их лечит."

„Лучше глупец, который видел мир, чем мудрец, который сидел дома."

"It is good to hope, but bad to depend on it."

"When there is no money, half is gone; when there is no courage, all is gone."

"Don't worry about tomorrow; who knows what will befall you today?"

"The good Lord gave me a brain that works so fast that in one moment I can worry as much as it would take others a whole year to achieve."

"When a father helps his son, both smile, but when a son must help his father, both cry."

"Be a master of your will and the slave of your conscience."

"If there were no listeners, there would be no rumors."

"To love mankind is easy; to love man is hard."

"You don't need intelligence to have luck but you need luck to have intelligence."

"He who saves one life it is as if he has saved the whole world."

"Prejudice is reason's enemy."

"Persecutors are blind, and no medicine can cure them."

„Надеяться хорошо, зависеть от надежды — плохо."

„Потерять деньги — это потерять лишь половину того, что ты имеешь. Потерять храбрость — потерять все."

„Не беспокойся о завтрашнем дне — кто знает, что случится с тобой сегодня?"

„Милостивый Бог одарил меня столь быстрым умом, что за одно мгновение я беспокоюсь о столь многом, что у других это бы заняло целый год."

„Когда отец помогает сыну, оба улыбаются, но когда сын должен помогать отцу, оба плачут."

„Будь хозяином своей воли и рабом своей совести."

„Не будь слушателей — не было бы сплетен."

„Легко любить человечество; куда трудней любить одного человека."

„Счастливчику, не нужен ум, но умному нужна удача."

„Спасший одну жизнь, спасает мир."

„Предрассудок — враг разума."

„Преследователи слепы, и их не излечат никакие лекарства."

CONCLUSION

We have reached the end of this book, but the story it tells is far from over. Because of space limitations, much has been omitted. Insufficient mention has been made of Jewish traditions, of Jewish humor, of Jewish art and music, of the Jews in many countries of the world, of the burning issues in contemporary Jewish life. And much of what has been said, for example, about Jewish history and Israel, by the very nature of this book, simply cannot communicate to the reader the full complexity, richness and significance of the events.

It is our hope, however, that your interest in Jewish life, history and religion has increased. Please keep this book for reference. As we said in the Introduction, this is a book both for now and later - for a time when you feel more relaxed and less worried about what the future holds; for a time when you are ready to participate in local Jewish religious or social life; for a time when you have enough money saved to visit Israel, or to send a member of your family.

We are the bearers of a proud culture and tradition that has existed for almost 4,000 years. Our forebearers tenaciously clung to Jewish values in an often hostile world, a world that would rather have seen the Jews disappear. They transmitted these values to their children and grandchildren. Now we have become the forebearers of future generations. The task lies before us of learning about the joys and mysteries - the endless fascination - of our religion, culture and history...of making our own contribution to the development of Jewish life...of bringing Jewish ethics and moral teaching to bear to create a more humane world...of helping to insure Israel's security and well-being...and of transmitting our ideas and values to our children and our children's children.

402

ЗАКЛЮЧЕНИЕ

Вот и конец этой книги. Но то, что в ней рассказано, вовсе не исчерпывает темы. Многое пришлось опустить из-за недостатка места. Мало было сказано о еврейских традициях, еврейском юморе, еврейской музыке и изобразительном искусстве, о жизни евреев во многих странах мира, о важных проблемах современной жизни евреев. А многие темы, например древняя история евреев или история Израиля, в силу самой специфики этой книги лишь затронуты и никак не претендуют на глубину и значительность изложения. Это лишь первое знакомство.

Тем не менее, мы надеемся, что эта книга пробудит в вас больший интерес к истории и культуре народа, к которому вы принадлежите. Как уже было сказано во вступлении, не столь важно, если вы решите отложить на будущее более серьезное знакомство с вопросами, которые были здесь затронуты. Для этого действительно нужно как-то встать на ноги в новой для вас стране. Важно, чтобы эта книга породила в вас интерес к своему народу и готовность участвовать в местной еврейской религиозной, культурной и общественной жизни.

Мы — носители гордой традиции и культуры, которая существует почти четыре тысячи лет. Во враждебном мире, в мире, который предпочел бы, чтобы евреи исчезли, наши предки хранили заветы отцов. Они передавали их детям и внукам. Теперь мы стали предками будущих поколений. Перед нами стоит задача познать радость и тайну нашей религии, культуры и истории; сделать наш собственный вклад в развитие еврейской культуры; помочь созданию более гуманного мира на основе древнееврейской этики и морали, запечатленной в Библии, в частности в десяти заповедях, которые чтит весь мир... Перед нами встают вопросы безопасности и процветания Израиля. И это нам предстоит передать наши идеи и представления о мире еврейства нашим детям и внукам.

About the Author

David A. Harris is the Washington representative of the American Jewish Committee. Long involved with Soviet Jewish affairs, he is the author of two other books, *The Jokes of Oppression: The Humor of Soviet Jews* and *Entering a New Culture,* and numerous articles. He lives with his wife, Giulietta Boukhobza, and their three children, Daniel, Michael and Joshua, in Potomac, Maryland.

About the Translator

Elena Tsypkin teaches Russian at the US Army Defense Language Institute. Her articles have appeared in the *Christian Science Monitor, Boston Globe,* and *Moment.* Elena lives in Monterey, California with her husband Misha and her two sons - Leon and Jacob.

Об авторе

Дэвид А. Харрис — вашингтонский представитель Американского Еврейского Комитета. Он занимается проблемами советских евреев с 1974 г. и является автором двух книг — „Вступление в новую жизнь" и „Шутки угнетенных. Юмор советских евреев", а также многочисленных статей по международным вопросам. Г-н Харрис живет в г. Потомак (штат Мэриленд) с женой Джульеттой Бухобза и тремя детьми — Дэниэлом, Майклом и Джошуа.

О переводчике

Елена Цыпкина преподает русский язык в Институте иностранных языков армии США. Она также является автором статей в „Крисчен сайенс монитор", „Бостон глоуб" и „Момент". Елена Цыпкина живет в Монтерее (Калифорния) с мужем Мишей и двумя сыновьями — Леоном и Джейкобом.

APPENDIX
North American Jewish Organizations
Of Interest to Newcomers*

UNITED STATES

Community Relations

American Jewish Committee (1906). Institute of Human Relations, 165 E. 56 St., NYC 10022. (212) 751-4000. Seeks to prevent infraction of civil and religious rights of Jews in any part of the world; to advance the cause of human rights for people of all races, creeds, and nationalities; to interpret the position of Israel to the American public; and to help American Jews maintain and enrich their Jewish identity and, at the same time, achieve full integration in Amerrican life.

American Jewish Congress (1918). Stephen Wise Congress House, 15 E. 84 St., NYC 10028. (212) 879-4500. Works to foster the creative cultural survival of the Jewish people; to help Israel develop in peace, freedom and security; to eliminate all forms of racial and religious bigotry; to advance civil rights, protect civil liberites, defend religious freedom, and safeguard the separation of church and state.

Anti-Defamation League of B'nai B'rith (1913). 823 United Nations Plaza, NYC 10017. (212) 490-2525. Seeks to combat anti-Semitism and to secure justice and fair treatment for all citizens through law, education, and community relations.

---

* The information contained in this Appendix was drawn from the 1988 edition of the *American Jewish Year Book*, published by the American Jewish Committee and the Jewish Publication Society of America. For more complete information, be in direct touch with the particular organization in which you are interested.

Center for Jewish Community Studies (1970). 1017 Gladfelter Hall, Temple University, Philadelphia, PA 19122. (215) 787-1459. Jerusalem office: Jerusalem Center for Public Affairs. Worldwide policy-studies institute devoted to the study of Jewish community organization, political thought, and public affairs, past and present, in Israel and throughout the world.

Commission on Social Action of Reform Judaism (1953, under the auspices of the Union of American Hebrew Congregations). 838 Fifth Ave., NYC 10021. (212) 249-0100. Develops materials to assist Reform synagogues in setting up social-action programs relating the principles of Judaism to contemporary social programs; assists congregations in studying the moral and religious implications in social issues such as civil rights, civil liberties, church-state relations; guides congregational social-action committees.

Committee to Bring Nazi War Criminals to Justice in U.S.A., Inc. (1973). 135 W. 106 St., NYC 10025. (212) 866-0692. Compiles and publicizes records of Nazi atrocities and labors to bring to justice the perpetrators of those crimes.

Jewish Labor Committee (1934). Atran Center for Jewish Culture, 25 E. 21 St., NYC 10010. (212) 477-0707. Serves as a link between the Jewish community and the trade union movement; works with the AFL-CIO and others to combat all forms of racial and religious discrimination in the United States and abroad; furthers labor support of Israel's security and Soviet Jewry, and Jewish communal support for labor's social and economic programs; supports Yiddish cultural institutions.

Jewish Peace Fellowship (1941). Box 271, Nyack, NY 10960. (914) 358-4601. Unites those who believe that Jewish ideals and experience provide inspiration for a nonviolent philosophy and way of life.

National Conference on Soviet Jewry. 10 E. 40 St., Suite 907, NYC 10016. (212) 679-6122. Coordinating agency for major national Jewish organizations and local community groups in the U.S., acting on behalf of Soviet Jewry through public education and social action; stimulates all segments of the community to maintain an interest in the problems of Soviet Jews by publishing reports and special pamphlets, sponsoring special programs and projects, organizing public mettings and forums.

National Jewish Commission on Law and Public Affairs (COLPA) (1965). 450 Seventh Ave., Suite 2203, NYC 10123. (212) 563-0100. Voluntary association of attorneys whose purpose is to represent the observant Jewish community on legal, legislative and public affairs matters.

National Jewish Community Jewish Relations Advisory Council (1944). 443 Park Ave. S., 11th fl., NYC 10016. (212) 684-6950. National coordinating body for the field of Jewish community relations, comprising 11 national and 113 local Jewish community relations agencies. Promotes understanding of Israel and the Middle East; freedom for Soviet Jews; equal status for Jews and other groups in American society.

New Jewish Agenda (1980). 64 Fulton St., #1100, NYC 10038. (212) 227-5885. Founded as "a progressive voice in the Jewish community and a Jewish voice among prog-ressives." Works for nuclear disarmament, peace in Central America, Arab-Jewish reconciliation, feminism, and economic justice, and against anti-Semitism and racism.

Student Struggle for Soviet Jewry, Inc. (1964). 210 W. 91 St., NYC 10024. (212) 799-8900. Provides information and action guidance to adult and student organizations, com-munities, and schools throughout the U.S. and Canada; assists Soviet Jews by publicity campaigns; helps Soviet Jews in the U.S.; aids Rumanian Jews seeking emigration.

Union of Councils for Soviet Jews (1970). 1819 H St., NW, Suite 410, Washington, DC 20006. (202) 775-9770. A confederation of 38 grass-roots organizations established in support of Soviet Jewry. Works on behalf of Soviet Jews through public education, representation to the administration and Congress, letter-writing assistance, tourist briefing, speakers bureau, etc.

World Conference of Jewish Communal Service (1966). 15 E. 26 St., NYC 10010. (212) 532-2526. Established by worldwide Jewish communal workers to strengthen their understanding of each other's programs and to communicate with colleagues in order to enrich the quality of their work.

World Jewish Congress (1936; org. in U.S. 1939). 501 Madison Ave., 17th fl., NYC 10022. (212) 755-5770. Seeks to intensify bonds of world Jewry with Israel as central force in Jewish life; to strengthen solidarity among Jews everywhere and secure their rights, status, and interests as individuals and communities; to encourage development of Jewish social, religious, and cultural life throughout the world and coordinate efforts by Jewish communities and organizations to cope with any Jewish problem; to work for human rights generally. Represents its affiliated organizations - most representative bodies of Jewish communities in more than 70 countries and 32 national organizations in American section - at UN, OAS, UNESCO, Council of Europe, ILO, UNICEF, and other governmental, intergovernmental, and international authorities.

Cultural

American Academy for Jewish Research (1920). 3080 Broadway, NYC 10027. Ecourages Jewish learning and research; holds annual or semiannual meeting; awards grants for the publication of scholarly works.

American Biblical Encyclopedia Society (1930). 24 W. Maple Ave., Monsey, NY 10952. (914) 352-4609. Fosters biblical-talmudical research.

American Federation of Jewish Fighters, Camp Inmates and Nazi Victims, Inc. (1971). 823 United Nations Plaza, NYC 10017. (212) 697-5670. Seeks to perpetuate the memory of victims of the Holocaust and make Jewish and non-Jewish youth aware of the Holocaust and resistance period.

American Jewish Historial Society (1892). 2 Thornton Rd., Waltham, MA 02154. (617) 891-8110. Collects, catalogues, publishes, and displays material on the history of the Jews in America; serves as an information center for inquiries on American Jewish history; maintains archives of original source material on American Jewish history.

American Society for Jewish Music (1974). 155 Fifth Ave., NYC 10010. (212) 533-2601. Seeks to raise standards of composition and performance in Jewish liturgical and secualr music; encourages research in all areas of Jewish music.

Associated American Jewish Museums, Inc. (1971). 303 LeRoi Rd., Pittsburgh, PA 15208. Maintains regional collections of Jewish art, historical and ritual objects, as well as a central catalogue of such objects in the collections of Jewish museums throughout the U.S.; helps Jewish museums acquire, identify, and classify objects.

Association for the Sociological Study of Jewry (1971). Dept. of Sociology, Brooklyn College, Brooklyn, NY 11210. (718) 780-5315. Arranges academic sessions and facilitates communication among social scientists studying Jewry through meetings, newsletter, and related materials.

Association of Jewish Book Publishers (1962). 838 Fifth Ave., NYC 10021. (212) 249-0100. As a nonprofit group, provides a forum for discussion of mutual problems by

publishers, authors, and other individuals and institutions concerned with books of Jewish interest. Provides national and international exhibit opportunities for Jewish books.

Association of Jewish Libraries (1965). c/o National Foundation for Jewish Culture, 330 7th Ave., 21st fl., NYC 10001. (212) 427-1000. Seeks to promote and improve services and professional standards in Jewish libraries; serves as a center for the dissemination of Jewish library information and guidance.

B'nai B'rith Klutznick Museum (1956). 1640 Rhode Island Ave. NW, Washington, DC 20036. (202)857-6583. A center of Jewish art and history in nation's capital, maintains exhibition galleries, permanent collection of Jewish ceremonial and folk art, B'nai B'rith International reference archive, outdoor sculpture garden, and museum shop.

Center for Holocaust Studies, Documentation & Research. (1974). 1610 Ave. J, Brooklyn, NY 11230. (718) 338-6494. Collects and preserves documents and memorabilia, oral histories, and literary works on the Holocaust period for purposes of documentation and research.

Central Yiddish Culture Organization (CYCO), Inc. (1943). 25 E. 21 St., 3rd. fl., NYC 10010. (212) 505-8305. Promotes, publishes, and distributes Yiddish books; publishes catalogues.

Conference on Jewish Social Studies, Inc. (formerly Conference on Jewish Relations, Inc.) (1939). 2112 Broadway, Rm. 206, NYC 10023. (212) 724-5336. Publishes scientific studies on Jews in the modern world, dealing with such aspects as anti-Semitism, demography, economic stratification, history, philosophy, and political developments.

Hebrew Arts School (1952). 129 W. 67 St., NYC 10023. (212) 362-8060. Chartered by the Board of Regents,

University of the State of New York. Offers instruction in music, dance, art and theater to children and adults, combining Western cutlure with Jewish heritage.

Histadruth Ivrith of America (1916; reorg. 1922). 1841 Broadway, NYC 10023. (212) 581-5151. Emphasizes the primacy of Hebrew in Jewish life, culture, and education; aims to disseminate knowledge of written and spoken Hebrew in the Diaspora, thus building a cultural bridge between the State of Israel and Jewish communities throughout the world.

Holocaust Center of Greater Pittsburgh (1980). 242 McKee Pl., Pittsburgh, PA 15213. (412) 682-7111. Develops programs and provides resources to further understanding of the Holocaust and its impact on civilization.

Jewish Academy of Arts and Sciences, Inc. (1926). 888 Seventh Ave., Suite 403, NYC 10106. (212) 757-1628. An honor society of Jews who have attained distinction in the arts, sciences, profesions, and communal endeavors.

Jewish Informational Bureau, Inc. (1932). 250 W. 57 St., NYC 10019. (212) 582-5318. Serves as clearinghouse of information for inquiries regarding Jews, Judaism, Israel, and Jewish affairs.

Jewish Museum (1904, under auspices of Jewish Theological Seminary of America). 1109 Fifth Ave., NYC 10128. (212) 860-1889. Repository of the largest collection of Judaica - paintings, prints, photographs, sculpture, coins, medals, antiquities, textiles, and other decorative arts - in the Western Hemisphere.

Jewish Publication Society (1888). 1930 Chestnut St., Philadelphia, PA 19103. (215) 564-5925. Publishes and disseminates books of Jewish interest for adults and children; titles include contemporary literature, classics, art, religion, biographies, poetry, and history.

Judah L. Magnes Museum - Jewish Museum of the West (1962). 2911 Russell St., Berkeley, CA 94705. (415) 849-2710. Serves as museum and library, combining historical and literary materials illustrating Jewish life in the Bay Area, the Western states, and around the world.

Judaica Captioned Film Center, Inc. (1983). PO Box 21439, Baltimore, MD 21208-0439. Voice (301) 922-4642; TDD (301) 655-6767. Developing a comprehensive library of captioned and subtitled films and tapes on Jewish subjects; distributes them to organizations serving the hearing-impaired.

JWB Jewish Book Council (1942). 15 E. 26 St., NYC 10010. (212) 532-4949. Promotes knowledge of Jewish books through dissemination of booklists, program materials; sponsors Jewish Book Month; presents literary awards and library citations.

JWB Jewish Music Council (1944). 15 E. 26 St., NYC 10010. (212) 532-4949. Promotes Jewish music activities nationally; annually sponsors and promotes the Jewish Music season; encourages participation on a community basis.

JWB Lecture Bureau. 15 E. 26 St., NYC 10010. (212) 532-4949. Provides and assists in the selection of, lecturers, performing artists, artists, and exhibits for local Jewish communal organizations.

League for Yiddish, Inc. (1935). 200 W. 72 St., Suite 40, NYC 10023. (212) 787-6675. Promotes the development and use of Yiddish as a living language.

Leo Baeck Institute, Inc. (1955). 129 E. 73 St., NYC 10021. (212) 744-6400. A library, archive, and research center for the history of German-speaking Jewry.

Martyrs Memorial & Museum of the Holocaust (1963; reorg. 1978). 6505 Wilshire Blvd., Los Angeles, CA 90048. (213) 651-3175. Seeks to commmemorate the events and victims of the Holocaust and to educate against future reoccurrences.

Memorial Foundation for Jewish Culture, Inc. (1964). 15 E. 26 St., NYC 10010. (212) 679-4074. Through the grants that it awards, encourages Jewish scholarship and Jewish education, supports communities that are struggling to maintain their Jewish identity, makes possible the training of Jewish men and women for professional careers in communal service in Jewishly deprived communities, and stimulates the documentation, commemoration, and teaching of the Holocaust.

National Foundation for Jewish Culture (1960). 330 7th Ave., 21 fl., NYC 10001. (212) 629-0500. Provides consultation and support to Jewish community organizations, educational and cultural institutions, and individuals for Jewish cultural activities; awards fellowships and publication grants to individuals preparing for careers in Jewish scholarship.

National Hebrew Culture Council (1952). 14 E. 4th St., NYC 100003. (212) 674-8412. Cultivates the study of Hebrew as a modern language in American public high schools and colleges, providing guidance to community groups and public educational authorities.

National Yiddish Book Center (1980). PO Box 969, Old East Street School, Amherst, MA 01004. (413) 256-1241. Collects used and out-of-print Yiddish books to distribute to individuals and libraries; offers courses in Yiddish language, literature, and cultural activities; publishes bimonthly *Catalogue of Rare and Out-of-Print Yiddish Books,* listing over 100,000 volumes for sale.

New York Holocaust Memorial Commission (1981). 342 Madison Ave., Suite 717, NYC 10173. (212) 687-5020. Seeks to create a major "living memorial" center in New York City, consisting of a museum, library, archives, and lecture/ conference facilities which will commemorate the lives of the Jewish victims of Nazi Germany.

Research Foundation for Jewish Immigration, Inc. (1971). 570 Seventh Ave., NYC 10018. (212) 921-3871. Studies and records the history of the migration and acculturation of Jewish Nazi persecutees in the various resettlement countries.

St. Louis Center for Holocaust Studies (1977). 12 Millstone Campus Dr., St. Louis, MO 63146. (3314) 432-0020. Develops programs and provides resources and educational materials to futher an understanding of the Holocaust and its impact on civilization.

Sephardic House (1978). 8 W. 70 St., NYC 10023. (212) 873-0300. Works to foster the history and culture of Sephardic Jewry by offering classes, programs, publications, and resource people.

Society for the History of Czechoslovak Jews, Inc. (1961). 87-08 Santiago St., Holliswood, NY 11423. (718) 468-6844. Studies the history of Czechoslovak Jews, collects material and disseminates information through the publication of books and pamphlets.

Yeshiva University Museum (1973). 2520 Amsterdam Ave., NYC 10033. (212) 960-5390. Collects, preserves, interprets, and displays ceremonial objects, rare books and scrolls, models, paintings, and decorative arts expressing the Jewish religious experience historically, to the present.

Yiddisher Kultur Farband-YKUF (1938). 1123 Broadway, Rm. 305, NYC 10010. (212) 691-0708. Publishes a monthly magazine and books by contemporary and classical Jewish writers.

Yivo Institute for Jewish Research, Inc. (1925). 1048 Fifth Ave., NTYVC 10028. (212) 535-6700. Engages in social and humanistic research pertaining to East European Jewish life; maintains library and archives which provide a major international, national, and New York resource used by institutions, individual scholars, and laymen; trains graduate students in Yiddish, East European, and American Jewish studies.

Max Weinreich Center for Advanced Jewish Studies (1968). 1048 Fifth Ave., NYC 10028. (212) 535-6700. Provides advanced-level training in Yiddish language and literature, ethnography, folklore, linguistics, and history.

Overseas Aid

American Association for Ethiopian Jews (1974). 2028 P St., NW, Washington, DC 20036. (202) 223-6838. Informs world Jewry about the plight of Ethiopian Jews; advocates rescue of Ethiopian Jewry as a major priority; provides relief in refugee areas and Ethiopia; and helps resettlement in Israel.

American Friends of the Alliance Israelite Universelle, Inc. (1946). 420 Lexington Ave., Suite 1733, NYC 10170. (212) 808-5437. Participates in educational and human rights activities of the AIU and supports the Alliance System of Jewish schools, remedial programs, and teacher training in Israel, North Africa, the Middle East, and Europe.

American Jewish Joint Distribution Committee, Inc. - JDC (1914). 711 Third Ave., NYC 10017. (212) 687-6200. Organizes and finances rescue, relief, and rehabilitation programs for imperiled and needy Jews overseas; conducts wide range of health, welfare, rehabilitation, education programs and aid to cultural and religious institutions; programs benefiting 500,000 Jews in over 30 countries overseas. Major areas of operation are Israel, North Africa, and Europe.

American ORT Federation, Inc. - Organization for Rehabilitation Through Training (1924). 817 Broadway, NYC 10003. (212) 677-4400. Teaches vocational skills in 30 countries around the world, maintaining 800 schools for over 158,000 students annually, with the largest program of 87,000 trainees in Israel. The teaching staff numbers 4,000. Annual cost of program is about $99 million.

Women's American ORT (1927). 315 Park Ave. S., NYC 10010. (212) 505-7700. Represents and advances the program and philosophy of ORT among the women of the American Jewish community through membership and education activities.

Conference on Jewish Meterial Claims Against Germany, Inc. (1951). 15 E. 26 St., Rm. 1355, NYC 10010. (212) 696-4944. Monitors the implementation of restitution and indemnification programs of the German Federal Republic (FRG) arising from its agreement with FRG. Administers Hardship Fund, which distributes DM 400,000,000 appropriated by FRG for Jewish Nazi victims unable to file timely claims under original indemnification laws. Also assists needy non-Jews who risked their lives to help Jewish survivors.

HIAS, Inc. (Hebrew Immigrant Aid Society) (1880; reorg. 1954). 200 Park Ave. S., NYC 10003. (212) 674-6800. International Jewish migration agency with headquarters in the U.S. and offices, affiliates, and representatives in Europe, Latin America, Canada, Australia, New Zealand, and Israel. Assists Jewish migrants and refugees from Eastern Europe, the Middle East, North Africa, and Latin America. Via U.S. government-funded programs, assists in resettlement of Indo-Chinese and other refugees.

Jewish Restitution Successor Organization (1947). 15 E. 26 St., Rm. 1355, NYC 10010. (212) 696-4944. Acts to discover, claim, receive, and assist in the recovery of Jewish heirless or unclaimed property; to utilize such assets or to

417

provide for their utilization for the relief, rehabilitation, and resettlement of surviving victims of Nazi persecution.

United Jewish Appeal, Inc. (1939). 99 Park Ave., NYC 10016. (212) 818-9100. Channels funds for overseas humanitarian aid, supports immigration, Youth Aliyah, and rural settlements in Israel, through the Jewish Agency; provides additional humanitarian assistance in 30 countries around the world through the American Jewish Joint Distribution Committee.

Women's Social Service for Israel, Inc. (1937). 240 W. 98 St., NYC 10025. (212) 666-7880. Maintains in Israel sibsidized housing for self-reliant older people, old-age homes for more dependent elderly, Lichtenstadter Hospital for chronically ill, subsidized meals, distribution of clothing collected in U.S.

Religious and Educational

Agudath Israel of America (1922). 84 William St., NYC 10038. (212) 797-9000. Mobilizes Orhtodox Jews to cope with Jewish problems in the spirit of the Torah; sponsors a broad range of projects aimed at enhancing religious living, education, children's welfare, protection of Jewish religious rights, outreach to the assimilated, and social services.

Annenberg Research Institute (1907; reorg. 1986). 250 N. Highland Ave., Merion, PA 19066. A center for advanced research in Judaic and Near Eastern studies at the post-doctoral level.

Association for Jewish Studies (1969). Weidener Library M., Harvard University, Cambridge, MA 02138. Seeks to promote, maintain, and improve the teaching of Jewish studies in American colleges and universities.

418

Association of Orthodox Jewish Scientists (1948). 1373 Coney Island Ave., Brooklyn, NY 11230. (718) 338-8592. Seeks to contribute to the development of science within the framework of Orthodox Jewish tradition; to obtain and disseminate information relating to the interaction between the Jewish traditional way of life and scientific developments - on both an ideological and practical level.

B'nai B'rith Hillel Foundations, Inc. (1923). 1640 Rhode Island Ave., NW, Washington, DC 20036. (202) 857-6560. Provides a program of cultural, religious, educational, social, and counseling content of Jewish college and university students on more than 400 campuses in the U.S., Australia, Canada, England, Israel, Europe, and S. America.

B'nai B'rith Youth Organization (1924). 1640 Rhode Island Ave., NW, Washington, DC 20036. (202) 857-6633. Helps Jewish teenagers achieve self-fulfillment and make a maximum contribution to the Jewish community and their country's culture; helps members acquire a greater knowledge and appreciation of Jewish religion and culture.

Bramson ORT (1977). 690-30 Austin St., Forest Hills, NY 11375. (718) 261-5800. A two-year Jewish technical college offering certificates and associate degrees in high technology and business fields.

Brandeis-Bardin Institute (1941). 1101 Peppertree Lane, Brandeis, CA 93064. (818) 348-7201. Maintains Brandeis Camp Institute (BCI), a Jewish student leadership program for college-age adults; Camp Alonim for children 8-16.

Central Yeshiva Beth Joseph Rabbinical Seminary (in Europe 1891; in U.S. 1941). 1427 49 St., Brooklyn, NY 11219. Maintains a school for teaching Orthodox rabbis and teachers, and promoting the cause of higher Torah learning.

CLAL (see National Jewish Center for Learning and Leadership)

Cleveland College of Jewish Studies (1964). 26500 Shaker Blvd., Beachwood, OH 44122. (212) 464-4050. Provides courses in all areas of Judaic and Hebrew studies to adults and college-age students; offers continuing education for Jewish educators and administrators; serves as a center for Jewish life and culture.

Coalition for Alternatives in Jewish Education (CAJE) (1976). 468 Park Ave S., Rm. 904, NYC 10016. (212) 696-0740. Brings together Jews from all ideologies who are involved in every facet of Jewish education, and are committed to transmitting Jewish knowledge, culture, and experience.

Gratz College (1895). 10th St. and Tabor Rd., Philadelphia, PA 19141. (215) 329-3363. Offers a wide variety of bachelor's, master's, teacher-training, continuing-education, and high-school-level programs in Judaic, Hebraic, and Middle Eastern studies.

Hebrew College (1921). 43 Hawes St., Brookline, MA 02146. (617) 232-8710. Provides intensive programs of study in all areas of Jewish culture from high school through college and graduate school levels, also at a branch in Hartford, Connecticut.

Hebrew Theological College (1922). 7135 N. Carpenter Rd., Skokie, IL 60077. (312) 267-9800. An institution of higher Jewish learning which includes a division of advanced Hebrew studies, a school of liberal arts and sciences, a rabbinical ordination program, a graduate school in Judaic studies and pastoral counseling.

Hebrew Union College-Jewish Institute of religion (1875). 3101 Clifton Ave., Cincinnati, OH 45220. (513) 221-1875. Academic centers; 3101 Clifton Ave., Cincinnati, OH 45220 (1875); 1 W. 4 St., NYC 10012 (1922); 3077 University Ave., Los Angeles, CA 90007 (1954); 13 King David St.,

Jerusalem, Israel 94101 (1963). Prepares students for Reform rabbinate, cantorate, religious-school teaching and administration, community service, academic careers; promotes Jewish studies; maintains libraries and a museum; offers bachelor's, master's and doctoral degrees; engages in archaelogical excavations.

Herzliah-Jewish Teachers Seminary (1967). Division of Touro College, 30 W. 44th St., NYC 10036. (212) 575-1819.

Graduate School of Jewish Studies (1981). Offers programs leading to MA in Jewish studies, including Hebrew language and literature, Jewish education, history, philosophy, and sociology.

Jewish People's University of the Air. (212) 575-1819. The educational outreach arm of Touro College, it produces and disseminates Jewish educational and cultural programming for radio broadcast and audio-cassettes.

Institute for Computers in Jewish Life (1978). 845 N. Michigan Ave., Suite 843, Chicago, IL 60611. (312) 787-7856. Explores, develops, and disseminates applications of computer technology to appropriate areas of Jewish life, with special emphasis on Jewish education.

Jewish Chautauqua Society, Inc. (sponsored by National Federation of Temple Brotherhoods) (1893). 838 Fifth Ave., NYC 10021. (212) 570-0707. Disseminates authoritative information on Jews and Judaism; assigns rabbis to lecture at colleges and secondary schools; endows courses in Judaism for college credit at univeristies; donates Jewish reference books to college libraries.

Jewish Education in Media, Inc. (1978). PO Box 180, Riverdale Sta., NYC 10471. (212) 362-7633. Seeks to promote Jewish identity and commitment through the creation of innovative and entertaining media materials, including radio and television programming, film, and

audio and video casettes for synagogue and institutional use.

Jewish Education Service of North America, Inc. (JESNA) (1981). 730 Broadway, NYC 10003. (212) 529-2000. Coordinates, promotes, and services Jewish education in federated communities of North America. Coordinating center for Jewish education bureaus; offers curricular advisement; conducts evaluative surveys of Jewish education.

Jewish Reconstructionist Foundation (1940), Church Road and Greenwood Avenue, Wyncote, PA 19095. (215) 887-1988. Dedicated to the advancement of Judaism as the evolving religious civilization of Jewish people. Coordinates the Federation of Reconstructionist Congregations and Havurot, Reconstructionist Rabbinical Association, and Reconstructionist Rabbinical College.

Jewish Teachers Association-Morim (1931). 45 E. 33 St., NYC 10016. (212) 684-0556. Protects teachers from abuse of seniority rights; fights the encroachment of anti-Semitism in education; encourages teachers to assume active roles in Jewish communal and religious affairs.

Jewish Theological Seminary of America (1886; reorg. 1902). 3080 Broadway, NYC 10027. (212) 678-8000. Operates undergraduate and graduate programs in Judaica, professional schools for training Conservative rabbis and cantors, a pastoral psychiatry center, Melton Center for Jewish Education, the Jewish Museum, and youth programs.

Merkos L'inyonei Chinuch, Inc. (The Central Organization for Jewish Education) (1940). 770 Eastern Pkwy., Brooklyn, NY 11213. The educational arm of the Lubavitcher movement. Seeks to promote Jewish education among Jews, regardless of their background, in the spirit of Torah-true Judaism; to establish contact with alienated Jewish youth; to stimulate concern and active interest in Jewish education on

422

all levels; and to promote religious observance as a daily experience among all Jews.

Mesivta Yeshiva Rabbi Chaim Berlin Rabbinical Academy (1905). 1593 Coney Island Ave., Brooklyn, NY 11230. (718) 377-0777. Maintains fully accredited elementary and high schools; collegiate and postgraduate school for advanced Jewish studies, both in America and Israel.

Mirrer Yeshiva Central Institute (in Poland 1817; in U.S. 1947). 1791-5 Ocean Pkwy., Brooklyn, NY 11223. Maintains rabbinical college, postgraduate school for Talmudic research, accredited high school, and Kollel and Sephardic divisions; dedicated to the dissemination of Torah scholarship in the community and aborad; engages in rescue and rehabilitation of scholars overseas.

National Committee for Furtherance of Jewish Education (1941). 824 Eastern Pkwy., Brooklyn, NY 11213. (718) 735-0200. Seeks to disseminate the ideals of Torah-true education among the youth of America; aids poor, sick, and needy in U.S. and Israel; provides aid to hundreds of Iranian Jewish youth through the Iranian Children's Fund; maintains camp for underprivileged children; seeks to win back college youth and others to the fold of Judaism.

National Council of Beth Jacob Schools, Inc. (1945). 1415 E. 7 St., Brooklyn, NY 11230. (718) 979-7400. Operates Orthodox all-day schools from kindergarten through high school for girls, a residence high school in Ferndale, NY, a national institute for master instructors, and a summer camp for girls.

National Council of Young Israel (1912). 3 W. 16 St., NYC 10011. (212) 929-1525. Maintains a program of spiritual, cultural, social, and communal activity aimed at the advancement and perpetuation of traditional, Torah-true Judaism; seeks to instill in American youth an understanding and appreciation of the ethical and spiritual values of Judaism.

National Jewish Hospitality Committee (1973). 201 S. 18 St., Rm. 1519, Philadelphia, PA 19103. (215) 546-8293. Assists converts and prospective converts to Judaism, persons involved in intermarriages, and the parents of Jewish youth under the influence of cults and missionaries, as well as the youths themselves.

Ner Israel Rabbinical College (1933). 400 Mt. Wilson Ln., Baltimore, MD 21208. (301) 484-7200. Trains rabbis and educators for Jewish communities in America and world-wide. Offers bachelor's, master's and doctoral degrees in Talmudic law, as well as teacher's diploma.

Ozar Hatorah, Inc. (1946) 1 E. 33 St., BYC 10016. (212) 689-3508. Establishes, maintains, and expands schools for Jewish youth, providing religious and secualr studies, worldwide.

P'eylim - American Yeshiva Student Union (1951). 3 W. 16 St., NYC 10011. (212) 989-2500. Aids and sponsors pioneer work by American graduate teachers and rabbis in new villages and towns in Israel; does religious, organizational, and educational work and counseling among new immigrant youth; maintains summer camps for poor immigrant youth in Israel.

Reconstructionist Rabbinical College (1968). Church Rd. and Greenwood Ave., Wyncote, PA 19095. (215) 576-0800. Co-educational. Trains rabbis for all areas of Jewish communal life: synagogues, academic and educational positions, Hillel centers, Federation agencies; requires students to pursue outside graduate studies in religion and related subjects; confers title of rabbi and grants degrees of Master and Doctor of Hebrew Letters.

Sholem Aleichem Folk Institute, Inc. (1918) 3301 Bain-bridge Ave., Bronx, NY 10467. (212) 881-6555. Aims to imbue children with Jewish values through teaching

Yiddish language and literature, Hebrew and the Bible, Jewish history, the significance of Jewish holidays, folk and choral singing, and facts about Jewish life in America and Israel.

Society for Humanistic Judaism (1969). 28611 W. Twelve Mile Rd., Farmington Hills, MI 48018. (313) 478-7610. Serves as a voice for Jews who value their Jewish identity and who seek an alternative to conventional Judaism, who reject supernatural authority and affirm the right of individuals to be masters of their own lives.

Spertus College of Judaica (1925). 618 S. Michigan Ave., Chicago, IL 60605. Provides Chicago-area colleges and universities with specialized undergraduate and graduate programs in Judaica and serves as a department od Judaic studies to these colleges and universities. Grants degrees of MA in Jewish education, Jewish studies, and Jewish communal service; BA and Bachelor of Judaic Studies. Has community outreach/extension studies program for adults.

Torah Schools for Israel - Chinuch Atzmai (1953). 167 Madison Ave., NYC 10016. (212) 889-0606. Conducts information programs for the American Jewish community on activities of the independent Torah schools educational network in Israel.

Torah Umesorah - National Society for Hebrew Day Schools (1944). 160 Broadway, NYC 10038. (212) 227-1000. Establishes Hebrew day schools throughout U.S. and Canada and services them in all areas, including placement and curriculum guidance.

Touro College (1970). 30 W. 44 St., NYC 10036. (212) 575-0196. Chartered by NY State Board of Regents as a nonprofit four-year college with liberal arts programs leading to BA, BS, and MA degrees, emphasizing relevance of Jewish heritage to general culture of Western civilization. Offers JD degree and a biomedical program leading to the

MD from Technion-Israel Institute of Technology, Haifa, and the University of Groningen, Holland.

Union of American Hebrew Congregations (1873). 838 Fifth Ave., NYC 10021. (212) 249-0100. Serves as the central congregational body of Reform Judaism in the Western Hemisphere; serves its approximately 850 affiliated temples and memberships with religious, educational, cultural, and administrative programs.

National Federation of Temple Brotherhoods (1923). 838 Fifth Ave., NYC 10021. (212) 570-0707. Promotes Jewish education among its members, along with participation in temple, brotherhood, and interfaith activities.

National Federation of Temple Sisterhoods (1913). 828 Fifth Ave., NYC 10021. Serves more than 640 sisterhoods of Reform Judaism; promotes inter-religious understanding and social justice; awards scholarships and grants to rabbinic students; provides braiile and large-type Judaic materials for Jewish blind; supports projects for Israel, Soviet Jewry, and the aging.

Union of Orthodox Jewish Congregations of America (1898). 45 W. 36 St., NYC 10018. (212) 563-4000. Serves as the national central body of Orthodox synagogues; sponsors National Conference of Synagogue Youth, Our Way program for the Jewish deaf, Yachad program for developmentally disabled youth, Israel Center in Jerusalem, *aliyah* department, national OU *kashrut* supervision and certification service; provides educational, religious, and organizational guidance to synagogues and groups.

Union of Sephardic Congregations, Inc. (1929). 8 W. 70 St., NYC 10023. (212) 873-0300. Promotes the religious interests of Sephardic Jews; prepares and distributes Sephardic prayer books; provides religious leaders for Sephardic congregations.

426

United Synagogue of America (1913). 155 Fifth Ave., NYC 10010. (212) 533-7800. International organization of 850 Conservative congregations. Maintains 12 departments and 20 regional offices to assist its affiliates with religious, educational, youth, community, and administrative programming and guidance; aims to enhance the cause of Conservative Judaism, further religious observance, encourage establishment of Jewish schools, draw youth closer to Jewish tradition.

Vaad Mishmereth Stam (1976). 4902 16 Ave., Brooklyn, NY 11204. (718) 438-4693. A nonprofit consumer-protection agency dedicated to preserving and protecting the halachic integrity of Torah scrolls, phylacteries, and *mezuzot.*

West Coast Talmudical Seminary (Yeshiva Ohr Elchonon Chabad) (1953). 7215 Warring St., Los Angeles, CA 90046. (213) 937-3763. Provides facilities for intensive Torah education as well as Orthodox rabbinical training on the West Coast; conducts an accredited college preparatory high school combined with a full program of Torah-Talmudic training and a graduate Talmudical division on the college level.

Yayne Hebrew Theological Seminary (1924). PO Box 185, Brooklyn, NY 11218. Schhol for higher Jewish learning; maintains Machon Maharshal branch in Jerusalem for higher Jewish education and for an exchange student program.

Yeshiva University (1886). 500 W. 185 St., NYC 10033. The nation's oldest and largest independent university founded under Jewish auspices, with a broad range of undergraduate, graduate, and professional schools, a network of affiliates, publications, a widespread program of research and community outreach, and a museum. Curricula lead to bachelor's, master's, doctoral, and professional degrees. Undergraduate schools provide general studies curricula supplemented by courses in Jewish learning; graduate

schools prepare for careers in medicine, law, social work, Jewish education, psychology, Semitic languages, literatures, and cultures, and other fields. It has five undergraduate schools, and three affiliates, with its four main centers located in Manhattan and the Bronx.

Social, Mutual Benefit

American Federation of Jews from Central Europe, Inc. (1942). 57 Seventh Ave., NYC 10018. (212) 921-3871. Seeks to safeguard the rights and interests of American Jews of Central European descent, especially in reference to restitution and indemnification; sponsors a social program for needy Nazi victims in the U.S. in coopepration with United Help, Inc. and other specialized social agencies.

American Sephardi Federation (1972). 8 W. 40 St., Suite 1601, NYC 10018. (212) 730-1210. Seeks to preserve the Sephardi heritage in the U.S., Israel, and throughout the world by fostering and supporting religious and cultural activities of Sephardi congregations, organizations, and communities, and uniting them in one overall organization.

Association of Yugoslav Jews in the United States, Inc. (1941). 247 W. 99 St., NYC 10025. (212) 865-2211. Assists all Jews originally from Yugoslavia; raises funds for Israeli agencies and institutions.

Bnai Zion - The American Fraternal Zionist Organization (1908). 136 E. 39 St., NYC 10016. (212) 725-1211. Fosters principles of Americanism, fraternalism, and Zionism; offers life insurance, Blue Cross and Blue Shield and other benefits to its members. Sponsors various projects in Israel: settlements, youth centers, medical clinics.

Brith Abraham (1187). 136 E. 39 St., NYC 10016. (212) 725-1211. Protects Jewish rights and combats anti-Semitism;

428

supports Soviet and Ethiopian emigration and the safety and dignity of Jews worldwide.

Brith Sholom (1905). 3939 Conshohocken Ave., Philadelphia, PA 19131. (215) 878-5696. Fraternal organization devoted to community welfare, protection of rights of Jewish people, and activities which foster Jewish identity and provide support for Israel; sponsors Brith Sholom House for senior citizens in Philadelphia and Brith Sholom Beit Halochem in Haifa, a rehabilitation center for Israel's permanently war-wounded.

Central Sephardic Jewish Community of America (1940). 8 W. 70 St., NYC 10023. (212) 787-2850. Seeks to foster Sephardic culture, education, and communal institutions. Sponsors wide range of activities; raises funds for Sephardic causes in U.S. and Israel.

Free Sons of Israel (1849). 180 Varick St., 14th fl., NYC 10014. (212) 924-6566. Promotes fraternalism; supports State of Israel, United Jewish Appeal, Soviet Jewry, Israel Bonds, and other Jewish charities; fights anti-Semitism; awards scholarships.

Jewish Labor Bund (directed by World Coordinating Committee of the Bund) (1892; reorg. 1947). 25 E. 21 St., NYC 10010. (212) 475-0059. Coordinates activites of Bund organizations throughout the world and represents them in the Socialist International; spreads the ideas of socialism as formulated by the Jewish Labor Bund.

Jewish Socialist Verband of America (1921). 45 E. 33 St., NYC 10016. (212) 686-1536. Promotes ideal of democratic socialism and Yiddish culture.

Romanian Jewish Federation of America, Inc. (1956). 135 W. 106 St., #2M, NYC 10025. (212) 866-0692. Interested in protecting the welfare, preserving the culture, and easing the plight of Jews of Rumanian descent throughout the world.

Sephardic Jewish Brotherhood of America, Inc. (1915). 97-29 64 Rd., Rego Park, NY 11374. (718) 459-1600. Promotes the industrial, social, educational, and religious welfare of its members; offers funeral and burial benefits, scholarships, and aid to the needy.

Workmen's Circle (1900). 45 E. 33 St., NYC 10016. (212) 889-6800. Provides fraternal benefits and activities, Jewish educational programs, secularist Yiddish schools for children, and community activities; supports institutions in Israel and promotes public-affairs activities in the U.S. on international and national issues.

Social Welfare

AMC Cancer Research Center (formerly Jewish Consumptives' Relief Society, 1904; incorporated as American Medical Center at Denver 1954). 1600 Pierce, Denver, CO 80214. (303) 233-6501. Dedicated to advancing knowledge of cancer prevention, detection, diagnosis, and treatment through programs of laboratory, clinical, and community cancer control research.

American Jewish Sociey for Service, Inc. (1949). 15 E. 26 St., Rm. 1304, NYC 10010. (212) 68306178. Conducts voluntary work-service camps each summer to enable high school juniors and seniors to perform humanitarian service.

Association of Jewish Family and Children's Agencies (1972). 3084 State Hwy. 27, Suite 1, P.O. Box 248, Kendall Park, NJ 08824-0248. (201) 821-0909. The national service organization for Jewish family and children's agencies in Canada and the U.S. Reinforces member agencies in their efforts to sustain and enhance the quality of Jewish family and communal life.

Baron de Hirsch Fund (1891). 130 E. 59 St., NYC 10022. (212) 836-1798. Aids Jewish immigrants and their children

in the U.S. and Israel by giving grants to agencies active in educational and vocational fields.

B'nai B'rith International (1843). 1640 Rhode Island Ave., NW, Washington, DC 20036. (202)857-6600. International Jewish organization with affilitates in 48 countries. Programs include communal service, social action, and public affairs, with emphasis on preserving Judaism through projets in and for Israel and for Soviet Jewry; teen and college-age movements; adult Jewish education.

B'nai B'rith Women (1897). 1640 Rhode Island Ave., NW, Washington, DC 20036. (202) 857-6689. Promotes the principles of social advancement through education, action, and service.

City of Hope National Medical Center and Beckman Research Institute (1913). 1500 E. Duarte Rd., Duarte, CA 91010 (818) 359-8111. Offers care to those with cancer and major diseases, medical consultation service for second opinions, and pilot research programs in genetics, immunology and the basic life process.

Council of Jewish Federations, Inc. (1932). 730 Broadway, NYC 10003. (212) 475-5000. Provides national and regional services to 200 associated federations embracing 800 communities in the U.S. and Canada, aiding in fund raising, community organization, health and welfare planning, personnel recruitment, and public relations.

Hope Center for the Retarded (1965). 3601 Martin L. King Blvd., Denver, CO 80205. (303) 388-4801. Provides services to developmentally disabled of community: preschool training, day training and work activities center, speech and language pathology, occupational arts and crafts, recreational therapy, and social services.

International Council of Jewish Social and Welfare Services (1961). 711 Third Ave., NYC 10017. (NY liaison office

431

with UN headquarters.) (212) 687-6200. Provides for exchange of views and information among member agencies on problems of Jewish social and welfare services, including medical care, old age, welfare, child care, rehabilitation, technical assistance, vocational training, agricultural and other resettlement, economoic assistance, refugees, migration, integration and related problems, representation of views to governments and international organizations.

Jewish Braille Institute of America, Inc. (1931). 110 E. 30 St., NYC 10016. (212) 889-2525. Serves the religious, cultural, and educational needs of the Jewish blind, visually impaired, and reading-disabled by producing books of Judaica, including prayer books in Hebrew and English braille, large print, and on audio cassettes. Maintains free lending library of Hebrew, English, Yiddish, and other-language cassettes for the Jewish blind, visually impaired, and reading disabled in 40 countries.

Jewish Conciliation Board of America, Inc. (1930). 235 Park Ave. S., NYC 10003. (212) 777-9034. Offers dispute-resolution services to families, individuals and organizations.

Jewish Fund for Justice (1984). 1725 K St., NW, Suite 301, Washington, DC 20006. (202) 861-0601. A national grant-making institution supporting efforts to combat poverty in the U.S.

JWB (1917). 15 E. 26 St., NYC 10010-1579. (212) 532-4949. Major service agency for Jewish community centers, YM-YWHAs, and camps serving a million Jews in the U.S. and Canada; key source of Jewish educational and cultural programming; U.S.-government-accredited agency for providing services and programs to Jewish military families and hospitalized Veterans Administration patients.

Levi Arthritis Hospital (sponsored by B'nai B'rith) (1914). 300 Prospect Ave., Hot Springs, AR 71901. (501) 624-1281. Maintains a nonprofit, nonsectarian hopsital for treatment

432

of sufferers from arthritis; offers postoperative bone and joint surgery rehabilitation; stroke rehabilitation; and posttrauma rehabilitation.

National Association of Jewish Vocational Services (1940). 37 Union Square W., 5th fl., NYC 10003. (212) 243-0130. Acts as coordinating body for all Jewish agencies in U.S., Canada, and Israel, having programs in educational-vocational guidance, job placement, vocational rehabilitation, skills-training, sheltered workshops, and occupational research.

National Congress of Jewish Deaf (1956; inc. 1961) 4960 Sabal Palm Blvd., Bldg. 7, Apt. 207, Tamarac, FL 33319. (305) 977-7887. Congress of Jewish congregations, service organizations, and associations located throughout the U.S. and Canada, advocating religious and cultural ideals and fellowship for the Jewish deaf.

National Council of Jewish Women (1893). 53 W. 23 St., NYC 10010. (212) 645-4048. Operates programs in community service education and advocacy in women's issues, children and youth, aging Jewish life, constitutional rights and Israel. Promotes education for the disadvantaged in Israel.

National Jewish Center for Immunology and Respiratory Medicine (1899). 1400 Jackson St., Denver, CO 8026. (303) 388-4461; 1-8009-222-5864. Leading medical center for the study and treatment of respiratory diseases, allergies, and immune system disorders.

National Jewish Committee on Scouting (Boy Scouts of America) (1926). 1325 Walnut Hill La., Irving, TX 75015-2079. (214) 580-2059. Seeks to bring Jewish youth and adults closer to Judaism through Scouting programs.

National Jewish Girl Scout Committee (1972). Synagogue Council of America, 327 Lexington Ave., NYC 10016. (212)

686-8670. Under the auspices of the Synagogue Council of America, serves to further Jewish education by promoting Jewish award programs, encouraging religious services, and promoting cultural exchanges with Israeli Boy & Girl Scouts Federation.

North American Association of Jewish Homes and Housing for the Aging (1960). 2525 Centerville Rd., Dallas, TX 75228. (214) 327-4503. Serves as a national representative of voluntary Jewish homes and housing for the aged.

Zionist and Pro-Israel

ALYN - American Society for Handicapped Children in Israel (1954). 19 W. 44 St., NYC 10036. (212) 869-8085. Supports the work of ALYN Orthopaedic Hospital and Rehabilitation Center for Physically Handicapped Children, located in Jerusalem, which encompasses a 100-bed hospital and outpatient clinics.

America-Israel Friendship League, Inc. (1971). 134 E. 39 St., NYC 10016. (212) 213-8630. A nonsectarian, non-partisan organization which seeks to broaden the base of support for Israel among all Americans. Activities include cultural and educational exchanges and study tours to Israel.

American Associates, Ben-Gurion University of the Negev (1973). 342 Madison Ave., Suite 1924, NYC 10173. (212) 687-7721. Serves as the university's publicity and fund-raising link to the U.S.

American Committee for Shaare Zedek Hospital in Jerusalem, Inc. (1949). 49 W. 45 St., NYC 10036. (212) 354-8801. Raises funds for the various needs of the Shaare Zedek Medical Center, Jerusalem, such as equipment, and medical supplies, nurse training, and research.

American Committee for the Wiezmann Institute of Science (1944). 515 Park Ave., NYV 10022. (212) 752-1300. Through 12 regional offices in the U.S., raises funds for the Weizmann institute in Rehovot, Israel, and disseminates information about the scientific research under way there.

American Friends of Haifa University (1967). 41 E. 42 St., #828, NYC 10017. (212) 818-9050. Promotes, encourages, and aids higher and secondary education, research, and training in all branches of knowledge in Israel and elsewhere; aids in the maintenance and development of Haifa University.

American Friends of the Haifa Maritime Museum, Inc. (1977). 236 Fifth Ave., NYC 10001. (212) 696-8084. Supports National Maritime Museum in Haifa.

American Friends of the Hebrew University (1925; inc. 1931). 11 E. 69 St., NYC 10021. (212) 472-9800. Fosters the growth, development, and maintenance of the Hebrew University of Jerusalem.

American Friends of the Israel Museum (1968). 10 E. 40 St., Rm. 1208, NYC 10016. (212) 683-5190. Raises funds for special projects of the Israel Museum in Jerusalem; solicits contributions of works of art for exhibition and educational purposes.

American Friends of the Jerusalem Mental Health Center - Ezrath Nashim, Inc. (1895). 10 E. 40 St., Suite 2701, NYC 10016. (212) 725-8175. Supports research, education, and patient care at the Jerusalem Mental Health Center.

American Friends of the Shalom Hartman Institute (1976). 1029 Teaneck Rd., Teaneck, NJ 07666. (201) 837-0887. Supports the Shalom Hartman Institute, Jerusalem, an institute of higher education and research center, devoted to applying the teachings of classical Judaism to modernity.

American Friends of the Tel Aviv Museum (1974). 133 E. 58 St., Suite 704, NYC 10022. (212) 319-0555. Solicits contributions of works of art to enrich the Tel Aviv Museum collection; raises funds to support development, maintenance, and expansion of the educational work of the museum.

American Friends of the Tel Aviv University, Inc. (1955) 133 E. 58 St., Suite 704, NYC 10022. (212) 319-0555. Promotes, encourages, aids, and advances higher education at Tel Aviv University and elsewhere.

American Israel Public Affairs Committee (AIPAC) (1954). 500 N. Capitol St., NW, Washington, DC 20001. (202) 638-2256. Registered to lobby on behalf of legislation affecting U.S.-Israel relations; represents Americans who believe support for a secure Israel is in U.S. interest. Works for a strong U.S.-Israel relationship.

American-Israel Lighthouse, Inc. (1928; reorg. 1955). 30 E. 60 St., NYC 10022. (212) 838-5322. Provides education and rehabilitation for the blind and physically handicapped in Israel.

American Jewish League for Israel (1957). 30 E. 60 St., NYC 10022. (212) 371-1583. Seeks to unite all those who, not-withstanding differing philosophies of Jewish life, are committed to the historical ideals of Zionism.

American Physicians Fellowship, Inc. for Medicine in Israel (1950). 2001 Beacon St., Brookline, MA 02146. (617) 232-5382. Helps Israel become a major world medical center; secures fellowhips for selected Israeli physicians and arranges lectureships in Israel by prominent American physicians.

American Red Magen David for Israel, Inc. (1940). 888 Seventh Ave., Suite 403, NYC 1016. (212) 757-1627. The sole support arm in the U.S. of Magen David Adom in

436

Israel with a national membership and chapter program. Raises funds for MDA's emergency medical services, including collection and distribution of blood and bloood products for Israel's military and civilians population; supplies ambulances, bloodmobiles, and mobile cardiac rescue units serving all hospitals and communities throughout Israel.

American Society for Technion-Israel Institute of Technology (1940). 810 Seventh Ave., NYC 10019. (212) 262-6200. Supports the work of the Technion-Israel Institute of Technology, Haifa, which trains nearly 10,000 students in 20 departments and a medical school, and conducts research across a broad spectrum of science and technology.

American Zionist Federation (1939; reorg. 1949 and 1970). 515 Park Ave., NYC 10022. (212) 371-7750. Coordinates the work of the Zionist constituency in the areas of education, *aliyah,* youth and young leadership and public and communal affairs. Seeks to involve the Zionist and broader Jewish community in programs and events focused on Israel and Zionism.

American Zionist Youth Foundation, Inc. (1963). 515 Park Ave., NYC 10022. (212) 751-6070. Sponsors educational programs and services for American Jewish youth, including tours to Israel, programs of volunteer service or study in leading institutions of sceince, scholarship, and the arts; sponsors field workers who promote Jewish and Zionist programming on campus; prepares and provides specialists who present and interpret the Israeli experience for community centers and federations throughout the country.

Americans for Safe Israel (1971). 114 E. 28 St., NYC 10016. (212) 696-2611. Seeks to educate the public to the necessity of a militarily strong Israel within defensible borders, viz., those which include Judea, Samaria, Gaza, and the Golan. Holds that a strong Israel is essential for the security of the free world.

Americans for Progressive Israel (1949). 150 Fifth Avenue, Suite 911, NYC 10011. (212) 255-8760. A socialist Zionist movement that calls for a just and durable peace between Israel and its Arab neighbors; works for the liberation of all Jews; seeks the democratization of Jewish communal and organizational life; promotes dignity of labor, social justice, and a deeper understanding of Jewish heritage.

Amit Women (formerly American Mizrachi Women) (1925). 817 Broadway, NYC 10003. (212) 477-4720. Conducts social service, child care, Youth Aliyah villages, and vocational-educational programs in Israel in an environment of traditional Judaism; promotes cultural activities for the purpose of disseminating Zionist ideals and strengthening traditional Judaism in American.

Ampal - American Israel Corporation (1942). 10 Rockefeller Plaza, NYC 10020. (212) 586-3232. Finances and invests in Israeli economic enterprises; mobilizes finance and investment capital in the U.S.

ARZA - Association of Reform Zionists of America (1977). 838 Fifth Ave., NYC 10021. (212) 249-0100. Individual Zionist membership organization devoted to achieving Jewish pluralism in Israel and strenthening the Israeli Reform movement.

Bar-Ilan University in Israel (1955). 130 E. 59 St., NYC 10022. (212) 832-0095. Supports Bar-Ilan University, a liberal arts and sciences institution, located in Ramat-Gan, Israel.

Betar Zionist Youth Movement, Inc. (1935) 38 E. 23 St., NYC 10010. (212) 353-8033. Teaches Jewish youth love of the Jewish people and prepares them for *aliyah;* emphasizes learning Hebrew; keeps its members ready for mobilization in times of crisis; stresses Jewish pride and self-respect; seeks to aid and protect Jewish communities everywhere.

438

Council for a Beautiful Israel Environmental Education Foundation (1973). 350 Fifth Ave., 19th fl., NYC 10118. (212) 947-5709. A support group for the Israeli body, whose activities include education, town planning, lobbying for legislation to protect and enhance the environment, preservation of historical sites, and the improvement and beautification of industrial and commercial areas.

Dror - Young Kibbutz Movement - Habonim (1948). 27 W.. 20 St., 9th fl., NYC 10011. (212) 675-1168. Provides an opportunity for individuals who have spent time in Israel, on a kibbutz program, to continue their contact with the kibbutz movement through regional and national activites and seminars.

Emunah Women of American (1948). 7 Penn Plaza, NYC 10001. (212) 564-9045. Maintains and supports 200 educational and social-welfare institutions in Israel within a religious framework, including nurseries, day-care centers, vocational and teacher-training schools for the underprivileged.

Federated Council of Israel Institutions - FCII (1940). 4702 Fifteenth Ave., Brooklyn, NY 11219. (718) 972-5530. Central fund-raising organization for over 100 affiliated institutions; clearinghouse for information on budget, size, functions, etc. of traditional educational, welfare, and philanthropic institutions in Israel, working cooperatively with the Israeli government and the overseas department of the Council of Jewish Federations.

Fund for Higher Education (1970). 1768 S. Wooster St., Los Angeles, CA 90035. (213) 202-1879. Supports, on a project-by-project basis, institutions of higher learning in the U.S. and Israel.

Givat Haviva Educational Foundation, Inc. (1966). 150 Fifth Ave., Suite 911, NYC 10011. (212) 255-2992. Supports programs in Israel to further Jewish-Arab rapproche-

ment, narrow economic and educational gaps within Israeli society, and improve educational opportunities for various disadvantaged youth.

Habonim-Dror North America (1934). 27 W. 20 St., 9th fl., NYC 10011. (212) 255-1796. Fosters identification with pioneering in Israel; stimulates study of Jewish life, history, and culture; sponsors community-action projects.

Hadassah, The Women's Zionist Organization of America, Inc. (1912). 50 W.. 58 St., NYC 10019. (212) 355-7900. In America helps interpret Israel to the American people; provides basic Jewish education as a background for intelligent and creative Jewish living; sponsors Hashachar, largest Zionist youth movement in U.S., which has four divisions: Young Jedaea, Intermediate Judaea, Senior Judaea, and Hamagshimim; operates six Zionist youth camps in this country; supports summer and all-year courses in Israel. Maintains in Israel Hadassah-Hebrew University Medical Center.

Hashomer Hatzair, Socialist Zionist Youth Movement (1923). 150 Fifth Ave., Suite 911, NYV 10011. (212) 929-4955. Seeks to educate Jewish youth to an understanding of Zionism as the national liberation movement of the Jewish people. Promotes *aliyah* to kibbutzim.

Herut-U.S.A., Inc. (United Zionists-Revisionists of America) (1925). 9 E. 38 St., Suite 1000, NYC 10016. (212) 696-0900. Supports Jabotinskean Herut policy in Israel for peace with security; seeks Jewish unity for Israel's defense; preaches Zionist commitment, *aliyah*, Jewish education, and mobilization of Jewish resources; advocates historic right to Eretz Israel and to Jewish residency throughout the land.

Jewish National Fund of America (1901). 42 E. 69 St., NYC 10021. (212) 879-9300. Exclusive fund-raising agency of the world Zionist movement for the afforestation, reclamation and development of the land of Israel, including

440

construction of roads, parks, and recreational areas, preparation of land for new communities and industrial facilities; helps emphasize the importance of Israel in schools and synagogues throughout the U.S.

Keren Or, Inc. (1956). 1133 Broadway. NYC 10010. (212) 255-1180. Funds the Keren Or Center for Multihandicapped Blind Children, in Jerusalem, providing long-term basic training, therapy, rehabilitativve, and early childhood education to the optimum level of the individual.

Labor Zionist Alliance (1913). 275 Seventh Ave., NYC 10001. (212) 989-0300. Seeks to enhance Jewish life, culture, and education in U.S. and Canada; aids in building State of Israel as a cooperative commonwealth, and its Labor movement organized in the Histadrut; supports efforts toward a more democratic society throughout the world.

League for Labor Israel (1938; reorg. 1961). 275 Seventh Ave., NYC 10001. (212) 989-0300. Conducts Labor Zionist educational and cultural activities, for youth and adults, in the American Jewish community.

Na'amat USA, The Women's Labor Zionist Organization of America, Inc. (formerly Pioneer Women/Na'amat) (1925; reorg. 1985). 200 Madison Ave., Suite 1808, NYC 10016. (212) 725-8010. Part of a world movement of working women and volunteers, NA'AMAT USA helps provide social, educational, and legal services for women, teenagers, and children in Israel. It also advocates legislation for women's rights and child welfare in the U.S., furthers Jewish education, and supports Habonim-Dror, the Labor Zionist youth movement.

National Committee for Labor Israel - Histadrut (1923). 33 E. 67 St., NYC 10021. (212) 628-1000. Represents the Histadrut - Israel's General Federation of Labor; raises funds for Histadrut's network of social and welfare services

441

in Israel, including Kupat Holim - the comprehensive health care organization which takes care of 80% of Israel's population - a vocational-school network, senior-citizen homes, and others.

New Israel Fund (1979). 111 W. 40 St., Suite 2600, NYC 10021. (212) 302-0066. Supports the citizens' action efforts of Israelis working to achieve social justice and to protect and strengthen the democratic process in Israel. Also seeks to enrich the quality of the relationships between Israelis and North American Jews through deepened mutual understanding.

PEC Israel Economic Corporation (1926). 511 Fifth Ave., NYC 10017. (212) 687-2400. Primarily engaged in the business of organizing, financing, and administering business enterprises located in or affiliated with enterprises in the State of Israel, through holdings of equity securities and loans.

PEF Israel Endowment Funds, Inc. 41 E. 42 St., Suite 607, NYC 10017. (212) 599-1260. Uses funds for Israeli educational and philanthropic institutions and for constructive relief, modern education, and scientific research in Israel.

Pioneer Women/Na'amat (see Na'amat USA).

Poale Agudath Israel of America, Inc. (1948). 3190 Bedford Ave., Brooklyn, NY 11210. (718) 377-4111. Aims to educate American Jews to the values of Orthodoxy and *aliyah;* supports *kibbutzim,* trade schools, *yeshivot, moshavim, kollelim,* research centers, and children's homes in Israel.

Progressive Zionist Caucus (1982). 27 W. 20 St., NYC 10011. (212) 675-1168. A campus-based grassroots organization committed to a progressive Zionist political agenda.

Religious Zionists of America. 25 W. 26 St., NYC 10010. (212) 689-1414.

Bnei Akiva of North America (1934). 25 W. 26 St., NYC 10010. (212) 889-5260. Seeks to interest youth in *aliyah* to Israel and social justice through pioneering *(halutziut)* as an integral part of their religious observance.

Mizrachi-Hapoel Hamizrachi (1909; merged 1957). 25 W. 26 St., NYC 10010. (212) 689-1414. Disseminates ideals of religious Zionism; conducts cultural work, educational program, public relations; raises funds for religious educational institutions in Israel.

Society of Israel Philatelists (1948). 27436 Aberdeen, Southfield, MI 48076. (313) 557-0887. Promotes interest in, and knowledge of, all phases of Israel philately through sponsorship of chapters and research groups, maintenance of a philatelic library, and support of public and private exhibitions.

State of Israel Bonds (1951). 730 Broadway, NYC 10003. (212) 677-9650. Intl. Seeks to provide large-scale investment funds for the economic development of the State of Israel through the sale of State of Israel bonds in the U.S., Canada, Western Europe, and other parts of the free world.

Theodor Herzl Foundation (1954). 515 Park Ave., NYC 10022. (212) 752-0600. Cultural activities, lectures, conferences, courses in modern Hebrew and Jewish subjects, Israel, Zionism, and Jewish history.

United Charity Institutions of Jerusalem, Inc. (1925). 515 Park Ave., NYC 10022. (212) 688-0800. As principal beneficiary of the United Jewish Appeal, serves as link between American Jewish community and Jewish Agency for Israel, its operating agent; assists in resettlement and absorption of refugees in Israel, and supervises flow of funds and expenditures for this purpose.

United States Committee Sports for Israel, Inc. (1948). 275 S. 19 St., Suite 1203, Philadelphia, PA 19103. (215) 546-4700. Sponsors U.S. participation in, and fields and selects U.S. team for, World Maccabiah Games in Israel every four years; promotes education and sports programs in Israel.

Women's League for Israel, Inc. (1928). 515 Park Ave., NYC 10022. (212) 838-1997. Promotes the welfare of young peole in Israel; built and maintains homes in Jerusalem, Haifa, Tel Aviv, and Natanya; in cooperation with Ministry of Labor and Social Affairs, operates live-in vocational training center for girls, including handicapped, in Natanya, and weaving workshop for the blind.

World Confederation of United Zionists (1946; reorg. 1958). 30 E. 60 St., NYC 10022. (212) 371-1452. Promotes Zionist education, sponsors nonparty youth movements in the Diaspora, and strives for an Israel-oriented creative Jewish survival in the Diaspora.

World Zionist Organization - American Setion (1971). 515 Park Ave., NYC 10022. (212) 752-0600. As the American section of the overall Zionist body throughout the world, it operates primarily in the field of *aliyah* from the free countries, education in the Diaspora, youth and *hechalutz,* organization and information, cultural institutions, publications; conducts a worldwide Hebrew cultural program.

Zionist Organization of America (1897). ZOA House, 4 E. 34 St., NYC 10016. (212) 481-1500. Public affairs programming to foster the unity of the Jewish people through General Zionism; parent organization of four institutes which promote the understanding of Zionism within the Jewish and non-Jewish world.

Youth and Student Organizations

North American Jewish Students' Network (1969). 501 Madison Ave., 17th fl., NYC 10022. (212) 755-5770. Coordinates information and programs among all Jewish student organizations in North America; promotes development of student-controlled Jewish student organizations; maintains contacts and coordinates programs with Jewish students throughout the world through the World Union of Jewish Students.

Yugntruf Youth for Yiddish (1964). 3328 Bainbridge Ave., Bronx, NY 10467. (212) 654-8520. A worldwide, nonpolitical organization for high school and college students with a knowledge of, or interest in, Yiddish. Spreads the love and use of the Yiddish language.

CANADA

Canada-Israel Securities, Ltd., State of Israel Bonds (1953). 1255 University St., Montreal, PQ H3B 3B2. (514) 878-1871. Sells financial instruments to strengthen economic foundations of Israel.

Canadian Association for Labor Israel (Histadrut) (1944). 7005 Kildare Rd., Suite 14, Cote St. Luc, QUE H4W 1C1. (514) 484-9430. Raises funds for Histadrut medical, cultural, and educational programs for the workers and families of Israel. Public relations work with trade unions to inform and educate them about the State of Israel.

Canadian B'nai B'rith (1964). 15 Hove St., Suite 200, Downsview, ONT M3H 4Y8. (416) 633-6224. Canadian Jewry's largest service organization; makes representations to all levels of government on matters of Jewish concern; promotes humanitarian causes and educational programs, community volunteer projects, adult Jewish education and

leadership development; dedicated to human rights; sponsors youth programs.

League for Human Rights (1970). Dedicated to monitoring human rights, combating racism and racial discrimination, and preventing bigotry and anti-Semitism, through education and community relations.

Canadian Foundation for Jewish Culture (1965). 4600 Bathurst St., Willowdale, ONT M2R 3V2. (416) 635-2883. Promotes Jewish studies at university level and encourages original research and scholarship in Jewish subjects; awards annual scholarships and grants-in-aid to scholars in Canada.

Canadian Friends of the Alliance Israelite Universelle (1958). PO Box 578 Victoria Station, Montreal, PQ H3Z 2Y6. (514) 481-3552. Supports the educational work of the Alliance.

Canadian Friends of the Hebrew University (1944). 208-1 Yorkdale Rd., Toronto, ONT M6A 3A1. (416) 789-2633. Represents and publicizes the Hebrew University in Canada; serves as fundraising arm for the university in Canada; processes Canadians for study at the university.

Canadian Jewish Congress (1919; reorg. 1934). 1590 Dr. Penfield Ave., Montreal, PQ H3G 1C5. (514) 931-7531. The official voice of Canadian Jewish communities at home and abroad; acts on all matters affecting the status, rights, concerns and welfare of Canadian Jewry; internationally active on behalf of Soviet Jewry, Jews in Arab lands, Holocaust remembrance and restitution; largest Jewish archives in Canada.

Canadian ORT Organization (Organization of Rehabilitation Through Training) (1942). 5165 Sherbrooke St. W., Suite 208, Montreal, PQ H4A IT6. (514) 481-2787. Carries on fund-raising projects in support the worldwide vocation-al-training-school network of ORT.

446

Women's Canadian ORT (1948). 3101 Bathurst St., Suite 604, Toronto, ONT M6A 2A6. (416) 787-0339.

Canadian Sephardi Federation (1973). c/o Or Haemet School, 210 Wilson Ave., Toronto, ONT M5M 3B1. (416) 483-8968. Preserves and promotes Sephardic identity, particularly among youth; works for the unity of the Jewish people; emphasizes relations between Sephardi communities all over the world.

Canadian Young Judaea (1917). 788 Marlee Ave., Toronto, ONT M6B 3K1. (416) 787-5350. Strives to attract Jewish youth to Zionism, with goal of *aliyah;* operates six summer camps in Canada and one in Israel.

Canadian Zionist Federation (1967). 5250 Boul. DeCarie, Suite 550, Montreal, QUE H3X 2H9. (514) 486-9526. Umbrella organization of all Zionist and Israel-related groups in Canda; carries on major activities in all areas of Jewish life through its departments of education and culture, *aliyah*, youth and students, public affairs, and fund raising for the purpose of strengthening the State of Israel and the Canadian Jewish community.

Bureau of Education and Culture (1972). Provides counseling by pedagogic experts, in-service teacher-training courses and seminars in Canada and Israel; conducts annual Bible contest and Hebrew-language courses for adults.

Friends of Pioneering Israel (1950s). 1111 Finch Ave. W., Suite 154, Downsview, ONT M35 2E5 (416) 736-0977. Acts as a progressive voice within the Jewish community on Israeli and Canadian issues; expresses socialist and Zionist viewpoints; serves as a focal point for work of the progressive Zionist elements in Canada.

Hadassah-WIZO Organization of Canada (1916). 1310 Greene Ave., 9th fl., Montreal, PQ H3Z 2B8. (514) 937-9431. Extends material and moral support to the people of

Israel requiring such assistance; strengthens and fosters Jewish ideals; encourages Hebrew culture in Canada and promotes Canadian ideals of democracy.

Jewish Immigrant Aid Services of Canada (JIAS) (1919). 5151 Cote Ste. Catherine Rd., Montreal, PQ H3W 1M6. (514) 342-9351. Serves as a national agency for immigration and immigrant welfare.

Jewish National Fund of Canada (Keren Kayemeth Le'Israel, Inc.) (1902). 1980 Sherbrooke St. W., Suite 500, Montreal, PQ H3H 1E8. (514) 934-0313. Fund-raising organization affiliated with the World Zionist Organization; involved in afforestation, soil reclamation, and development of the land of Israel, including the construction of roads and preparation of sites for new settlements.

Labor Zionist Movement of Canada (1939). 7005 Kildare Rd., Suite 10, Cote St. Luc, PQ H3W 1C1. (514) 484-1789. Disseminates information and publications on Israel and Jewish life.

Mizrachi-Hapoel Hamizrachi Organization of Canada (1941). 159 Almore Ave., Downsview, ONT M3H 2H9. (416) 630-7575. Promotes religious Zionism, aimed at making Israel a state based on Torah.

National Council of Jewish Women of Canada (1947). 1110 Finch Ave. W., Suite 518, Dowsview, ONT M3J 2T2. Dedicated to furthering human welfare in Jewish and non-Jewish communities, locally, nationally, and internationally; provides essential services, and stimulates and educates the individual and the community through an integrated program of education, service, and social action.

National Joint Community Relations Committee of Canadian Jewish Congress (1936). 4600 Bathurst St., Willowdale, ONT M2R 3V2. (416) 635-2883. Seeks to safeguard the status, rights, and welfare of Jews in Canada; to combat

anti-Semitism and promote understanding and good-will among all ehtnic and religious groups.

Zionist Organization of Canada (1892; reorg. 1919). 788 Marlee Ave., Toronto, ONT M6B 3K1. (416) 781-3571. Furthers general Zionist aims by operating six youth camps in Canada and one in Israel; arranges programs, lectures.

КНИГИ ИЗДАТЕЛЬСТВА „ЛИБЕРТИ"

Политические детективы

Том Кленси. Охота за „Красным Октябрем"; 540 с.— цена 20 дол.
Том Кленси. Игры патриотов; 450 с.; (ноябрь) --   15.00
Дэннис Джонс. Зимний дворец; 360 с. —   15.95
Эдуард Тополь. Чужое лицо; 390 с. —   14.95

Книги о зарубежной разведке

Джордж Джонас. Месть; 380 с., 10 фото —   24.00
Дэнис Айзенберг и др. Операция „Уран"; 246 с. —   13.00
Стюарт Стивен. Асы шпионажа; 452 с., 17 фото —   16.95
Рэй Клайн. ЦРУ от Рузвельта до Рейгана; 410 с., 16 фото — 15.95

Воспоминания перебежчиков

Светлана Аллилуева. Далекая музыка; 296 с., 30 фото —   14.95
Леопольд Трэппер. Большая игра. Жизнь
    разведчика; 380 с., 20 фото —   18.95
Аркадий Шевченко. Разрыв с Москвой; 528 с., 5 фото —   19.00
Александра Коста. Странник с одинокой звезды; 310 с. —   20.00
Станислав Левченко. Против течения. Десять
    лет в КГБ; 260 с. — 14.95

Историко-политическая серия

Александр Янов. „Русская идея" и 2000-й год; 400 с. —   16.95
Александр Зиновьев. Горбачевизм; 165 с. —   12.95
Джордж Буш. Автобиография; 284 с. —   12.00
Збигнев Бжезинский. Большой провал. Рождение и
    смерть марксизма в XX веке. (СССР, Китай,
    Польша и др.); 300 с. (октябрь) —   15.00
Джон Мюллер. Психология современной войны;
    340 с. (ноябрь) —   15.00
Виктор Суворов. „Ледокол". Гитлер в политических
    планах Сталина; 320 с. (ноябрь) —   15.00
Лев Троцкий. Преступления Сталина;
    400 с. (январь 1990 г.) —   15.00

Книги русских писателей за рубежом

Василий Аксенов. В поисках грустного беби; 344 с. —   16.00
Юлия Вознесенская. Звезда „Чернобыль"; 210 с. —   15.00
Давид Шраер-Петров. Друзья и тени; 280 с. —   17.95

Владимир Соловьев. Операция „Мавзолей". Роман
из недалекого будущего; 180 с. –   12.00
Давид Маркиш. Полюшко-поле; 260 с. (декабрь) –   13.00
Александр и Лев Шаргородские. Печальный
пересмешник; 223 с. (январь 1990 г.) –   13.00
Григорий Померанц. Открытость бездне. Этюды о
Ф.М.Достоевском; 470 с. –   17.95
Современники о Мандельштаме (сост., комментарий
Вадима Крейда); 300 с. (февраль 1990 г.) –   15.00
Лери. Онегин наших дней. Роман в стихах; 160 с. –   10.95
Юрий Дружников. Ангелы на кончике иглы; 540 с. –   14.95
Борис Хазанов. Миф Россия; 182 с. –   15.00
Я Воскресение и Жизнь (роман и две повести; 352 с.,
изд-во „Время и мы", Нью-Йорк) –   16.00
Обе книги Б.Хазанова продаются за –   20.00

Американская классика

Генри Миллер. Тропик Рака; 310 с. в твердом переплете – 15.95
Курт Воннегут. Праматерь-ночь; 180 с. (ноябрь) –   13.95

К сумме заказа необходимо добавить 1 дол. за пересылку
первой книги и по 50 центов за каждую последующую.
Для жителей Канады: 1.50 – за первую книгу и по
75 центов за каждую последующую.
Адрес издательства „ЛИБЕРТИ"

LIBERTY PUBLISHING HOUSE
475 FIFTH AVE, SUITE 511
NEW YORK, NY 10017-6220
Tel. (212) 213-2126

ИЗДАТЕЛЬСТВО "ЛИБЕРТИ"

Аркадий Шевченко. РАЗРЫВ С МОСКВОЙ
Авторизованный перевод. 528 с., цена 19 дол.

Много ли среди ваших знакомых людей, лично знавших Хрущева, Брежнева, Андропова, Горбачева? И многие ли могут рассказать о закулисной жизни Кремля и о тайнах советской внешней политики? Аркадий Шевченко — бывший советский дипломат, советник Громыко, заместитель Генерального секретаря ООН Вальдхайма, — порвавший с СССР в 1978 г., рассказывает об этом в своей книге.

Александра Коста. СТРАННИК С ОДИНОКОЙ ЗВЕЗДЫ
Авторизованный перевод. 310 с., цена 20 дол.

Александра Коста (Елена Митрохина) — первая женщина-перебежчица, написавшая о своем побеге. Из ее книги читатель узнает, как работают агенты ФБР и ЦРУ с перебежчиками, как складываются любовные и деловые отношения в новой стране и как бывший преподаватель марксизма может стать американским бизнесменом.

Джордж Джонас. МЕСТЬ
Перевод с англ. 380 с., книга большого формата с илл. цена 24 дол.

„Месть" — это рассказ командира израильского оперативного отряда, действовавшего в Европе. Отряд получил задание разыскать и уничтожить лидеров арабских террористов. В книге впервые раскрываются тайные связи террористов во Франции, Италии, Англии, Испании, Голландии и Ливане, а также роль КГБ в международном терроризме.

Дэнис Айзенберг и др. ОПЕРАЦИЯ „УРАН"
Перевод с англ. 243 с., цена 13 дол.

Одна из блестящих операций израильской разведки — похищение корабля с грузом урана. Многие ее участники выведены в книге под своими настоящими именами. В Израиле книга была запрещена военной цензурой.

Стюарт Стивен. АСЫ ШПИОНАЖА
Перевод с англ. 452 с., книга иллюстрирована фотографиями, цена 16.95

Как соотносится деятельность разведки и правительства? Идет ли на пользу разведке, если ее возглавляет человек яркий и самобытный? Или, напротив, это вредит ей, парализуя коллектив? Эти вопросы ставит автор книги „Асы шпионажа", разворачивая перед читателем увлекательную картину операций израильской разведки. Среди них освобождение заложников в Энтеббе, похищение советского МИГа-21, поимка Эйхмана, история с украденными катерами и мн.др. В то же время „Асы шпионажа" — это исчерпывающее исследование сорокалетней деятельности военной и политической разведки Израиля.

Том Кленси. ОХОТА ЗА „КРАСНЫМ ОКТЯБРЕМ"
Перевод с англ. 535 с., цена 20 дол.

Детектив Тома Кленси купили в Америке более двух миллионов человек. Его автор из скромного страхового агента превратился в писателя-миллионера, чья книга переведена на четырнадцать языков. Чем объясняется такой успех? Прежде всего, конечно, сюжетом погони за советской подводной лодкой, капитан которой решил бежать в Америку. Стремительно сменяют друг друга эпизоды. Действие происходит на борту советских и американских судов, в Вашингтоне, в Кремле. Но роман Кленси увлекает не только своим сюжетом. Он дает серьезное представление об американских военных — моряках, летчиках, подводниках, работниках ЦРУ, т.е. о людях, которым поручено защищать Америку.

Василий Аксенов. В ПОИСКАХ ГРУСТНОГО БЕБИ
343 с., цена 16 дол.

Порою веселая, порою грустная, новая книга Аксенова об Америке автобиографична. Но в какой-то мере она и о каждом из нас, о тех, кто покинул СССР и начал новую жизнь свободного человека.

Борис Хазанов. МИФ РОССИЯ
180 с., цена 15 дол.

„Миф Россия" — книга в своем роде уникальная. Ее автор соединяет в себе философа, политолога и прекрасного писателя. Уже сами названия глав говорят о разностороннем и необычном подходе автора к теме: „История с психиатрической точки зрения", „Марксизм на арийский лад", „Посрамление семиотики", „Портрет государственного человека", „Лагерь как экономическая формация", „Полуночное бракосочетание" и др. „Миф Россия" была написана Хазановым по заказу немецкого издательства, и пресса ФРГ высоко оценила книгу.

Юлия Вознесенская. ЗВЕЗДА ЧЕРНОБЫЛЬ
210 с., цена 15 дол.

Герои Вознесенской — простые люди, чью судьбу изменила страшная катастрофа на Чернобыльской атомной электростанции. Гибнет Аленушка, бросает в лицо обкомовца свой партийный билет Настя, еще ближе друг другу становятся Анна и Свен. Действие повести происходит в Москве, Киеве, в Швеции и Германии, и читатель знакомится не только с судьбой героев, но и с тем, что писала советская и зарубежная пресса о чернобыльской аварии.

Генри Миллер. ТРОПИК РАКА
Перевод с англ. 320 с., цена 15.95

Если вы знакомы с современной прозой русских писателей на Западе, вы, вероятно, не раз были поражены свободой и откровенностью в описании сексуальной жизни героев. Прочтя „Тропик Рака", вы поймете, кто был учителем русских писателей. Книга Миллера, написанная в 30-х годах, была запрещена в Америке. Сегодня, однако, она признана одной из лучших в американской литературе. На страницах романа Миллера возникает эмигрантская богема Парижа. Среди героев книги, кроме французов и американцев, много и русских.

Курт Воннегут. ПРАМАТЕРЬ-НОЧЬ
Перевод с англ. 230 с., цена 13.95

Имя Курта Воннегута — крупнейшего современного писателя Америки — известно каждому. Сюжет его книги „Праматерь-ночь" неожидан. Агент американской разведки осужден как нацистский преступник. Свидетелей его истинной деятельности уже нет в живых, зато живы многие свидетели обвинения. Эта увлекательная интрига дает повод и для глубоких размышлений о роли шпиона, о его месте в жизни,и о мире, в котором мы живем.